D0283160

ADRIEN ARCAND,
FÜHRER CANADIEN

JEAN-FRANÇOIS NADEAU

ADRIEN ARCAND, FÜHRER CANADIEN

En couverture : photo officielle d'Adrien Arcand, 1937.
Infographie de la couverture : Evangelina Guerra

© Lux Éditeur, 2010
www.luxediteur.com

Dépôt légal : 2ᵉ trimestre 2010
Bibliothèque et Archives Canada
Bibliothèque et Archives nationales du Québec
ISBN : 978-2-89596-100-0

Ouvrage publié avec le concours du Conseil des arts du Canada, du programme
de crédit d'impôt du gouvernement du Québec et de la SODEC. Nous reconnaissons l'aide
financière du gouvernement du Canada par l'entremise du Programme d'aide
au développement de l'industrie de l'édition (PADIÉ) pour nos activités d'édition.

À Pierre Anctil

*Les choses qui semblent passées
sont celles qui ne finissent jamais de passer.*

José Saramago, *La caverne*

PROLOGUE

Lorsque Gregor Samsa s'éveilla un matin au sortir de rêves agités [...], il était couché sur son dos, dur comme une carapace et, lorsqu'il levait un peu la tête, il découvrait un ventre brun, bombé, partagé par des indurations en forme d'arc...

FRANZ KAFKA, *La métamorphose*

COMMENT DES HOMMES purent-ils envisager de remettre tous leurs jours entre les mains d'un seul homme venu de la nuit ? Dans les années 1930, Adrien Arcand incarne plus que quiconque la figure d'un führer canadien, comme on le surnomme à l'époque. Son histoire, assez curieusement, demeure jusqu'à ce jour à peu près inconnue.

Si le nazisme et le fascisme sont d'abord le fruit d'expériences européennes, des variantes de ces systèmes ont cependant germé un peu partout sur la planète dans l'entre-deux-guerres. Le terreau national particulier de chacune des sociétés où s'inscrit le fascisme en assure jusqu'à un certain degré l'originalité d'un pays à l'autre.

Au Nouveau Monde, depuis le Brésil jusqu'au Canada, on trouve plusieurs mouvements profascistes dans les années 1930. Au pays des érables, Adrien Arcand est sans conteste la figure fasciste la plus connue, bien qu'elle ne soit pas unique.

Loin de s'en remettre à un modèle d'inspiration strictement italien ou allemand, Arcand souhaite d'abord et avant tout participer à l'édification d'un fascisme impérial dont les contours sont esquissés non pas à Berlin ou à Rome, mais bien à Londres. Arcand est fasciné par cet Empire britannique qui compte près de 60 pays et un quart de la population mondiale répartie sur un territoire gigantesque de plus de 36 millions de km². De distingués sujets britanniques, tels Sir Oswald Mosley et Henry Hamilton Beamish, lui servent davantage de référence qu'Hitler et Mussolini [1].

L'Empire britannique est la figure de proue du navire politique avec lequel Arcand tente de triompher des eaux d'un pouvoir traditionnel qu'il assimile à une mer de boue. Dans son rêve d'un empire puissant, mais respectueux de l'autonomie politique relative de ses subordonnés, se précipite un ensemble de pensées favorables à l'éclosion d'une société fasciste. Ce modèle d'un fascisme impérial anglais, il faut le dire, n'inspire pas alors que des sujets britanniques. L'inspiration que puise en Angleterre et au Canada Joachim von Ribbentrop, ministre des Affaires étrangères d'Hitler, mérite à cet égard qu'on s'y arrête quelque peu.

En 1946, peu de temps avant d'être exécuté, Ribbentrop s'emploie à écrire ses mémoires. Il y raconte, entre autres choses, un séjour à Londres de près d'un an qu'il fit avant la guerre de 1914, à l'époque de sa jeunesse. Comme d'autres, Ribbentrop est alors séduit par la grandeur de l'Empire britannique. Londres et son empire d'outre-mer le subjuguent littéralement. Ribbentrop exulte à l'idée de vivre au sein d'un Empire sur lequel le soleil ne se couche jamais. Ce fils d'une famille de militaires prussiens adhère alors, comme nombre de Britanniques, à un sentiment de puissance impériale qui ne sera pas sans inspirer plus tard sa conception de la grandeur du régime nazi.

Alors qu'il discute avec Adolf Hitler, Ribbentrop déplorera à plusieurs reprises que le Führer n'ait pu connaître par lui-même ce qui constitue vraiment le sel de l'Empire britannique. Il répétera souvent à Hitler son regret « qu'il n'eût jamais vu, du haut de Mansion House, ce qu'était l'Empire britannique », pour lui à jamais une sorte de modèle inégalé [2]. Adrien Arcand, le chef fasciste canadien, partage cette même vision.

Ribbentrop considère jusqu'à la fin de sa vie que l'Empire britannique, édifié par des générations successives, « est un chef-d'œuvre d'organisation et de gouvernement ». C'est la valeur de ce modèle, explique-t-il, qu'il tenta de faire valoir à Hitler après qu'il se fut joint au parti nazi en 1932. Ribbentrop, jusqu'à un certain point, croit communier avec Hitler à un même enthousiasme pour le monde impérial britannique. « Bien souvent, je l'ai expliqué à Adolf Hitler ; je lui parlais de la structure de l'Empire britannique et lui vantait le système anglais qui, avec une suprême habileté, a su allier le principe de continuité incarné par l'ancienne noblesse et celui d'efficacité, représenté par la nouvelle, et en fait un tout harmonieux, centré autour du trône. » Hitler, raconte-t-il, l'écoutait avec attention. Si bien que Ribbentrop s'est alors persuadé que, « si les événements avaient pris un autre cours, il eût adopté certaines institutions anglaises ».

Faut-il s'étonner qu'un tel admirateur du régime anglais se soit tant dépensé pour convenir dans les années 1930, lors de ses ambassades à Londres à titre de ministre des Affaires étrangères du Reich, d'un *modus operandi* qui aurait fait de l'Allemagne nazie une puissance européenne soutenue ou, à tout le moins, tolérée par l'Empire britannique ?

À Londres, dans le grand jeu diplomatique auquel il se livre, le ministre Ribbentrop sera reçu avec beaucoup d'égards par Wallis Simpson, femme du futur roi Édouard VIII, lequel laissera entendre, par des déclarations, qu'il soutient la British Union of Fascists de Sir Oswald Mosley. On soupçonne Wallis Simpson, femme de plusieurs aventures, d'avoir entretenu des rapports intimes avec Ribbentrop, avant qu'elle n'épouse finalement l'héritier du trône, Édouard VIII, et ne rencontre avec lui Adolf Hitler.

Le désir qu'éprouve Ribbentrop tout au long de sa vie d'intégrer le modèle impérial britannique ira très loin. C'est fort d'une véritable soif de connaître à fond l'Empire qu'il s'embarque, un jour de l'automne 1910, à bord d'un bateau de la White Star à destination du Canada. Il y reste quatre ans et projette même de s'y installer pour de bon. Il n'a que 18 ans lorsqu'il met le pied à Montréal. La bourgeoisie canadienne-anglaise, avec qui il a déjà noué quelques contacts en Europe, l'accueille à bras ouverts. C'est dans le terreau culturel de la bourgeoisie montréalaise que la vie adulte du futur ministre des Affaires étrangères du Reich sous Hitler prend immédiatement racine.

Le Canada de l'époque est profondément attaché au Commonwealth. Ribbentrop y admirait, comme il le dit lui-même dans ses mémoires, « l'habileté avec laquelle, tout en accordant aux Dominions une autonomie totale, par l'entremise de ses gouverneurs l'Angleterre maintenait ses prérogatives chaque fois qu'une décision importante était en jeu [3] ».

Selon plusieurs témoignages, Ribbentrop parle un anglais absolument impeccable et se montre plus britannique que n'importe quel Londonien. À la façon des dandys de la capitale britannique, il porte un manteau à carreaux et s'habille volontiers de blanc, des pieds à la tête. La compagnie de cet homme, paraît-il très séduisant, est recherchée dans les multiples cercles mondains de la belle société canadienne où, malgré « des habitudes différentes de celles des Anglais », il est clair, dit-il, que « les classes dirigeantes sont liées à la couronne britannique [4] ».

Il est fascinant de constater à quel point Ribbentrop est à l'aise dans cette société d'adoption, tant du point de vue matériel qu'intellectuel. Sportif, il joue au golf, au hockey, au tennis, au rugby, sans compter qu'il se livre, le soir venu, à des parties de poker mouvementées.

À Montréal, Ribbentrop travaille pendant 18 mois à la Banque Molson, rue Stanley. Cette banque, qui émet son propre papier-monnaie, est la propriété de brasseurs de bière qui, à la suite de la conquête anglaise de 1759, ont pu accumuler beaucoup de capital grâce au contrôle d'une partie du cabotage sur le fleuve Saint-Laurent. Ribbentrop songe alors, dira-t-il, à épouser Katharine Hamilton Ewing, la fille du vice-président de la banque, rencontrée précédemment lors d'un séjour en Suisse.

Katharine épousera finalement un autre homme, pour s'installer ensuite en Angleterre où, sous les noms de scène de Doria March et de Moira Dale, elle jouera dans des films que l'histoire ne retiendra pas, tout en devenant, dans les années 1930, membre du British Union of Fascists, le parti d'extrême droite dirigé par Oswald Mosley. Cet ancien ministre travailliste donne alors la note et bat la mesure d'une bonne partie des discours que prononce Arcand au Canada [5].

En 1912, Ribbentrop se rend à Québec, en compagnie de son frère Lothar, et travaille bientôt pour une firme d'ingénieurs chargée de la reconstruction du pont de Québec [6]. Dans un tonnerre de fer, la charpente précédente s'est abîmée dans le fleuve, entraînant dans la mort 76 ouvriers, dont bon nombre d'Amérindiens, habitués de ces grands travaux d'acier. Ribbentrop travaille ensuite pour une compagnie de chemin de fer, ce qui le conduit jusqu'à Vancouver. Seule la tuberculose le force à rentrer en Allemagne, mais « Rib », comme l'appellent ses amis canadiens, revient aussitôt que possible au Canada et s'installe cette fois à Ottawa, la capitale politique, avec ses bâtiments inspirés de l'architecture londonienne, pour se lancer dans les affaires. Ribbentrop, à l'évidence, a l'intention de poursuivre sa vie au Canada malgré les écueils de santé.

À Ottawa, Ribbentrop met sur pied une entreprise d'importation de vins allemands et de champagnes. Parfaitement à l'aise dans sa société d'accueil, il fréquente le club de tennis du Rideau Club. On le retrouve aussi dans une équipe de patinage de vitesse, le Minto Skating Club. En février 1914, il participe à Boston, sous les couleurs de ce club, à une compétition pour l'obtention du trophée Ellis Memorial.

À Rideau Hall, résidence officielle du vice-roi à Ottawa, il rencontre au moins à deux occasions le duc de Connaught, gouverneur général du Canada. Auprès du gouverneur général, on parle alors allemand, puisque la famille est apparentée aux dynasties allemandes. Dans cette haute société d'Ottawa, Ribbentrop joue volontiers des airs de violon. On le tient pour un des meilleurs musiciens amateurs de la ville. En fait, seule la déclaration de guerre à l'Allemagne, à la fin de l'été 1914, le force à quitter rapidement le pays.

On le soupçonnera tout de même, des années plus tard, à l'heure d'une véritable psychose antiallemande orchestrée à la faveur de la guerre, de s'être livré à de l'espionnage au profit du Kaiser. Ces accusations n'apparaissent guère solides.

Bien qu'il parle parfaitement français, Ribbentrop ne semble jamais s'être soucié de la société canadienne-française, pourtant majoritaire au Québec où il vit un bon moment. Sous le ciel de l'Empire qui l'intéresse, tout ne se déroule qu'en anglais.

À la même époque, tous les Allemands ne voient pas tout du même œil. L'écrivain Stefan Zweig, qui sera une des victimes du nazisme, est pour sa part fort touché par le spectacle étonnant de cette société canadienne-française jugulée par des politiques coloniales qui lui sont, depuis la conquête anglaise de 1759, au mieux désavantageuses, au pire catastrophiques.

> Je ne sais rien de plus émouvant dans notre vision du monde actuel, écrit Zweig, que ces îlots linguistiques isolés qui, après avoir subsisté pendant des siècles, s'effritent petit à petit et vont au-devant de leur perte, contre laquelle ils se rebellent, mais sans espoir. La culture allemande tout entière en Amérique est un de ces îlots en déliquescence, néanmoins ce déclin n'est pas aussi tragique à voir, aussi évident que dans les possessions françaises [7].

C'est à cette société canadienne-française très catholique, noyée dans une mer anglo-saxonne, qu'appartient Adrien Arcand. Tandis que Ribbentrop ne voit de l'Amérique du Nord britannique que la grandeur d'un système impérial, Arcand est obligé de prendre en compte la situation de son petit peuple, tout en partageant cet enthousiasme pour la puissance britannique.

Peu de temps avant d'être pendu à Nuremberg, le 16 octobre 1946, Ribbentrop se demande comment le cours de son existence eût été modifié s'il était demeuré au Canada. « Quel cours aurait pris ma vie si la guerre de 1914 ne m'avait forcé à quitter ce pays ? »

écrit-il. Nul ne sait, mais il est clair qu'il eût pu être canadien et se laisser malgré tout tenter par l'aventure du fascisme, non pas alors au nom d'un Reich « immortel », mais bien de sa passion pour l'Empire britannique. C'est ce que démontre l'existence même d'Adrien Arcand et de ceux qui le suivirent dans la voie d'un fascisme inspiré par cet Empire.

La fascination qu'a entretenue une partie de la société canadienne pour le fascisme a été oubliée, voire refoulée, parce qu'elle témoigne notamment de la fragilité des fondements historiques de cette société, tout entière le fruit d'une expérience coloniale, mais aussi bien sûr en raison de la difficulté, ici comme ailleurs, de reconnaître pour sien, après l'Holocauste, un passé pareil. On oublie facilement qu'il existe dans toutes les sociétés les germes d'un délire, ce qui conduisait George Orwell à écrire qu'Hitler n'était, au fond, d'une certaine manière, que le spectre de nos propres délires.

Écrire l'histoire d'Adrien Arcand et de son mouvement fasciste canadien, c'est bien sûr considérer soudain sous un fort éclairage des acteurs refoulés dans l'ombre de l'histoire officielle et qui ne peuvent l'avoir ainsi été qu'en acceptant, inconsciemment ou non, d'oblitérer une partie du réel lorsqu'on évoquait la question des totalitarismes au XXᵉ siècle.

Dans l'historiographie canadienne, on ne parle en effet que très peu d'Arcand et de ses épigones, sauf au détour d'une phrase, comme s'il s'agissait d'un phénomène en marge des courants sociaux de leur époque. Le phénomène Arcand n'a jamais fait l'objet d'une étude globale. Bien sûr, la poussière retombe doucement sur l'histoire. Mais elle semble être retombée plus sur Arcand que sur d'autres. De rares ouvrages cités ici, souvent traduits de l'anglais, ont consacré une partie de leur attention au personnage et au phénomène qu'il personnifie dans le Canada de l'entre-deux-guerres. Ces quelques livres offrent au mieux des survols rapides de cette période où tout le système social apparaît moribond. On a négligé systématiquement, entre autres choses, d'évaluer la persistance des idées d'Arcand dans l'après-guerre.

En fait, il apparaît clair qu'Arcand appartient à l'univers de ces hommes attachés à des ignominies que l'on n'aime guère évoquer, sinon à titre de curiosités tirées un instant des limbes pour les y mieux replonger aussitôt, avec d'emblée le sentiment d'en savoir déjà bien assez sur elles autant que sur eux. Mais qu'en sait-on au juste ?

Cette société révolutionnaire dont Arcand souhaite la venue serait organisée autour d'un pouvoir absolu. Parce que tout à fait imprévisible et capable du pire, ce pouvoir qui propose l'arbitraire comme la règle absolue de gouvernement doit, pour vivre et se survivre, exercer une emprise qui justifie la production de tous les mythes à son sujet. Que ce soit au nom d'un idéal religieux adapté aux besoins du politique ou d'une mystique politique qui se donne des allures religieuses, la légitimation de ce système procède d'une logique opaque. Le modèle présente une imbrication symbiotique entre pouvoir, ordre et révolution d'une part et des formes de conservatisme, de religion et de révolte populaire d'autre part, un amalgame impressionniste qui aura un certain succès, et qui le rattache à d'autres mouvements fascistes dans le monde.

Si l'intérêt porté ici à un sujet pareil peut avoir pour consé-quence d'en trop grossir l'importance, on voudra bien m'en excu-ser. L'attention soutenue pour un sujet peut bien sûr en gonfler la part exacte dans le réel. Il faut tout de même considérer que le phénomène inverse, celui de l'oubli quasi systématique d'un sujet, peut s'avérer tout aussi regrettable : à force de minimiser la place du fascisme canadien dans l'histoire canadienne, on a fini par se faire croire bêtement qu'il devait être tenu éternellement pour insignifiant.

Que le lecteur prenne donc garde aux effets déformants qu'encouragent l'une ou l'autre de ces perspectives, tout en vou-lant bien retenir au moins que la croix gammée, cette araignée gorgée de sang, a hanté avec d'autres manifestations fascistes l'univers social d'une colonie britannique comme le Canada.

CHAPITRE I

L'ÉLAN

Le despotisme est une semence qui pousse dans tous les sols.

EDMUND BURKE

L ONG COMME UN JOUR sans pain, presque frêle, le port de tête martial, Adrien Arcand a la parole facile et le verbe haut. Il aime se mettre en scène sous un jour ascétique et s'enivre de bon cœur de ses paroles. Il a de ces poses et de ces paroles assénées que l'on appelle un caractère. Ses traits anguleux accentuent une sorte de charisme énigmatique et quelque peu contradictoire. L'homme est certes rigide, austère et impénétrable à ses heures, mais il est aussi doublé d'un esprit amusé et amusant qui sait manier le sarcasme et l'humour, non sans un talent certain, par écrit ou de vive voix.

Même après le désastre de la Seconde Guerre mondiale, Arcand continue de répandre la tête haute ses idées fascistes. Harry Mayer, président de la Ligue contre l'antisémitisme à Montréal, assiste en 1952 à une des nombreuses conférences d'Arcand.

Il faut admettre, dit-il, que Arcand est le plus dangereux anti-sémite canadien, car il est vraiment éloquent, il sait se faire com-prendre des gens de sa race, il sait présenter un sophisme avec un art consommé, il peut présenter le pire mensonge avec des accents tellement sincères et sous des dehors tellement séduisants que ses auditeurs pour la plupart ignorants et même analphabètes, admettent le mensonge comme vérité religieuse [1].

Venu du journalisme des grands quotidiens, rompu aux usages de l'écriture pour avoir travaillé souvent seul au moulin du journalisme de combat, Arcand possède une plume vive et efficace. Il a beaucoup lu et a voyagé quelque peu, notamment en Angleterre et aux États-Unis. Comme nombre de ses compatriotes du Canada français, il adore s'évader dans la nature. La vie en forêt, le grand air, la chasse et, à l'occasion, la pêche à la truite seront pour lui des viatiques.

Narcisse Arcand, son père, est un charpentier doublé d'un militant syndical particulièrement actif. Il est membre du Parti ouvrier, une formation politique réformiste fondée en 1899, année de la naissance d'Adrien. Sa mère, Marie-Anne Mathieu, est originaire du village de Sainte-Marie, en Beauce. Elle sera directrice d'école, organiste, maîtresse de chapelle.

Le couple Arcand est uni par un prêtre devant l'autel le 6 octobre 1896. Par leur volonté d'influencer la vie sociale de leurs compatriotes, Narcisse Arcand et sa femme montrent d'emblée des esprits peu susceptibles d'être qualifiés de moutonniers. Né à Montréal le 3 octobre 1899, Adrien Arcand est le quatrième d'une famille de 12 enfants qui habite alors la rue Laurier à Montréal. Il grandit dans un milieu populaire, mais fait ses études dans de bons collèges.

Le Parti ouvrier, dont il devient officiellement membre en 1902, occupera Narcisse Arcand presque toute sa vie. Lancé par des militants ouvriers déçus par la politique de Félix-Gabriel Marchand et Sir Wilfrid Laurier, doté d'une constitution en 1904, le Parti ouvrier compte sur des militants actifs menés au départ par le chroniqueur Joseph-Alphonse Rodier. Ses membres ont pour but de « combattre toute politique adverse aux intérêts de la société et des travailleurs, et de *remplacer le système politique actuel, par une forme de gouvernement sociale et coopérative* [sic] pour le bien de tout le pays [2] ».

Le militant ouvrier Narcisse Arcand, père d'Adrien.

Le programme du Parti ouvrier est inspiré de celui des travaillistes britanniques[3]. Il réclame notamment l'éducation gratuite et obligatoire, l'assurance maladie, l'assurance vieillesse, le suffrage universel, l'élection des juges par le peuple, la création d'un crédit agricole, la prohibition du travail des enfants de moins de 14 ans, la création de bibliothèques publiques, la suppression des intérêts usuriers ainsi que d'autres mesures jugées très radicales dans la société canadienne de l'époque, vouée presque tout entière aux seuls intérêts du laisser-faire économique prôné par le capitalisme industriel. Ce programme de gauche s'avère des plus progressistes dans le contexte sociopolitique canadien de l'époque.

Dès 1900, Narcisse Arcand a aussi rejoint les rangs d'un syndicat de charpentiers-menuisiers, la United Brotherhood of Carpenters and Joiners of America. Ce syndicat s'accommode des principes du capitalisme et revendique un monopole pour tous les secteurs liés au monde de la construction. Arcand père se retrouve si bien dans ce modèle syndicaliste qu'il recommandera l'expulsion d'un syndicat concurrent en 1912.

Au sein du Parti ouvrier, Narcisse Arcand prend vite du galon et se retrouve animateur de soirées politiques. Il s'occupe d'abord d'activités syndicales comme organisateur de la Fraternité des charpentiers-menuisiers. Il dirige les activités du local 134 de cette fraternité, le seul à être affilié au Parti ouvrier.

Le 13 novembre 1904, à l'occasion d'une assemblée plénière du Conseil des métiers et du travail de Montréal (CMTM), il explique, en compagnie de son camarade Joseph-Alphonse Rodier, la nécessité de présenter des candidats ouvriers à la prochaine élection. Très tôt, Narcisse Arcand est en faveur d'une action électorale globale. Aux élections provinciales de 1904, il est l'organisateur d'Alphonse Verville, le candidat ouvrier de la circonscription d'Hochelaga, alors une banlieue de Montréal.

Le journal *La Patrie* rapporte que « M. Arcand critique les deux partis politiques qui ont été tour à tour au pouvoir pour le peu de cas qu'ils ont fait des revendications prolétariennes, et pour le peu de cas qu'ils ont fait des revendications prolétariennes, et M. Rodier rappela les progrès considérables que le Parti ouvrier avait faits en Angleterre, en France, en Belgique, en Allemagne et aux États-Unis sur le terrain parlementaire et politique [4] ». Arcand père apparaît vite comme un des animateurs et des orateurs les plus respectés du mouvement ouvrier. On le voit alors partout au Québec.

En 1906, la mort d'un député libéral dans la circonscription fédérale de Maisonneuve oblige la tenue d'une élection partielle. La campagne électorale est courte et intense, comme c'est la coutume à l'époque. Alphonse Verville est le candidat du Parti ouvrier. Au nombre de ceux qui font activement campagne en sa faveur apparaît Narcisse Arcand. Son militantisme, actif et intense, n'est pas pour rien dans le résultat obtenu : Verville l'emporte par un peu plus de 1 000 voix. Il sera ensuite réélu à plusieurs reprises dans le comté de Dorion, à Montréal.

En 1912, Narcisse Arcand est lui-même candidat ouvrier dans le comté de Dorion, à Montréal. Son programme, défendu avec énergie, comporte entre autres la municipalisation des services publics de transport et d'éclairage de même que la nationalisation des chemins de fer et l'utilisation de la consultation référendaire dans le système démocratique.

Pour l'historien Robert Rumilly, jamais suspect de quelque forme d'attachement que ce soit envers la gauche, la candidature de Narcisse Arcand est à assimiler, à cause des idées qu'elle propose, aux candidatures « dangereuses [5] ». C'est le libéral Georges Mayrand qui l'emporte lors de l'élection. Narcisse Arcand termine troisième, avec 921 voix contre 1 620 pour le vainqueur.

Malgré l'ardeur de ses militants, le Parti ouvrier connaît bien peu de succès. Il rencontre une vive opposition dans les milieux établis, à commencer par les milieux religieux. La toute-puissante Église catholique craint en effet l'influence néfaste d'idées « étrangères » sur les Canadiens français qui militent au Parti ouvrier. Elle se dresse en conséquence contre lui.

À Jonquière, toujours en 1912, Narcisse Arcand fonde un nouveau club ouvrier au grand dam des autorités de l'Église. On s'inquiète vivement de l'arrivée de ce syndicaliste.

L'École sociale populaire résume les craintes xénophobes du clergé à l'endroit du Parti ouvrier sous la plume d'Arthur Saint-Pierre.

> Un immigré de fraîche date, russe, allemand, anglais, français, polonais ou juif, ne fût-il qu'un misérable rebut de vieilles sociétés européennes comme il nous en vient tant pour notre malheur, peut entrer dans un de ces clubs, ou même en fonder un avec des éléments semblables à lui, si bon lui semble. Ce n'est pas la déclaration de principes exigée par le Parti ouvrier qui serait de nature à le détourner de ce projet.

Par « déclaration de principes », Saint-Pierre entend le serment d'allégeance que doivent prêter les nouveaux membres du Parti ouvrier : c'est en tant qu'hommes plutôt que sujets britanniques ou étrangers que les nouveaux membres engagent leur parole et leur honneur envers le parti. Saint-Pierre n'accepte pas cet aspect égalitaire et franchement internationaliste de la formation politique [6]. Narcisse Arcand n'est pas du genre à changer d'idée, même devant l'opposition des hommes du clergé.

Pour contrer l'action des militants ouvriers socialistes, l'évêque de Chicoutimi décide de fonder des syndicats catholiques. Devant l'église de Jonquière, des affiches sont installées pour mettre en garde les travailleurs catholiques contre Arcand père, jugé comme un personnage néfaste, et encourager la soumission :

> Ouvriers catholiques de Jonquière et de Chicoutimi, que pouvez-vous attendre de bon des socialistes et des francs-maçons de Montréal ? [...] Si M. Arcand est catholique comme il le dit, pourquoi vient-il ici faire la guerre à notre évêque et à nos prêtres ? Pourquoi n'écoute-t-il pas le Pape et son curé [7] ?

Il est vrai, comme l'affirme l'Église, que les mouvements syndicaux du début du XXe siècle sont animés en partie par un certain nombre d'étrangers. Les juifs occupent une place importante dans ces mouvements. Suite aux pogroms, puis à la révolution russe de 1905 et à des conditions de vie souvent très difficiles dans leurs pays d'origine, des milliers de travailleurs juifs quittent l'est de l'Europe pour venir s'installer au Canada. Sans ressources, ils tentent tout naturellement d'organiser la classe ouvrière afin d'améliorer leur condition. Simon Belkin a brossé un portrait de l'histoire des juifs de cette époque dans le mouvement ouvrier canadien [8].

Le Parti ouvrier se dit ouvert à tous, mais il refuse d'intégrer les immigrants chinois. Le programme politique du parti, tel que publié dans *La Presse* du 30 novembre 1899, indique en effet à l'article 32 que ses membres réclament « l'interdiction absolue de l'immigration chinoise ».

Les Asiatiques étaient alors amenés au Canada où ils servaient de main-d'œuvre bon marché à des employeurs qui se réjouissaient de trouver une force de travail à si bon compte. La construction du chemin de fer du Canadien Pacifique entre Montréal et la Colombie-Britannique favorise cette nouvelle immigration peut-être plus visible que d'autres mais somme toute assez marginale. Les Chinois qui immigrent au Québec sont en vérité très peu nombreux. La majorité s'installe à Montréal dans un nouveau quartier où ils se regroupent. Ils viennent surtout de la Chine du Sud.

En 1901, le Québec compte 1 648 898 habitants, selon le recensement. On ne compte alors que 1 037 immigrants chinois, dont 888 se regroupent à Montréal, près du boulevard Saint-Laurent, dans un secteur qu'on désigne dès lors comme le quartier chinois. Une petite centaine de Chinois se regroupent par ailleurs dans la basse-ville de Québec, dans le quartier ouvrier Saint-Roch. On leur fait à l'occasion une vie difficile.

Les railleries à l'encontre des Chinois sont nombreuses. On écrase ces Chinois à coup de mots ou de poing. Le journal *Le Soleil* du 28 août 1903 raconte comment deux commerçants chinois se sont fait battre par des passants pour avoir voulu chasser des voyous de chez eux. La communauté anglaise n'est pas plus favorable à cette présence asiatique au pays que la communauté canadienne-française [9]. Cet acharnement contre les Chinois est à l'évidence largement partagé dans l'ensemble de la population canadienne.

Il existera à Montréal comme à Québec, au moins à compter de 1910, une « Ligue anti-péril jaune ». On imite alors des mouvements semblables qui se sont développés aux États-Unis et dans l'Ouest canadien. Ces sinophobes affichés, tout comme une partie silencieuse de la population, estiment que les immigrants chinois offrent une concurrence déloyale aux commerçants et aux ouvriers locaux. Ils s'opposent en bloc à l'immigration des « jaunes dans le Canada [10] ».

Mais en 1904, l'article du programme du Parti ouvrier qui réclame l'interdiction de l'immigration chinoise est modifié. Désormais, le programme réclame plutôt une « réglementation de l'immigration [11] ». Le rejet raciste se cache désormais derrière une mesure légaliste. Mais pourquoi cette préoccupation croissante de ces ouvriers à l'égard de l'arrivée d'étrangers au pays alors que plusieurs membres du parti sont justement d'origine étrangère ? Le parti considère que les meilleurs emplois échappent sans cesse aux ouvriers canadiens faute d'instruction. Le soutien de la classe ouvrière passe donc d'abord par une prise en main de sa formation.

Un mémoire du Parti ouvrier présenté en 1909 à la Commission royale d'enquête sur l'éducation expose cette perspective. Selon Narcisse Arcand et deux de ses camarades, Alphonse Verville, député ouvrier de la circonscription de Maisonneuve, et Gustave Francq, vice-président du Conseil des métiers et du travail du Canada (CMTC) : « C'est parce que [les ouvriers] ont manqué d'instruction, dans le passé, que toutes les meilleures situations pour l'industrie ont été remplies par des ouvriers venus de l'étranger [12]. » Selon le trio, il faut donc favoriser l'éducation des milieux populaires canadiens avant d'accepter l'immigration. C'est à cette seule condition que les travailleurs pourront briser le cercle vicieux de la perpétuation des mauvaises conditions de travail.

Le mémoire développe les principales revendications du parti en matière d'éducation. Arcand, Verville et Francq ne s'embarrassent pas de la confessionnalité religieuse dans leur projet de redessiner le paysage de l'école à Montréal. « Dans l'intérêt des classes ouvrières », écrivent-ils, il faut une seule commission scolaire à Montréal. Dans ces conditions, on favorisera l'égalité entre les habitants du territoire.

Le trio réclame ensuite l'instruction gratuite, « au nom des familles pauvres et nombreuses que nous représentons ». Si la chose est impossible pour le moment, ils réclament à tout le moins « une instruction meilleure et à meilleur marché ». Verville, Francq et Arcand réclament enfin, « en tête de toutes les réformes », un ministère de l'Instruction publique. Un tel ministère, voué à l'instruction, ne verra le jour qu'en 1963, sous l'impulsion de Paul Gérin-Lajoie.

Pour les trois militants du Parti ouvrier, un ministère de l'Instruction publique servirait d'instrument à une entreprise de relèvement des Canadiens français, à qui le marché de l'emploi canadien s'avère défavorable parce qu'ils n'ont pas été armés « suffisamment pour les luttes quotidiennes de la vie ». Leur situation apparaît donc comme une véritable catastrophe :

> Tout observateur impartial est forcé de reconnaître que la population canadienne-française malgré ses talents naturels, son énergie au travail, son ambition et ses efforts de tous genres, est reléguée au second et troisième plans, dans la Confédération. Dans la haute finance, dans la grande industrie, dans les grandes administrations de chemins de fer et de navigation, dans les grandes compagnies de services publics, telles que compagnies d'éclairage, compagnies de tramways, etc., le Canadien français n'existe virtuellement point. Nous trouvons les nôtres dans les petits magasins, dans les métiers durs et pénibles, dans les situations les moins élevées et partout où les salaires sont dérisoires.

Les choses n'ont guère changé un demi-siècle plus tard : au début des années 1960, une des premières études de la Commission royale d'enquête sur le bilinguisme et le biculturalisme conclura que l'élément canadien-français, au point de vue économique, se classe avant-dernier sur les 18 communautés ethniques recensées alors au Québec.

Une partie de l'argumentation d'Arcand, Verville et Francq repose sur des comparaisons avec la situation dans différents États américains, puis avec la France, la Suisse et la Belgique. À l'évidence, ces hommes suivent avec attention les mesures sociales appliquées à l'étranger.

En 1917, Narcisse Arcand est délégué à la création d'une nouvelle section provinciale du parti. Il est à vrai dire, comme toujours, absolument partout dès lors qu'il est question de la classe ouvrière.

Bien que le Parti ouvrier s'en aille à la dérive au début des années 1920, Narcisse Arcand ne fait pas défection. Il demeure au contraire un de ses militants les plus fidèles. À l'élection provinciale de 1923, il est un des quatre candidats que présente le parti. Il brigue les suffrages dans Montréal-Mercier où, bien sûr, il est à nouveau défait.

Convaincu du bien-fondé de ses idées pour un monde meilleur, Narcisse Arcand se consacre surtout, à compter de 1923, à la United Brotherhood of Carpenters and Joiners of America. Il y militera jusqu'à sa mort, survenue en 1927 à l'âge de 55 ans.

Malgré les foudres de l'Église qui s'abattent sur lui, Narcisse Arcand est demeuré un catholique. Ses enfants ont été éduqués dans la foi chrétienne. À sa mort, on dépose son cercueil en terre bénie, dans le cimetière de la Côte-des-Neiges, où une modeste plaque horizontale, posée directement contre le sol, semblable à celle qu'aura son fils Adrien pour son dernier repos, marque l'emplacement de sa dépouille.

Au cours de sa vie, fidèle à ses principes, favorable comme pas un à l'éducation des classes populaires, Narcisse Arcand fera tout son possible pour assurer un meilleur avenir à ses enfants. Son fils Adrien étudie au Collège de Saint-Jean d'Iberville, puis au Collège Saint-Stanislas, entre 1914 et 1916, en pleine guerre. Il y acquiert le fort sentiment d'appartenir à une civilisation chrétienne nourrie par la vieille France, tout en s'expliquant fort mal la nature du terrible conflit qui déchire l'Europe.

Pétri par un nationalisme d'inspiration toute française, il chante dans un chœur la gloire de Jeanne d'Arc, la sainte de la patrie, selon les « paroles et musiques d'auteurs français ». Ce chant demeure gravé en lui. Le chœur débute par ces mots, dira Arcand en 1966 : « Nous descendons des vieux Gaulois et des preux de la Germanie. » Si cela est vrai, demandera-t-il, pourquoi maudissions-nous donc les Allemands alors que nous en descendions ? Arcand affirmera s'être posé une première fois cette question tout en chantant dans le chœur avec ses camarades [13].

Il poursuit ses études au Collège de Montréal de 1917 à 1919. Cette école est dirigée par les Sulpiciens, la plus vieille congrégation religieuse installée sur l'île. Ouverte depuis 1767, elle est une des écoles les plus anciennes et les mieux établies.

Le Collège de Montréal compte au nombre de la trentaine d'institutions de la province qui offrent le cours classique, un programme de huit ans qui suit le cycle de l'éducation primaire. Comme beaucoup de jeunes hommes issus de milieux populaires, Adrien Arcand est destiné à devenir prêtre. Il croît pendant un temps, comme nombre de ses compagnons, avoir la vocation nécessaire pour le devenir. Son tempérament et ses « faiblesses » l'encouragent finalement à y renoncer [14].

Prières, études et cours alternent, jour après jour, selon un programme fixe destiné moins à préparer une carrière qu'à offrir une formation générale propre à former l'esprit par une certaine gymnastique intellectuelle. Le quotidien des collèges est une suite monotone d'activités prévisibles. Les étudiants y mènent une vie plutôt austère, où les interdits sont innombrables. La vie dans un tel collège donne vite le sentiment d'être coupé du monde. D'un établissement d'enseignement à l'autre, les mêmes matières ou presque sont à l'étude [15]. D'abord les langues : français, latin et grec. L'anglais est peu enseigné, semble-t-il. Arcand, excellent en anglais malgré un fort accent, l'apprendra surtout ailleurs. Également au programme, mais en doses variées d'une institution d'enseignement à l'autre, la religion, l'histoire de l'Antiquité, l'histoire de France, les mathématiques, la philosophie, mais pratiquement aucune science.

Par manque de formation, les professeurs des collèges apparaissent souvent peu inspirés et, par conséquent, peu inspirants. Une particularité distingue le Collège de Montréal des autres collèges : ses supérieurs, pendant très longtemps, viennent souvent de Paris, puisque les Sulpiciens, jusqu'à la guerre de 1914, viennent surtout de France [16]. Cela y assure une éducation plus française que dans d'autres institutions.

Selon le témoignage d'Adrien Arcand, les Sulpiciens exercent sur lui une influence déterminante [17]. Peu de fils de travailleurs, de surcroît lorsqu'ils proviennent d'une famille nombreuse, poussent les études aussi loin que lui. Quelques-uns y arrivent grâce à la protection des religieux, qui espèrent constituer une relève pour les ordres grâce à leurs protégés. Mais il y a fort à parier que les cabales politiques soutenues de Narcisse Arcand ont découragé plusieurs religieux de soutenir financièrement l'éducation de son fils. Sa bonne conduite et le fait qu'il ait voulu devenir prêtre pendant un moment, comme nombre de ses compagnons, lui ont probablement assuré sa place au collège.

Qu'enseigne-t-on alors au Collège de Montréal ? Selon Arcand, il s'agit de « l'école par excellence de la mémoire, de la discipline et surtout de l'autodiscipline ». Jusqu'à la trentaine, Arcand affirme s'être souvenu par cœur d'évangiles appris en grec, de chapitres de l'*Iliade* et d'homélies de saint Jean Chrysostome. Fidèle à sa démesure habituelle, il charge sans doute un peu la note mais donne assez bien la mesure de l'enseignement qu'il reçoit au Collège de Montréal.

Quel est alors l'état d'esprit du jeune élève Arcand ? Il est profondément religieux et semble se plier de son mieux aux difficiles exigences de son collège. Il est en outre fort probable que ses maigres tempss libres soient employés à appuyer les activités syndicales de son père. En 1947, il déclare en tout cas à un journaliste avoir été secrétaire pendant 15 ans pour son père, sans s'étendre sur la nature exacte de ses activités à ce titre[18].

En 1920, à 20 ans, dira-t-il plus tard, il était « plein de feu et de fougue », comme bien des jeunes gens. « Je me croyais éternel[19]. » Il entreprend de poursuivre ses études au Collège Sainte-Marie, excellente institution et instrument de reproduction des classes dirigeantes de la société canadienne-française montréalaise. Arcand juge pourtant l'enseignement de cette institution inférieur à ce qu'il a connu au Collège de Montréal, « Quand je me rendis au Gesù des Jésuites pour la philosophie, je fus pratiquement consterné par le laisser-aller et surtout les mondanités qui y régnaient ; mes confrères ne parlaient que de leurs aventures avec leurs blondes et d'autres vantaient l'homosexualité[20]. » Ces souvenirs, pétris par le poids des années qui passent, correspondent sans doute à une reconstruction *a posteriori* de son passage chez les Jésuites. L'univers plus bourgeois de Sainte-Marie par rapport au Collège de Montréal a pu influencer en partie le sentiment qu'éprouve Arcand par rapport à l'éducation jésuite.

Puisque les sciences l'intéressent, il s'inscrit aussi, pour des cours du soir, à l'Université McGill, où il commence un cours d'ingénieur-chimiste sous la direction de l'ingénieur Paul de Guise. Mais il ne fréquente pas longtemps la réputée institution anglophone. Une attaque de grippe espagnole l'empêche de poursuive ses études. En octobre 1918, cette maladie, appelée familièrement « la tueuse » dans la population, fait son apparition à Montréal. La pandémie est alors mondiale. Plusieurs personnes décèdent chaque jour de la maladie. On décide d'interdire les lieux publics. Théâtres, cinémas, salles de spectacles ou de réunion ferment leurs portes. Les curieux ne sont plus admis lors des procès. Même la finale de la coupe Stanley, pinacle de la saison de hockey, en souffre.

L'Église croit combattre au mieux ce désastre par la prière, bien que l'archevêque de Montréal, Paul Bruchési, accorde une dispense d'assister à la messe à ses ouailles. Dieu, espère-t-il, trouvera un remède : « Avant tout, recourons à la prière. Supplions le Seigneur d'épargner notre cité et notre pays. Recourons à la Vierge Marie, Notre-Dame-de-Bon-Secours, et disons fidèlement le chapelet à cette intention ... »

L'épidémie est terrible. Elle oblige à briser les traditions funéraires. Pas d'exposition. Pas de veillée du corps. Les cadavres sont enterrés au plus vite, souvent avec pour seul sacrement religieux une simple aspersion d'eau bénite. Les autorités comptent environ 500 morts dans la ville de Québec et au moins 3 500 à Montréal. Les hôpitaux sont débordés. Il faut dresser des espaces réservés aux soins d'urgence. Adrien Arcand, lui, s'en sort. Il renonce alors à devenir ingénieur, comme il l'expliquera à un étudiant de l'Université Laval, Réal Caux, à l'hiver 1958 [21].

Comme Arcand a une bonne plume et qu'il aime les choses de l'esprit, il décide de tenter sa chance du côté du journalisme. Il rédige ses premiers textes en 1918. Après plusieurs mois d'arrêt à cause de la grippe, il est engagé par Eugène Tarte au journal

La Patrie. En 1920, il s'occupe de la chronique ouvrière dans ce journal très conservateur. Le monde ouvrier, voilà une affaire de famille.

Il entre vraisemblablement l'année suivante au service du *Star*, où il est affecté aux nouvelles de la vie politique. Du *Star*, il passe pour de bon à *La Presse*, le journal populaire canadien-français au plus fort tirage.

Au moment où Arcand entre à *La Presse*, la crise qui fait suite au décès du fondateur Trefflé Berthiaume, survenu en 1915, se fait toujours sentir. Dans la tourmente, c'est le beau-fils de Trefflé Berthiaume, un avocat du nom de Pamphile Du Tremblay, le mari d'Angéline Berthiaume, qui arrive à se faufiler à la tête de *La Presse* à travers tout un dédale juridique. Les dispositions testamentaires laissées par Trefflé Berthiaume, un imprimeur malin devenu homme d'affaires prospère, provoquent de nombreuses procédures judiciaires qui divisent profondément la famille Berthiaume. Du Tremblay se maintient néanmoins habilement en selle, faisant jouer les uns contre les autres à son seul profit, au grand dam surtout d'Eugène Berthiaume, fils de Trefflé. Plein d'énergie, Eugène se voyait diriger un important groupe de presse. Le voilà forcé de se contenter de la charge de président d'un conseil d'administration dont les pouvoirs sont en vérité assez limités.

Le jeune Arcand est bien sûr laissé loin de tout ce théâtre. Mais cette toile de fond explique bientôt une partie de la déconvenue qu'il connaît à *La Presse* et qui le conduit sur les chemins de la politique. Mais n'allons pas trop vite.

C'est Arcand qui, le 1er avril 1924, est envoyé par *La Presse* couvrir la fameuse affaire du tunnel de la rue Ontario, dans laquelle huit bandits, dans une histoire digne des aventures de la bande à Bonnot, ont attaqué une voiture de la Banque d'Hochelaga, tué le chauffeur et pris la fuite avant de se retrouver pris en souricière sous le feu nourri des policiers. Mais Arcand ne se consacre pas exclusivement aux faits divers, comme c'est le cas de la plupart des nouveaux journalistes. Il s'occupe également de rédiger des articles pour la chronique mondaine.

Il racontera à l'occasion une autre facette de son travail à *La Presse*, celle de critique musical[22]. Violoniste à ses heures, il se rend avec plaisir assister aux concerts des grands musiciens de passage. Comme il n'est pas qu'un simple spectateur, il jouit de quelques privilèges consentis d'ordinaire aux journalistes dans l'exercice de leur fonction. Il dira ainsi, dans sa correspondance, avoir pu voir à Montréal le grand virtuose polonais Paderewski se plonger les mains dans l'eau bouillante avant de s'installer au piano sur la scène du Monument national[23].

Arcand sera aussi un de ceux qui, très tôt, réclameront pour Montréal une véritable salle de concert et un orchestre permanent. Dans *La Presse* du 4 novembre 1922, il écrit :

> Nous ne saurions nous imaginer combien d'échecs de nos artistes, combien d'insuccès peuvent être mis sur le compte de la mauvaise acoustique. On a dépensé dans cette ville des millions pour donner convenablement des représentations de cinéma. Que ne ferait-on pas le dixième pour les arts supérieurs ? Cette salle est tellement nécessaire et tellement indispensable que l'on comprend difficilement pourquoi elle n'existe pas depuis longtemps.

Témoin privilégié, il croise plusieurs personnages célèbres ou influents de l'époque qui, par leur passage à Montréal ou au Québec, colorent la vie locale. Arcand voit ainsi « Caruso, Pavlova, Gilli, de Pachmann, Rosenthall, Cortot, Chaliapine, Jacques Thibaud, Cécile Sorel, Maurice de Féraudy, Mary Pickford, Douglas Fairbanks, la reine Marie de Roumanie, Tom Mix, Isadora Duncan, Paderewski, Mario Chamlee, Vincent d'Indy, Maurice Dupré, "gin" de Kuyper, Heifetz, Kreisler, Zimbalist, le premier ministre anglais Stanley Baldwin, Lord Birkenhead, plus princes, politiques et "énergumènes" huppés durant les années 1920. Mais tout cela n'est qu'expérience journalistique avant que mon très brillant assistant Jean Béraud me succédât à *La Presse* », écrit-il[24].

Il dira aussi avoir envoyé « un demi-gallon d'eau dans la figure de W. L. Mackenzie King lorsqu'une estrade sabordée par les conservateurs croula sur le carré Chaboillez en 1924 » et reçu néanmoins un souvenir de King – sa canne – pour lui avoir retrouvé alors celle qui lui venait de Sir Wilfrid Laurier [25].

Dans les journaux de l'époque, les articles ne sont souvent pas signés. Cette pratique permet bien sûr de conserver un certain voile sur qui sert de médiateur entre l'information et le public. Le culte du nom des reporters dans les médias est bien loin encore de s'imposer comme allant de soi. Pour les patrons de la presse, cela présente d'ailleurs l'avantage que les journalistes sont de la sorte plus facilement remplaçables ou corvéables. Pour l'historien cependant, cela rend pour le moins ardu de suivre à la trace quelqu'un comme Arcand dans son activité quotidienne au sein d'un journal. Qu'est-ce qui est bien de lui et qu'est-ce qui ne l'est pas dans les pages de *La Presse* ?

À *La Presse*, selon ses dires, il déploie « zèle et dévouement », au point qu'il réussit à faire en sorte de décupler « le chiffre des annonces d'amusements [26] ». Arcand, qui prend très tôt l'habitude de créer sa propre légende, demande toutefois à être écouté avec circonspection.

Au journal, Adrien Arcand est chose certaine fort sensible au sort de ses confrères. Comme son père, il voit d'un bon œil les avancées du syndicalisme dans toutes les entreprises, y compris la presse écrite. Aussi considère-t-il plutôt favorablement, à la différence d'un Pamphile Du Tremblay, les manœuvres qui se dessinent pour lancer un premier syndicat des journalistes à *La Presse*.

Entre 1919 et 1923, la News Writer Union tente de s'implanter comme syndicat des journalistes. Ce syndicat, malgré son nom anglais, recrute la plupart de ses membres parmi les salles de rédaction canadiennes-françaises de *La Presse* et de *La Patrie*. L'action syndicale n'a rien pour déplaire à Arcand, mais elle ne lui importe pas au point d'en devenir un militant actif comme son père. Du moins, pas tout de suite.

Arcand s'engage plutôt, en 1923, comme soldat réserviste dans le régiment de Châteauguay de la Milice royale du Canada,

Officier de réserve de l'armée de Sa Majesté, Arcand dédicace en anglais une photo à sa femme : « To my darling little wife, all my toughts and my life. »

le 63ᵉ régiment d'infanterie légère. Il connaît vite tous les officiers canadiens-français, les vrais militaires comme « les salonards traîneurs de sabre », ces hommes vêtus de leurs tuniques écarlates, parés de leurs voyants brandebourgs d'or et de sifflets d'argent qu'il évoquera quelques années plus tard en connaisseur [27]. En 1924, Adrien Arcand obtint le grade de lieutenant. Le voilà officier de réserve.

Durant la guerre de 14-18, son frère, le major Louis-Georges Arcand, s'est trouvé engagé dans les combats du front. Versé à un régiment écossais, il a combattu notamment dans les Flandres. Du théâtre des opérations en Europe, il écrivait des lettres à Adrien, toutes visées par la censure.

Avec ce frère qui a connu l'expérience terrible des tranchées, Adrien Arcand dessine l'écusson du régiment de Châteauguay. À l'aube de la Seconde Guerre mondiale, il racontera que son frère a combattu ardemment lors du conflit de 14-18, cette « autre époque pathétique[28] ».

Entre les activités qu'exige son état de réserviste et la vie agitée que suppose un travail de journaliste dans le plus important quotidien du Canada français, Arcand se plaît à s'arrêter pour se poser et lire.

À en croire son hagiographe Jean Côté, il fréquente beaucoup l'œuvre de Pascal. Peut-on vraiment imaginer Arcand placer ses réflexions dans l'axe de méditations pascaliennes ? Le scepticisme de Pascal est peut-être oublié par Arcand au profit de sa seule défense de la foi.

Jean Côté affirme aussi qu'Arcand goûte l'œuvre de Lionel Groulx. Il l'a certes lu, mais elle ne l'enthousiasma guère, même s'il partagea avec le prêtre-historien certains constats, dont celui d'un nécessaire coup de barre à donner à toute la société canadienne-française[29]. Arcand apprécie peu les fortes tendances vers l'autonomie, voire vers l'indépendance politique, qui se manifestent à différents moments dans l'œuvre de Groulx à compter de 1922.

À la différence de Groulx, Arcand ne voit aucune raison de remettre en cause l'appartenance de l'ensemble politique canadien au jeu impérial britannique. Arcand a grandi au contact d'anglophones de Montréal. Il a appris l'anglais assez jeune. Selon ses propres dires, il a tout simplement « grandi dans une atmosphère peu favorable à l'éclosion de sentiments séparatistes et anglophobes », comme si cela expliquait chez lui toute sa conception politique du Canada[30].

Groulx, il ne le résume en somme que par l'anglophobie et le séparatisme, deux variables qu'il rejette d'emblée, bien qu'il reprenne, au début des années 1930, une bonne part de la conception sociale du chanoine, alors partagée il est vrai par bon nombre de nationalistes en quête d'un chef qui pourrait sauver le peuple des affres de l'épouvantable crise économique.

Coiffé d'un chapeau haut-de-forme en poil de castor, Adrien Arcand épouse Yvonne Giguère en robe blanche le 14 avril 1925.

Yvonne Giguère en 1925. En politique, elle occupera,
avec son mari, l'avant-scène.

La jeune femme, très éprise de lui, est originaire de Québec. Elle le suivra de près dans ses différents engagements. À la différence des femmes d'Hitler, infantilisées, réduites à un rôle décoratif dans la sphère privée, Yvonne Arcand occupe volontiers l'avant-scène. Arcand l'appelle d'ordinaire « ma bourgeoise ». D'elle, il aura trois fils, Yves, Jean-Louis et Pierre.

Il faut attendre la fin des années 1920 pour voir Arcand s'intéresser de plus près au syndicalisme. À la différence de son père, c'est vers un syndicalisme catholique qu'il se tourne, donc vers un syndicalisme nettement plus à droite que celui préconisé par le Parti ouvrier.

À la fin des années 1920, il va s'employer en effet avec énergie à fonder un syndicat catholique des journalistes à *La Presse*. Il en devient le premier président. Qu'est-ce qui motive son action ? Il dira avoir voulu protéger ses « camarades contre les empiètements de cette grosse truie égoïste » de Pamphile Du Tremblay [31].

Les journalistes, autant que les typographes, lui semblent mériter une meilleure considération, tant de la part de leur employeur que de la population. Ultimement, Arcand souhaite créer une véritable corporation de journalistes, « devant laquelle il faudrait subir des examens de compétence pour être admis à la pratique active, après apprentissage ». Cette corporation fixerait des pratiques communes. Elle « assurerait aux journaux une meilleure garantie de compétence de la part des employés ; elle établirait une tradition, fixerait un standard de qualité qui ne pourrait que croître [32] ».

Une fois membres à part entière de cette corporation, les journalistes jouiraient d'un fonds de pension. Arcand entrevoit ainsi le jour où les journalistes seront mieux payés, compte tenu des services qu'on demande d'eux.

> Des salaires convenables pour ces pauvres diables qui, lorsqu'ils sont usés, perdent leur emploi et restent sans le sou devant la vieillesse. [...] Les typographes, qui travaillent beaucoup moins longtemps, qui n'ont pas de responsabilités, qui ne sont que des copistes, sont beaucoup mieux payés [33].

Arcand se fait une haute idée de la profession de journaliste. « Le journalisme est une profession honorable ; ses membres doivent avoir les moyens de l'être et de le rester. » Sa volonté de réformer *La Presse* grâce à un syndicat n'a pas l'heur de plaire à son patron, Pamphile Du Tremblay. Il est éjecté de l'entreprise au cours des premiers mois de 1929.

Arcand dira s'être fait sortir de *La Presse* « sur une pelle », pour « avoir refusé d'abandonner la présidence du Syndicat des journalistes, pendant une trêve que Pamphile avait promis de respecter, en présence du sous-ministre Gérard Tremblay et du représentant de l'Archevêché », l'abbé Boileau [34]. Arcand précise que l'archevêque de Montréal avait écrit, à la fin de l'année 1929, à Pamphile Du Tremblay « son espoir de le voir reconnaître ce syndicat ». Le directeur des œuvres sociales du diocèse, au cours d'une longue entrevue, enjoint lui aussi aux représentants du journal, Pamphile Du Tremblay et Zénon Fontaine, de reconnaître le syndicat au nom de l'humanité et de la charité chrétienne. En vain. Rien n'y fera : Arcand ne sera pas réintégré et le syndicat sera muselé.

Ce coup dur, racontera-t-il, lui vint « à l'improviste, cruel et dur, avec le résultat que ma femme et mes deux jeunes bébés souffrirent pendant six mois les effets d'une pauvreté abjecte, douloureuse [35] ». L'électricité et le chauffage lui furent coupés. Ses enfants, dira-t-il dans un de ces grands élans tragiques dont il a le secret, ne purent alors recevoir que de l'eau sucrée réchauffée par la chaleur des mains...

Ainsi congédié brutalement, Arcand est forcé de suspendre indéfiniment les activités de son syndicat. Il en reste théoriquement président, mais toute action, toute réunion et toute contribution cessent. Aussi bien dire qu'un premier syndicat des journalistes de *La Presse* a été assassiné le jour où Arcand en a été chassé. À *La Presse*, c'est moins un homme que l'on congédie alors que le syndicalisme lui-même.

Arcand n'est pas le seul à avoir été chassé ce jour-là du quotidien de la rue Saint-Jacques pour ses activités syndicales. Hervé Gagné perdit en même temps que lui son emploi. Le portrait que trace Arcand de ce compagnon d'infortune est plein d'emphase et d'excès, selon le style qui lui est typique : « Le jeune Gagné, qui eut le même sort que moi, au même moment, pour les mêmes raisons, en mourut en moins d'un an, n'ayant pas eu la force morale de supporter le coup. Sa femme, crevant de faim, chercha ailleurs de quoi subsister, le cœur lui déchira, il se noya dans l'alcool qu'il put trouver [36]. » Ce portrait dramatique est bien exagéré, comme souvent lorsqu'Arcand se prend à en tracer un. À la suite de sa mise à pied, Hervé Gagné devint plutôt l'un des premiers directeurs de l'information de l'hebdomadaire *L'Illustration* [37].

Dans une lettre datée du 11 juillet 1939, on comprend qu'Arcand a conservé à jamais, à la suite de ces événements difficiles, une haine féroce contre Pamphile-Réal Du Tremblay. C'est en vérité le tournant majeur de sa vie que d'avoir été chassé de *La Presse* : une bonne part de son action par la suite tire ses origines de cette injustice dont il a été victime. Il le dira lui-même :

> Ce que Pamphile m'a fait, dans les circonstances particulières d'alors, fut un événement capital de ma vie, d'une brutalité qu'il n'est pas permis à un être humain d'oublier et de laisser sans suite ; non pas que je croie en la vengeance, mais en la justice immanente, cette eau pure qui désaltère de grandes soifs morales et sans laquelle la vie humaine vaudrait mieux de ne pas être connue.

Jusque-là bien insérée dans des cadres sociaux reconnus (journalisme, syndicat catholique, journal bien établi, famille), sa vie se brise du jour au lendemain. Le jeune journaliste se voit privé des repères propres à guider sa vie dans la société. L'humiliation vécue à *La Presse* le pousse vers d'autres types d'actions militantes, résolument plus engagés politiquement.

En août 1929, Arcand fonde un journal satirique, *Le Goglu*. L'aventure du Arcand auquel s'intéressent d'ordinaire les historiens commence ici.

CHAPITRE 2

LES GOGLUS

*Goglu : L'un de nos oiseaux chanteurs, et, au figuré, un gaillard
aimant à rire, un mauvais plaisant, un hâbleur.*

SYLVA CLAPIN, *Dictionnaire canadien-français*, 1894

Pour lancer *Le Goglu*, Arcand s'associe à Joseph Ménard,
fils rondouillard d'un imprimeur typographe. Son père
Adjutor Ménard se fait vieux et c'est lui, Joseph, qui oriente à
sa manière l'entreprise à titre d'administrateur de l'atelier. En
complément des activités de l'imprimerie, l'énergique Joseph
Ménard souhaite se faire éditeur de journaux. Il manifeste aussi
le projet de lancer un mouvement de type patriotique qui serait
appuyé par un journal militant à grand tirage. Il reconnaît tout
de suite en Arcand le journaliste qu'il lui faut. À eux deux, sur
l'impulsion d'Arcand, ils mettent sur pied *Le Goglu*.

La nouvelle entreprise est installée dans l'imprimerie de
M. Ménard et de ses fils, Léo, Ludovic et Joseph, en plein quartier chaud de Montréal, au 987 boulevard Saint-Laurent, artère
principale de la ville. L'atelier de la famille Ménard est situé non
loin de celui de *La Presse*, à la limite d'un quartier cosmopolite
qui inquiète autant qu'il fascine. Le boulevard Saint-Laurent
conduit directement au port, aussi bien dire au monde. Sur ce
boulevard, selon une description extravagante d'Adrien Arcand,
« on trouve des maisons de jeu chinoises, des bouges de nègres,

de Grecs, des coupe-gorge slaves, des nids d'apaches bulgares, des traiteurs orientaux, de nauséabonds restaurants palestiniens, des écumoires d'ex-bagnards européens, des importateurs de diamants de Chicago et des trous à bonne aventure de toutes les couleurs et de toutes les odeurs, où les majors de la Milice canadienne vont souvent se faire taper de 50 cents [1] ». *Le Goglu* est installé là, sur cette rue que l'on surnomme la *Main*, artère battante du tout-Montréal nocturne, avec ses tripots et sa prostitution de bas niveau.

Dans l'aventure du *Goglu*, Joseph Ménard joue le rôle d'un associé fidèle qui sait fournir à Arcand les moyens pour diffuser ses idées. Vendu pour cinq sous chaque dimanche, *Le Goglu* est soutenu par de petits annonceurs. Les réclames de dentistes, de médecins, d'assureurs, de pharmaciens, d'au moins un théâtre de quartier, puis de divers petits commerces assurent la parution du journal. On trouve même quelques réclames d'annonceurs plus importants, comme les alcools des distilleries de la famille Bronfman. Les Bronfman cesseront cependant de soutenir *Le Goglu*, comme bien d'autres annonceurs, dès lors que le journal se transformera en un pamphlet marqué au fer rouge de l'antisémitisme le plus brûlant.

Le premier numéro du *Goglu* date du 8 août 1929. Arcand conçoit et rédige entièrement seul ce journal satirique composé en gros caractères aux formes bien nettes qui font songer aux réclames les plus modernes de l'époque. Sa devise définit à elle seule une sorte de programme initial : *Rions bien, nous mourrons gras.*

Le Goglu compte huit pages au format tabloïd, imprimées en noir et blanc. Tous les articles et toutes les collaborations éventuelles sont signés sous le pseudonyme d'Émile Goglu. Petit oiseau chanteur d'Amérique appartenant aux passereaux, le goglu est entendu au sens figuré, du moins au Canada français, comme un gaillard aimant à rire, un mauvais plaisant, un railleur.

Ce « journal humoristique », comme il se définit lui-même en sous-titre, est à situer dans la longue tradition des feuilles satiriques du XIXe siècle canadien. À cette époque, ces journaux de diverses tendances étaient alors très nombreux au Canada français comme en France. Au début du XXe siècle, dans l'entre-deux-guerres, ils connaissent une certaine recrudescence de popularité, au point que l'on voit des titres renaître de leurs cendres. *Le Canard*, fondé par Hector Berthelot en 1877, recommence à publier, tout comme *Le Charivari*, un « *journal pour rire* » qu'avait animé en 1868 Jean-Baptiste Côté. Au printemps 1930 paraît le premier numéro du *Taureau*, « *journal humoristique* » anti-houdiste qui ressemble assez au *Goglu* par son allure générale, même s'il le combat. Le jeune caricaturiste Robert LaPalme tente pour sa part de lancer *Zut*, feuille éphémère. La liste de ces journaux qui savent piquer le pouvoir en place par le biais de l'humour et du dessin pourrait être allongée. Retenons seulement que *Le Goglu* est loin d'être seul dans son genre.

Dans *Le Goglu*, on trouve plusieurs caricatures dont la qualité graphique, d'abord assez quelconque, s'améliore quelque peu au fil des numéros. Elles sont pour la plupart l'œuvre d'Albert Labelle, qui signe sous le pseudonyme d'Al Goglu des dessins qui ne seront bientôt orientés qu'à partir de propositions antisémites. On trouve aussi dans le journal quelques photomontages sommaires, voire de banales photographies coiffées de légendes farfelues : voici un porc-épic qui a soi-disant la frousse, voilà trois sœurs obèses en visite à Montréal, un Henri Bourassa sans barbe, un Mackenzie King hirsute... En somme, de l'humour au premier degré, sans plus. Voilà comment on pourrait résumer les premiers numéros du *Goglu*.

En première page, le plus souvent, on trouve le récit fabulateur de scènes de crimes imaginaires poussées jusqu'au dernier ridicule. Ces textes se veulent des caricatures des journaux sensationnalistes du temps. Pour se moquer du journalisme à sensation, Arcand le reproduit en négatif et provoque l'amusement général. Les « exploits vus dans un carnage », sous la plume d'Arcand, sont plus distrayants encore que ces véritables relations de tragédies barbouillées de sang qui font vendre de la copie.

C'est d'abord par le biais d'un tel humour qu'Arcand fait valoir ses positions politiques et entend désormais gagner sa vie dans la presse. Le *Goglu* se veut moins sérieux que *Le Miroir*, un autre hebdomadaire du dimanche que le duo Arcand-Ménard lance en décembre 1929 et auquel collaborera, entre autres, Jean Barette, futur membre du Conseil législatif, fils du député libéral de Berthier-Maskinongé, alias « Tit'Coq Barette », par ailleurs un ami d'Armand Lavergne qui lutta contre la conscription en 1917 et en qui Arcand reconnaissait un véritable modèle de jeunesse [2].

En comparaison du *Chameau*, lancé en mars 1930 comme troisième roue du fragile carrosse journalistique d'Arcand et Ménard, *Le Goglu* montre un peu plus de tenue, bien que *Le Chameau* innove dans l'histoire de la presse québécoise en proposant des bandes dessinées muettes [3]. Mais dans *Le Goglu* surtout, l'humour va vite céder place à des prises de position politique de plus en plus radicales.

Par sa plume et ses efforts, Adrien Arcand donne vie à ces trois journaux. Après quelques mois, ces feuilles se transforment en épées pour ses idées. Mais *Le Goglu*, *Le Miroir* et *Le Chameau* sont aussi envisagés comme de simples produits capables, en suscitant de l'intérêt, de le faire vivre, lui et sa famille.

Le Arcand journaliste, il faut le dire, est loin d'être dépourvu de talent. Il est de surcroît énergique comme pas un. À compter d'août 1929, dans les pages du *Goglu*, en plus du travail habituel, il se lance dans l'écriture d'un roman-feuilleton intitulé *Popeline*. Ce roman expose, avec beaucoup de verve, la misère et les travers des Canadiens français dans une suite de scènes dont certaines sont fort réussies. Popeline est une jeune femme de 18 ans, jolie brunette aux yeux noirs et scintillants, « qui avait bu à longs traits à la coupe du malheur, ce qui lui donnait un parfum féminin très capiteux ».

Dans son anthologie de *L'humour au Canada français*, publiée en 1968, Adrien Thério consacre quelques pages à ce roman-feuilleton. *Popeline*, écrit-il, prouve que la littérature

« jouale » n'est pas un phénomène des années 1960 liée à une période d'affirmation identitaire, comme on l'a longtemps cru. En cherchant bien, on se rendrait même probablement compte, pense Thério, qu'Adrien Arcand n'est pas un initiateur dans ce domaine [4]. L'éditeur et écrivain Victor-Lévy Beaulieu considéra pour sa part, au début des années 1970, la possibilité de rééditer *Popeline* à titre de roman précurseur du joual, un projet qui finit par être abandonné.

Faut-il pousser plus loin l'idée qu'Arcand ait été un pré-curseur du joual ? Dans une lettre personnelle datée de 1965, Arcand réclame en tout cas pour Louis Francœur, le Dr Philippe Panneton et lui-même la paternité même de cette façon d'errer dans les entours du langage populaire québécois. Arcand affirme qu'au début des années 1920, avec d'autres amis alors journalistes à *La Presse*, ils se réunissaient souvent chez La mère Lelarge, un restaurant où ils inventèrent, entre amis, « le terme *parler joual* et écrivîmes (peu pour ma part) selon cette inclination [5] ».

Dans *Le Goglu*, à travers des pages à saveur humoristique qui empruntent à la langue du peuple, Arcand veut s'employer à montrer le visage de « la clique qui étouffe la province ». Cette « clique » apparaît, sous sa plume, protéiforme. Les cibles changent, au gré des numéros, mais certains éléments demeurent.

Selon les propres mots d'Arcand, *Le Goglu* est d'abord et avant tout le fruit d'une réaction à son congédiement de *La Presse* par Pamphile Du Tremblay. À chaque numéro du *Goglu* ou presque, Arcand multiplie les attaques à l'endroit de Du Tremblay. Il lui reproche d'avoir « pris tous ses journalistes à la gorge » pour les contraindre, « sous menace de renvoi immé-diat », à signer une renonciation à toute idée d'union, même si le syndicat que défendaient ses deux présidents avait été « fondé sous l'égide de nos autorités religieuses [6] ».

Entre deux joyeuses saillies sans réelle importance, Arcand s'adresse directement aux ouvriers dans ses journaux. Souvent, il les met en garde contre les intentions de *La Presse* à leur égard. Ce journal ne vise, à son avis, qu'à exploiter ses lecteurs comme il exploite ses journalistes. Arcand, alias Émile Goglu, raille notamment *La Presse* lorsqu'il la voit pavoiser à l'occasion de la fête du Travail aux côtés de travailleurs syndiqués, alors qu'« elle menace de jeter sur le pavé ceux qui l'ont faite ce qu'elle est, ses journalistes, s'ils veulent vous imiter ».

Le Goglu lance sans arrêt des attaques contre *La Presse* en général et Du Tremblay en particulier. Arcand soutient qu'un journaliste débutant gagne 10 ou 12 dollars par semaine à *La Presse* tandis qu'une simple sténographe peut en gagner trois fois plus. À *La Presse*, de surcroît, « il ne faut pas écrire pour l'art ou le plaisir [7] ».

Arcand confie aux pages du *Goglu* ce qui semble avoir été sa propre histoire au quotidien de la rue Saint-Jacques : « M. Du Tremblay vous fait lever à six heures du matin pour être rendu à sept heures à son usine, et après avoir couru toute la journée à la pluie, au froid, sous la neige et le vent, il vous fait travailler presque tous les soirs jusqu'à environ minuit. Il ne paye pas le temps "extra", mais ça vous donne de l'expérience. »

Arcand reproche en outre à Du Tremblay de refuser à ses journalistes le droit de signer leurs articles. « Si vous deveniez célèbre, ça pourrait lui coûter plus cher. » Les efforts et l'engagement de longue durée ne changent pas grand-chose quant au salaire des journalistes, regrette-t-il. « Après vingt ans de service, vous voilà avec un salaire de 35 $ par semaine, c'est-à-dire 10 $ de moins que le typographe ou le pressier. »

Que faire après avoir constaté que *La Presse* flatte sans cesse les intérêts catholiques à son seul avantage, tout en refusant les principes du syndicalisme que soutient pourtant cette même Église ? « Vous partez et, grâce à votre expérience, vous fondez un journal et vous voilà directeur-propriétaire, comme M. Du Tremblay, et vous pouvez lui parler d'égal à égal, voire de supérieur à inférieur si votre journal vaut mieux que le sien. » Ces quelques phrases, publiées dans *Le Goglu* du 18 octobre 1929, résument à peu près toute l'histoire du journaliste Adrien Arcand à cette date. À la veille de la grande crise économique, le voilà donc à la tête d'une petite entreprise de presse, avec pour seules armes réelles son imagination et sa détermination.

Faut-il croire Arcand sur parole lorsqu'il affirme, dans *Le Goglu* du 19 septembre 1929, qu'il a refusé 50 000 $ offerts par Du Tremblay pour qu'il « mette la clé dans la porte » du *Goglu* ? Ce serait faire beaucoup d'honneur à la toute petite feuille d'Arcand que de tenter de la faire taire ainsi, pour une aussi forte somme. Il est en fait fort peu probable qu'Arcand ait jamais reparlé à Du Tremblay à la suite de son congédiement de *La Presse*, même s'il continue longtemps de le voir jusque dans sa soupe.

Comme Arcand l'indique lui-même en privé à Eugène Berthiaume, *Le Goglu* fait dans le « bottage de derrière de Pamphile, du premier au dernier numéro ». En fait, c'est surtout le cas des premiers numéros, où se joue une véritable vendetta contre « l'usurpateur de *La Presse* ». Les talents de propagandiste d'Arcand s'y révèlent d'ailleurs bien vite. Ses pointes répétées contre *La Presse* montrent qu'il possède indéniablement l'art de raconter une histoire et de tourner les faits – voire d'en fabriquer certains – à son avantage.

Chaque semaine, un encadré en première page du *Goglu* nargue *La Presse* ou d'autres journaux, le tout dans une volonté de faire valoir auprès des lecteurs l'excellente santé de leur journal. Arcand se garde bien sûr de communiquer les tirages exacts de ses feuilles, se contentant de reporter l'annonce de ces chiffres aux calendes grecques, selon des formules de louvoiement toutes semblables les unes aux autres : « nous le ferons bientôt connaître par une organisation officielle », « il est le plus considérable de tous les journaux français d'Amérique, après *La Presse*[8] ».

Quel est le tirage exact du *Goglu* et des autres petits journaux pilotés par Arcand et Ménard ? Impossible de le savoir. Dans les premiers numéros, Arcand a beau affirmer que le tirage est tout juste inférieur à celui de *La Presse*, ce n'est pas vraisemblable, à moins de se mettre à prendre les paroles d'un farceur rusé au pied de la lettre. L'historien Robert Lahaise, tout comme les auteurs de l'ouvrage collectif sur *La presse québécoise*, ont très certainement tort de croire que *Le Goglu* ait pu avoir un tirage de 85 000 exemplaires[9].

Le Goglu ne compte aucune équipe de journalistes. Il est imprimé dans un simple atelier et ne bénéficie pas d'un réseau de distribution aussi efficace que celui des quotidiens montréalais comme *La Presse*. Il n'a en outre aucun moyen d'accroître son rayonnement par de vastes campagnes de promotion.

Une partie de la population se régale néanmoins du *Goglu*. Le journal laisse même, dans certaines consciences, une trace profonde. Ainsi en 1995, au Salon du livre de Montréal, un vieil homme arrêta Gaston Miron avec qui je me trouvais alors pour se plaindre devant lui de la situation politique. Puis il ajouta : « Au moins, du temps d'Adrien Arcand, il nous faisait rire avec son *Goglu*. » « Vous souvenez-vous du *Goglu* ? » demanda-t-il à un Miron estomaqué. Né en 1928, Miron ne pouvait s'en souvenir, mais il fut assez catastrophé ce jour-là de constater comme moi que des gens avaient pu conserver un souvenir favorable de l'hebdomadaire d'Adrien Arcand.

Le Goglu est lu surtout à la ville, mais il circule aussi dans les campagnes. Mon grand-père, né à East Angus dans les Cantons-de-l'Est, m'a raconté que *Le Goglu* circulait, au début des années 1930, chez les paysans des environs. Comme les agriculteurs n'étaient pas riches, on se passait la feuille d'une ferme à l'autre, même si elle n'était vendue que cinq sous. Connaître les ventes du *Goglu* ne donnerait donc pas forcément une idée juste de son véritable lectorat.

Comme rédacteur de journaux, Arcand sait manier le verbe pour susciter l'attention. Laisser entendre comme il le fait qu'on a voulu le faire chanter, qu'on veut acheter son travail en haut lieu, que les tirages de son journal rivalisent avec ceux de *La Presse*, qu'ils dépassent même ceux de *The Gazette*, affirmer tout cela ne démontre en fait qu'une chose : sa soif insatiable de reconnaissance publique.

Pendant ses six premiers mois d'existence, *Le Goglu* va bien, comme en témoigne le nombre croissant de ses annonceurs. Les

perspectives de succès apparaissent assez bonnes pour que le
« numéro spécial de Noël 1929 » compte même 12 pages et
soit imprimé pour la première fois en couleur, une expérience
coûteuse qu'Arcand promet néanmoins de renouveler à quelques
reprises au cours de l'année suivante. Ce qu'il ne fera pas.

À force de lancer des flèches contre certaines figures politiques, *Le Goglu* s'attire des coups et perd des plumes. Le premier ministre Taschereau sera un des premiers à affirmer que cet
oiseau-là se vautre dans le fumier. Il ne fait pas mystère de son
intention de lui briser les ailes.

Le journal d'Arcand fait rire pour mettre de la pression,
pour attaquer. En 1831 à Paris, Charles Philipon avait, dans un
dessin célèbre pour *Le Charivari*, tracé en quatre étapes une
poire qui finit, dans la progression du dessin, par ressembler au
monarque Louis-Philippe. *Le Goglu* reprend ce même procédé
de dessin en quatre temps contre Athanase David, « le national
crétin »... Il publie aussi des caricatures qui montrent « comment une citrouille de St-Marc s'est changée en sac de ciment,
puis en symbole agricole, puis en grand homme », nul autre
que le ministre de l'Agriculture, Joseph-Léonide Perron [10]. Dans
une autre vignette, la même citrouille gogluesque se transforme
en cochon ministériel, « rempli, gavé, soufflé », puis en un sac
de ciment toujours, un produit dans lequel le ministre Perron,
homme de la ville, avait des intérêts économiques, selon Arcand.
En éditorial ou ailleurs, Arcand attaque progressivement certaines positions politiques du gouvernement libéral d'Alexandre
Taschereau.

Le ministre Perron, qui subit de tels coups de bec chaque
semaine, finit par poursuivre *Le Goglu* lorsque celui-ci affirme
qu'il a vendu à un agriculteur « un taureau pourri ». La poursuite
réclame 999,99 $, affirme *Le Goglu*. Provocateur, le journal tient
tout de suite à ajouter lui-même un cent à la poursuite, pour
faire exactement 1 000 $: « Nous nous y comprenons mieux
quand nous avons affaire à des zéros », commente Arcand [11]...
Le décès du ministre, en novembre 1930, permet à Arcand de

souffler tranquille. Mais les affaires pour le conduire devant les tribunaux ne manquent pas.

Le sous-ministre Charles Lanctôt, vilipendé plus souvent qu'à son tour par la plume d'Arcand, demande lui aussi des explications judiciaires au journal. D'autres poursuites arrivent à la rédaction par huissier. Le 31 janvier 1930, Arcand signale que son journal est victime de pressions de toutes sortes et qu'on « le bombarde d'actions judiciaires à répétition ». Mais loin de se calmer, *Le Goglu* en rajoute. Il continue de charger, tête basse, autant qu'il peut, au risque de frapper un mur.

Le Goglu croit que, pour sortir les Canadiens français de la misère, il faut batailler solidement contre le pouvoir en place et, pour s'opposer vaillamment à lui, pouvoir compter sur un chef, un homme fort, quelqu'un capable de diriger avec assurance la multitude.

> Aux heures les plus critiques, les peuples aimés de la Providence ont toujours vu surgir un sauveur pour les protéger contre le désastre, écrit Arcand. Le peuple attend avec une juste angoisse la venue de ce sauveur national dont nous nous ferons une grande gloire d'avoir été le précurseur [12].

Arcand reprend et adapte à sa manière les thèmes principaux des nationalistes de la mouvance de Lionel Groulx. Eux aussi espèrent l'arrivée d'un chef providentiel. Comme eux et comme beaucoup d'hommes d'action de l'époque, Arcand cherche dans les modèles politiques autoritaires européens une réponse à la dure crise économique qui secoue l'Occident en ce début des années 1930.

Les Goglus, nom qu'Arcand donne à ses lecteurs fidèles, ont un combat à mener, dit-il. À la fin de novembre 1929, Arcand et Ménard annoncent qu'ils fondent l'Ordre patriotique des Goglus. Ce mouvement veut travailler « à l'épuration générale, à la conservation de notre caractère de Latins, de nos coutumes et de nos mœurs, à la protection de nos droits et privilèges [13] ». L'Ordre se dit ouvert à « toutes les classes », à « tous

les groupes », mais il apparaît d'emblée d'allégeance conservatrice. *Le Goglu* ouvre d'ailleurs volontiers ses pages à un « frère
Goglu » de Québec qui lance *Le Journal*, une feuille ouvertement liée aux conservateurs.

Les animateurs de l'Ordre patriotique des Goglus précisent
que leur mouvement masculin « n'est pas un ramassis de fifis,
d'ivrognes ou de bandits, mais une association digne et respec-
table de gens honnêtes, sains, incorruptibles, de gens qui aiment
à rire, s'amuser et gogluser ». Pas de trace d'antisémitisme dans
les premiers énoncés des objectifs du mouvement. Cela viendra,
mais plus tard.

Les membres sont recrutés avant même que ne soient vraiment énoncés les convictions et le programme de ce mouvement.
Les Goglus doivent être convoqués au besoin, selon leurs quartiers. « Les chefs et les sous-chefs seront nommés, les cohortes
et les légions éliront leurs hauts officiers [14]. » Cette structure
de la cohorte et de la légion, d'inspiration romaine, sera reprise
intégralement par Arcand plus tard, lorsqu'il sera à la tête d'un
véritable mouvement fasciste. Mais les Goglus ne constituent pas
un mouvement fasciste au sens strict. Il s'agit plutôt d'un groupe
patriotique protéiforme qui cherche à se tailler une place au fil
de l'actualité politique, par des prises de position inspirées du
conservatisme et du catholicisme.

Arcand se dit très heureux de voir se « grouper une telle phalange de patriotes déterminés » au sein des Goglus. Leur travail,
plaide-t-il, doit être fait mi-publiquement, mi-secrètement [15].
Mais que comptent faire exactement les Goglus ? Les objectifs
du mouvement demeurent plutôt larges. Ils veulent assainir la
vie publique et redonner les rênes des affaires économiques aux
Canadiens français. L'Ordre patriotique des Goglus promet aussi
l'amitié et la protection à ses membres. Ils veulent encore promouvoir un plus grand patriotisme qui sera mis au service « des
vrais amis du peuple », « démasquer et expulser les profiteurs et
les exploiteurs par tous les moyens légaux » et « faire respecter
nos droits, nos usages et nos coutumes [16] ». Tout cela est orienté

vers l'action, le coup décisif à porter contre un système, et porté par une rhétorique inspirée par un certain culte du secret.

« Le moment d'agir approche, écrit Arcand, et il faudra un front uni et des rangs serrés pour l'assaut suprême [17]. » En public, Arcand va brandir à répétition la menace de faire intervenir ses Goglus, un peu comme ces hommes forts de fêtes foraines qui demandent à ce qu'on les retienne pour qu'ils ne fassent pas un malheur, tout en se retenant parfaitement eux-mêmes parce que parfaitement conscients de leurs limites.

Après quelques mois d'existence, l'Ordre patriotique des Goglus organise ses premiers rassemblements publics. Le journal annonce dès le 21 février 1930 qu'il y aura bientôt une première assemblée du mouvement à Québec. Arcand, alias Émile Goglu, accepte aussi d'aller parler à Sherbrooke, Hull, Trois-Rivières, Sorel, Saint-Hyacinthe, Valleyfield et Saint-Jérôme.

La première assemblée publique de l'Ordre patriotique des Goglus à Montréal a lieu le soir du 9 février 1930, un mardi. Arcand habite alors rue Saint-Denis, entre Carmel et Boucher. Il connaît parfaitement le cœur de Montréal, mais il est le premier surpris lorsque son organisation est obligée de refuser du monde à la porte et d'asseoir des gens jusque sur la scène, faute de place [18]. L'assemblée se tient au Monument national, boulevard Saint-Laurent. Ce beau théâtre, construit à la fin du XIXᵉ siècle selon les plans de l'architecte Joseph Venne, accueille aussi la seconde manifestation du groupe, le 3 novembre.

Le Monument national est alors au cœur de la vie intel-lectuelle montréalaise. Le lieu, ouvert à tous, accueille aussi des manifestations de la communauté juive, au grand déplai-sir d'Arcand d'ailleurs, qui réclamera bientôt, mais en vain, que la Société Saint-Jean-Baptiste, administratrice des lieux, leur ferme ses portes [19]. Arcand tentera à plusieurs reprises d'infil-trer la Société Saint-Jean-Baptiste afin d'en faire un mouvement en marge des partis politiques mais capable d'imposer un pro-gramme aux Canadiens français, de commander à la politique même [20]. Les efforts d'Arcand et des siens en ce sens resteront pratiquement vains.

Arcand en aura vite gros sur le cœur contre cette société patriotique traditionnelle. Il se moque des manifestations de la fête nationale du 24 juin qu'organise la Société Saint-Jean-Baptiste. À ses yeux, la parade démesurée à laquelle donne lieu cette célébration est inversement proportionnelle au poids réel des Canadiens français chez eux. Les fanfares, les processions de notables de quartier, les bannières et les drapeaux qui volent au vent, les ballons multicolores offerts aux passants en même temps que « des pommes de terre frites » et des « sacs de blé d'Inde » lui semblent pathétiques. Arcand méprise ces manifestations sans conséquence sur le sort direct du peuple.

> Les grands déploiements ont du bon, pour stimuler l'enthou-siasme des foules ; ils sont pénibles à voir, quand ils ne constituent qu'une parodie burlesque des faits réels, une vantardise exagérée. Que sert de défiler dans les rues comme des conquérants quand, d'année en année, on perd du terrain et on est de plus en plus conquis [21] ?

À Québec, la première assemblée des Goglus a lieu dans le quartier ouvrier de Saint-Sauveur, dans la basse-ville. Dans ce quartier, une ancienne savane non irriguée, les maisons très modestes ne sont souvent que de simples cabanes malingres et dépourvues de cheminée en brique. Pour évacuer la fumée des habitations, les résidants du quartier s'en remettent à de simples tuyaux de tôle ajustés sommairement les uns aux autres jusqu'à ce qu'ils dépassent des toits. Entre les raccords imparfaits de ces tuyaux, on peut voir la nuit les étincelles qui s'échappent et menacent de tout embraser. Arcand est profondément sensible à ces signes les plus évidents de la misère populaire.

En préparation de la première assemblée du mouvement des Goglus à Québec, Arcand se rend d'abord au Parlement en compagnie de son associé Joseph Ménard. Les deux hommes provoquent sur leur passage la surprise du personnel politique. Autour d'eux, on constate pour la première fois qu'Émile Goglu est un grand monsieur à l'air un peu sec et martial.

Le récit qu'Arcand trace à son avantage de cette visite au Parlement exprime tout à la fois son talent de narrateur ainsi que l'extrême importance qu'il accorde à son action. « En entendant sonner le mot Goglu, écrit-il, chacun pâlissait puis disparaissait derrière une porte, qui se rouvrait vingt secondes plus tard pour laisser passer dix cous allongés dont les têtes chuchotaient avec stupéfaction : "C'est lui, le Goglu ! Que diable vient-il faire ici ?" D'autres disaient : "Quelle audace ! Quel cynisme ! Il va se faire arrêter !" D'autres : "Il a l'air d'un grand frais." »

Dans un style très pamphlétaire, Ménard et Arcand commencent par constater « que ça pue et que c'est sale dans le Parlement »... Des députés en Chambre, Arcand trace un portrait caustique qui tend à faire valoir que l'institution parlementaire n'est tout au plus qu'un repaire où la dégénérescence morale prend racine pour se développer.

> Quelques députés exploraient d'un doigt distrait les profondeurs de leur nez, écrit-il ; d'autres se mouchaient en reproduisant la musique des mirlitons ; d'autres rotaient ou hoquetaient ; d'autres se vidaient une dent creuse avec une allumette ou un bout de crayon ; d'autres se rongeaient les ongles avec leurs dents ; d'autres dormaient la bouche ouverte, avec une toile d'araignée dans le creux du palais. Les yeux étaient cireux, les fronts noctambules, les paupières ridées et bien des mains étaient sales. Quant aux poses : des corps flasques comme des huîtres, effoirés dans les fauteuils, ou raides de congestion et mécaniquement pliés ; des chevelures débraillées, des jambes nonchalamment écarquillées ou passées par-dessus les bras des banquettes [22].

En somme, Arcand conclut qu'il avait raison depuis le début dans ses jugements à l'égard du jeu parlementaire : « La députation est bien ce que j'en avais dit sans la voir. »

Véritable champion de l'enflure médiatique, Arcand n'hésite pas à proclamer que les Goglus seront bientôt 100 000. Combien sont-ils pour l'instant ? 50 000, dit-il. Oui, 50 000 ! Puis le voilà, très rapidement, qui soutient qu'ils sont plutôt 200 000 ! Rien ne l'arrête. Surtout pas les contradictions. La valse des chiffres

*« En ces années de misère », un dessin signé Loulou Goglu. « Pousse-toi,
chien !... T'imagines-tu que, ces années-citte, les vidanges c'est fait
pour les chiens ?... S'il y a un beau morceau là-dedans,
tu peux être sûr que ce ne sera pas pour toi ! »*

d'Arcand est une valse à mille temps. Cette propension manifeste
à l'excès ne peut être comprise que comme l'expression d'un
dessein propagandiste. Les chiffres, chez lui, seront toujours
des hyperboles qui traduisent mieux son enthousiasme à l'égard
de ses propres idées que les forces humaines sur lesquelles elles
peuvent vraiment compter pour s'affirmer.

Le mouvement des Goglus d'Arcand et de Ménard s'inscrit
et se développe dans le cadre d'un sentiment général de déses-
poir à l'égard de la misère tant morale que physique. La crise
économique fait alors son nid dans la population. Elle est le
produit de la déroute boursière d'octobre 1929. Au Canada, elle

se fait beaucoup sentir à compter du printemps 1930. Le chômage grimpe en flèche. Il avoisine les 25 % en 1932. Pour occuper
les chômeurs, de grands travaux de construction sont lancés.
On construit entre autres le Palais Montcalm à Québec et à
Montréal, le Jardin botanique ainsi que le marché Atwater. Mais
c'est encore trop peu. Faute de pouvoir trouver des emplois convenables, les ouvriers en sont réduits à accepter des salaires qui les
confinent à la misère.

Avant que la crise économique ne prenne racine dans la
société canadienne-française, l'essentiel des pages du *Goglu* est
consacré à des histoires goguenardes où une légèreté suprême est
de rigueur. Des positions politiques se dessinent tout de même
à travers cet humour, mais on notera que le fait de les mettre
en lumière pour les analyser leur donne en fait une importance
disproportionnée par rapport à la vraie place qu'elles occupent
dans les premiers numéros du journal.

Dès le troisième numéro du *Goglu*, Arcand, alias Émile
Goglu, affirme que le tonitruant maire de Montréal, Camillien
Houde, est un homme qu'il aime :

> Je le dis avec d'autant plus d'aise qu'il n'a rien à faire avec mon
> journal, ni de près ni de loin, ni en argent, ni en abonnement, ni en
> papier. [...] Pour lui, une boîte à fumier s'appelle une boîte à fumier
> et non un « réceptacle sanitaire hermétique à excrémentations
> animales ». Les sophismes et les paradoxes de la haute science
> officielle n'ont pas corrompu son esprit, car on sait que la haute
> science change ses formules tous les cinq ans. Il incarne le bon gros
> bon sens populaire, ce qu'il y a de plus juste et de plus vrai [23].

Le 17 janvier 1930, Arcand louange Houde, toujours en éditorial. Cet homme « que la Providence a visiblement marqué
pour une destinée spéciale » sera « aussi sûrement le prochain
premier ministre qu'il est devenu maire de Montréal », écrit
Arcand. Au printemps 1930, en vue des élections municipales
du 7 avril, le journal soutient Camillien Houde et ses hommes
comme s'il s'agissait de ses propres candidats.

Arcand ne tarde pas à déchanter au sujet de Houde. L'homme lui semble trop engagé auprès de pouvoirs qu'il craint. Dès lors, ce sera un retournement complet de situation. Les caricatures qui ridiculisent Houde apparaissent soudain innombrables dans *Le Goglu*. Après la sérénade, voici la guerre ouverte, à l'occasion par journal interposé. Au *Petit Journal*, très proche de Houde, on commence à tirer à boulets rouges sur *Le Goglu*, et vice-versa. L'affaire se termine en procès, que *Le Goglu* perd.

À mesure que *Le Goglu* se politise à la faveur de la crise, Arcand reproche au maire de Montréal de servir les intérêts des Juifs. Houde, entre autres choses, avait appuyé le projet de loi d'Athanase David sur les écoles juives, ce qu'un antisémite en germe ne saurait lui pardonner [24]. *Le Goglu* souhaite bientôt envoyer Houde aux « camilliennes », nom que donne alors la population aux toilettes publiques que le maire fait construire sous le nom de vespasiennes dans les parcs afin de susciter du travail pour les chômeurs. Houde sera honni à jamais par Arcand. Il lui préfère vite Maurice Duplessis comme chef des conservateurs provinciaux.

Lorsque Duplessis, à l'automne 1932, devient chef de l'opposition à Québec, *Le Goglu* se montre très enthousiaste.

> M. Duplessis est un brillant et savant parlementaire, un intéressant et habile orateur. [...] Si M. Duplessis veut être ce que Camillien Houde a refusé d'être, le champion du traditionalisme et l'ennemi de l'esprit socialiste qui anime les libéraux intégraux du gouvernement, il pourra compter sur le plus entier appui des Goglus [25].

Arcand se montre ravi de Duplessis. Il voit dans le nouveau chef de l'opposition un homme enfin capable de renverser le gouvernement Taschereau. Duplessis, soutient Arcand en février 1933, plane dans les hauteurs, avec une dignité qui contraste avec le comportement de tous les autres hommes politiques. Il aborde, dit-il encore, « tous les problèmes vitaux de la province avec l'envergure d'un homme d'État [26] ».

Duplessis représente aussi un rempart efficace contre la montée du communisme [27]. Aux yeux d'Arcand, le communisme n'est rien d'autre qu'un ferment d'anarchisme « qui se trouve alimenté par la dépression, le chômage et la misère ».

La meilleure façon de calmer l'agitation idéologique au cœur des foules est encore de permettre à chaque famille d'améliorer sa condition, « de gagner un peu de pain », professe Arcand [28]. Selon lui, le communisme entend abolir les frontières non point pour atteindre une solidarité humaine universelle mais pour venir à bout des traditions, des coutumes et des religions, ce qui implique évidemment l'extinction des liens de la famille et du mariage, autant que celui de la propriété individuelle [29].

Peu à peu, le sérieux qui pointe dans *Le Goglu* teinte même son rire de préoccupations politiques, au point de finir par le faire disparaître presque tout à fait. Le journal humoristique cède alors la place à un pamphlet dans lequel se dessine en clair un véritable programme politique.

Le Goglu reprend le thème du retour à la terre, un thème fondamental du nationalisme traditionnel en vigueur. Il convient, dit-il, de favoriser la récupération de la terre par les agriculteurs de métier qui ont tout perdu durant la crise et qui pensent à tort trouver dans la ville leur salut. « Tous semblent s'accorder à admettre que le meilleur moyen de secourir les villes frappées par le chômage, c'est d'en libérer par le retour à la terre les cultivateurs déracinés qui y prennent la place des citadins [30]. » En éditorial, Arcand décrie sans cesse cette idée qu'il faille à tout prix et de toute urgence porter d'abord secours aux campagnes tandis que les villes étouffent [31]. Il invoque jusqu'au pape Pie XI en cette matière [32].

À entendre Arcand, alias Émile Goglu, la campagne est fertile, pittoresque, pleine de promesses. Les caricatures de son journal nous montrent des familles qui souffrent à la ville mais qui seraient, comme de raison, parfaitement heureuses à la campagne. « Chaque foyer qui se déracine de la campagne constitue une perte énorme pour la race et ajoute aux ennuis que subissent déjà

Lorsque Camillien Houde entreprend de séduire les campagnes québécoises,
Le Goglu *le montre incapable de faire vivre sa propre vache, Montréal,*
un animal amaigri mortellement par le chômage et la misère.

les villes, dont le surplus de main-d'œuvre est depuis longtemps
disproportionné [33]. »

Les solutions globales à la crise ? Les remèdes envisagés sont
toujours les mêmes. Il faut augmenter l'activité économique en
milieu rural et voir à fermer les marchés aux produits étrangers
comme à ceux des autres provinces canadiennes. C'est de cette
façon sommaire qu'Arcand considère qu'on pourra rétablir l'équilibre économique en temps de crise.

S'il y avait eu plus d'efforts pour envoyer les gens travailler
dans les campagnes, écrit-il, « il n'y aurait presque pas eu de
chômage et de misère publique [34] ». Dans ses discours, la campagne apparaît invariablement comme une panacée, ce qu'on
retrouve dans le discours de nombre de personnages publics de
l'époque, de l'abbé Lionel Groulx jusqu'à Alexandre Taschereau.

En ces temps difficiles, le premier ministre Taschereau affirmera lui-même que sa plus grande œuvre demeure ses efforts en faveur de la colonisation, au nom du retour à la terre. « Nos jeunes gens ne peuvent s'entasser dans les villes, où il n'y a pas de travail pour eux [35]. »

À l'opposé, la ville est présentée dans les pages du *Goglu* comme un cloaque recelant de multiples dangers. Elle charrie aussi bien les miasmes des maladies modernes à travers ses rues que l'ensemble des fautes morales.

> Même en temps de grande prospérité, écrit Arcand, la ville est un danger permanent pour celui qui ne peut en sortir. L'agitation, le bruit, le mécanisme, l'automatisme des métiers exercés, la tension nerveuse constante, l'instinct continuel de défensive contre les périls physiques, font du citadin une espèce d'être artificiel, dont les plaisirs sont artificiels, dont la plupart des travaux sont artificiels, dont le mode de vie est presque en tout artificiel [36].

Arcand, lui-même né en ville, plaide les vertus d'un monde campagnard qu'il ne connaît que très approximativement.

Tant mieux pour ces enfants qui, avec leurs parents, partent pour coloniser de nouveaux espaces, écrit-il.

> Au lieu de s'anéantir dans l'air vicié des villes et de devenir des automates du siècle matérialiste, ces milliers d'enfants vont grandir au contact vivifiant de la nature et grossir la population si vigoureuse, si saine et si patriotique des campagnes, la population qui forme et formera toujours le plus solide rempart pour la défense des droits et traditions de notre race [37].

Le maître des Goglus accuse l'élite politique d'avoir délibérément ruiné l'agriculture et d'avoir anéanti du même coup les efforts louables de colonisation, « afin de céder plus facilement notre patrimoine forestier aux grandes compagnies [38] ».

Plusieurs des thèmes moraux présents dans le programme des Goglus font eux aussi écho au nationalisme que professent alors les élites canadiennes-françaises. Arcand s'oppose notamment à l'idée que les enfants puissent assister à ces séances de rêves que l'on appelle le cinéma.

Le cinéma est pour lui, comme pour l'Église catholique, une source de corruption. « Qu'est-ce qu'un enfant peut prendre de bien dans un spectacle de cinéma ? Rien. Il ne peut que s'y corrompre à la basse mentalité d'Israël qui est traduite par des scènes dégoûtantes [39]. »

Crise économique ou pas, Arcand s'oppose aux mesures d'assurances sociales au nom de sa foi chrétienne et d'un combat tous azimuts à l'égard du libéralisme.

> Si l'État prend en charge des orphelins, des vieux, des infirmes, cela veut dire que le christianisme n'aura plus à s'en charger. Si l'État endosse le devoir collectif de faire les œuvres de miséricorde corporelle, cela veut dire que le christianisme n'aura plus à s'en occuper ; que chaque citoyen, appelé à penser collectivement comme le veulent le libéralisme et le collectivisme, ne reconnaîtra plus l'obligation individuelle. Si les obligations individuelles disparaissent, autant dire que le christianisme a vu ses derniers jours [40].

Au nom du christianisme, Arcand refuse donc les manifestations étatiques de charité chrétienne. L'État doit-il être poussé hors de tout, comme on peut le croire facilement à lire les énoncés généraux des Goglus ? Arcand veut au moins utiliser l'État comme une sorte de levier puissant afin de soulever le peuple au-dessus des monopoles de l'argent. Dans sa perspective politique, qui évolue peu à peu vers un corporatisme fasciste, l'État doit avoir la mainmise sur le monde du capital.

La misère populaire tient selon lui une partie de son origine des monopoles, les « trusts » comme on les appelle alors. Ces compagnies privées, il voudrait les voir nationalisées sans ménagement. En 1930, dès la première assemblée des Goglus, Arcand propose d'étatiser les compagnies privées d'électricité. Cette idée ne le quitte plus. Il revient constamment à la charge à ce sujet [41]. Il est vrai que cette idée ne lui appartient pas spécifiquement. Il n'en est pas non plus à l'origine. L'idée d'une nécessaire nationalisation des « pouvoirs d'eau » est alors partagée par des hommes

« Nouvelle politique échafaudée sur une mauvaise base ».
Le Goglu se livre à une véritable campagne contre Camillien Houde,
un ancien allié qu'Arcand a jugé vite incapable d'aider les chômeurs et
de proposer une politique efficace contre les monopoles.

de plusieurs horizons politiques, avant d'être finalement réalisée par les libéraux en 1962, sous l'impulsion de René Lévesque.

Pour Arcand, la nationalisation ne doit pas s'arrêter aux « pouvoirs d'eau », comme on dit alors. Il voudra aussi nationaliser bientôt « toutes les utilités publiques », dans le dessein d'écraser le capitalisme, ce serviteur de la démocratie maudite [42]. Arcand en a entre autres beaucoup contre la Compagnie des tramways de Montréal qui, grâce à son contrat avec la Ville et ses tarifs, tire à son avis beaucoup trop d'argent du pauvre monde [43]. De là à souhaiter sa municipalisation, comme le proposait d'ailleurs son père quelques années plus tôt à partir d'un autre programme politique, il n'y a qu'un pas.

Arcand veut plus encore du côté de la nationalisation. Le peuple étouffe, explique-t-il, parce qu'on lui a volé ses ressources naturelles, « les chutes, les pouvoirs d'eau et les forêts [44] ». En éditorial du *Goglu*, il considère que l'État doit intervenir rapidement pour soulager la misère populaire en s'attaquant aux problèmes structurels entraînés par le système capitaliste et la démocratie, vus comme les deux mamelles de la misère. « La politique doit surveiller, aider, diriger le problème économique et ne jamais le laisser à lui-même. L'État, qui doit lui-même être sain et moral, doit imposer une direction sage, saine et surtout morale [45]. »

Les analyses sommaires que livre alors Arcand dans *Le Goglu* carburent toutes au sentiment que son peuple se trouve plongé dans une infortune de plus en plus grande, un sentiment en partie parfaitement justifié en raison de la crise qui s'aggrave. Pendant plusieurs numéros, à la fin de 1931, des dessins d'une facture nouvelle, signés Loulou Goglu, entendent montrer l'effroyable réalité de ce peuple écrasé par la misère.

Pour que le peuple sorte de sa misère, *Le Goglu* croit que ce dernier doit se retrancher dans un abri moral, qu'Arcand érige en palais pour ses idées. Catholique, le journal et le mouvement goglu s'intéressent de près aux bonnes mœurs et à l'état moral du Québec. Cette morale catholique enveloppe tout, comme s'il s'agissait là d'une panacée pour résoudre les désordres économiques, en particulier lorsqu'il est question de Montréal.

Il n'est pas anodin de constater que la première vraie primeur journalistique qu'obtient *Le Goglu*, toujours apeuré dès lors qu'il est question de la ville, concerne « l'incroyable situation de la police à Montréal », selon les déclarations du capitaine Gauvin [46]. Sur ce même terrain policier, qui est celui de la répression, *Le Goglu* dénonce René Tremblay, chargé de la police dans le Témiscamingue, qualifié d'entrée de jeu de « fine canaille », qui « transige et pactise avec les voleurs, dont il se fait volontairement le complice » et qui est « un parjure à son serment d'office », « un maître-chanteur, un grossier personnage, un malappris brutal et sans éducation, une grosse bête, un... puant [47] ». Un intérêt constant pour le monde du gendarme traduit l'importance qu'accordent les Goglus aux forces de coercition sociale.

La morale est vraiment à la base de l'affirmation des Goglus sur la place publique. Arcand écrit :

> La morale publique est l'élément essentiel à considérer dans toutes nos questions nationales et l'expérience nous démontre qu'on ne saurait la trouver à la base de l'économie, si celle-ci n'est pas guidée, dirigée par une politique vraiment nationale vers un idéal national, que cet idéal soit économique ou autre.

Adrien Arcand apparaît extrêmement remué par les effets de la crise sur son peuple. Il traduit à plusieurs reprises dans ses analyses de la situation le désarroi personnel que lui cause la misère populaire. Le 14 février 1930, en éditorial, il constate une fois de plus à regret à quel point « le peuple de cette province est plongé dans une profonde misère ».

Devant les premières affres de la crise, il ne déclare pas d'emblée les Juifs coupables de quoi que ce soit, selon la logique tordue d'un « complot » qui sera par la suite la sienne. La crise, Arcand l'explique plutôt au départ par la rupture d'un équilibre qu'il veut concevoir comme naturel entre la masse et le capital. « Partout, c'est le chômage, écrit-il. Dans les campagnes, on souffre. Chacun pense à s'exiler d'une patrie qui semble ingrate. Seul le capital est prospère, seul il a de l'influence, seul il règne, achetant journaux et dirigeants à sa cause. L'équilibre normal est rompu entre le capital et la masse, c'est le chaos, le désordre économique. » Sa dénonciation du capital s'affirme totale.

Le 25 juillet 1930, il laisse entendre que la misère s'avère de plus en plus circonscrite à la nationalité canadienne-française : « Dans Québec, ma patrie, j'ai vu une race pillée, exploitée, tenue en servitude, en pauvreté, un peuple meurtri et mutilé. Si quelqu'un doit souffrir la misère et s'exiler, c'est le Canadien français ; s'il y a un chômeur, c'est un Canadien français. »

À Montréal, des hordes de chômeurs se présentent le matin devant différents chantiers publics. Dans l'espoir de trouver au moins du travail journalier, les chômeurs se retrouvent notamment devant les chantiers de l'hôpital Notre-Dame, du marché Saint-Jacques, de l'école D'Arcy McGee. Devant l'hôtel de ville de Montréal, une manifestation de chômeurs est refoulée violemment par la police, qui craint l'action subversive de communistes. En mars 1931, des émeutes de chômeurs éclatent. Des chômeurs canadiens-français qui considèrent que certains emplois leur reviennent de droit tentent alors par la force de chasser des chantiers des « étrangers » qui y travaillent. À l'hôpital Notre-Dame, des ouvriers sont gravement blessés lorsque trois ou quatre cents chômeurs décident de faire valoir leur droit au travail. La même chose se produit ailleurs dans la ville, notamment au marché Saint-Jacques, tandis que la police, cette fois, ferme les yeux[48].

Adrien Arcand se désole plus d'une fois de constater que, selon la déferlante des statistiques, les ouvriers du Québec gagnent beaucoup moins que ceux de l'Ontario pour des travaux qui rapportent pourtant de la même façon aux grandes entreprises. « Inférieurs, oui, nous le sommes, surtout dans le domaine économique. Pourtant, ne devrions-nous pas dominer, ici, nous qui n'avons que Québec pour pays, nous qui sommes sortis du sol, nourri de la poussière de nos aïeux[49] ? » Arcand à cet égard ne professe pas un discours différent des nationalistes qui en appellent aux petits gestes de « l'achat chez nous » pour résoudre un grave problème mondial.

Devant la lamentable situation économique et le peu de place accordée à l'élément canadien-français au Parlement d'Ottawa, Arcand considère que c'est dans le Parlement de

Québec qu'il faut savoir placer ses espérances. Le nationalisme défensif que soutient *Le Goglu* reprend tous les principaux éléments du discours de plusieurs figures en vue du nationalisme canadien-français, à commencer par Lionel Groulx. On est même ici à la frontière du plaidoyer indépendantiste, une ligne de partage qu'Arcand ne franchira cependant pas, à la différence de plusieurs nationalistes de la mouvance groulxienne. Arcand ne sent pas le besoin d'envisager une nouvelle structure politique puisque d'une part il se convainc des bienfaits d'une soumission politique à l'Empire britannique, et que d'autre part, il sera bientôt persuadé que la cause du malheur des Canadiens français est strictement liée à l'existence des Juifs.

À la différence des autres mouvements nationalistes, Arcand va ainsi développer peu à peu une pensée qui, au nom de la préservation de l'Empire britannique, repose et se structure entièrement sur l'affirmation d'un racisme et d'un antisémitisme. Si ces variables sont présentes dans d'autres discours nationalistes de l'époque, elles n'en sont pas l'armature de base, comme c'est vite le cas chez Arcand. La haine des Juifs apparaît essentielle à toute son argumentation. Chez lui, l'antisémitisme devient presque une religion. À l'entendre, tout s'explique par l'existence des Juifs, y compris les crimes les plus violents : « Les autorités locales de la police vous diront que les plus dangereux manieurs d'armes à feu, "hold-up men", pickpockets et filous de Montréal sont des Juifs [50]. » Évidemment, comme toujours, tout cela ne repose sur rien, sinon des croyances et des fabulations qui ne s'embarrassent d'aucune logique. Arcand s'emploie bien vite à tisser, selon la trame du complot, des liens inextricables entre sa haine croissante des Juifs et sa haine du bolchevisme [51]. Les Juifs – qui selon lui adorent l'argent au point de monopoliser la finance entière – se tiendraient par ailleurs derrière ceux qui tentent de renverser le modèle capitaliste ! Chez Arcand, comme chez tous les antisémites, on n'en est jamais à une contradiction près.

Un antisémitisme d'inspiration toute religieuse se retrouve couramment dans les sociétés catholiques de l'époque, soumises à une rigidité doctrinale qui laisse peu de place à l'existence de l'Autre, ce non-catholique voué aux enfers. Des traces de cet antisémitisme d'inspiration catholique se trouvent dans les premiers numéros du *Goglu*. Cependant, l'antisémitisme virulent et systématisé en doctrine qui sera la marque d'Arcand apparaît et se développe plus tard, à un moment bien précis. L'antisémitisme correspond d'abord chez lui à un opportunisme qui se mute rapidement en une profonde conviction dont les racines nourriront bientôt toute sa pensée.

Dans *Le Goglu*, des écrits antisémites paraissent à un rythme soutenu seulement à compter du début de l'année 1930. La crise des écoles juives fait alors rage. En mars 1930, le gouvernement Taschereau propose la création d'une instance publique consacrée en propre à l'éducation des Juifs. Sous forme d'un projet de loi soutenu par Athanase David, la mesure vise ni plus ni moins que la création d'une nouvelle entité confessionnelle dans un système scolaire déjà partagé entre protestants et catholiques. L'idée même de cette mesure soulève immédiatement une vive controverse.

Comment instruire les jeunes Juifs dans leur confession, se demande leur communauté, si la loi interdit d'obtenir pour eux des écoles confessionnelles ? Pour financer un système scolaire parallèle qui ne soit ni catholique ni protestant, le gouvernement doit instaurer une taxe non confessionnelle dont une partie doit servir à payer l'instruction des non-catholiques et des non-protestants. La répartition des sommes crée des insatisfactions. Protestants et catholiques se demandent par ailleurs s'il convient vraiment d'accorder des droits historiques à une communauté dont l'enracinement rapide à Montréal leur fait craindre la naissance d'une société en marge de la belle société canadienne telle que son élite se la représente.

Chez les catholiques, l'épiscopat s'alarme. Le cardinal Rouleau dénonce les intentions du gouvernement. Il s'oppose aux autorités civiles au nom de la mainmise religieuse sur l'éducation. Il est suivi par Mgr Courchesne de Rimouski, Mgr Decelles de Saint-Hyacinthe, Mgr Comtois de Trois-Rivières, Mgr Ross de Gaspé et Mgr Brunault de Nicolet. Ils écrivent tous au premier ministre pour se plaindre du projet de loi que tente de faire cheminer le gouvernement libéral comme solution à la crise des écoles.

La bataille se transporte dans les journaux et sur la place publique. Chez les ténors du nationalisme canadien-français, on se déchire. Henri Bourassa, le fondateur du *Devoir*, déclenche des discussions animées lorsqu'il soutient que la minorité juive peut à son sens bénéficier au Québec de droits scolaires semblables à ceux réclamés par les minorités canadiennes-françaises dans le reste du pays.

Devant la controverse, un projet de loi remanié est rédigé. Le « Bill David » est adopté le 4 avril 1930 dans le but de créer pour les Juifs de l'île de Montréal un système d'écoles confessionnelles comme en possèdent déjà les protestants et les catholiques. Que la portée de la législation ne touche que l'île de Montréal et que le gouvernement veuille bien rencontrer les évêques pour s'accorder sur quelques principes n'empêche pas la crise de gagner bientôt de l'ampleur. Le mécontentement est général.

L'idée d'un système scolaire confessionnel pour les Juifs suscite une intense répulsion chez nombre de catholiques. À l'archevêché de Montréal, le cardinal Rouleau et Mgr Gauthier estiment tout simplement que le gouvernement se montre anticlérical. Rien de moins. Le premier ministre Taschereau et Athanase David ont beau tenter de contenir les craintes du clergé, rien n'y fait. Rien ne va plus.

C'est alors qu'Arcand s'en mêle. Il se lance à fond de train dans une dénonciation des écoles juives. Réduire en cendres l'idée même de ces écoles ne lui suffit pas. Il lui faut bien vite écraser les Juifs eux-mêmes.

Selon l'historien Robert Rumilly, Arcand est alors approché par le clergé pour combattre le système des écoles juives favorisé par le gouvernement Taschereau [52]. Arcand dira en effet plus tard avoir obéit à une commande de l'Église, sans pour autant en donner de preuves écrites.

Dès le mois de mai 1930, Arcand publie son premier article radicalement antisémite : « Pourquoi le sémitisme est un péril ». Suivra une suite de textes du même ordre dont les titres annoncent déjà la teneur : « Comment procède le sémitisme [53] ? », « La parole divine et les Juifs [54] », « Le sémitisme persécuté et persécuteur [55] ». Dans les mois qui suivent, ses attaques contre les Juifs et le gouvernement de la province de Québec se font désormais incessantes. De journal « humoristique », *Le Goglu* se transforme en un véritable propagateur de haine.

Au-delà d'un intérêt du moment suscité par la crise des écoles juives, pourquoi l'antisémitisme jusque-là assez diffus d'Arcand précipite-t-il soudain en une haine fulminante des Juifs qui lui servent dès lors de seul système d'explication du monde ? Pourquoi Arcand devient-il ainsi l'esclave absolu de véritables délires antisémites ?

En quête de solutions aux affres de la crise, Arcand s'intéresse alors de plus en plus près à divers mouvements internationaux de droite. En cette époque troublée, il n'est pas étonnant qu'il en soit vite venu à croiser sur son chemin les porte-drapeau le plus radicaux de l'antisémitisme qui, à la manière d'Hitler dans son *Mein Kampf*, conjuguent dans les termes les plus délirants la situation du monde avec l'existence même des Juifs, tenus pour monstrueux, vicieux, cupides.

Dans *Le Goglu*, les Juifs sont du jour au lendemain assimilés avec beaucoup d'insistance à des figures barbares, capables de tuer, dans un dessein proprement cannibale, des milliers de personnes. Que deviendrait le monde s'il devait être laissé plus longtemps à des bêtes semblables, demande inlassablement Arcand ? À compter du printemps 1930, soit une vingtaine de mois seulement après le lancement du *Goglu*, tous les journaux de Ménard et Arcand reprennent peu à peu des extraits ou des conceptions issus de la littérature antisémite internationale la plus virulente. Ils apprennent à jouer des grandes orgues de la haine.

Arcand dira, quelques années plus tard, avoir alors reçu l'aide de Lord Sydenham of Combe pour développer sa pensée d'extrême droite. Lord Sydenham est un militaire anglais qui, après avoir servi dans des campagnes en Égypte et au Soudan, professe après la Grande Guerre une haine féroce du communisme qu'il couple avec un antisémitisme virulent [56]. Lord Sydenham est entre autres l'auteur du *Problème juif mondial*, un texte antisémite que reprend Arcand. Le respect que voue Arcand à cet antisémite anglais ne fait aucun doute. À l'annonce du décès de Sydenham, *Le Miroir* et *Le Goglu* saluent la mort de cet homme qui, affirment-ils, « fut l'un des premiers lecteurs assidus du *Miroir* à l'étranger, le fit connaître dans plusieurs cercles importants et fut le sage inspirateur d'une foule de publications dans plusieurs pays [57] ».

À en croire Arcand, dont les liens avec l'étranger en matière d'antisémitisme deviennent vite très nombreux, c'est même à travers Lord Sydenham que se seraient d'abord développées ses relations avec tous ces fascistes anglais qu'il estimera tant. À sa mort en 1933, Sydenham est couvert d'éloges qui rejaillissent sur les Goglus eux-mêmes. « Les Goglus, qu'il se plaisait à appeler des "*stalwart and incorruptible fighters*", perdent en ce vénérable patriote un ami et un inspirateur », peut-on lire dans le journal [58].

Arcand prétend que l'antisémitisme est nécessaire en raison même de la structure politique du Canada. Il adhère à l'idée selon laquelle le Canada de 1867 est le fruit d'un « pacte » conclu entre deux nations. Cette vision, battue en brèche par la réalité juridique à la fin du XXᵉ siècle, est alors dominante au Canada français. Il l'interprète à sa guise. Selon cette conception, il existe deux entités sociologiques, l'anglaise et la française, sur lesquelles s'articule le pays lui-même. Cette « conception de partenaire, acceptée de part et d'autre » est, selon Arcand, la seule base sur laquelle obtenir des droits pour les Canadiens français, « surtout dans le domaine économique [59] ». En même temps, sur la base de cette position dont il accentue l'étroitesse, Arcand affirme que « reconnaître à la race juive une entité officielle, c'est violer le pacte de la Confédération, c'est sacrifier nos droits, c'est nous obliger à reconnaître officiellement comme entités nationales tous les autres éléments polonais, grec, syrien, russe, serbe, allemand, qui pourront le demander par la suite [60] ». D'un simple problème de droits individuels, tel qu'il le présente initialement, Arcand a vite fait de faire un problème de race et de haine.

Reconnaître aux immigrants des droits à titre de minorité, soutient Arcand, annihile les droits premiers de ceux issus du sol natal :

> En conférant à ces colonies, à ces groupes ethniques, le titre de minorité, [Henri] Bourassa a travaillé contre nos droits nationaux exclusifs, et a concouru à les faire partager. Et toutes les écoles de philosophie s'entendent sur ce postulat que : le partage d'un droit exclusif équivaut à son annulation [61].

Arcand déteste profondément la pensée du fondateur du *Devoir*, d'autant plus qu'elle manifeste à plusieurs reprises, à cette époque précise, une certaine ouverture à l'égard de la communauté juive. En 1935, tout particulièrement, Arcand n'a de cesse de maudire Henri Bourassa dont les avis lancés sur la place publique le désespèrent. Il voit d'abord et avant tout en lui le petit-fils du révolutionnaire Louis-Joseph Papineau, le chef des soulèvements de 1837-1838, « qui travailla à faire émanciper ici la race juive, qui ne pouvait être une minorité nationale ». Arcand associe les soulèvements de 1837-1838 à des positions strictement condamnables qui anticipent celles des communistes de Moscou [62]. Pourtant, d'autres groupes aux forts accents fascistes, comme les Jeunesses patriotes ou le groupe formé autour de *La Nation* de Paul Bouchard, exprimeront au contraire beaucoup de respect à l'égard des révolutionnaires de 1837-1838, du moins en ce qui concerne leur volonté d'émancipation nationale.

À Québec, le promoteur principal en Chambre du projet de loi sur les écoles juives, le député Peter Bercovitch, fait l'objet d'attaques répétées de la part d'Arcand. La colère à son endroit est terrible. Les fascistes estiment que la province de Québec est livrée aux Juifs. Arcand parle de trahison jusqu'à en avoir l'écume à la bouche. Il en appelle à l'Église. Devant des hommes qui, tel Papineau, proposent une plus grande ouverture à l'Autre, Arcand se tient bien droit, en selle sur la monture de l'antisémitisme. Il n'en descendra plus.

Sous la plume d'Arcand, le Juif incarne aussi bien les dangers du communisme que ceux de la finance. Et relativement à la question écononique, il n'est pas bien loin, au fond, des positions des nationalistes. Comme eux, il soutient une campagne d'« achat chez nous » à titre de solution aux affres de la crise. Le polémiste voit dans cette défense improvisée du petit commerce, en particulier la défense de l'épicier du coin de la rue, une sorte d'exemple mythique de la façon dont le Québec pourra retrouver sa vigueur économique. Semaine après semaine, il en appelle donc à la défense des intérêts du petit épicier de quartier. L'organisation de coopératives de toutes sortes pourrait selon lui constituer aussi un élément de solution économique à la crise.

Aux membres de l'Ordre patriotique des Goglus, Arcand présente le sort des petits épiciers comme exemplaire de celui qui attend l'ensemble de la population si elle continue de succomber à l'attrait de grands empires du commerce.

Son argumentation est simple, pour ne pas dire simpliste. Le lait et le pain, explique-t-il, sont désormais vendus trop cher parce que les trusts de l'alimentation ont fait fermer les boulangeries et les laiteries. Il en sera de plus en plus ainsi parce que les petites épiceries sont victimes de la pression des chaînes d'épiceries. Soutenir les épiciers indépendants du coin correspond donc au « premier pas vers le relèvement économique des nôtres [63] ». Libérez l'épicier des contraintes des grands groupes, clame Arcand au nom des Goglus, et ce sera même un premier pas de fait du côté d'une libération nationale !

Naturellement, l'épicier honnête est vite opposé à la figure inique du commerçant juif qui hante l'imaginaire antisémite.

Dans cette campagne pour la reprise en main du petit commerce, Arcand réclame qu'on ne donne « pas un sou aux pouilleux ! » étant entendu que ces « pouilleux » sont des Juifs [64].

Si un Juif possède un commerce, affirme Arcand, il faut l'expliquer « par sa malhonnêteté et non par son habileté [65] ». Les Goglus, tout comme plus tard les militants de son parti fasciste, favoriseront, comme dans l'Allemagne nazie, toutes les mesures capables de nuire aux commerces détenus par des Juifs. Bientôt, ils utiliseront même contre les vitrines de ces commerces de tout petits collants frappés d'une croix gammée qui lancent aux clients potentiels des messages dissuasifs. Cette campagne de boycottage est encouragée dans toutes les régions du Canada.

À la différence des commerçants juifs d'Allemagne, ceux du Canada sont au moins protégés par des lois. Ils n'en subissent pas moins des charges de la part des partisans d'Arcand, ce qui force certains à recourir aux tribunaux.

À Ottawa, un policier d'origine belge, Jean Tissot, fils de parfaits catholiques, s'en prend en particulier aux affaires du commerçant A. J. Freiman, en plus de distribuer de la propagande antisémite avec l'appui de certains notables et le soutien tacite d'une presse catholique bien-pensante. Mais sa principale victime, A. J. Freiman, ne se laisse pas faire et entreprend contre lui une riposte juridique musclée.

Tissot se lance en politique comme candidat sous la bannière du Parti anticommuniste, ouvertement fasciste. Il a beau être soutenu par les journaux d'Arcand ou des membres locaux de l'Ordre de Jacques-Cartier, il n'obtient finalement aucun véritable succès. L'Ordre de Jacques-Cartier, une société secrète lancée en 1926 pour défendre la cause des francophones d'Amérique, comptera parmi ses membres plusieurs militants d'Arcand [66].

En 1935, Tissot est finalement dénoncé sur la place publique pour ses gestes et ses paroles. Il est conduit à démissionner de ses fonctions. On lui fera même un procès pour libelle. Les campagnes de nationalistes et de fascistes outrés qui se portent à sa défense n'y changent rien : le voilà sans emploi, battu sur toute la ligne.

Tissot est forcé de trouver refuge, grâce à quelques relations, dans un nouveau monde alors à peine colonisé, un Far West québécois qui a pour nom Abitibi. Il devient, là-bas, le chef de police de Rouyn. Dans ce monde neuf où plusieurs immigrants travaillent aux mines, il pourchasse quelque temps les communistes et poursuit ses lubies antisémites avant d'être congédié [67].

Aux yeux de partisans d'un régime autoritaire tels que Jean Tissot, le Juif correspond à un sous-homme, peu importe les convictions qu'il affiche. Il se mérite un mépris encore plus grand que celui que suscitent les Indiens, ce qui n'est pas peu dire. Arcand en appelle d'ailleurs à la solidarité nationale pour se débarrasser des Juifs au même titre qu'on a repoussé les « rebelles », qu'ils soient américains ou indiens.

> Lorsque nos pères sont venus coloniser et développer ce pays, ils ne craignirent jamais de se battre comme des preux contre les hordes envahissantes, soit des Peaux-Rouges, soit des rebelles américains, pour conserver leur souveraineté dans leurs domaines. [...] Lors que vinrent les Juifs, déchets repoussés par toutes les races d'Europe, plus corrupteurs et plus dégradés que n'importe quelle catégorie de Peaux-Rouges, inconvertibles au sens national ou au christianisme du pays, ils furent reçus à bras ouverts [68].

Si Arcand, à l'instar d'une large partie de la population canadienne de l'époque, a toujours considéré les Amérindiens comme des « incivilisés » et des « arriérés », il n'en salue pas moins le courage de ces premiers fils de l'Amérique, par comparaison avec la moutonnerie des Canadiens français. « Ceux que l'on appelle sauvages ont encore beaucoup plus d'amour-propre, de fierté, de courage et de vaillance que bien des Canayens [69]. » Ainsi, l'Amérindien suscite l'admiration d'Arcand lorsque ce dernier le voit capable de bouillonnements sanguins et d'un courage lié à l'amour-propre plus important que celui des Blancs. C'est le cas lors de la construction du pont de Lachine où Arcand cite les Autochtones en exemple.

Dans son édition du 6 janvier 1933, *Le Goglu* constate avec enthousiasme que les travaux de construction du pont

« Les Indiens de Caughnawaga sont plus fiers que bien des Canayens »,
proclame Le Goglu *dans un mélange d'admiration et de mépris*
pour les Mohawks, les anciens Agniers de la Nouvelle-France
désormais associés à la force aryenne représentée par la croix gammée.

de Lachine, du côté de la réserve de Caughnawaga, aujourd'hui
appelé Kahnawake, ont été suspendus à la suite d'un soulèvement
des Iroquois, ceux que les Canadiens français appellent encore
à l'époque les Agniers. À l'occasion d'une véritable bagarre, les
Iroquois ont alors eu le dessus sur les travailleurs du pont. Ces
Amérindiens, estime Arcand, ont raison de reprocher à l'entrepreneur d'utiliser des Polonais et des Ukrainiens payés des salaires
de misère alors qu'eux, souvent spécialisés dans la construction
des armatures d'acier, sont laissés entre les dents de la misère et
du chômage à deux pas du chantier.

Dans une représentation illustrée de la charge des Iroquois
contre les travailleurs du pont Mercier, *Le Goglu* projette sur
les Amérindiens l'expression de ses propres idées. Le corps
presque nu, ces Iroquois représentés par le journal portent des
éléments de costumes traditionnels. Ils sont armés de bâtons et de

tomahawks, mais sont surtout ornés de peintures de guerre qui intègrent le swastika. Leur allure énergique et noble contraste fortement avec les visages écrasés de leurs adversaires, qui présentent plutôt les traits caricaturaux des Juifs de la presse antisémite : visage hideux, sourcils en bataille, nez proéminent et lèvres lippues.

Bien qu'il n'estime pas les Amérindiens *a priori*, *Le Goglu* les représente tout de même comme des hommes purs, des Aryens capables de défendre leurs intérêts au nom d'une idéologie fasciste comprise de façon quasi innée. C'est une conception semblable des Amérindiens en tant que nobles hommes sauvages qui les fera tant estimer par le régime hitlérien. Les nazis allemands déclareront des Sioux membres honoraires de la grande famille aryenne. Des groupes nazis américains, comme le Bund, les Silver Shirts et les Militant Christian Patriots, entretiendront eux aussi des liens très chaleureux avec certains groupes amérindiens [70]. Les fascistes américains considèrent que la volonté du gouvernement d'annihiler les droits individuels des Amérindiens au profit d'une logique de la réserve correspond à une forme d'implantation du communisme qu'il faut combattre.

Si la croix gammée apparaît dans *Le Goglu* sur ces caricatures d'Amérindiens, elle n'est pas pour autant utilisée comme principal symbole du journal ou de ses partisans. L'emblème de l'Ordre patriotique des Goglus est plutôt un blason du Moyen Âge, fendu d'une croix. Aux quatre coins, on trouve la feuille d'érable, le lys, la rose et le chardon, des symboles canadiens, français et anglais. Le tout est surmonté d'un casque de fer et d'une cuirasse de chevalier sur lesquels s'est posé un petit oiseau, un goglu. La devise ? *Semper servire*. Toujours servir. La croix gammée ne viendra qu'un peu plus tard dans les symboles utilisés par Arcand, dans une autre phase de radicalisation de sa pensée politique. *Le Goglu* n'en salue pas moins l'emblème du national-socialisme allemand, puisque « le swastika de Hitler veut dire "Mort aux Juifs" [71] ».

Durant les premiers temps de leur existence, la pensée des Goglus est composite et s'apparente beaucoup aux positions traditionnelles des nationalistes canadiens-français. Réal Caux, dans une étude réalisée en 1958, le signale déjà à juste titre. Même si Arcand se défend d'avoir été inspiré par les idées des nationalistes, il en partage, du moins tout au début des années 1930, presque toutes les valeurs. Seule la façon d'exposer cette pensée varie. Arcand utilise un style populiste à l'extrême, qui met aussi à profit les ressorts de l'humour. Puis, assez vite, cette pensée va être irrésistiblement attirée vers la frange extrême de la droite internationale.

Avant 1930, il n'y a qu'une rare mention de Mussolini dans un éditorial d'Arcand, et c'est par la bande qu'il est question du dictateur italien. *Le Goglu* des débuts ne peut être analysé par une mise en correspondance point par point avec le fascisme, encore moins avec le nazisme allemand. Mais à compter de 1930, on voit vite se multiplier les références au fascisme à l'italienne, alors populaire au Canada français en partie parce que le Duce a signé avec le Vatican des accords de coopération. « Le fascisme a le conservatisme pour père et l'absolutisme religio-national pour héritier », écrit Arcand afin de situer sa pensée [72].

La figure d'Hitler devient elle aussi très présente dans les pages du *Goglu* et du *Miroir*. En mars 1932, *Le Miroir* est heureux de constater l'ascension fulgurante d'Hitler dans le ciel de la politique allemande, en raison de sa haine des Juifs : « Pour la première fois dans l'histoire moderne, un gouvernement va forcer officiellement l'exil des Juifs, écraser leur puissance et sauver le ralliement du front politique chrétien dans le monde [73]. »

Dans son édition du 5 août 1932, *Le Goglu* se montre très enthousiaste devant les résultats électoraux du parti d'Hitler lors des élections générales en Allemagne. Partout, explique-t-il, « l'avenir est aux groupes extrémistes de droite [74] ». À la fin de cette année-là, Arcand applaudit plus que jamais devant la montée de l'antisémitisme en Allemagne, en Angleterre, dans la Roumanie de Cuza, en Pologne aussi, de même qu'en Hongrie et dans les pays scandinaves. Plusieurs journaux d'extrême droite arrivent de partout aux bureaux du *Goglu*, parmi lesquels on trouve *Nationen*, *Var Kamps* et *Tidskrift*. Arcand se réjouit aussi de voir autant de journaux préparer partout « les nouveaux partis nazis à de grands succès [75] ».

La mise en œuvre des vues d'Hitler lui apparaît en un mot providentielle. « C'est le commencement d'une ère de libération comme l'histoire du monde n'en a pas encore vue. » Pour frapper partout les Juifs, Arcand propose d'en arriver au plus vite à une union internationale des droites afin d'assurer l'existence d'un « antisémitisme international [76] ».

Le Goglu du 24 février 1933 est heureux de voir que « le swastika court avec une telle vitesse qu'il est impossible de le suivre. [...] Il a un tel élan que rien ne peut plus l'arrêter et l'empêcher d'aller faire dégringoler le signe de la faucille et du marteau [77] ». Le swastika devient le symbole de la roue qui tourne, des temps qui forcément changent parce qu'ils doivent changer. À compter de 1932-1933, Hitler devient une figure emblématique pour Arcand [78].

Plus que jamais, le bouc émissaire, le Juif, lui sert à tout expliquer du malheur populaire. Les Juifs deviennent responsables de la crise économique et de tous les malheurs du monde. « Les détenteurs de l'or, c'est-à-dire la haute finance juive, sont responsables de la crise mondiale », résume Arcand en éditorial [79].

Arcand propose à plusieurs reprises d'interdire la finance aux Juifs, de même que la plupart des professions libérales. Selon lui, interdiction doit être faite aux Juifs de devenir avocats, notaires, professeurs, médecins ou même d'être « promus à aucun grade du doctorat [80] ». Arcand est aussi favorable à la création de ghettos pour les Juifs [81].

Les Goglus ne sont pas les seuls à proposer une perspective fasciste comme solution à la crise et comme avenue politique. Plusieurs nationalistes se montrent perméables à l'influence des dictateurs européens. Mais en ce début des années 1930, ce sont les clubs de chômeurs qui constituent un défi pour Arcand sur

*« Partout on travaille à se débarrasser de la juiverie, chancre de l'humanité ».
Dessin antisémite du type de ceux que publie régulièrement* Le Goglu,
*dans un style très semblable à celui des dessins qui illustrent
la presse d'extrême droite européenne.*

la frange la plus radicale de ceux qui sont séduits par le fascisme. Sous le poids de la crise économique, des clubs ouvriers de quartier – le Club ouvrier Saint-Édouard, le Club ouvrier Saint-Eusèbe, le Club ouvrier Saint-Henri, l'Association ouvrière d'Ahuntsic, la Voix ouvrière, le Club ouvrier de Villeray, etc. [82] – prennent des tangentes nouvelles. Ces groupes vont être réunis à compter de décembre 1929 par la Fédération des clubs ouvriers de Joseph Anaclet Chalifoux, personnage brouillon et autoritaire au prestige éphémère qui conduit ses hommes, habillés bientôt d'une chemise brune et d'une casquette jaunasse à visière – « le costume fasciste montréalais » –, dans la voie de Mussolini, au nom d'un fédéralisme canadien [83]. Avant même qu'Arcand n'envisage la création de groupes paramilitaires fascistes, Chalifoux occupe déjà ce terrain avec son culte de la chemise brune, qui se joue bien des privations vestimentaires qu'impose la crise : à ceux qui n'ont pas l'argent nécessaire à l'achat de la vraie chemise du mouvement, Chalifoux recommande tout simplement l'achat d'une enveloppe de teinture brune propre à transformer n'importe quelle chemise en uniforme [84].

Le caractère fasciste du mouvement de Chalifoux – que l'Église et le gouvernement confondent d'abord avec des tendances communistes – se dessine hors de tout doute à compter de 1931 [85]. En plus de leur chemise distinctive, les membres arborent parfois des demi-guêtres jaunes et portent une veste de ville sur la chemise brune obligatoire. Chalifoux, le chef, porte aussi sa chemise brune et une casquette jaunasse assortie, mais le tout galonné d'or.

Les membres de la Fédération font le salut fasciste lorsqu'ils se rencontrent. Enthousiaste au possible devant les avancées du fascisme en Italie, Chalifoux écrit même au Duce pour lui faire part de sa sympathie et l'inviter à Montréal [86]. Les « Casques d'acier », troupes de choc de la Fédération, s'entraînent dans l'espoir de faire honneur à une visite éventuelle de Mussolini à l'occasion de la fête de la Confédération le 1er juillet [87]. Parmi les chars allégoriques très « dignes » qu'envisagent de faire parader les clubs ouvriers pour l'occasion, on pourra voir, se réjouit Chalifoux, un char consacré « aux Pères de la Confédération » canadienne et un autre, souhaité par les Italiens de Montréal, « avec Mussolini dessus [88] ».

Chalifoux organise des manifestations au carré Viger, des marches sur l'hôtel de ville, des émissions de radio. Il dénonce les monopoles, rage contre les Juifs autant que contre l'immigration, s'oppose vigoureusement au travail des femmes, tout en appelant de tous ses vœux la mise sur pied d'une exposition universelle à Montréal qui pourrait créer, croit-il, du travail en favorisant le tourisme.

Président des clubs ouvriers de Maisonneuve et d'Ahuntsic, Chalifoux a lancé en décembre 1929 ce mouvement fasciste qui regroupera quatre ans plus tard, du moins le prétend-il, 73 des 76 clubs montréalais, avant que la dissension n'éclate et emporte le mouvement dans l'oubli. Tout comme Adrien Arcand, Chalifoux adore la démesure, l'esbroufe, les récits marqués par les exagérations. Après avoir espéré en vain présenter des candidats aux élections municipales, il annonce en 1934 que 100 000 fascistes vont marcher sur l'hôtel de ville de Montréal pour établir leur propre système de gouverne[89]. Il s'agit bien sûr d'un chiffre invraisemblable et cette menace apparaît aussi vaine que ses autres prétentions de coq. Chalifoux tente néanmoins de petits coups de force municipaux, ici et là, notamment à Saint-Jérôme, dans les Laurentides, ce qui lui vaut d'être arrêté par la police après qu'une bagarre eut éclaté[90].

Plusieurs scandales portent par ailleurs atteinte au prestige du très susceptible Chalifoux : fausse représentation et fraude, défaut de paiement des traites d'une maison, libelle diffamatoire, etc. Anaclet Chalifoux ne fléchit pas devant ces écueils, mais s'enfonce plutôt dans un mutisme qui n'a bientôt d'égal que son autoritarisme. Il fait expulser, avec l'aide de sa garde personnelle, des groupes ouvriers qui contestent ses orientations. La violence est utilisée pour imposer ses idées. Comme les hommes de Mussolini, de Maurras ou d'Hitler, ceux de Chalifoux administrent des « corrections » à leurs opposants. Malgré tout, le mouvement est incapable de maintenir sa cohésion. Il craque puis, bientôt, éclate.

Le samedi saint de 1933, des milliers de partisans de Chalifoux se rendent à l'oratoire Saint-Joseph pour demander au saint patron du travail de mettre un terme à la crise. Mais c'est bien la religion qui triomphe à l'oratoire et non le fascisme des clubs ouvriers. En septembre, lors d'une assemblée où il est réélu à la tête de la Fédération des clubs ouvriers, Chalifoux affirme compter sur l'appui de 125 000 membres. En vérité, à partir de l'été 1933, la Fédération de Chalifoux s'en va à la dérive.

Chalifoux entend se présenter à l'élection complémentaire de Jacques-Cartier en novembre 1933, mais cède la place à Théodule Rhéaume, un confrère de Salluste Lavery. Les appuis lui font de plus en plus défaut. Il tente en vain de regagner du galon en se faisant voir, notamment avec les Jeune-Canada.

Le mouvement fasciste d'Arcand et Ménard prend son élan au même moment où s'essouffle celui de Chalifoux. Plusieurs membres des Casques d'acier de Chalifoux vont être tentés par le nouveau parti politique que lancent Arcand et Ménard à la suite de l'aventure des Goglus.

Arcand reprend au sein de son organisation politique la structure des Casques d'acier. Il raconte que sa propre phalange de Casques d'acier est surtout constituée de vétérans du 22e régiment. Ces hommes, dit-il, vinrent spontanément offrir leurs services pour l'aider à faire face aux communistes qui, avec des bouts de tuyau et des bâtons, tentaient de troubler leurs premières assemblées en 1934. « Ces vétérans qui avaient combattu les Allemands ne se gênaient pas de porter des croix gammées sur des brassards de soie qu'ils s'étaient fait faire, comme symbole de la race aryenne (indo-européenne) assaillie par un péril asiatique [91]. »

C'est en quelque sorte sur la voie ouverte par le mouvement éphémère de Chalifoux qu'Arcand et Ménard lancent leur parti fasciste, voie pavée de croix gammées hitlériennes plutôt qu'ornée des symboles du fascisme romain dont s'inspirait le mouvement de Chalifoux.

Arcand ne peut que se réjouir de la déroute de Chalifoux. Il n'a d'ailleurs jamais pu le supporter. Même aux premiers temps de l'Ordre patriotique des Goglus, la Fédération des clubs ouvriers ne reçoit pas son appui. Arcand veut plutôt se distinguer de ce col blanc déguisé en chef qui, considère-t-il, manipule par pur opportunisme des ouvriers honnêtes. Il affirme que la Fédération des clubs ouvriers est un outil de la grande finance et le jouet d'une certaine clique issue du Parti conservateur [92]. Il la combat spontanément et multiplie ses attaques à mesure que Chalifoux montre des signes de défaillance. Arcand ne ménage aucun effort pour accabler Chalifoux auquel il oppose, dit-il, le parti de ceux qui ont un programme clair et un chef qui sait où il s'en va, c'est-à-dire lui-même. Sous l'apparence d'une aspiration à représenter les ouvriers, Arcand cache un irrépressible besoin de suprématie : afin qu'il triomphe seul, Chalifoux doit être anéanti.

Comment Chalifoux a-t-il été aussi vite oublié au seul profit d'un fascisme à la Arcand ? Même les historiens n'accordent d'ordinaire à Chalifoux, au mieux, qu'une simple mention. Il faut dire que Chalifoux, le principal officier des clubs ouvriers, n'a pas une grande vocation pour la légende. Son sens de la grandeur est pour le moins limité. En comparaison, Arcand possède un côté sacrificiel qui ne peut que plaire dans un milieu catholique. Il sait très bien comment s'adresser aux gens comme propagandiste, comme journaliste, comme doctrinaire. Il s'investit totalement dans ses idées, sans en dévier. Arcand se présente en plus à la fois comme une victime de l'ordre établi et comme le fondateur d'un mouvement énergique qui propose des solutions pour renverser celui-ci à la faveur d'une idéologie radicale.

CHAPITRE 3

LE FEU ET LES CENDRES

Sur chaque forme nouvelle plane l'ombre de la destruction.
W. G. SEBALD, *Les anneaux de Saturne*

COMMENT SONT-ILS ENTRÉS, ces vandales ? Les portes n'ont pourtant pas été défoncées. A-t-on utilisé un passe-partout ? Vers 6 heures du matin, ce dimanche 16 août 1931, l'imprimerie des Ménard a été saccagée puis incendiée [1]. La dernière édition du *Goglu* vient alors tout juste de paraître. Qui a fait le coup ? Arcand s'égosille tout de suite à crier au sabotage.

Quatre linotypes ont été mises hors service. On a renversé les magasins. On a faussé les partitions. On a cassé les couteaux. Des galées ont été jetées au sol. Des milliers de caractères de plomb jonchent le plancher. Hors de leurs casses, impossible de les réutiliser. Il faudra se résoudre à fondre de nouvelles lettres avec tout ce plomb gaspillé.

Un peu partout, on a déversé des bidons d'encre. Les parties vitales des presses ont été mises hors d'état de fonctionner. Ensuite, avec de l'essence, les malfaiteurs ont allumé au moins trois foyers d'incendie au premier étage, sur toute la longueur de l'édifice. Tous les travaux d'impression en cours ont été réduits d'un coup en cendres.

Les vandales ont vraisemblablement pénétré par les portes qui donnent sur la rue Saint-Dominique. Ils connaissent à l'évidence le fonctionnement d'une imprimerie et peut-être même de celle-ci en particulier. Combien étaient-ils pour faire le coup ?

L'intervention rapide des pompiers, qui déploient quatre lances d'incendie, sauve le bâtiment, mais achève de ruiner, sous le déluge d'eau, le papier et une partie de l'équipement, dont une plieuse, un couteau et une agrafeuse mécaniques.

Cet incendie criminel prend plus d'une heure à être maîtrisé. L'atelier de la famille Ménard est une perte totale ou presque. Au-delà de 40 000 $ de dommages au bâtiment. Au moins 17 000 $ en équipements détruits. C'est en tout cas ce qu'estime *La Presse* [2].

On se garde d'annoncer tout de suite la mauvaise nouvelle au fondateur de l'imprimerie, Adjutor Ménard, 70 ans, qui est désormais paralytique. Ses fils ont peur que la nouvelle ne mine davantage une santé déjà très défaillante.

Adrien Arcand, à titre de directeur des trois hebdos imprimés par les ateliers de Ménard, ne se gêne pas, lui, pour faire de longues déclarations publiques. Il affirme que, à voir la manière dont l'atelier a été saccagé, ce sont des experts qui ont dû faire le coup. « J'ai 13 ans de journalisme et j'avoue que je n'aurais pas pu démolir les linotypes comme on l'a fait [3]. » Mais qui est responsable ? À son sens, le journal n'a pourtant pas vraiment d'ennemis... L'entreprise, observe Arcand, n'a congédié depuis ses débuts qu'un seul employé, le responsable des petites annonces.

Des ennemis de l'extérieur ? Arcand ne voit pas trop non plus. À l'entendre, ses trois journaux sont autant de doux agneaux qui ne peuvent certainement pas s'être attiré la colère publique... Un seul procès, dit-il. Perdu certes, mais immédiatement porté en appel par Jos Ménard. Quelques mois auparavant, Arcand disait pourtant lui-même être assailli de toutes parts par les procès.

Qui a pu faire le coup ? Ménard ne songe à personne en particulier, mais dit avoir craint déjà « le tapage ou certaines manifestations hostiles en raison de la façon active » dont ses journaux participent à la lutte électorale [4]. Aucune menace directe n'a été

L'imprimeur Joseph Ménard, en 1933.

reçue aux ateliers, explique-t-il finalement devant le commissaire des incendies, mais il s'attendait à ce qu'on fît l'impossible pour l'empêcher de publier ses journaux, sans pour autant croire qu'on irait jusque-là [5].

Ce n'est d'ailleurs pas le premier incendie criminel à l'atelier qui produit *Le Goglu*. Jos Ménard se remet à peine d'un autre incendie, survenu le 20 mai de l'année précédente, au moment même où il s'engageait auprès de Richard Bennett à soutenir activement les conservateurs. Cette fois, un feu avait été allumé dans l'atelier de reliure. Tout le rez-de-chaussée de l'édifice avait été ravagé [6]. Les pompiers avaient trouvé à l'imprimerie un vieillard ivre aux mains brûlées, qu'on avait estimé être le coupable. Un an plus tard, beaucoup du nouveau matériel acheté à la suite des ravages causés par ce premier incendie n'est toujours pas payé [7]. Les créanciers ont beau lui manifester de la sympathie, Ménard est désormais sans moyens de production, même s'il assure tout de suite après l'incendie du 16 août 1931 que ses journaux vont continuer de paraître. Ils paraîtront.

À la suite de cet incendie, Ménard ne s'est d'abord pas rendu au commissariat des incendies pour l'enquête sur le drame qui a réduit en cendres son entreprise. Une citation à comparaître lui a été adressée. Il l'ignore, tout simplement. Deux jours après l'incendie, Arcand et lui sont essentiellement préoccupés par l'enquête préliminaire devant conduire Allan Bray, président du comité exécutif de la Ville de Montréal et proche de Camillien Houde, devant la Cour. *Le Goglu* et *Le Miroir* l'ont accusé d'avoir volé « des balançoires, une glissoire, une charpente métallique et différents autres objets », propriétés de la Ville, au bénéfice de sa maison à Vaudreuil [8]. Malgré l'étonnante fragilité de la cause et même si Arcand et Ménard ne semblent guère préparés à soutenir leurs accusations publiques, le juge Maurice Tétreau ordonne la tenue d'un procès, ce qui conduit Bray à démissionner de ses fonctions à la Ville de Montréal [9]. Ménard et Arcand consacrent beaucoup d'énergie à ce procès, avec le jusqu'au-boutisme qui les caractérise. Pourtant, ce n'est pas le travail qui manque dans leurs journaux depuis l'incendie.

Pour quels motifs a-t-on incendié les ateliers du *Goglu* et du *Miroir* en cette fin d'été 1931 ? Ce 16 août, nous sommes alors à une semaine de l'élection provinciale, fixée pour le lundi 24 août. A-t-on voulu faire taire les journaux d'Arcand à la veille du scrutin ?

Il est clair qu'on cherche à bâillonner Arcand, pour des motifs électoraux et autres. Mais qui a fait le coup cette fois-là ? Les libéraux de Taschereau, réélus en force ? Des communistes, des anarchistes ou encore des socialistes ? Des membres de la communauté juive ? Des proches d'Arcand eux-mêmes, dans un grand jeu destiné à fouetter l'ardeur militante ? Nul ne le sait. Nul ne le saura sans doute jamais. La police a tout de même son hypothèse. Elle se met à la recherche de deux hommes, apparemment « deux louches individus de Chicago », qui auraient voulu faire chanter l'imprimerie des Ménard en échange d'une « protection ». La

« Les Juifs pédalent ! », première page caractéristique du Goglu
devenu obnubilé par la « juiverie mondiale ».

police, chose certaine, « ne croit pas que le sabotage ait été fait pour des raisons politiques, mais bien parce qu'on refusait de payer ces individus [10] ».

Le feu ne suffit certainement pas à faire taire Arcand et son associé Ménard, aveuglés par les luttes idéologiques auxquelles ils se consacrent avec passion. À Québec, au Parlement, le député Peter Bercovitch le comprend bien vite. Le 27 janvier 1932, ce dernier propose à l'Assemblée législative d'adopter un projet de loi qui vise à empêcher l'impression et la distribution de matériel diffamatoire à l'égard de toutes les religions, nationalités et races. Or, c'est là une des activités principales des ateliers de la famille Ménard.

« Je crois que le temps est venu de mettre fin aux attaques infamantes contre les races, les religions et les nationalités dans

la province de Québec », explique Bercovitch [11]. Son projet
de loi ne fait cependant pas l'unanimité, ni en Chambre ni
dans la population. Le projet est dénoncé par certains journaux,
dont Le Devoir, qui estime sous la plume de son éditorialiste
Georges Pelletier que cela entraînerait des mesures vexatoires
considérables pour les journaux et les imprimeurs. Le projet de
loi de Bercovitch finit par être battu en Chambre par seulement
trois voix. Restent toujours les lois déjà en place pour lutter
contre les excès de toutes sortes dans les journaux comme ceux
pilotés par Arcand. Mais cela suffit-il ?

La tentative d'un marchand juif de Lachine pour obtenir une
injonction contre les articles antisémites des journaux d'Arcand
se solde par un échec. Le juge Desaulniers, au début de l'automne
1932, se dit incapable de se plier aux demandes du commerçant
puisqu'elles dépassent, considère-t-il, les pouvoirs qui lui sont
impartis.

Chemin faisant, les poursuites s'accumulent contre Le Miroir
et Le Goglu. En 1933, une vingtaine de procédures judiciaires
sont menées contre Arcand et Ménard. Les deux hommes ont
cru bon de lancer l'année précédente une souscription publique
afin de réunir une partie des fonds nécessaires à leur défense dans
différentes causes [12].

Le manque d'argent suffirait sans doute déjà à lui seul à
étouffer plus ou moins vite les hebdomadaires du duo Arcand-
Ménard. Dès l'été 1931, à en croire le comptable de l'entreprise, les
affaires ne vont déjà pas très bien. L'entreprise doit alors 3 000 $
à une banque, somme dont la moitié est justement due pour la
semaine suivant l'incendie dévastateur du 16 août. Il y a alors
pour plus de 2 000 $ de salaires qui n'ont pas été payés aux
employés. Chaque employé gagnant environ 35 $ par semaine,
l'imprimerie a donc autour de trois semaines de retard dans le
paiement des salaires à ses employés. Le comptable lui-même
avoue qu'on lui doit 600 $ en salaire et l'entreprise n'a pas un sou
en caisse [13].

Il faut beaucoup d'argent pour faire vivre des hebdomadaires
qui prétendent à de grands tirages. Un petit imprimeur comme

Jos Ménard ne peut réussir à financer seul une activité pareille. Il faut des annonceurs. Mais à mesure que les journaux de Ménard et Arcand se sont radicalisés, les commerçants s'en sont éloignés.

Au départ, le parti de Camillien Houde subventionne aussi *Le Goglu*. En échange, le journal mène une cabale en faveur du bouillant Houde, associé à un duce local, seul capable d'unir en un faisceau des forces différentes. Pour la campagne électorale municipale montréalaise de mars 1930, *Le Goglu* encourage ainsi la population italienne à voter pour Houde, « *como boni fascisti* ». Mais peu de temps après sa réélection, Houde émettra des réserves sur les avancées antisémites des journaux d'Arcand et Ménard, ce qui lui vaudra d'être vilipendé à son tour dans les pages du journal [14]. C'est la fin du financement occulte venu de Houde et de ses sbires.

Contre vents et marées, Arcand et Ménard peuvent au moins compter sur un généreux partisan d'Arcand : le Dr Paul-Émile Lalanne, spécialiste en gynécologie formé en Allemagne, qui consent à financer une partie des activités politiques du duo [15]. La contribution financière de Lalanne à l'avancée du fascisme façon Arcand est incontestable. En 1955, dans une entrevue accordée à la revue *Reportage*, Adrien Arcand dira que le gynécologue a donné à son mouvement 15 000 $ en 1929 et plus de 60 000 $ au cours de la décennie suivante. Faut-il se fier à ces chiffres d'Arcand, toujours prompt à exagérer au bénéfice de la légende ?

Au commencement du *Goglu*, Arcand et Ménard ont surtout profité des largesses des conservateurs de Richard Bedford Bennett. Le rusé Bennett entreprend alors de chasser du pouvoir Mackenzie King à l'occasion des élections du 28 juillet 1930. Les bleus de Bennett obtiennent la majorité avec 134 députés et forment le gouvernement.

Au printemps de 1930, Arcand et Ménard rencontrent Bennett à Ottawa pour négocier les modalités de son soutien. Dans une lettre datée du 22 mai 1930, Arcand demande au chef conservateur de leur accorder une avance de 15 000 $ pour que débute une campagne de salissage très virulente contre les libéraux de Mackenzie King[16]. À la une du *Goglu*, les premiers ministres Taschereau et King sont alors assimilés à « deux fameux puants[17] ». King lui-même se voit accoler le qualificatif peu enviable d'« ennemi du peuple ». On le décrit comme un homme ayant les habitudes d'un véritable richard, prêt à dévorer des ouvriers pour son seul profit, ami avant tout du milliardaire américain Rockefeller[18].

Lorsque les conservateurs offrent, par l'entremise de Joseph Rainville, la somme de 25 000 $ au duo Arcand-Ménard pour soutenir Bennett, cet argent ne peut pas mieux tomber. Car malgré les vantardises d'Arcand, l'entreprise est déficitaire. De l'argent tout frais permet de relancer les activités et de continuer de faire croire, aux autres autant qu'à soi-même, à un éclatant succès éditorial.

La correspondance entre Arcand et le premier ministre Bennett montre que l'organisateur du Parti conservateur, Joseph Rainville, a finalement amassé au bénéfice du *Goglu* la somme de 18 000 $[19]. Dans une lettre, Arcand dira que Rainville a englouti 46 000 $ de ses deniers pour soutenir assemblées et journaux, surtout au plus fort de la lutte antisémite livrée par *Le Miroir* et *Le Goglu*[20]. Le chiffre est plutôt invraisemblable, comme c'est souvent le cas dès qu'Arcand entend quantifier quelque chose.

Le Goglu s'évertue à crier sur tous les toits que les conservateurs vont écraser le gouvernement King[21]. *Le Goglu* prétend, chemin faisant, être « mieux informé que n'importe quelle organisation au pays ». Le soir des élections du 28 juillet 1930, les conservateurs de Bennett parviennent à faire élire 24 députés au Québec. Ils forment le nouveau gouvernement. Sans qu'on puisse dire si l'action des journaux d'Arcand a été déterminante dans cette victoire, il est clair que le rôle d'amplificateur des idées conservatrices qui leur a été confié a été joué au maximum.

Les conservateurs fédéraux vont constituer pendant une brève période la principale source de revenus des hebdomadaires de Ménard et Arcand. Les hommes de Bennett, avec la bénédiction explicite du premier ministre lui-même, achètent dans

Le Goglu de l'espace publicitaire autant que la fidélité de ses artisans à leur endroit.

Au Québec, la présence des conservateurs fédéraux dans la presse est alors relativement faible. Pour mener à bien sa campagne électorale, le gouvernement Bennett tente tout simplement de se faire valoir en mettant à profit le plus d'espace médiatique possible. Arcand ne se fait pas prier alors pour prêter son meilleur concours aux desseins électoraux des conservateurs, avec lesquels il partage un même fonds d'idées politiques.

La contribution active des journaux d'Arcand en faveur de Bennett est particulièrement intensive entre mai 1929 et août 1930, observe le sénateur Pierre-Édouard Blondin. Mis à part le tirage régulier des numéros de ce journal, explique Blondin, 400 000 copies ont été distribuées gratuitement, sans compter que les presses d'Arcand et Ménard ont imprimé des pancartes et des affiches diverses qui viennent s'ajouter à environ un demi-million de copies d'un pamphlet, *La vieille chienne essaye encore de mordre*, imprimé par le *Star* et le *Herald* à la veille de l'élection [22].

Mais à en croire Arcand et Ménard, les efforts consentis par leurs petits journaux pour soutenir Bennett vont rapidement dépasser l'argent que les conservateurs leur versent. Dans les papiers de l'ancien premier ministre conservés aux Archives nationales du Canada, on trouve plusieurs lettres où Arcand et Ménard demandent à « leur chef » de prendre favorablement en considération les efforts qu'ils font pour continuer de le soutenir malgré un financement de plus en plus épisodique, pour ne pas dire inexistant.

Dans une lettre datée du 14 janvier 1931, Arcand et Ménard, cosignataires, affirment que toutes leurs opérations au cours de la campagne électorale précédente ont coûté au bas mot 65 900 $. Le mois suivant, déçus dans leurs attentes d'un règlement financier qui leur soit favorable, les deux hommes se rendent même à Ottawa dans l'espoir d'y rencontrer le premier ministre. En vain. Un chapelet de lettres dans lesquelles Arcand fait part de ses déboires financiers n'obtient pas de meilleurs résultats. Il propose même à Bennett de lancer un autre journal de type tabloïd, ouvertement conservateur, « vivant et énergique dans la pure tradition » de l'esprit québécois [23]. Arcand parle aussi de dettes importantes qui menacent sérieusement la poursuite de ses activités.

Même si Arcand développe peu à peu une aversion pour les conservateurs, il garde malgré tout son estime à Richard Bedford Bennett. Lorsque le soutien financier direct des conservateurs s'arrête, l'appui du *Goglu* et du *Miroir* à Bennett n'en demeure pas moins vigoureux. *Le Miroir* du dernier dimanche de juillet 1932 présente encore le premier ministre à la fois comme un grand patriote et un grand chrétien. La conférence impériale tenue à Ottawa a beau être décriée partout par les nationalistes canadiens-français, elle est vigoureusement applaudie par Arcand qui félicite Bennett de lutter contre les Juifs et contre le communisme au nom de la vigueur de l'Empire britannique. Dans des lettres, Arcand prodigue encore ses conseils partisans au premier ministre [24]. Selon *Le Goglu*, Bennett est d'une « vigueur intellectuelle extraordinaire », « doué d'une logique écrasante ». Il sait « tenir tête à toutes les voracités étrangères ». C'est un « travailleur infatigable, vigoureux comme un jeune homme ». Évidemment, « rien n'a jamais failli entre ses mains ». Toutes les qualités se trouvent en Bennett, si l'on en juge par les textes d'Arcand : « le talent, l'expérience, l'énergie, l'indépendance, l'altruisme [25] ». Jusqu'en 1935, Arcand rend hommage à Bennett dans une suite de témoignages d'admiration, le plus souvent dans le style laudatif et très ampoulé de l'époque.

Certains députés conservateurs et divers amis du régime intercèdent en faveur d'Arcand auprès du premier ministre. C'est le cas notamment du sénateur Blondin, de même que des avocats et députés anglophones Leslie G. Bell et John A. Sullivan. Ce dernier estime d'ailleurs qu'Arcand est la meilleure plume canadienne-française, rien de moins [26].

Les efforts d'autres conservateurs attachés à Arcand ne suffiront pas à lui permettre de continuer d'obtenir que des sommes importantes soient versées au *Goglu* en remerciement de ses services. À compter de mars 1933, les conservateurs de Bennett cessent de subventionner régulièrement le mouvement d'Arcand. Lettres ou visites d'Arcand à Ottawa, en compagnie du Dr Lalanne ou de Joseph Ménard, n'y changeront rien. En 1936, A. W. Reid estimera tout de même que plus de 27 000 $ ont été versés par les conservateurs aux journaux d'Arcand depuis 1930 [27].

Les journaux d'Arcand et Ménard perdent bientôt sur tous les tableaux publicitaires. À mesure que la tendance antisémite prend de l'ampleur dans *Le Goglu*, la publicité des petits annonceurs disparaît. À compter de 1933, il n'y a tout simplement plus de publicité. Depuis un moment, Arcand et Ménard ne comptent plus que sur un seul annonceur : le parti au pouvoir.

En 1933, non seulement les affaires du *Goglu* et des autres imprimés du duo Arcand-Ménard vont-elles à vau-l'eau, mais le bâtiment qui abrite l'entreprise est la proie d'un nouvel incendie. Les presses, les linotypes, le papier et le plomb sont à nouveau perdus. Pour tout secours, Arcand et Ménard ne touchent qu'une assurance de 8 000 $, vite épuisée par les coûts imposants que nécessite une nouvelle relance de l'imprimerie. Les dettes sont déjà nombreuses. Ce sera le coup de grâce. Incendie criminel, encore une fois ? Sans doute.

Pour relancer la machine éditoriale, il faut d'abord dénicher un nouvel immeuble où loger la rédaction ainsi que l'équipement. Ménard trouve, rue Marie-Anne, un bâtiment moderne de quatre étages, en ciment et en briques, muni d'un monte-charge propre aux gros travaux d'une imprimerie. Une hypothèque de 20 ans sur ce gros édifice de 30 000 $, avec ses intérêts, donne des versements mensuels de 200 $. Des travaux d'électricité, de plomberie et diverses réparations doivent être réalisés immédiatement. Il faut aussi s'équiper d'une nouvelle presse rotative, achetée à l'étranger au prix de 23 000 $, plus frais de douane et de transport. Les typographes travaillent sur deux linotypes neuves tandis que deux autres sont en réparation, tout cela aggravant bien sûr aussi les charges financières de l'entreprise. En un mot, l'imprimerie Ménard a besoin de 50 000 $ au minimum pour assurer sa survie. Elle doit faire face à de lourdes obligations à court terme et payer aussi les taxes et les assurances.

Selon le témoignage de Joseph Ménard livré à la Palestre nationale le 20 octobre 1933, son entreprise a jusque-là beaucoup souffert des frais d'une vingtaine de poursuites judiciaires, lancées par des Juifs et des non-Juifs, tout en ayant encaissé en plus les contrecoups de ces trois incendies. Le dernier feu, dit-il, a pratiquement ruiné l'entreprise. Les annonceurs avaient alors déjà déserté ses pages depuis longtemps. Tout porte à croire en somme que l'importance et l'action réelles des journaux du duo Ménard-Arcand sont extrêmement réduites. L'entreprise s'approche dangereusement du bord du gouffre.

Dans sa correspondance, le sénateur Pierre-Édouard Blondin apparaît bien au fait de l'ensemble des dépenses occasionnées par le dernier incendie. Cela montre, encore une fois, à quel point il s'intéresse de près aux activités d'Arcand.

Lui-même sans argent, le sénateur cherche tant bien que mal un bailleur de fonds pour *Le Goglu* et *Le Miroir*, tout en précisant que l'entreprise, si nécessaire, est prête à une « vente à réméré pour deux ans de toute la propriété et de son contenu ». Bien que la situation soit des plus précaires, le sénateur ne parle pas de sauvetage, mais bien de prospérité en devenir ! C'est que, comme Arcand lui-même, le sénateur Blondin envisage sans cesse les affaires de cette imprimerie d'abord comme des questions de haute importance morale plutôt que sous un jour financier. « Raisonnablement aidés, soutient le sénateur Blondin, ils peuvent refaire leur prospérité d'autrefois », la prospérité étant entendue ici essentiellement comme une forme de triomphe intellectuel.

Reste que dans les colonnes de chiffres du *Miroir* et du *Goglu*, plus rien ne s'aligne convenablement depuis un bon moment... *Le Chameau*, lui, est déjà fermé depuis novembre 1931. À la fin février 1933, plusieurs savent déjà que *Le Miroir* et *Le Goglu* sont condamnés [28]. De nouveaux appels au secours lancés au premier ministre Bennett restent lettre morte. Le 16 mars 1933, Arcand annonce à son bon ami le sénateur Blondin qu'il ferme boutique [29]. Il n'en peut plus. L'entreprise craque de partout et Arcand semble s'effondrer lui aussi. Le dernier numéro du *Goglu* est daté du 10 mars. *Le Miroir* paraît quant à lui jusqu'au 19 mars.

Les derniers numéros du *Goglu* et du *Miroir* sont consacrés à une apologie du fascisme, selon la compréhension particulière qu'en a Arcand. Le conservatisme traditionnel canadien-français, le catholicisme et le fascisme sont réunis comme s'il s'agissait là d'un enchaînement parfaitement cohérent. La mort du *Goglu* et du *Miroir* annonce en quelque sorte la naissance d'un parti ouvertement fasciste.

Arcand ferme boutique alors qu'il devient radicalement fasciste. Pour lui, un véritable fasciste se définit d'abord et avant tout par sa haine fondamentale des Juifs. Le postulat est le même chez Hitler où le Juif constitue l'armature de toute une pensée.

> La juiverie, écrit Arcand dans un pamphlet en 1933, à cause de son essence même, à cause de ses instincts destructifs, à cause de son immémorial atavisme de corruption, à cause de son sentiment exclusivement matérialiste, voilà le grand danger, le seul, l'unique, tant pour le matériel que pour le spirituel des peuples. C'est pourquoi la question juive doit être à la base de tout véritable fascisme, de tout sérieux mouvement de régénération nationale [30].

Évidemment, rien d'étonnant à ce que Hitler soit présenté dès lors comme un homme « brave et courageux », un « homme d'État incorruptible et propre ». Sitôt Hitler élu, Arcand est heureux à l'idée que, désormais, le Juif d'Allemagne doit porter « un brassard jaune pour indiquer qu'il n'est pas chrétien » et abandonner plusieurs métiers, dont « le journalisme, les banques, l'industrie », comme il le dira dans *Le Goglu*.

Printemps 1933. Arcand croule sous de lourdes dettes personnelles et sa position s'avère plus que précaire. Sa situation désespérée n'empêche pas le président du Sénat, l'ancien ministre des Postes Pierre-Édouard Blondin, de continuer d'espérer très vivement en ce jeune père de famille qui se croit plus que jamais investi d'une mission politique d'inspiration fasciste qui se veut providentielle. « Je crois en son étoile plus que jamais, et peut-être que ce repos et sa libération momentanés sont nécessaires pour laisser lever la moisson », écrit le sénateur.

Blondin mène notamment campagne auprès de Lucien Dansereau, ingénieur et administrateur influent, pour trouver de l'aide pour leur ami commun : « Votre admirable dévouement et votre si fine compréhension de cet être merveilleux qu'est Arcand vous feront-ils trouver la modeste obole de ce que coûtait la publication du *Miroir*, pour lui fournir la maigre existence qui lui suffit ? » écrit le président du Sénat à Dansereau.

Ce n'est pourtant pas de petites sommes qui sont nécessaires pour transformer le fragile édifice qu'est devenu Arcand en un puissant château fort.

Le sénateur Blondin est alors très emballé, comme bien des hommes de sa condition, par l'initiative des Jeune-Canada, un mouvement de jeunesse nationaliste animé notamment par le jeune Pierre Dansereau, un des fils de son ami Lucien. Le mouvement des Jeune-Canada est né dans un cercle de jeunes fils de l'élite nationaliste à la suite de nouvelles mesures vexatoires de la part du gouvernement d'Ottawa à l'égard des Canadiens français.

À l'été de 1932, une conférence économique impériale convoquée à Ottawa n'emploie aucun spécialiste de langue française. À la dernière minute, devant les protestations et pour sauver la mise, le gouvernement Bennett nomme un fonctionnaire de langue française, ce qui ajoute à l'insulte ou presque. Quelques mois plus tard, la nomination à Montréal d'un chef de service unilingue anglais aux douanes de Montréal, combinée à une suite d'événements du même genre, finit par faire perdre patience à ces jeunes gens qui ont devant tout cela un véritable « haut-le-cœur », pour reprendre l'expression de Lionel Groulx, qui les guide très volontiers dans le sentier de l'action politique, une fois les premières colères dissipées [31].

À l'exemple des intimidations dont l'Action française de Maurras ou les fascistes de Mussolini ne sont pas avares, les jeunes nationalistes, André Laurendeau et Pierre Dansereau en tête, veulent d'abord se saisir de deux ministres canadiens-français du gouvernement Bennett, Alfred Duranleau et Arthur Sauvé, afin de les enduire généreusement d'encre et de leur donner une bonne fessée. Ce n'est pas sans peine, dira Groulx, que des hommes plus réfléchis les empêchent de commettre ce geste. Groulx les convainc semble-t-il alors de lancer plutôt un mouvement de jeunes. La logistique de cette chapelle nationaliste où officient une poignée de fils de bonne famille nationalistes est rapidement mise sur pied.

À la salle du Gesù, le soir du 19 décembre 1932, les Jeune-Canada lancent *Le manifeste de la jeune génération*, où la main de Groulx a guidé celle d'André Laurendeau[32]. Ce manifeste revendique le droit des Canadiens français non pas seulement de survivre mais de vivre et de se développer au sein de la Confédération canadienne. Dans la salle, on trouve entre autres Lionel Groulx, Olivar Asselin et Armand Lavergne. Ce manifeste reçoit un écho considérable dans la population. Il est reproduit partout. Les lettres d'appui affluent en grand nombre. Sous forme de pétition, le manifeste est signé par 70 000 personnes.

Forts du retentissement de leur manifeste et de leur toute première sortie publique, les Jeune-Canada organisent d'autres soirées politiques. Dans leurs sorties, ils tiennent des propos fermement antisémites. André Laurendeau affirme que « les Israélites aspirent – tout le monde sait cela – au jour heureux où leur race dominera le monde[33] ». S'ajoute toute une série d'affirmations du même genre où l'antisémitisme supplée à l'absence totale de logique argumentative : « Pourtant, leurs armées d'avant-garde conquièrent les places inexpugnables. La puissance israélite est internationale[34]. »

La seconde assemblée des Jeune-Canada a lieu le 20 avril 1933. Elle s'est fixée pour but de réagir à une assemblée de protestation contre le nazisme, assemblée tenue quelques jours plus tôt par les Juifs de Montréal appuyés entre autres par des politiciens canadiens-français, dont Raoul Dandurand. Protester contre le nazisme ? En voilà trop pour les Jeune-Canada.

Lucien Dansereau trouve, autant que son fils Pierre, tout à fait inacceptable de voir que le sénateur Dandurand a assisté « à une grande réunion de protestation au nom de la juiverie de Montréal contre Hitler [35] ». Pas question pour lui d'accepter qu'un politicien canadien défende « officiellement la race juive ». À ce titre, croit-il, Dandurand doit être « démasqué ». Au sort des Juifs – d'ailleurs tenu pour sans importance –, les nationalistes comme Lucien Dansereau et sa progéniture opposent la condition des catholiques dans le monde, menacée disent-ils par la montée de la gauche en général et du communisme en particulier. La menace existe en effet, mais qu'est-ce qui les empêche de voir aussi celle que fait lourdement peser le nazisme sur le monde ?

Le 20 avril 1933, Pierre Dansereau, le président des Jeune-Canada, prononce un discours intitulé *Politiciens et Juifs* où il se moque d'« une supposée persécution en Allemagne » tout en reprenant à son compte tous les sentiments haineux professés à l'égard des Juifs. « Le danger juif est un péril imminent », clame-t-il, et « si nous laissons aux Juifs la main haute sur notre commerce et notre industrie, nous ne durerons pas longtemps [36] ».

André Laurendeau, en appui aux propos antisémites de son confrère, estime que la déchéance des Canadiens français est un phénomène dont les Juifs sont largement responsables à cause de « leur toute-puissance [37] ». Cette puissance des Juifs est supposée « internationale », ce qui augmente, bien sûr, les risques de leur « sournoiserie vindicative [38] ».

Pour Pierre Dansereau et André Laurendeau, les persécutions des Juifs en Allemagne ne sont rien en comparaison de ce que souffrent à cause des gauchistes les catholiques de Russie, d'Espagne et du Mexique. Sans parler du sort qui leur est fait aussi au Canada par de lourdes mesures discriminatoires comme le règlement XVII, en Ontario, qui bannit pratiquement l'usage du français à l'école. Pourquoi défendre les Juifs et ne pas défendre les catholiques martèlent les Jeune-Canada. L'élite politique a trahi et continue de trahir, jugent-ils.

Dans cette participation d'hommes politiques canadiens-français à une assemblée antihitlérienne, André Laurendeau voit tout simplement « une manifestation de cette nauséabonde maladie dont nous languissons depuis trois quarts de siècle, le préjugé de parti [39] ». Et les partis sont désormais à abattre, pense-t-il, puisque c'est plutôt d'une nation entière qu'il faut s'occuper.

Les Jeune-Canada espèrent la venue d'un chef providentiel qui permettrait de secouer la structure partisane en place au profit d'un idéal rassembleur issu d'une vision sublimée de la Nouvelle-France que leur a léguée Lionel Groulx. Cette Nouvelle-France chantée par l'historien en soutane est un pays héroïque épargné par les affres de la Révolution française, donc fidèle aux valeurs de l'Ancien Régime. Les Jeune-Canada célèbrent cette époque homérique avec tambours et trompettes par l'entremise de la figure de Dollard des Ormeaux, modèle à leurs yeux de vertu, de désintéressement, de foi et de patriotisme. Ils considèrent l'aventurier Dollard ni plus ni moins comme la Jeanne d'Arc de l'Amérique.

Les Jeune-Canada cherchent ainsi désespérément un sauveur digne de Dollard. « Qui sauvera le Québec ? » demandent-ils [40]. Laurendeau déplore la mort d'Engelbert Dollfuss, le dictateur autrichien [41]. Les Jeune-Canada regrettent surtout que l'abbé Groulx porte la soutane. Sinon, leur vrai chef, ils l'auraient sans avoir à chercher plus loin.

Pierre-Édouard Blondin, alors président du Sénat, est tout à fait séduit lui aussi par les sorties publiques des Jeune-Canada. Mais il pense que ces « jeunes, pour agir, auront besoin du glaive de feu de notre ami Arcand ». Le temps viendra, soutient le sénateur, où même le gouvernement réclamera éventuellement une intervention d'Arcand. « Peut-être qu'à un moment donné, les autorités elles-mêmes seront à ses genoux pour lui demander de reprendre la lutte. L'important c'est de le garder en forme jusqu'à l'heure propice. »

Du côté des Jeune-Canada eux-mêmes, les visées fascistes d'Arcand ne font cependant pas l'unanimité. Ces jeunes-là n'appartiennent pas du tout au milieu populaire sur lequel s'est établi Arcand. Les Jeune-Canada cherchent bien sûr un chef, mais ils demeurent trop fidèles au parrainage intellectuel que leur offre Lionel Groulx et aux bonnes manières de leur éducation de privilégiés pour se laisser glisser jusqu'à l'ancien animateur du *Goglu* et du *Miroir*.

Probablement au début de l'année 1933, Arcand demande à rencontrer les Jeune-Canada. Pierre Dansereau, alors à la tête du groupe avec André Laurendeau, se souvient d'un homme « assez habile et intelligent qui savait à qui il parlait : son discours tentait de reprendre le nôtre pour nous convaincre de la valeur du sien [42] ». Pourquoi avoir accepté de rencontrer Arcand ? « Par curiosité, explique Dansereau. D'ailleurs, rien ne pouvait faire plus plaisir à Laurendeau que de rencontrer quelqu'un qui ne pensait pas comme lui. »

Ce commentaire de Dansereau, formulé des décennies plus tard, tient beaucoup compte de ce que Laurendeau est devenu après la Seconde Guerre mondiale, soit quelqu'un qui adorait disséquer finement le moindre problème pour juger au mieux de toutes ses facettes. Ce n'est pas exactement le même homme au début des années 1930, même si sa curiosité intellectuelle est dès cette époque indéniable. Bien sûr, les manières populistes d'Arcand déplaisent à ces jeunes groulxiens qui trouvent qu'Arcand va trop loin. Mais ils partagent néanmoins avec lui, tout comme avec nombre de nationalistes, un fort sentiment antisémite allié à une volonté de trouver un chef providentiel qui puisse imposer sa logique hors du système démocratique. Le nationalisme radical auquel adhèrent alors de toute leur âme les Jeune-Canada ne débouche pas sur une vision contractuelle du social. N'est pas membre de la nation qui veut. Les Jeune-Canada favorisent avant tout une communauté historique, selon une conception étroite du droit et de la justice qui renvoie à l'héritage, à la continuité, à la mémoire des morts, au nom de la

Dans les années 1930, la croix gammée apparaît sans gêne dans la maçonnerie d'un immeuble de la rue Troy à Verdun. Aujourd'hui, des travaux ont été réalisés pour faire disparaître ce souvenir d'années sombres.

survivance d'un groupe ethnique malmené en Amérique. Quant au fond, la pensée de Laurendeau et de Dansereau est-elle alors si différente de celle d'Arcand ?

Les Jeune-Canada et bon nombre de leurs compatriotes des années 1930 vivent dans une société qu'ils veulent endogame. Antisémitisme et xénophobie sont partie intégrante de leur projet sociopolitique, tout comme chez Arcand. Mais à la différence d'Arcand – et cette différence est importante –, ils ne conçoivent pas la vie politique dans un univers où tout est d'abord jugé à l'aune du sang et de l'idée de race qui en découle. D'ailleurs, la

plupart des mouvements de droite canadiens-français se disso-
cient d'Arcand pour ces raisons et parce qu'il se prend bien vite à
défendre, au nom du fascisme, une pensée politique qui accepte
de se mouler parfaitement dans les formes politiques coloniales
de l'Empire britannique. L'avenir du Canada doit être parfaitement lié à l'Angleterre, estime Arcand en éditorial du *Goglu*
le 15 juillet 1932. « L'américanisme a trop duré dans notre pays
britannique ; il est temps qu'on y agisse et qu'on s'y sente dans un
pays vraiment britannique [43]. » Ce sera donc un pays qui vit au
diapason de l'Empire ou qui ne sera pas !

Tous les courants de droite qui soufflent sur le Canada au
début des années 1930 profitent d'une forte vague d'antisémitisme et la soutiennent, vague dont la puissance se manifeste
de diverses façons, notamment sur la place publique. Ainsi le
29 septembre 1933, des étudiants de l'Université de Montréal
défilent rue Sainte-Catherine et lancent des cris furieux contre
les Juifs. Les policiers, à pied, à cheval et à motocyclette, tentent
en vain de les disperser. La bagarre éclate [44]. Plusieurs étudiants
en sont quittes pour une volée de coups de matraque. Les gaz
finissent par disperser la foule au petit matin, rue Saint-Denis.
À Toronto, chez les anglophones, une émeute du même genre
éclate rue Bloor où des Juifs sont en cause, à la suite du résultat
d'un match de baseball. De graves affrontements ont aussi lieu
ailleurs au Canada, notamment à Winnipeg.

Arcand est tout à fait conscient des différences doctrinales
qui l'éloignent des Jeune-Canada ou d'autres groupes nationalistes. Il aime d'ailleurs prendre la mesure exacte de ces différences.
Au point où il se rend entendre des causeries publiques d'Henri
Bourassa, dont il critique toujours aussi âprement le libéralisme,
qu'il assimile dans le cas du fondateur du *Devoir* à un refus de
servir la religion catholique autant que la nation.

Ce rapport d'opposition avec Bourassa est fondamental. Le
Canada envisagé par l'ancien député de Wilfrid Laurier heurte
de plein fouet celui d'Arcand. Dans sa correspondance privée
autant que dans ses discours publics, Arcand se livre à une véritable entreprise de démolition de la pensée de Bourassa, l'homme

qu'il considère avoir « fait le plus de tort (mal) à notre race, parce que son nationalisme était de l'internationalisme, du libéralisme appliquant la "tolérance" à ceux qui n'avaient pas nos droits [45] ». Schématisé, son raisonnement se résume ainsi : nécessairement contre Bourassa parce que contre les Juifs et ceux qui les défendent. Le vieil orateur n'apparaît que sous les traits d'un traître au Canada français dans la prose du chef fasciste : « [...] dans notre groupe, nous n'avons pas de sympathie et difficilement de respect pour ce néfaste vieillard orgueilleux, vrai petit-fils de son grand-père », le patriote Louis-Joseph Papineau [46]. Puisque Bourassa se soucie de l'avenir des ressortissants de plusieurs nations, Arcand estime que cela l'empêche de servir convenablement ses compatriotes.

Jusqu'à la fin de sa vie, « servir » apparaît sous la plume d'Arcand comme une sorte de maître mot. Pour servir au mieux, explique-t-il, il faut d'abord refuser la plupart des révoltes populaires parce qu'elles ne sont qu'un refus de l'autorité civile, du patron, de la famille, du drapeau, de la religion [47]. Servir, c'est d'abord s'assurer du triomphe de l'ordre et du maintien des hiérarchies qui assurent l'autorité de certains sur la multitude. Lorsqu'Arcand en appelle à la liberté, celle-ci est complètement assujettie à son respect envers les instances d'encadrement social. « Du moment que l'autorité est reconnue bonne et recherche le bien », croit Arcand, « la liberté est d'autant plus grande et plus parfaite que l'on obéit entièrement, que l'on se soumet plus pleinement, avec le plus complet abandon de son "moi", le plus entier anéantissement de l'"ego" [48] ».

CHAPITRE 4

L'ILLUSTRATION D'UN FASCISTE

*Autre est de savoir en gros l'existence d'une chose, autre d'en
connaître les particularités ; la vérité morale d'une action ne se
décèle que dans les détails de cette action.*

CHATEAUBRIAND

L'ÉCHEC DU *GOGLU* ET DU *MIROIR* ne paralyse pas Arcand. Dès le 4 mai 1933, il repart en guerre, monté sur un nouveau cheval de papier qui se présente sous des airs plus sérieux et, surtout, beaucoup plus agressifs que ses journaux précédents. Le nouveau-né a pour nom *Le Patriote*. Il est publié rue Saint-Denis à Montréal, à l'enseigne d'une autre feuille, *L'Éclaireur*, un journal auquel va collaborer Joseph Ménard. *Le Patriote* clame ouvertement son appui au système politique défendu par Adolf Hitler en Allemagne et se montre, comme de raison, antisémite et anticommuniste jusqu'au délire.

L'emblème du *Patriote*, une croix gammée, ne laisse aucun doute quant à ses orientations racistes. Cette grosse araignée noire, symbole d'un régime de haine en Europe, coiffe la première page du journal montréalais. *Le Patriote* fait la promotion de ce symbole ancien popularisé par l'idéologie nazie. Des croix gammées sont en vente au bureau du journal, sous la forme de plusieurs objets de papier promotionnels, imprimés en trois couleurs. Le duo Ménard-Arcand fait plus que jamais la promotion assidue de ce swastika, désormais symbole de haine ardente.

Avant sa réorientation idéologique par l'Allemagne hitlérienne, la croix gammée ne troublait personne. En Inde, c'est un
symbole millénaire très courant que l'on trouve partout, dans les
temples aussi bien que dans des motifs de tissus. Les potiers de
différents peuples l'utilisent au fil des âges comme simple symbole décoratif. On en trouve représentées aussi bien dans l'art
domestique des Amérindiens du nord du Mexique avant l'arrivée des Blancs que dans l'histoire ancienne de la Béotie. Même
les relieurs et les éditeurs européens l'emploient sans hésiter au
début du XXᵉ siècle pour embellir leurs travaux. Ainsi, la respec-
table maison Macmilan & Co publie, en 1919, à Londres, une
édition des œuvres de Rudyard Kipling couverte de croix gammées sans que personne ne s'en inquiète. Les croix gammées de
cette édition ne font pas oublier que Kipling a collaboré durant
la Grande Guerre à la propagande antiallemande, en allant même
jusqu'à affirmer qu'il existe alors « seulement deux divisions dans
le monde d'aujourd'hui, le genre humain et les Allemands [1] ».

La compréhension du symbole de la croix gammée change
irrémédiablement avec l'arrivée en force des nazis en Allemagne.
La croix gammée d'Arcand et de son ami Ménard renvoie très
clairement à cette symbolique nazie plutôt qu'à un symbole
strictement ornemental. Obnubilés par des idées antisémites
et anticommunistes qui sont les pierres d'angle de leur dessein
révolutionnaire, Arcand et Ménard adhèrent à cette représentation haineuse popularisée par les nazis. Pour eux, la croix gammée
est l' « emblème de la race blanche menacée [2] ». Elle est utilisée
non comme un symbole national, mais comme « un symbole
mondial de toute la race blanche » dans un but de ralliement
fasciste [3].

Ménard affirme par ailleurs que le choix de cette croix gammée pour illustrer *Le Patriote* constitue « un appui à la foi
chrétienne [4] ». Comme la croix gammée est un symbole anti-
juif, poursuit-il, voici donc un symbole parfait pour un journal chrétien comme *Le Patriote*. Jusqu'à la veille de la guerre,
toujours convaincu de sa compréhension toute personnelle du

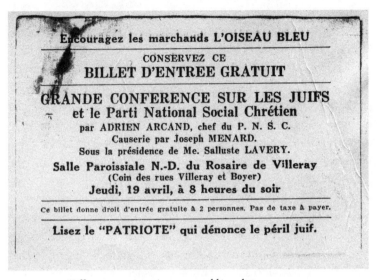

Billet pour assister à une assemblée politique en 1934.

catholicisme, Arcand défend sans faillir l'usage de la croix gammée comme le symbole noble et idéal « de notre belle race blanche [5] ».

Afin de dissiper tout malentendu quant à ses sentiments religieux tout en bernant ses détracteurs, le journal ajoute bientôt à la croix gammée, son premier symbole, la croix chrétienne. Dans *Le Patriote*, le fascisme est sans cesse présenté comme l'élément d'une doctrine essentiellement chrétienne. « Le fascisme est une doctrine d'ordre, une doctrine de justice, une doctrine qui reconnaît le devoir de la charité chrétienne, puisque les individus qui forment la nation la reconnaissent eux-mêmes [6]. » Arcand et Ménard ne tiennent pas compte du sort fait à l'Église en Allemagne nazie.

Pour fonder leur antisémitisme doctrinaire, ils s'en remettent d'abord au vieux fond antisémite du christianisme, invoquant la Bible pour soutenir les pires préjugés. « L'antisémitisme comme moyen de défense contre les ravages de la juiverie est recommandé par l'Église depuis les débuts de la chrétienté », explique

Arcand à un de ses correspondants en 1935 [7]. À ce fond de racisme inspiré par l'antisémitisme religieux, ils ajoutent vite le catalogue complet des haines modernes fondées sur le sang et l'idée de race.

Le rapport étroit que tentent sans cesse de tisser Arcand et Ménard entre le fascisme et la religion chrétienne n'empêche pas des catholiques de dénoncer leurs affabulations racistes, jugeant la doctrine prêchée par Arcand tout simplement contraire à la doctrine de l'Église. Divers théologiens, sollicités en conseil par l'Église canadienne, se prononcent contre la pensée d'Arcand, la jugeant tout simplement anticatholique [8]. Afin de faire valoir sa propre idéologie fasciste, *La Nation* du 22 octobre 1936 se fait un plaisir de publier une de ces condamnations de l'Église à l'égard du mouvement d'Arcand. À l'archevêché de Montréal, Mgr Chaumont a donné des directives pour qu'on signale aux jeunes de l'Association catholique de la jeunesse canadienne-française (ACJC) et de la Jeunesse indépendante chrétienne (JIC) « que la société dite "Parti national social chrétien du Canada" (ou parti fasciste), n'a pas l'approbation de l'autorité diocésaine ». Tout cela n'empêche pas les chemises bleues de continuer de se faire voir comme des catholiques sincères, ce qu'ils sont sans doute.

En novembre 1936, tard dans la nuit, au retour de deux assemblées politiques tenues à Saint-Hyacinthe, la voiture dans laquelle se trouve Arcand est impliquée dans un grave accident avec un camion très lourdement chargé. Arcand s'en sort indemne, presque par miracle, tandis qu'Émile Vallée, le jeune orateur qui l'accompagne, est tué net. Père de quatre jeunes bambins dont l'aîné a tout juste huit ans, Vallée habitait le quartier ouvrier d'Hochelaga où l'on trouve plusieurs partisans des fascistes canadiens. Le 19 novembre, pour les funérailles d'Émile Vallée à l'église de la Nativité d'Hochelaga, ses camarades fascistes de différentes sections et régions se présentent à la cérémonie sans cacher leurs couleurs. Même si les fascistes n'hésitent pas à se montrer jusque dans une église lors d'occasions semblables, il n'est pas pour eux toujours facile de tenir des réunions à visage découvert. Le parti éprouve en effet un certain mal à trouver des salles de réunion, même du côté des paroisses. On refuse souvent de les leur louer. Le PNSC en est ainsi réduit à devoir se faire parfois fort discret pour parvenir à se réunir.

Dans un communiqué qui annonce aux membres une réunion pour le 17 novembre 1935 à la salle St-Alphonse de Montréal, P. Papineau, secrétaire provincial du parti, prend par exemple bien soin d'indiquer que les membres doivent se présenter au rendez-vous incognito : « Ne portez pas un uniforme ou des insignes de manière à être vus du public, excepté de l'intérieur de la salle. » Dans un autre communiqué, celui-ci daté du 28 octobre 1936, le secrétaire municipal de Montréal, H. Perdriau, informe le PNSC que ses membres ne peuvent tenir autant de réunions qu'ils le souhaiteraient « parce que la Commission des écoles catholiques nous refuse les salles des écoles et qu'en plus, nous ne pouvons compter sur les salles paroissiales ».

Arcand est, à n'en pas douter, un catholique sincère, tout comme l'immense majorité des membres de son parti. Il est profondément troublé par les condamnations que l'Église émet à l'endroit de son organisation politique. La religion n'est pas du tout chez lui un élément purement tactique, comme ce sera le cas par exemple au sein de l'Action française de Charles Maurras, qui l'utilise d'abord et avant tout comme principe d'ordre.

Le fasciste canadien-français est envisagé par Arcand comme un patriote accompli qui n'écarte pas la religion catholique. Le fasciste « doit être traditionnel, et aimer, dans l'ordre, Dieu et sa religion, sa famille et son foyer, sa race et sa patrie [9] ». Ce conservatisme social se greffe néanmoins sur un corps d'idées révolutionnaires qui vise à renverser le système démocratique et le capitalisme, et à bouter hors du pays les Juifs, les communistes, les opposants politiques au profit d'une dictature qui imposerait le corporatisme comme seul principe d'organisation de la sphère publique.

Pétri d'enseignements catholiques depuis le collège, Arcand n'arrive pas à comprendre que son parti qui affiche pourtant sa ferveur catholique l'éloigne soudain du ciel chrétien auquel il aspire. Même son antisémitisme, répète-t-il, lui a justement été inspiré à la base par la hiérarchie catholique. Ce sont les autorités religieuses, après tout, qui l'ont encouragé, dit-il, à écrire contre les écoles juives, à l'époque du *Goglu*.

Le régime nazi serait-il athée ? Rien n'est moins vrai, soutient Arcand, qui cite l'archevêque de Vienne, Theodor Innitzer, lorsque celui-ci, satisfait de l'invasion de l'Autriche par l'Allemagne, affirme qu' « Hitler exécute la volonté de Dieu [10] ». Sous l'influence d'Innitzer, nombre d'églises d'Autriche seront pavoisées de croix gammées. Ce prélat de l'Église est-il moins catholique que d'autres ? demande Arcand. Le mouvement fasciste canadien, plaide-t-il, a été lancé après qu'il eut téléphoné à l'archevêché, fin décembre 1933, afin d'obtenir une audience de Mgr Valois. Cette audience lui fut accordée. Joseph Ménard et Adrien Arcand présentèrent « le programme avec large marge pour annotation » et expliquèrent leurs intentions. Selon Arcand, un abbé vint ensuite au journal *Le Patriote* de la part de l'archevêché « pour clarification de certains points [11] ». Arcand affirme avoir revu par la suite Mgr Valois, seul cette fois, début février 1934, toujours pour discuter du programme fasciste. Or, « rien, absolument rien, ne fut suggéré pour être retranché du programme comme contraire à la doctrine de l'Église ». C'est forts de telles consultations ecclésiastiques, jugées favorables, qu'Arcand et Ménard lancèrent officiellement, le 22 février 1934, leur parti lors d'une assemblée inaugurale au Monument national, boulevard Saint-Laurent.

Adrien Arcand n'en revient pas de voir les militants du PNSC considérés soudain par l'Église comme « des prédicants d'hérésie ». Arcand se démène en vain pour savoir pourquoi exactement les hommes de robe qui n'avaient pas jugé bon de le condamner depuis 1934 choisissent soudain de le faire en 1936. Il ne change pas pour autant d'idée, même si son programme, selon les théologiens invoqués par les mouvements de jeunesse catholique, « est incompatible avec la doctrine de l'Église ». Il contre-attaque.

Portrait officiel en 1937.

Lorsqu'en 1938 la JIC estime que la croix gammée est un symbole de persécution en Allemagne et qu'elle doit être combattue partout, Arcand écrit qu'« il faut être royalement ignorant et abruti, et de plus hautement juif ou enjuivé, pour baver de cette façon sur l'emblème de la race blanche [12] ».

Mais pour un parti qui compte sur les racines profondément catholiques de ses membres pour gagner en popularité, voilà qui est dans les faits absolument catastrophique. Force est de constater qu'Adrien Arcand ne réussit pas à rassurer l'Église catholique canadienne-française comme Mussolini a réussi à le faire en Italie, de justesse il est vrai.

Les dénonciations du parti d'Arcand par les gens d'Église viennent de haut. « L'Église catholique n'est pas fasciste », constate Arcand [13]. « Un petit nombre de gens de l'Église, un très petit nombre nous supportent. Mais pour chaque personne de l'Église qui dit un bon mot en notre faveur, au moins deux s'opposent à lui [14]. »

Les hautes instances de l'Église catholique canadienne-française, véritable nation dans la nation, ne tolèrent bientôt plus le parti d'Arcand, même si des membres du bas clergé tendent vers lui l'oreille, voire la main à l'occasion. L'Église canadienne prend ses distances avec la pensée fasciste exprimée par Arcand alors qu'elle demeure favorable à une certaine forme de corporatisme, que préconisent d'ailleurs des hommes de robe, comme c'est le cas de l'abbé Lionel Groulx ou du père Papin Archambault, directeur des *Semaines sociales du Canada* et du mensuel *L'École sociale populaire*.

À la fin du mois de mars 1938, Mgr Gauthier lit au prône une lettre circulaire contre le communisme où, de surcroît, il met en garde les catholiques contre le parti d'Arcand. Il y a dans le programme du PNSC, juge-t-il, l'expression de doctrines confuses dont les catholiques doivent se méfier.

> C'est du nazisme allemand, avec ses erreurs et ses tendances, et dont on a pris soin d'adoucir les arêtes les plus vives afin de le rendre acceptable aux catholiques de chez nous. Sans qu'il soit nécessaire d'y insister, comment pourrions-nous oublier la façon dont l'Allemagne hitlérienne traite nos frères dans la foi ? N'y a-t-il pas, d'autre part, dans tous les fascismes, un besoin de domination qui n'est guère favorable à la liberté de conscience et qui renouvelle sans cesse un conflit vieux comme le monde : celui du césarisme et du pouvoir spirituel ?

Le même homme qui, au moment de la crise des écoles juives, a profité des services d'Arcand pour défendre le système d'enseignement confessionnel contre une loi d'exception, le dénonce désormais vertement.

Dans *Le Fasciste canadien*, Arcand tente une manœuvre de diversion au sujet de la lettre pastorale de Mgr Gauthier. Il affirme la trouver remarquable, en n'en retenant que la part d'anticommunisme qu'elle contient et tout en laissant entendre

Des membres de la Jeunesse ouvrière catholique (JOC)
défilent à Montréal en faisant le salut fasciste.

qu'elle condamne du même souffle « les cris antifascistes [15] »...
Qui est dupe de cette manœuvre un peu grosse, si ce n'est les
adeptes du fascisme déjà convaincus par le discours d'Arcand ?

À Québec, le cardinal Villeneuve souscrit immédiatement
à la lettre de Mgr Gauthier. André Laurendeau, directeur de
L'Action nationale depuis septembre 1937, se félicite quant à lui de
cette précaution de l'Église à l'endroit du fascisme [16]. La situation
au Canada français apparaît à première vue différente de celle qui
existe au même moment en Italie ou en Espagne, où beaucoup de
membres du haut clergé catholique appuient la doctrine fasciste.

Plusieurs mouvements d'action catholique de la jeunesse
canadienne-française n'en demeurent pas moins charmés par
les manifestations internationales du fascisme. Les dirigeants de
la Jeunesse ouvrière catholique (JOC) défilent même à Montréal
en faisant le salut fasciste [17]. Le diplomate André Patry se souvient d'avoir vu à l'époque, rue Saint-Joseph, de ces jeunes gens
marcher au pas cadencé tout en faisant le salut fasciste [18]. Mais
ces mouvements d'action catholique n'admettent absolument
pas, au nom de l'Église chrétienne et du pape, la référence à la
croix gammée germanique d'Hitler, figure de proue d'un système
jugé contraire à la culture franco-latine et à la croix chrétienne.

Michel Chartrand, futur chef syndical bouillant, est alors un de ces militants catholiques. Il écrit que « la JIC, en regrettant l'appui implicite donné à un régime déplorable et antichrétien par la diffusion de la croix gammée, n'entend pas jeter le blâme sur les partisans d'un fascisme raisonnable [19] ». En avril 1938, Chartrand estime que les communistes – le « fascisme rouge » – et les militants du PNSC – le « fascisme bleu » – sont à renvoyer dos à dos parce qu'ils utilisent une même virulence d'inspiration étrangère et parfaitement contraire aux racines catholiques et canadiennes-françaises de la société d'ici. Le fascisme peut être toléré, à l'entendre, mais à condition qu'il soit strictement d'inspiration nationale.

Pour sa condamnation du fascisme d'Arcand, jugé « étranger », Chartrand se voit vilipendé par *Le Fasciste canadien* en juin 1938. On lui reproche d'avoir soutenu que « la croix gammée de Hitler est devenue l'emblème par excellence de l'État arbitraire et d'une tyrannie hypocrite, tracassière et peu intelligente [20] ».

Mais on l'a vu, les membres de la JIC, dont Chartrand est un porte-parole, ne sont pas opposés au fascisme dans l'absolu. Qu'est-ce donc que le fascisme « raisonnable » pour ces jeunes catholiques ? La JIC, explique Chartand, « n'est pas opposée à un fascisme genre Salazar par exemple », parce que le dictateur portugais se veut foncièrement catholique. Chartrand cite aussi en exemple Mussolini pour soutenir la création d'un fascisme vraiment propre aux Canadiens français [21].

Si la JIC ne s'oppose pas au fascisme, Chartrand précise que le mouvement de jeunes auquel il adhère ne se veut pas pour sa part révolutionnaire. Il ne se dresse pas « contre un sain régime démocratique, un libéralisme ou un conservatisme modéré, un juste nationalisme ». Le mouvement de la JIC se veut en fait « en dehors et au-dessus des partis politiques ». Chartrand dit souhaiter n'être lié quant à lui « à aucun parti, à aucun régime, à aucune idéologie, si séduisants soient-ils [22] ». Dans les faits, il émane du discours très nationaliste de la JIC une position de droite toute favorable à la création d'un régime fasciste aux racines « authentiquement catholiques et canadiennes-françaises » et qui admire l'esprit du « magnifique Salazar » et du fascisme italien, pour citer encore une fois les mots de Chartrand.

Des différences somme toute superficielles éloignent Arcand de ces jeunes nationalistes qui opposent à son fascisme d'inspiration européenne un fascisme d'inspiration plus strictement locale. Arcand est un révolutionnaire qui souhaite favoriser le renversement de la démocratie libérale au nom d'un Canada unitaire appartenant à l'Empire anglais. Ces jeunes catholiques ont plutôt pour entité de référence le Québec, patrie des Canadiens français, ce qui les conduit à envisager la création d'un nouvel État national, la Laurentie. Mais pour le PNSC, le Canada tracé par l'Empire britannique l'emporte à jamais sur les rêves patriotiques d'une Laurentie. L'idéal national est donc différent de part et d'autre, mais on ne remet cependant pas tellement en cause, ni chez les uns ni chez les autres, la nature du régime politique que l'on souhaite voir s'exercer. Le PNSC peut-il toutefois compter prospérer si la jeunesse catholique lui fait soudain faux bond pour des raisons d'incompatibilité de perspective à l'égard de la question nationale ?

Privé du soutien de l'Église, le PNSC doit, pour continuer de tenir ses réunions de « zones » mensuelles, louer des salles paroissiales sous de faux noms. Plusieurs réunions doivent même se tenir dans des sous-sols ou des salles privés, faute de pouvoir trouver mieux. Nombre de salles sont néanmoins disponibles pour ses besoins. Et pour les ralliements d'envergure, le parti peut toujours compter sur la belle salle du Monument national, ouverte à tous, sans distinction, y compris au Congrès juif qui a alors ses bureaux tout près.

Malgré quelques empêchements, les assemblées des fascistes continuent d'être nombreuses chaque mois, comme le montrent les publicités publiées dans *Le Fasciste canadien*. À l'été 1938, il se tient plusieurs réunions par semaine des hommes en chemise bleue. Elles se déroulent surtout à Montréal, mais aussi à Saint-Hyacinthe et à Valleyfield, où les rencontres ont d'ailleurs lieu à l'hôtel de ville. L'essentiel des réunions des fascistes d'Arcand se tient à Montréal ou dans les environs immédiats de la métropole. Une tentative de développement du côté de Sherbrooke, organisée l'année précédente, ne semble pas avoir connu beaucoup de succès. La ville de Québec reste quant à elle essentiellement le terrain des jeunes fascistes associés à Paul Bouchard et à sa *Nation*, même si le PNSC y a des partisans qui s'affichent dans le quartier ouvrier St-Roch [23]. Étudiant de l'université d'Oxford entre 1931 et 1934 grâce à une bourse Rhodes, Bouchard revient dans la ville de Québec après avoir parcouru l'Europe. Ce jeune avocat entreprend alors de promouvoir l'idée d'indépendance du Canada français sur les bases d'un « ordre nouveau » inspiré du fascisme italien. Pour mener à bien son entreprise, qui reprend une volonté indépendantiste déjà exprimée en 1934 dans la revue québécoise *Vivre*, il associe à son entreprise de jeunes confrères formés en droit comme lui : Marcel Hamel, Pierre Letarte, Albert Pelletier, Roger Vézina. À la différence du PNSC, *La Nation* de Bouchard ne subit pas les foudres de l'Église.

Ses déconvenues dans ses relations avec les autorités religieuses n'empêchent pas le PNSC de maintenir une forte cadence de réunions publiques, sans pour autant que cela inquiète vraiment les partis traditionnels, surtout pas l'Union nationale, au pouvoir depuis août 1936. L'Union nationale de Maurice Duplessis se montre même bienveillante à l'égard des hommes d'Arcand. En Chambre, le 2 mars 1938, le premier ministre affirme qu'il n'y a pas de danger fasciste dans la province de Québec. Devant pareille déclaration, la poignée de communistes de la province fulminent. Stanley Ryerson, secrétaire de la section québécoise du Parti communiste, a beau se dire heureux de la condamnation des troupes d'Arcand par Mgr Gauthier – bien qu'il la juge trop mesurée –, il estime en même temps que les relations qu'entretient Maurice Duplessis avec le chef fasciste sont assez troublantes [24]. Il n'a pas tort.

Depuis que Maurice Le Noblet Duplessis est devenu, à l'automne 1932, chef de l'opposition à Québec, Arcand ne cesse de montrer une attitude favorable à son égard, le qualifiant de

« brillant », d'« habile », d'ennemi naturel de la gauche et de fameux soutien au conservatisme canadien-français. Duplessis lance aussi des pointes antisémites qui ne sont pas pour déplaire aux fascistes.

Dans un milieu où l'antisémitisme de nature religieuse a déjà bonne presse, Duplessis laisse entendre en 1933 que les Juifs allemands qui tentent de fuir l'Allemagne hitlérienne veulent se diriger vers le Canada où ils constitueraient le cas échéant une menace directe pour les Canadiens français [25]. Ces informations, dit-il, lui viennent d'une source fiable. Il précise même que ces Juifs ont l'intention d'acheter des terres agricoles, portant ainsi préjudice à 100 000 agriculteurs à une époque où le retour à la campagne est présenté comme le remède à tous les maux économiques de la crise. Cette sortie de Duplessis, soutenue par la publication d'articles qui tendent à accréditer ses dires, encourage un nouveau vent d'antisémitisme [26].

Dans des villes et villages, on dépose des motions afin d'indiquer au gouvernement fédéral que ces Juifs en fuite de l'Allemagne ne sont pas les bienvenus au pays. À Montréal, Henri Lemaître Auger, conseiller municipal du quartier Saint-Jacques et futur député de Duplessis, dépose une motion en ce sens le 11 septembre 1933. Le conseiller Auger veut empêcher l'entrée au pays de réfugiés d'Europe centrale, d'Allemagne et de Russie susceptibles de professer « des idées communistes ou antichrétiennes ». La motion, finalement retirée, suscite un très vif débat à l'hôtel de ville, particulièrement le 19 octobre 1933.

À mesure que sa carrière progresse et que son nouveau statut de premier ministre l'encourage à une certaine retenue, du moins pour sauver les apparences, Duplessis prend quelque peu ses distances avec le discours antisémite, de façon sans doute purement opportuniste [27]. En 1938, à la veille d'une nouvelle campagne électorale, il juge bon de faire une déclaration officielle, adressée à la communauté juive par l'entremise du journal yiddish *L'Aigle canadien* (*Keneder Odler* [28]). Il déclare alors solennellement ne pas être un ennemi des Juifs, avoir du respect pour cette communauté dans laquelle, dit-il, il compte quelques amis.

Avant que Duplessis ne tente de se constituer ce masque de vertu à l'égard de la communauté juive, *Le Fasciste canadien* ne ménage pas les manifestations d'un bel enthousiasme à son endroit. Les fascistes apprécient surtout Duplessis, il est vrai, parce qu'il mène une vive lutte contre les libéraux d'Alexandre Taschereau, assimilés à la peste ou au choléra. « En face d'un gouvernement pris en flagrant délit de corruption, il y a l'Union nationale », explique le mensuel fasciste [29].

Alors que l'Union nationale bénéficie d'une vaste reconnaissance populaire qui préside à son élection en 1936, Arcand en propose une vision toute personnelle. Il est favorable à l'action de Maurice Duplessis dans la mesure où celle-ci constitue selon lui une étape de transition nécessaire dans l'instauration d'un ordre fasciste. L'Union nationale, avec ses idées, pave la voie à une unité nationale totale, explique Arcand. « Le mouvement de l'Union nationale constitue pour nos idées un mouvement de transition vers l'unité nationale que nous voulons. Car si l'union est plutôt une illusion et, en démocratie une impossibilité, seule l'unité est une réalité possible, par le racisme. » Au moins, juge-t-il, « l'Union nationale est libre de toute affiliation juive et bon nombre de ses membres connaissent les dangers de la conspiration mondiale juive ».

Duplessis ou pas, Union nationale ou pas, Arcand considère que le seul fait d'évoluer dans un système politique démocratique constitue un problème. Oui, l'Union nationale doit vaincre à court terme, explique Arcand. Mais il faut comprendre que cette victoire de l'Union nationale n'est valable et n'a de sens que dans la mesure où elle est envisagée et dirigée comme une transition vers un système meilleur : le sien.

Mais ce n'est pas demain la veille qu'Arcand risque de triompher, à moins que ce ne soit par un violent et soudain coup d'État. En 1933, *Le Patriote*, la feuille militante qui remplace *Le Goglu* et *Le Miroir*, a peine à survivre. Les annonceurs du *Patriote* sont quasi inexistants. Comment financer encore longtemps une feuille pareille sans le secours de la publicité ou, à tout le moins, d'un riche mécène ? Dès l'été 1934, Jos Ménard tente même d'activer une souscription publique afin de soutenir le journal [30]. Mais cela ne suffit pas.

De bons amis d'Arcand, dont le sénateur Blondin, rêvent encore de voir les conservateurs de Bennett soutenir la nouvelle entreprise d'Arcand. Ils rêvent bien sûr en couleur, inspirés par la vision qu'ils ont d'Arcand comme un homme politique exceptionnel qui « ne devrait pas être complètement ignoré [31] ».

De fait, les conservateurs fédéraux ne sont pas complètement indifférents à l'étonnante remontée de ce petit führer canadien après la déconfiture du *Miroir* et du *Goglu*. Arcand agit même pour eux, à l'occasion, comme conseiller publicitaire, et il est fort apprécié dans la faction la plus à droite de ce parti. *Le Patriote* appuie officiellement l'éphémère Parti de la reconstruction, frange conservatrice plus radicale née d'une scission avec les conservateurs.

L'avocat Salluste Lavery, un antisémite virulent qui, comme procureur, défend à l'occasion Arcand, est candidat pour le Parti de la reconstruction en 1935. Lavery, du cabinet d'avocats-procureurs Lavery & Guay, est aussi candidat à la mairie de Montréal en avril 1934, avec la bénédiction et la contribution active d'Arcand, qui l'appuie en public ainsi que dans les pages du *Patriote*.

À l'élection municipale du 9 avril 1934, Lavery obtient le troisième rang, avec 13 740 voix contre 89 603 voix à Camillien Houde, élu à nouveau maire de la cité. Contre Houde, Arcand conservera toujours une haine féroce, recommandant même à ses troupes, à son sujet, de s'assurer « des virilités bien trempées pour faire face à l'orage [32] ». Les fascistes d'Arcand ne répugnent pas à l'usage de la manière forte. Arcand continuera de surveiller de près la politique municipale, dans la métropole comme en région. Ses militants auront l'ordre d'appuyer dans certains cas des « amis », comme aux élections municipales de Sorel et de Valleyfield [33].

À la suite de l'élection fédérale du 14 octobre 1935 et de la défaite des conservateurs au profit de Mackenzie King, Arcand juge que ses anciens alliés ont trahi leur mission « qui était de combattre le libéralisme ». Il appelle désormais de ses vœux la mort du Parti conservateur. Il espère pouvoir le remplacer avant longtemps avec sa propre formation. Il se pose comme le seul chef politique capable de s'opposer efficacement à la gauche et au libéralisme [34].

Bien que sensible aux positions des conservateurs ou de leur branche unioniste – et les appuyant à l'occasion pour des raisons stratégiques –, *Le Patriote* sera d'abord et avant tout l'organe du nouveau parti mis sur pied par Arcand : le PNSC. La première assemblée fasciste du PNSC a lieu le 20 octobre 1933 à Montréal. Mais les premières lettres à entête frappées de la croix gammée que signe Arcand datent de la fin de 1932. À cette date, il correspond déjà depuis plusieurs mois avec des fascistes de partout dans le monde. Les progrès du fascisme aux États-Unis, en particulier, l'encouragent beaucoup. Plusieurs pamphlets antisémites lui parviennent de la république américaine. Il admire notamment les discours antisémites de Louis Thomas McFadden prononcés au Congrès américain.

En Amérique du Sud, Arcand entretient des rapports avec Gustavo Barroso, chef de l'Action intégraliste brésilienne, un mouvement d'inspiration fasciste qui ne promeut toutefois pas la haine raciale. Arcand publiera Barroso dans les pages du *Fasciste canadien*, le présentant comme un « excellent ami [35] ». Le chef fasciste canadien se félicite aussi des progrès du fascisme au Paraguay.

L'arrivée d'Hitler au pouvoir en Allemagne n'a fait que renforcer sa conviction de la valeur du fascisme. Est-il aussi connu en Allemagne qu'il le laissera entendre ? Arcand connaît déjà au moins Kurt Ludecke, venu spécialement avec sa femme en automobile depuis les États-Unis afin de le rencontrer. Il est clair que plusieurs journaux nazis connaissent aussi l'existence du journal *Le Patriote* [36]. Ce dernier reproduit des articles tirés de *Der Stürmer*, un journal antisémite allemand dirigé par Julius Streicher.

Le Patriote est aussi relayé en Suède par les militants fascistes de Sven Olov Lindholm, qui connaît un certain succès électoral tout en arborant, comme les militants canadiens, une croix gammée [37]. Il semble entretenir des liens en Belgique avec les rexistes de Léon Degrelle, qu'Arcand couvre en tout cas d'éloges [38]. En Espagne, où Arcand admire en particulier le chef phalangiste José Antonio Primo de Rivera, on relaie certains des numéros du *Fasciste canadien* [39]. Des échanges ont aussi lieu avec des imprimés néerlandais fascistes, le *Volksverwering* d'Anvers et le *Zwart Front* d'Oisterwijk, une municipalité du sud de la Hollande.

Arcand entretient des liens avec des correspondants européens de langue française, parmi lesquels il faut compter l'écrivain Jean Drault, pseudonyme d'Alfred Gendrot, auteur d'aventures humoristiques et d'essais farouchement antisémites inspirés par Édouard Drumont. Drault est un collaborateur de la *Libre parole*. Arcand obtient la permission de reproduire de ses textes à Montréal [40].

Arcand entretient aussi des relations avec Virginio Gayda, éditeur de journaux italiens et porte-parole officieux du régime de Mussolini [41]. Il reçoit régulièrement le journal fasciste *L'Italia* et prend systématiquement la défense des décisions du régime de Mussolini. À la suite de l'invasion de l'Éthiopie par les armées du Duce, Arcand défendra ainsi, par l'entremise des pages de *L'Illustration nouvelle*, la « bonne idée » que constitue selon lui cette opération. Son patron d'alors, Eugène Berthiaume, brasse justement de grosses affaires avec des industriels romains [42]. Simple hasard ?

Dans les pages du *Fasciste canadien*, le bulletin de son parti, Arcand jugera impardonnable que des peuples blancs fournissent à l'Éthiopie des moyens de se défendre contre les armées de Mussolini. C'est tout simplement un crime pour lui que « de fournir des armes aux pires barbares du genre humain pour tirer sur des Blancs ». Les Éthiopiens, comme on le sait, seront massacrés par les armées italiennes motorisées. Arcand n'y verra que le juste accomplissement d'une lutte civilisationnelle, les

Éthiopiens ne correspondant pour lui qu'à « des anthropophages incivilisés [43] ». Ce conflit aura en outre, selon lui, le mérite de faire éclater la Société des Nations à Genève, nouvelle preuve à son sens que le traité de Versailles, le pacte Briand-Kellogg et tout ce qui a été signé à Genève ne vaut rien [44].

Arcand défend pour des raisons similaires l'impérialisme japonais en Asie. Le Japon, considère-t-il, ne s'empare pas de la Chine mais y rétablit tout simplement l'ordre. « Il y replace la monarchie, la tradition, la paix. » Ce faisant, le Japon, « au nombre des pays forts sur lesquels le monde civilisé peut compter », lutte autant contre le communisme que contre les Juifs [45]. Il agit comme un cordon sanitaire en Asie. En un mot, les conquêtes du Japon apparaissent excellentes à Arcand. « C'est une bonne œuvre », tranche-t-il [46].

Les fascistes canadiens s'inspirent de tous ces modèles étrangers et pas seulement du régime nazi, comme on a pu le croire trop facilement. De son Ordre patriotique des Goglus, Arcand reprend pour le parti qu'il fonde la structure hiérarchique complexe, inspirée à la fois par l'univers des milices et celui des sociétés secrètes, matinée d'une évidente fascination à l'égard des vieux soldats prétoriens aux allures martiales. Il propose une lutte totale aux marxistes, à la gauche en général, le tout appuyé sur une haine des Juifs comme principe structurant de toute sa pensée.

Les membres et sympathisants du nouveau parti arborent des chemises bleues (1,25$ chacune – 1,50$ pour du sur-mesure). Au soir de l'assemblée de fondation, le 22 février 1934, la scène du Monument national, selon le compte rendu publié par *Le Patriote*, est décorée par quatre lettres immenses, colossales : PNSC, acronyme du nouveau parti. L'ordre dans la salle est assuré par un service de sécurité maison, formé de « quatre compagnies de vétérans des Casques d'acier ». Ces vétérans portent le nouvel uniforme du parti auquel ils ont ajouté leurs décorations de guerre, tout en arborant au bras « le brassard de la croix gammée, symbole de la race blanche ». *Le Patriote* insiste sur la tenue impeccable de ces hommes qui forment, pour

Par groupes de deux, les Légionnaires veillent sur l'assistance lors des assemblées.

leur chef, une haie d'honneur qui le conduit jusqu'à l'estrade. En Europe, plusieurs anciens combattants sont aussi séduits par le chant du fascisme. Arcand, lui-même un ancien militaire, voudra faire croire à un appui important des militaires et des anciens militaires à son organisation.

Le mouvement tient d'autres assemblées au Monument national. Le soir du 7 octobre 1936, la salle est décorée de bannières tricolores bleu, blanc, rouge coiffées de swastikas. Elle accueille des partisans qui payent entre 0,25 $ et 1 $ leur petit strapontin afin d'entendre les orateurs révolutionnaires. Sur la scène, on trouve une immense croix gammée surmontée d'un castor et de feuilles d'érable, œuvre d'un étudiant de l'École des beaux-arts [47]. Dans son compte rendu de la soirée, *Le Devoir* estime qu'il s'agit d'une démonstration saisissante de force et de discipline.

L'organisation du PNSC se veut pancanadienne. Arcand tient au principe d'une unité nationale organique déployée d'un

océan à l'autre, au nom de l'Empire, bien qu'il demeure toujours fort sensible aux préoccupations spécifiques des Canadiens
français. Le mouvement d'Arcand jouit d'alliances informelles
avec des mouvements d'extrême droite d'autres provinces mais sa
base est concentrée au Québec. En fait, Arcand et son organisation se consacrent presque exclusivement aux Canadiens français
du Québec tandis que les fascistes hors Québec sont confiés
à l'organisation de Winnipeg [48]. La section anglaise du PNSC
édite entre autres un bulletin régulier, *The Canadian Nationalist*.
Plus à l'ouest, à Vancouver, la British Colombia Citizen's League
recueille les faveurs d'Arcand pour sa distribution régulière de
tracts antisémites et anticommunistes [49].

Le *Fasciste canadien*, le bulletin officiel du PNSC, est présenté par ses rédacteurs comme une feuille essentiellement chrétienne bien que, à titre d'organe de communication d'un parti
politique, il s'occupe forcément de questions qui touchent non
pas l'Église mais surtout la politique et l'économie. La religion
plane néanmoins sans cesse sur ce petit journal dont les premiers
numéros sont simplement dactylographiés puis polycopiés grâce
à une Mimeograph.

Arcand se drape de la religion catholique. Constamment
évoquée, celle-ci assure *a priori* une caution morale à l'ensemble
de son projet politique. À l'entendre, *Le Fasciste canadien* avance
au nom de Dieu, en proposant l'instauration d'une politique
chrétienne d'un nouveau genre. Dieu est avec les fascistes « parce
qu'eux aussi servent sa cause », explique le bulletin du parti [50].

Cette référence à Dieu n'est pas originale dans l'univers fasciste. Sur les ceinturons de chaque soldat nazi d'Hitler, ne trouve-
t-on pas cette phrase, « Dieu est avec nous », qui exprime ce
même sentiment d'un appui supérieur à l'extrême droite révolutionnaire ? Mais à la différence d'Arcand, Hitler s'autorise d'un
nouveau Dieu, « immanent dans la nature », « immanent dans
la nation même ». Le culte national d'Arcand se réclame quant
à lui de la religion judéo-chrétienne déjà bien enracinée dans la
société canadienne-française, un système spirituel et temporel
que rejette pour sa part le dictateur allemand.

L'ancien champion sportif Maurice Scott,
qui deviendra l'un des militants les plus actifs du PNSC.

La dictature est même soutenue par Arcand au nom de la religion catholique. Après tout, ce qu'a mis en place Dieu ne relève-t-il pas de la dictature, argumente le PNSC.

> Dieu n'a rien fait qui ne soit une dictature, que ce soit la famille, le mosaïsme, l'Église de l'Alliance nouvelle, que ce soit dans le monde des fourmis ou des abeilles. Partout où il a cru devoir faire une société organisée, il ne lui a jamais donné d'autre mode d'organisation et d'autorité que la dictature [51].

La dictature sera toujours un idéal à atteindre pour Arcand. « La dictature, c'est la plénitude de l'autorité. C'est l'autorité indivise, complète, capable, active, productive [52]. » Son opposé absolu, la démocratie, n'est qu'un simulacre d'autorité, cette autorité dont une société a besoin pour vivre, croit Arcand.

Aux yeux du PNSC, le libéralisme apparaît profondément contraire à la religion catholique, « dont le soleil éclaire notre route ». À entendre Arcand, son fascisme serait la seule garantie morale offerte au peuple à une époque troublée. Arcand se propose sous ce chapiteau moral de la religion catholique d'atteindre deux objectifs concrets. Premièrement, la destruction du système en place, dont l'ordre est à son sens « antinaturel » et « antichrétien ». Deuxièmement, « la restauration d'un État et d'une société fondés sur l'ordre naturel et sur l'ordre chrétien [53] ».

Même le nationalisme ultra-raciste que prône Arcand tient selon lui ses fondements d'une « loi naturelle » qui ne contrevient pas aux principes de l'Église.

> Voyez dans la face des singes, toutes sortes de tribus qui ne se mêlent pas ; abeilles et frelons ont des ruchers différents et ne se mêlent pas ; chiens de toutes races forment des tribus différentes. Il ne faut pas les mêler, ce serait contre ce que Dieu lui-même a voulu [54].

À son sens, l'Église veut et respecte pareil nationalisme racial, au contraire de ce qu'affirme Henri Bourassa, dont Arcand s'emploie à décortiquer les discours qui vont en sens contraire avec attention.

Les événements du quotidien sont envisagés par le gros bout de la lorgnette du fascisme tel qu'Arcand le conçoit. *Le Fasciste canadien* rage ainsi contre le retrait des jumelles Dionne à leur père parce qu'il lui semble que le retrait des enfants aux parents légitimes est à considérer comme une forme de communisme de la part de l'État. Il se plaint aussi que toute la publicité faite au sujet des jumelles, pourtant canadiennes-françaises, ne soit faite qu'en anglais. Oui à un régime lié à l'Empire britannique, mais qu'on respecte au moins la langue française !

Le Fasciste canadien recommande à ses lecteurs de boycotter le très populaire club de hockey Canadien. Vainqueurs ou pas, les Canadiens sont conduits par des Juifs, explique le journal, à commencer par Cecil Hart. Avec Hart, l'équipe a déjà remporté deux coupes Stanley. Peu importe les succès puisque la présence même d'un seul Juif dans l'organisation sportive suffit à en ternir l'aura. Évidemment, la menace de boycott des Canadiens de Montréal par les fascistes d'Arcand n'a pas grand conséquences. Les Canadiens français ont beau se passionner pour la raquette, la crosse et le cyclisme, le hockey reste leur sport de prédilection.

Un journal révolutionnaire tel que *Le Fasciste canadien* ne peut guère vivre longtemps sans publicité. Si *Le Fasciste canadien* arrive à continuer de paraître grâce au soutien des militants du parti, *Le Patriote* se trouve vite dans la même position précaire que connurent *Le Goglu* et *Le Miroir*. Arcand lui-même a renoncé à l'idée de vivre de ses propres entreprises journalistiques. Le parti n'a pas les moyens non plus de lui verser un salaire lui permettant de subvenir aux besoins de sa famille, et les mécènes sont rares. Il lui faut donc pouvoir compter sur un emploi.

C'est l'argent d'Eugène Berthiaume qui permet à Arcand et Ménard de relancer rapidement des journaux après l'effondrement définitif du *Miroir* et du *Goglu*. Ce millionnaire, fils de Trefflé Berthiaume, fondateur de *La Presse*, rachète les affaires chancelantes du duo. Tandis que Ménard bénéficie pour vivre des largesses de l'Union nationale de Duplessis et obtient finalement, en 1936, un emploi au ministère de la Colonisation grâce au patronage du parti, Arcand devient un des piliers de *L'Illustration nouvelle*, un hebdomadaire populaire conservateur repris par Berthiaume pour en faire un quotidien capable de concurrencer les autres titres de la ville. Après un conflit qui oppose les syndics de faillite et certains des créanciers, Berthiaume relance *L'Illustration* sous le titre de *L'Illustration nouvelle*. Le ton du journal reste populiste, anticommuniste et très conservateur, voire réactionnaire.

L'hebdomadaire transformé en quotidien s'installe rue Marie-Anne, là même où Ménard s'est réinstallé comme imprimeur et éditeur avec du matériel tout neuf. Pour son nouveau projet, Berthiaume a tôt fait de considérer Arcand comme un de ses hommes de confiance.

Arcand devant sa machine à écrire noire de L'Illustration nouvelle.

Proche des conservateurs, Berthiaume fils est sensible à la chose politique, mais ne perd jamais de vue, d'abord et avant tout, ses intérêts financiers. Il s'est peu à peu intéressé à Arcand par l'entremise de son bon ami Lucien Dansereau, qui ne tarit pas d'éloges à son sujet dans les lettres qu'il lui adresse à Paris. Berthiaume vit dans la capitale française depuis plusieurs années, bien qu'il garde un œil sur l'ensemble de ses affaires canadiennes. L'enthousiasme et les manœuvres de Lucien Dansereau en faveur d'Arcand réussissent bientôt à éveiller l'intérêt d'Eugène Berthiaume à son endroit.

Dans son autobiographie publiée en 2005, l'écologiste Pierre Dansereau, fils de Lucien, affirme que son père était une « éminence grise tantôt auprès des conservateurs (sans en être), tantôt auprès des libéraux, voire simultanément des deux camps (mais jamais des nationalistes) [55] ! » Pierre Dansereau présente en outre son père comme un homme désintéressé.

La correspondance volumineuse de Lucien Dansereau révèle au contraire un homme près de ses intérêts et à ce titre bien engagé auprès des conservateurs, ayant ses entrées jusqu'au cabinet, voire chez le premier ministre Bennett lui-même. Dansereau père sait aussi placer ses cartes auprès des hommes de Maurice Duplessis [56]. Il n'hésite pas à profiter des possibilités des jeux d'influence que peuvent lui procurer ses relations, quitte à devoir salir des réputations par des procédés mensongers pour atteindre ses fins [57].

Pierre Dansereau semble de surcroît ignorer que, dans son jeune âge, il profite lui-même très avantageusement des entrées de son père chez certains notables du monde politique. Ses premières expéditions scientifiques sont même réalisées grâce aux jeux d'influence auxquels se livre son père. Lucien Dansereau n'hésite pas à faire jouer franchement ses relations pour obtenir quelques avancées intéressantes pour son rejeton.

Dans ses mémoires, Pierre Dansereau note au moins avec raison que son père « fut présent à des décisions politiques significatives », mais il ne dit pas sur quel terrain joue régulièrement son paternel pour arriver à ses fins. En 1926, pour ne citer qu'un exemple, Lucien Dansereau tente, avec son ami Eugène Berthiaume, de faire pencher très franchement *La Presse* du côté des conservateurs grâce à l'argent :

> J'ai quelques amis encore parmi les chefs conservateurs et l'on m'a assuré qu'il y a eu des offres très alléchantes faites à *La Presse* pour décider ce journal à appuyer le parti conservateur. Entre autres offres, il y a la promesse d'un siège de sénateur pour ton frère Arthur, il doit y avoir aussi une offre d'argent considérable dont j'ignore le montant [58].

Ingénieur formé au Séminaire de Québec puis au Collège militaire de Kingston, parfaitement à l'aise en anglais aussi bien

qu'en français, Lucien Dansereau est le fils de Clément-Arthur
Dansereau, un des fondateurs du journal *La Presse* avec Trefflé
Berthiaume. Lucien Dansereau est le descendant d'une famille
de notables et de propriétaires fonciers. Son grand-père, médecin
patriote forcé à l'exil après les soulèvements manqués de 1837-
1838, s'installa en Louisiane, où il eut des esclaves. Il fut forcé à
un nouvel exil, cette fois du côté du Brésil, à la suite de la guerre
de Sécession dont les suites le privaient de sa main-d'œuvre
noire. Son fils Clément-Arthur, né en 1844, travailla comme
rédacteur en chef à *La Presse* de 1899 à 1915, où tout le monde le
surnommait « le boss ».

C'est dans ce milieu familial bien établi et très à l'aise que
Lucien Dansereau grandit puis que Pierre Dansereau s'épa-
nouit. Devenu directeur des travaux publics fédéraux, Lucien
Dansereau réalise la grande digue de Laprairie (1915), l'aéroport
de Saint-Hubert (1928), et tente pendant plusieurs années de
mettre sur pied une compagnie capable d'exercer un monopole
sur les chemins de fer à Montréal. Il préconise, presque avant
tout le monde, l'aménagement d'une voie maritime dans le fleuve
Saint-Laurent. Lucien Dansereau se mêle aussi de différents
chantiers lucratifs, dont celui de la construction du pont du
Havre, futur pont Jacques-Cartier : grâce à ce vaste chantier, « il
y aura des bénéfices considérables », confie-t-il en 1926 [59].

Avant la Grande Guerre, le beau-père de Lucien Dansereau,
le Dr Joseph-Lactance Archambault, achète à Outremont un
grand terrain escarpé et lui en fait cadeau pour son mariage.
Lucien y fait construire, sur la base des plans d'une villa italienne
qu'il révise à sa manière, une vaste maison de trois étages, avec une
tour, un sous-sol et un garage. Pour les vacances Lucien jouit aussi
d'un confortable cottage situé en Nouvelle-Angleterre. À 15 ans
à peine, son fils Pierre, appelé à devenir célèbre comme pionnier
québécois de l'écologie, possède une imposante et chic Buick
décapotable, un cadeau de son paternel. Tout cela témoigne
du niveau de vie exceptionnel pour l'époque de cette famille
canadienne-française.

À Outremont, immédiatement à côté de chez lui, Lucien Dansereau construit une autre demeure luxueuse, celle-ci pour son grand ami Eugène Berthiaume, appelé affectueusement « Ugène ». Ainsi, les deux fils des fondateurs de *La Presse* vivent, pour un temps, l'un à côté de l'autre. Par la suite, alors qu'Eugène s'installe à Paris, Lucien agit souvent comme son représentant au Canada, notamment dans les affaires qui concernent *La Presse*.

Avant la Grande Guerre, Eugène Berthiaume s'est déjà installé une première fois en France à titre de représentant de *La Presse*. Mais ce séjour est assez court. Le décès de Trefflé Berthiaume en 1915 a mis la famille Berthiaume sur un pied de guerre et aggravé de sérieuses et très profondes divisions intestines animées par le beau-fils, Pamphile Du Tremblay. Eugène est rentré d'Europe à la faveur de la guerre pour tenter de tirer au clair l'imbroglio dans lequel les affaires de *La Presse* sont plongées.

Avocat, ancien député libéral, mari d'une des filles de Trefflé Berthiaume, Pamphile Du Tremblay est un homme d'affaires habile et rusé qui a su s'emparer du contrôle réel de *La Presse* sur la base de dispositions testamentaires qu'il tourne finalement à son avantage. Eugène conserve théoriquement la direction du conseil d'administration de *La Presse*, mais il ne peut exercer, de cette position en apparence privilégiée, un contrôle réel sur les orientations du journal. Pamphile Du Tremblay le constate bien vite et en profite. Eugène Berthiaume reçoit par ailleurs de fortes sommes pour se satisfaire d'une position de second violon. En 1921, après avoir été élu à l'unanimité président de La Presse Publishing Company, Eugène Berthiaume se voit remettre la somme de 80 000 $, l'équivalent de près d'un million de dollars canadiens de 2009.

Au plan politique, Eugène Berthiaume souhaite voir *La Presse* défendre des positions plus fortement conservatrices, c'est-à-dire s'accordant davantage avec la pensée de son père et la sienne. Mais Du Tremblay fait incliner le journal du côté des libéraux. Toute sa vie, Berthiaume garde espoir de finir par déloger ce beau-frère qui n'est pour lui qu'un usurpateur d'héritage, trahissant de surcroît les idées conservatrices à la base du journal fondé par son père. Il estime que la direction du journal lui revient de droit et se montre incapable de souffrir ne serait-ce qu'une minute son beau-frère.

La haine vouée par Berthiaume fils à son beau-frère Pamphile apparaît presque sans borne. Dans sa correspondance privée, Du Tremblay est sans cesse décrit par un nombre imposant d'épithètes peu flatteurs. Pour lui, en un mot, Du Tremblay est « le cancer du journalisme [60] ». Entre eux deux, ce sera toujours la guerre.

Berthiaume est néanmoins séduit par le pont d'or que lui assure ce beau-frère. L'argent de *La Presse* lui sert à se réinstaller confortablement à Paris, en principe pour représenter les intérêts commerciaux du journal en Europe. Les frais de la vie parisienne ont beau être importants, ils permettent au moins à Du Tremblay de maintenir son principal opposant à bonne distance des affaires courantes. En 1924, Eugène retourne ainsi vivre à Paris avec sa femme, Yvonne Dastous.

Du Tremblay sait fort habilement maintenir Berthiaume à Paris, en favorisant entre autres le versement à son concurrent d'imposantes indemnités de séjour au nom de *La Presse* et en lui laissant utiliser l'influence du journal en France à son strict avantage personnel [61]. Placé à une si grande distance physique des affaires d'un quotidien, même le temps et l'énergie prodigieuse que dépense Berthiaume en correspondances diverses n'arrivent pas à combler le décalage qui existe forcément entre ses visées et la marche réelle du journal à Montréal.

En pratique, cet éloignement de Berthiaume nuit donc de façon décisive à ses velléités de prise de contrôle du journal. Il ne quittera plus guère la France, sauf épisodiquement, lorsque l'espoir ravivé de déloger son beau-frère ou quelques histoires commerciales nécessiteront sa présence en Amérique.

La détestation d'Eugène Berthiaume pour Pamphile Du Tremblay n'est peut-être surpassée que par celle que voue à ce dernier Adrien Arcand. Rappelons qu'à la tête du jeune syndicat de *La Presse* à la fin des années 1920, Arcand avait vu sa carrière prometteuse à *La Presse* anéantie par cet homme, qu'il qualifie volontiers de bandit et d'ordure. Tout au long des années 1930, Arcand ne manque pas une occasion de le vilipender, ce qui ne peut que plaire à Eugène Berthiaume autant qu'à son ami Lucien Dansereau.

En plus d'un solide fonds d'idées conservatrices, Eugène partage ainsi avec Adrien Arcand la détestation profonde de Pamphile-Réal-Blaise-Nugent Du Tremblay, qui animera d'ailleurs une large partie de leur correspondance très nourrie et assurera entre eux des liens constants.

Tandis que Berthiaume utilise toutes sortes de procédures légales pour tenter de déloger son beau-frère de la direction de *La Presse*, Arcand préconise tout simplement l'utilisation de la manière forte à son égard. À son avis, le recours judiciaire ne convient pas à un homme pareil.

> On a affaire à une brute sans cœur ni honneur, très rouée en affaires, capable de se vendre à Pierre, Jean, Jacques, en somme un stercoraire qui peut sauter de bouse en bouse sans aucun scrupule, du moment qu'il emplit sa panse ; il a énormément d'entregent et d'appuis, non pas pour ses beaux yeux ou par amitié pour lui, mais à cause des appétits des partis politiques et de son extrême facilité à brocanter ce qui ne lui appartient pas. Pour un numéro de ce genre, il faut une procédure appropriée [62].

Pour pareil homme, croit Arcand, une seule solution s'impose : « le bistouri et le dépotoir », puisque, répète-t-il à qui veut l'entendre, « on ne peut vivre attaché à un lépreux sans en subir de graves conséquences [63] ».

Le grand rêve inassouvi d'Eugène Berthiaume n'est pas simplement de diriger *La Presse*, mais surtout de détenir les moyens d'influencer l'opinion canadienne-française, de devenir comme son père un homme influent grâce aux journaux.

Au début des années 1920, Eugène Berthiaume tente de convaincre les frères Eugène et Jos Tarte de lui vendre *La Patrie*, le quotidien conservateur. Pamphile Du Tremblay tentera de faire de même de son côté. Mais les espoirs d'Eugène de contrôler enfin un journal demeurent à peu près vains, même s'il investit de l'argent dans *La Patrie*, dans l'espoir qu'elle pourra lui servir éventuellement à se débarrasser de Du Tremblay. Eugène Berthiaume se convainc par la force des choses de se consacrer surtout à ses lucratives activités d'homme d'affaires à l'étranger.

Les affaires occupent l'essentiel du temps de Berthiaume dès les années 1910. Après la guerre, il poursuit à Paris d'importantes entreprises de relations commerciales. Il travaille d'abord sous le chapeau de la firme France-Amérique, qui se spécialise dans le placement publicitaire pour les journaux des États-Unis et du Canada, tout en représentant en principe les intérêts de *La Presse* en Europe. Il s'occupe aussi, à titre de responsable des affaires du Comptoir commercial canadien, de diverses activités commerciales d'import-export.

Eugène Berthiaume va faire commerce de projecteurs de cinéma, appareil nouveau qui fascine la bourgeoisie canadienne même si l'usage de cette fine mécanique comporte encore, à cause de la pellicule inflammable qui la nourrit, des risques d'utilisation évidents. En mars 1923, l'intérieur de la maison de son ami Lucien Dansereau est détruit par un incendie provoqué par l'utilisation d'un projecteur cinématographique. Les accidents du genre sont fréquents et ajoutent à la mauvaise presse que l'on accorde pour des raisons morales aux projections d'images animées. Les réserves à l'égard du cinéma sont décuplées lorsqu'un incendie éclate, un après-midi d'hiver 1927, au cinéma Laurier Palace et entraîne dans la mort 77 enfants.

En plus de faire commerce de projecteurs cinématographiques, Eugène Berthiaume s'intéresse de près à la distribution des films réalisés par la firme française Gaumont. À vrai dire, tout intéresse Berthiaume fils dès lors qu'il est question de commerce. Il vend du matériel d'imprimerie, notamment des produits destinés à l'héliogravure. Les flacons de luxe d'ambre de Nubie, distribués dans des écrins de satin, comptent au nombre des nombreux produits de pharmacie dont il assure aussi la distribution en Amérique. Il fait en outre commerce de tabac avec l'Italie et de blé avec la Grèce, tout en s'intéressant de près au très lucratif commerce de l'alcool à destination des États-Unis et du Canada. Dans le cas du blé seulement, ses ventes pour 1933 s'élèvent à cinq millions de dollars. Chemin faisant, il n'hésite pas à gratifier certaines personnes de pots-de-vin. Il arrose aussi au moins un diplomate et quelques « amis italiens » du Canada pour finaliser un important contrat de vente de grains. Cette pratique apparaît d'ailleurs courante si on se reporte à la correspondance qu'entretient Eugène Berthiaume avec son fidèle ami Lucien Dansereau [64].

L'alcool suffirait à lui assurer la richesse. Pour la seule année 1926, Berthiaume fait vendre plus de 2 000 caisses du champagne Irroy dans les magasins de la Commission des liqueurs. Il compte pouvoir faire beaucoup mieux avec le commerce du vin. Cependant, la popularité de la bière au pays des érables nuit à ses efforts.

Distribuée grâce aux tavernes et aux épiceries, la bière coule à flots au Québec. Quelque 28 millions de gallons impériaux de bière sont vendus chaque année dans la province à la fin des années 1920, soit l'équivalent de 4,5 litres de bière par personne, tous âges et sexes confondus. Afin de favoriser la vente de vin dans ce royaume du houblon, Berthiaume et ses amis lancent une campagne publicitaire, par l'entremise notamment du journal *L'Illustration nouvelle* . Les producteurs français sont incités à investir dans cette campagne qui portera peu à peu ses fruits, promet-on. L'ami Lucien Dansereau, par ses nombreux contacts politiques, est très intimement mêlé à ces nombreuses activités.

Pour la bonne marche de ses affaires, Berthiaume voyage partout en Europe, mais aussi en Amérique. On le trouve souvent à New York, où il prend vite l'habitude d'établir ses quartiers dans une suite du très chic hôtel Waldorf Astoria. Il n'hésite d'ailleurs pas à organiser à New York des combines qui permettent à ses clients américains et à ses amis banquiers de financer des activités politiques en sol canadien [65].

Eugène Berthiaume appartient à un milieu fortuné qui vit complètement en marge de sa société d'origine. Même les simples cadeaux qu'il achète au bénéfice de ses amis durant ses pérégrinations témoignent assez d'une existence singulière par rapport à la société canadienne-française de l'époque : des pointes pour le ballet à New York, un train électrique à Hambourg (« ils en ont vendu un l'an dernier de cette importance et c'était à un Américain »), une montre-bracelet en argent à Paris...

L'homme il est vrai travaille beaucoup. Et sa fortune, très impressionnante, travaille visiblement tout le temps. Berthiaume investit dans des entreprises minières, des compagnies de pâtes et papiers, de même que dans l'univers du divertissement. En 1915, il s'engage financièrement dans la construction du Théâtre Saint-Denis, nouveau centre qui doit permettre de compléter la programmation de l'Impérial, situé rue de Bleury. Les deux théâtres doivent être placés à terme sous une même administration américaine.

Cheveux châtains et moustache blonde à la gauloise, Eugène Berthiaume demeure énergique et sûr de lui, même si les guerres intestines dans sa famille encouragent certains à le faire passer un peu trop rapidement pour un raté ou un voleur. Eugène Berthiaume ne semble jamais craindre d'en découdre avec les tribunaux tant pour faire valoir ses droits que pour tenter d'en acquérir de nouveaux. Cet habitué des avocats poursuit même *La Presse*, dont il est pourtant un haut administrateur, afin de récupérer une partie de l'impôt payé sur ses revenus, tout comme il tente d'ébranler à répétition le président des fiduciaires de l'entreprise, toujours ce Du Tremblay, qu'il tient à tout jamais pour un fieffé usurpateur des volontés de son défunt père.

En compagnie d'Adrien Arcand, Eugène Berthiaume caresse plus que jamais le rêve de déloger Du Tremblay de *La Presse*, mais est sans cesse entravé dans ses démarches par ses affaires et par des histoires judiciaires prenantes, dont de complexes procédures de divorce. Sa femme, Yvonne Dastous, est mêlée à des histoires passionnelles qui conduisent à un profond et durable imbroglio juridique qui éclate à Paris à compter de 1926 et qui va traverser l'Atlantique. L'affaire fera précédent quant au statut juridique des femmes.

Yvonne Dastous quitte Eugène pour un amant, puis exige une forte somme pour maintenir son train de vie. Les procès lancés de part et d'autre durent des années et occupent les plus hauts tribunaux du pays de même que certaines instances françaises. Les jeux d'influence et de coulisses sont d'autant plus importants dans cette histoire que les sommes en jeu sont loin d'être dérisoires. La Cour supérieure autant que le Conseil privé conviennent qu'une pension annuelle de 18 000 $ est légitime, soit l'équivalent de 280 000 $CA de 2009. En 1932, les revenus annuels d'Eugène Berthiaume s'élèvent au minimum à 95 000 $, soit l'équivalent de 1,2 million de dollars en devises canadiennes de 2008.

Lorsqu'en 1930 le gouvernement libéral de Taschereau présente un projet de loi qui permet la saisie de tout revenu pour paiement de pension alimentaire, une mesure favorable aux femmes laissées seules avec les enfants, le fidèle conseiller d'Eugène, Lucien Dansereau, se déclare convaincu qu'il s'agit là surtout d'une manœuvre politique contre le fils de Trefflé Berthiaume [66]. Joseph Rainville et l'avocat Riley sont alors mis à contribution pour empêcher, par l'entremise de Camillien Houde, que ne triomphe ce projet de loi nuisible aux intérêts d'Eugène Berthiaume. Les intérêts privés du moment l'emportent sur celui de la majorité des femmes qui se trouvent dans une situation moins favorable qu'Yvonne Dastous.

Eugène Berthiaume va croire avoir enfin trouvé sa chance de revenir à la tête d'une solide entreprise de presse avec *L'Illustration nouvelle*. Le 4 juillet 1930, grâce aux presses de *La Patrie*, paraît un premier numéro de cet hebdomadaire sous la gouverne de Fernand Dansereau, frère de Lucien et ancien rédacteur en chef de *La Presse*. Fernand Dansereau a participé à la fondation du journal, mais c'est Camillien Houde qui exerce sur l'entreprise le plus de contrôle et qui s'en sert dans le cadre de ses campagnes politiques. La société éditrice a pour nom l'Association des journalistes canadiens. Eugène Berthiaume y contribue de loin, avant d'en devenir finalement l'actionnaire majoritaire et d'en prendre en douce le contrôle total.

Le nom du journal *L'Illustration* tire son origine de l'hebdomadaire français du même nom qui, à cette époque, est reconnu pour la qualité de son iconographie et sa haute tenue graphique. L'amour de Berthiaume pour la vie parisienne est peut-être pour quelque chose dans le choix du titre, mais là doit s'arrêter toute comparaison entre *L'Illustration* de Paris et de Montréal [67].

L'Illustration de Montréal se consacre surtout à l'univers du cinéma et à celui du sport, ce que ne manque pas bientôt de regretter Eugène Berthiaume, même s'il convient que les positions conservatrices exprimées par le journal à travers tout cela lui sont agréables. L'affaire est loin de rapporter de l'or. Les tirages demeurent maigres, malgré un contenu populiste à souhait. « Ce journal, soutient Eugène Berthiaume en 1933, au lieu de s'adresser à n'importe qui, avec n'importe quoi dedans, doit viser deux millions de lecteurs et surtout s'adresser aux lecteurs conservateurs [68]. »

Rien n'y fait. *L'Illustration* ne connaît pas le succès escompté par Berthiaume. Le journal est coincé tout d'abord pour un temps par la mainmise qu'exerce Camillien Houde sur ses opérations. Déprimé du peu de succès que rencontre l'entreprise et, surtout, intéressé à lui trouver de nouvelles avenues, Fernand Dansereau s'embarque sur le paquebot l'*Ascania* en direction de Paris au début janvier 1933, dans l'intention d'en discuter avec Eugène Berthiaume [69]. Déficitaire, le journal en est alors à se remettre à flot grâce à la gestion serrée de Clarkson, McDonald, Currie & Co., une entreprise financière appelée à la rescousse par Lucien Dansereau.

La déconfiture totale des journaux d'Arcand survient au même moment où *L'Illustration* bat de l'aile. La mise en disponibilité soudaine d'Arcand sourit à Berthiaume qui prend à la même époque le plein contrôle de *L'Illustration*. À l'initiative de

*Sur la table de travail d'Arcand, l'*Histoire secrète de la révolution espagnole, *de Léon de Poncins, un antisémite français qui explique, comme lui, la plupart des changements sociaux par une théorie de la conspiration judéo-maçonnique.*

Lucien Dansereau, le chef des fascistes prêtera bientôt sa plume au journal populaire de son ami Eugène Berthiaume.

En mars 1933, *Le Goglu* et *Le Miroir* ont cessé de publier, faute de capital et faute de toute possibilité supplémentaire de tirer des revenus de la publicité. « Leur lutte contre les Juifs leur fermait pratiquement tous les annonceurs du pays », écrit Lucien Dansereau, déçu de cet échec [70]. Toute l'entreprise de Ménard et Arcand est en liquidation. La presse du journal, qui peut imprimer des feuilles comme *Le Miroir* à environ 40 000 copies à l'heure, est jugée excellente. La bâtisse de béton de quatre étages et l'équipement reviennent à environ 1 000 $ par mois.

Cet équipement peut permettre à *L'Illustration* de devenir un quotidien. Berthiaume met la main sur toute l'affaire à bon prix.

À partir du 24 avril 1933, *L'Illustration* devient donc un quotidien du matin, avec le projet ambitieux de publier dès que possible deux éditions supplémentaires, le midi et le soir. C'est donc nourri de la dépouille des journaux d'Arcand et Ménard que Berthiaume prend le contrôle effectif de *L'Illustration*, certain de pouvoir vite favoriser ses intérêts en lançant un autre quotidien pour concurrencer *La Presse* au nom d'idées plus conservatrices. Mais comme Eugène Berthiaume est loin, très loin, il doit s'en remettre à quelques hommes de confiance pour mener ses affaires.

Arcand va peu à peu devenir un de ceux-là. Avant 1932, Berthiaume ne connaît guère le travail d'Arcand. Il demande qu'on lui adresse *Le Goglu*, « s'il est intéressant[71] », mais rien n'indique des contacts soutenus entre lui et Arcand. Dansereau lui signale que les journaux d'Arcand défendent ses intérêts au pays. « Ces derniers ne manquent jamais leur chance de te défendre », signale-t-il[72]. La confiance à l'égard d'Arcand se développe. Le chef des fascistes occupe bientôt le poste de rédacteur de *L'Illustration*, qui lui permet de vivre en plus de lui assurer un certain prestige intellectuel et de le mettre en contact avec nombre de personnalités influentes.

Joseph Bourdon, directeur de l'information à *L'Illustration nouvelle*, se souvient que les idées fascistes d'Arcand sont alors connues au sein de la rédaction, mais qu'il n'en fait absolument pas étalage[73]. Ces idées doivent être d'autant plus connues qu'à compter d'octobre 1936, ce sont les presses de son employeur à *L'Illustration nouvelle*, rue Marie-Anne, qui produisent *Le Fasciste canadien*...

Est-il possible qu'on ne discute pas en ce lieu de corporatisme, d'antisémitisme, de complots maçonniques ou d'antiparlementarisme ? Peut-on ignorer, lorsqu'on a le nez collé dessus, que *Le Fasciste canadien* réclame en première page, en grosses lettres d'imprimerie bien noires, la destruction du capitalisme et la fin de la démocratie, tout en appelant les ouvriers à des actions radicales qui puissent ébranler le régime en place ? À en croire Joseph Bourdon, oui.

Selon lui, Arcand ne joue pas du tout, au sein de *L'Illustration nouvelle*, son rôle de chef de parti : harangueur de foules, autoritaire, démagogue et tout. Selon Bourdon, il est même l'exact contraire de cela : plutôt timide, modeste, effacé, bien qu'ayant à assumer, à titre de cadre, des responsabilités. Selon ce portrait, le Arcand journaliste apparaît calme et digne. « Même s'il était en droit de donner des ordres, il vous demandait toute chose avec délicatesse : "Auriez-vous l'obligeance de faire ceci ?... Est-ce qu'il y aurait possibilité de faire ça ?..." »

Les éditoriaux d'Arcand arrivent évidemment à la dernière minute, mais toujours à temps, comme c'est la norme dans pareil milieu journalistique. « C'était un bonhomme qui s'asseyait à la machine à écrire et qui pouvait taper durant des heures, toujours au même rythme... » Un « pondeur » de textes, comme on disait à l'époque, même s'il était souvent interrompu par des amis qui venaient lui rendre visite, à commencer par le major Maurice Scott et d'autres militants fascistes. À compter de 1938, Arcand s'absente du journal les mardis et les jeudis après-midi. Il se rend alors à la permanence du parti, dans le Vieux-Montréal, où les membres qui désirent s'entretenir avec lui peuvent le faire[74].

N'est-il vraiment jamais question des activités politiques d'Arcand à *L'Illustration nouvelle* ? Bourdon dira à tout le moins que son collègue se présente à l'occasion en uniforme à croix gammée. Disons que c'est tout de même une façon assez évidente de parler de politique. Mais Arcand ne signe jamais rien à *L'Illustration*, comme le veut l'usage du temps, et demeure ainsi quelque peu dans l'ombre pour les lecteurs. Il le fait volontairement, dira Bourdon, afin de ne pas nuire aux ventes du journal en raison de son activité politique.

CHAPITRE 5

DES AVIONS VENUS D'ORBETELLO

AU MOIS de juillet 1933, une escadre composée de 24 hydravions et d'un hydravion-atelier placés sous le commandement d'Italo Balbo décolle d'Orbetello, au nord de Rome. Direction : l'Amérique.

Journaliste, puis gouverneur colonial, pionnier de l'aviation et confident de Mussolini, le général Italo Balbo est un des hommes les plus populaires du régime. Après la Grande Guerre, il s'est déjà fait connaître pour ses coups de force contre les socialistes. Il incarne bientôt à lui seul l'enthousiasme du régime pour les avancées technologiques mises au service du fascisme.

Les aventures aériennes de Balbo, véritable pionnier de l'aviation longue distance, ministre de l'Air de surcroît, flattent le nationalisme italien. En 1930, à la tête de 14 appareils, il dirige une difficile croisière aérienne à destination du Brésil. L'entreprise connaît un retentissement considérable [1]. La traversée aérienne de l'Atlantique demeure alors un très grand exploit sportif. La première traversée aérienne de cet océan, effectuée en sens contraire par Charles Lindbergh, un homme d'ailleurs sympathique au régime fasciste, date à peine de six ans.

Il a déjà commandé plusieurs autres expéditions dangereuses lorsqu'il entreprend, en juillet 1933, cette traversée de l'Atlantique qui le fera sacrer héros du jour à Montréal ainsi que dans d'autres villes nord-américaines. À bord de leurs appareils Savoia Marchetti SM55-X, Balbo et ses hommes se dirigent vers

l'Amérique à une vitesse de croisière d'environ 200 km/h. Objectif final : l'exposition internationale de Chicago.

Personne n'est dupe du caractère politique que prend le vol
de cette escadre d'hydravions. Grâce à Balbo, l'Italie affirme à la
face du monde sa puissance et célèbre le dixième anniversaire du
régime en fouettant le sentiment d'appartenance de son importante diaspora installée en Amérique.

Venu du ciel, auréolé de son prestige, Balbo se fait l'ambassadeur de Mussolini en terre étrangère. Il ne manque d'ailleurs
jamais de souligner, lors des entrevues qu'il accorde, la grandeur
du régime auquel il adhère corps et âme. Balbo est un compagnon de lutte de la première heure du Duce. En 1922, il fut l'un
des *quadrumvirs* qui organisèrent la marche sur Rome [2].

Depuis sa prise du pouvoir en 1922, le parti fasciste italien
incarne un modèle de réussite pour l'extrême droite de tous les
pays. Dans l'entre-deux-guerres, le fascisme fleurit dans des pays
aussi différents que la Norvège, la Grèce, l'Estonie, la Lituanie,
la Pologne, la Roumanie, la Bulgarie, la Yougoslavie, le Portugal,
l'Espagne, l'Angleterre et l'Afrique du Sud, pour ne nommer
que ceux-là. Il n'est pas étranger au Canada et aux États-Unis
non plus.

Italo Balbo a parfaitement conscience des répercussions politiques considérables qu'ont ses différentes entreprises aériennes à
travers le monde. La propagande mussolinienne exploite à fond,
avec son plein assentiment, tous ses exploits. À l'occasion de cette
traversée de l'Atlantique à destination du Canada et des États-
Unis, Rome frappe une médaille et imprime des timbres commé-
moratifs qui sont vendus lors des escales de l'escadre aérienne [3].
Tout le monde parle de Balbo, y compris le magazine *Time* qui
lui consacre son numéro du 24 juillet 1933.

Dans son périple américain de l'été 1933, l'escadre de Balbo
a prévu faire escale à Longueuil, en banlieue de Montréal. Ce
passage de l'escadre fasciste au Québec donne lieu à l'expression
de sentiments variés qui permettent de prendre une meilleure
mesure des appuis explicites dont jouit à ce moment le fascisme
italien dans la province de Québec.

Italo Balbo en 1921, jeune révolutionnaire fasciste.

Avant d'amerrir à Longueuil, l'escadre italienne fait escale pour se ravitailler à Amsterdam, Londonderry, Reykjavik, Cartwright et Shédiac. Afin d'assurer le succès de l'entreprise, le gouvernement italien a fait installer, le long de la route que doit suivre la flottille, des bureaux météorologiques capables de donner, par télégraphie sans fil, les rapports les plus exacts aux aviateurs. Rome a aussi positionné des navires aux fins de sauvetage et fait transporter des pièces mécaniques de rechange dans les différents ports d'escale. Malgré ces précautions, la traversée demeure très hasardeuse. Un des hommes de Balbo est tué lors de l'escale en Hollande.

À chacune de leurs escales, les aviateurs italiens reçoivent un accueil enthousiaste. À Shédiac, seule double escale du voyage, ils sont acclamés par près de 15 000 personnes venues assister à

L'hydravion du général italien, près du lac d'Orbetello.

l'amerrissage de leurs hydravions dans la baie. Les autorités de la ville leur font signer un album spécialement relié et doré pour l'occasion. Un programme souvenir est imprimé en anglais avec, en couverture, la photo du général [4].

À Montréal, une foule dense accueille Balbo et ses hommes. Les Italo-Canadiens, surtout, brûlent de les voir. Dans le récit de son voyage, Balbo écrit qu'il dut « affronter [une] énorme foule qui grouille autour de l'aéroport avec des myriades de bras soulevés au-dessus d'un océan de têtes ». L'ambiance qu'il décrit laisse deviner la chaleur de l'accueil qu'on lui fit. Plusieurs images de l'événement confirment ses souvenirs.

Parmi la foule nombreuse qui, ce matin-là, vient l'accueillir sur les bords du quai se trouvent des partisans d'Adrien Arcand et, surtout, des fascistes italiens de Montréal, alors la ville canadienne qui en compte le plus. On estime en 1931 que Montréal compte 21 300 résidents d'origine italienne. Ceux-ci acclament bruyamment le général Balbo à sa descente d'avion et font, en son honneur, le salut fasciste lorsqu'il pose pied sur la terre ferme [5].

Le 14 juillet 1933, une foule s'est rassemblée sur la jetée de Longueuil pour accueillir l'escadre du général Balbo. L'événement est filmé.

Balbo écrit d'ailleurs que la foule est contenue « par des cordons de chemises noires italo-canadiennes qui font le service d'honneur [6] ». Ces jeunes gens, « tous d'origine italienne » précise-t-il, « sont accourus à Montréal de toutes les villes, même des plus lointaines du Canada [7] ».

En 1935, une thèse de Charles Bayley consacrée aux Italiens de Montréal estime que 90 % de cette population est en faveur du régime de Mussolini. La vie communautaire italienne est dirigée en sous-main par le gouvernement italien qui offre même des voyages gratuits en Italie aux jeunes gens qui désirent mieux communier à l'idéal fasciste. Dans ces demeures d'immigrants, il n'est pas rare de trouver des images du Duce au milieu de représentations pieuses. Une immense fresque qui représente Mussolini est d'ailleurs réalisée à l'église de la Madonna della Difesa, rue Henri-Julien. Près des centres italiens du quartier, on trouve bientôt une section des chemises bleues d'Arcand qui s'affiche de façon très visible, comme en témoignent des documents d'époque.

Le Devoir traduit bien la joie que provoque le passage de Balbo dans la communauté italienne. Le reporter du journal note que, lors de l'arrivée de l'escadre, « les chemises du plus beau noir avaient envahi les meilleures places, empêchant tout le monde, même les dignitaires, d'approcher du héros du jour ». Les Italiens de Montréal semblaient avoir pris la ville d'assaut :

> Sur la jetée grouillante [...] les Fascistes se déployaient, assuraient l'ordre, formaient des cordons infranchissables parce qu'il était impossible de s'en faire comprendre. Tous les Fascistes ne parlaient et ne comprenaient que l'italien. Les instruments de la fanfare, actionnés par des gens portant chemise noire, jouaient des airs italiens [8].

C'est « plus de 500 fascistes, la plupart en uniformes », qui sont là pour accueillir les aviateurs de Balbo, rapporte *Le Devoir* [9]. À la lumière des différents comptes rendus de l'événement, il apparaît que les Canadiens français comptent pour une faible portion de cette foule montréalaise qui admire le général et ses idées.

En ce mois de juillet 1933, les sentiments à Montréal à l'égard de Balbo ne sont pas unanimes. Un Canadien français du nom de Joseph Desrosiers se fait arrêter par la police pour avoir distribué des pamphlets antifascistes rue Saint-Denis et dans d'autres grandes artères de la ville. Desrosiers était-il communiste ? Les communistes, chose certaine, distribuaient alors de la propagande antifasciste de ce genre.

Le Petit Journal, premier hebdomadaire à grand tirage du Québec, traduit pour sa part le sentiment ambigu qu'éprouvent les Canadiens français face à Balbo. Les Canadiens français, explique le journal, admirent l'exploit de l'aviateur Balbo et de ses hommes, de même que la grandeur de l'Italie nouvelle. Mais ils craignent néanmoins le caractère belliqueux qu'exprime ce pays :

> L'Italie nouvelle, l'Italie fasciste, est sans doute rénovée, et c'est bien. Une jeunesse s'y lève, à la fois enthousiaste et disciplinée, ce qui lui permet de rêver et d'accomplir de grandes choses. Sur le sol antique, les Fils de la Louve, que l'on avait cru affaiblis, continuent de puiser aux rudes mamelles le lait des vaillants et des forts. Et de

Les hydravions aux ailes rouges de Balbo atterrissent à Longueuil en début d'après-midi, le 14 juillet 1933. La radio CFCF décrit l'arrivée. Plus de 500 fascistes et une fanfare accueillent en uniforme les aviateurs

leur patriotisme, alimenté par tant de nobles souvenirs, on ne les blâmera pas, bien au contraire ! Mais à cet effort, à cette tension est imprimé un caractère militaire dont on voudrait être sûr qu'il ne sera jamais belliqueux [10].

À l'hôtel de ville, le militant italien antifasciste Antonio Spada réussit semble-t-il à convaincre le maire de Montréal, Fernand Rinfret, que Balbo est un scélérat qui a fait assassiner le père Don Minzoni par ses *squadristi* [11]. Est-ce vrai ? Rinfret se trouve en tout cas à Old Orchard, en vacances, lors de la visite éclair de Balbo à Montréal. Le général italien reprend les airs à destination de Chicago s'en avoir pu rencontrer des représentants politiques d'importance.

Lors de sa brève escale montréalaise, Balbo réussit tout de même, par son seul prestige d'aviateur et son physique agréable, à mousser l'image favorable qu'ont les Canadiens français du régime italien. Chez les Canadiens français, l'Italie fasciste suscite des sympathies immédiates. Celles-ci se fondent moins sur

À son arrivée à Chicago, Balbo est promu « chef sioux ».

une appréciation doctrinale que sur un pouvoir de séduction ins-
tantanée et sans résonances intellectuelles conscientes. Le faste et
l'ordre spartiate du fascisme italien font écho à l'art de la parade
et au culte de la discipline que l'on retrouve dans l'Église catholique romaine. À cet égard déjà, le fascisme plaît et engendre son
lot d'imitateurs. Robert LaPalme, alors un jeune caricaturiste
plein d'avenir, se fait pousser, comme bien d'autres jeunes gens,
en émule du général Balbo, une belle barbe « fasciste » lors de
son passage à Montréal [12]. Il la rase bientôt, emporté comme
d'autres sur les ailes de phénomènes de mode différents.

Certains hommes montrent bien sûr une affection plus profonde à l'égard du fascisme italien. C'est le cas du prêtre-historien Lionel Groulx qui, comme plusieurs de ses disciples, sous son nom ou sous des pseudonymes, pense que le fascisme est un système qui mérite la meilleure attention. Il estime Mussolini, mais aussi Salazar, Dollfuss, Franco. Le tonitruant Camillien Houde se montre aussi favorable à Mussolini. On le compare d'ailleurs à une sorte de Duce local. Un large spectre de la société canadienne-française considère ainsi plutôt d'un bon œil les avancées du fascisme romain, y compris le premier ministre Alexandre Taschereau ou Henri Bourassa, qui conserve chez lui un portrait du chef italien [13]. À l'époque, cet enthousiasme pour ce régime dictatorial est partagé partout dans le monde par des hommes très différents, depuis le mahatma Gandhi jusqu'à Franklin Delano Roosevelt, père du New Deal. Même le premier ministre libéral canadien William Lyon Mackenzie King se montrera favorable à Hitler et Mussolini dans son journal personnel.

Les hommes d'Adrien Arcand profitent, eux, d'un lien de parenté idéologique direct et parfaitement assumé avec les italo-fascistes. Que Mussolini ait pu, avec les accords du Latran, obtenir une entente avec le Saint-Siège favorise l'argumentation d'Arcand en sa faveur. Arcand soutient et soutiendra toujours que le fascisme est un allié objectif de l'Église catholique et donc forcément des Canadiens français. Un bon fasciste est pour lui un catholique ardent, ce que soutiennent également les fascistes italiens. Les rapports entre les chemises noires et les chemises bleues sont excellents. Les italo-fascistes montréalais prêtent aux chemises bleues leurs locaux et, à l'occasion, les accueillent dans leurs propres assemblées. Adrien Arcand prend même la parole à la Casa d'Italia, située tout près du marché Jean-Talon, un centre culturel inauguré officiellement en 1936 et financé en partie par le Duce. Selon des notes conservées aux Archives du Congrès juif à Montréal, Arcand participe à des manifestations du fascisme italo-montréalais.

Le Parti national socialiste chrétien (PNSC), pour sa part, recueille des appuis constants au sein de la communauté italienne montréalaise. Plusieurs Italo-Canadiens se reconnaissent dans le style d'Arcand, qui ne tarde pas à courtiser cette communauté. En 1938, plus d'un millier de personnes, dont au moins un tiers d'Italo-Canadiens, participent à une assemblée d'Arcand tenue à la salle Dante de la Casa d'Italia. Au sein du PNSC, les Italo-Canadiens sont représentés par Antonio Felli, qui est un de ses principaux organisateurs. Arcand se lie aussi d'amitié avec Gentile Dieni, un des animateurs des cercles italo-fascistes de la métropole.

Chez les Canadiens français, l'organisation conduite par Arcand n'est pas la seule à être favorable au fascisme italien. Durant leur courte existence, les Jeunesses patriotes et les Faisceaux de *La Nation* rassemblent des Canadiens français qui s'affichent eux aussi en faveur d'idées inspirées du fascisme. Mais à la différence d'Arcand, leur politique d'extrême droite, sous un même chapiteau corporatiste, se cristallise autour d'une volonté de créer un État français en Amérique du Nord [14].

Pour donner corps à leurs velléités indépendantistes, les Jeunesses patriotes s'appuient sur la pensée de l'abbé Lionel Groulx. Le prêtre-historien, malgré ses réserves intellectuelles évidentes à l'égard d'un tel projet, personnifie pour eux l'idéal d'un chef capable de susciter la création de la Laurentie, cet État catholique indépendant qu'ils appellent, après les Jeune-Canada, de tous leurs vœux. Ce que souhaitent les Jeunesses patriotes pour la Laurentie de leurs rêves n'est pas sans faire songer à plusieurs des revendications du programme politique d'Adrien Arcand, impérialisme britannique en moins. Les Jeunesses patriotes proposent une nationalisation de l'hydroélectricité, des banques, des chemins de fer, des communications postales et de l'industrie militaire. Le chômage serait réduit à néant par une réglementation des taux de profit. Démocratie et régime parlementaire seraient abolis au profit d'un régime corporatiste totalitaire situé au-dessus du libéralisme autant que du marxisme [15]. Rien de cela ne déplaît aux chemises bleues.

D'où sortent les Jeunesses patriotes ? En France, les Jeunesses patriotes, créées par Pierre Taittinger en 1924, seront une véritable pépinière de l'extrême droite jusqu'à leur dissolution en 1935. C'est Walter O'Leary qui lance à Montréal un groupe du même nom à compter de la fin de l'année 1935. Il s'est intéressé au préalable, dans le cadre de ses études universitaires en Europe, au régime corporatiste. O'Leary admire à cet égard l'activiste belge d'extrême droite Paul Hoornaert. Dans *L'Ordre*, le journal d'Olivar Asselin, il publie un résumé de sa pensée sur le sujet dans une suite d'articles publiés du 6 au 17 décembre 1934. Walter O'Leary va aussi militer en faveur de l'Action libérale nationale de Paul Gouin.

Né à Berthierville en 1910, Walter-Patrice O'Leary a mené l'essentiel de ses études, depuis le primaire jusqu'à l'université, en Belgique où sa mère s'est installée avec ses quatre enfants. Cette vie en Belgique lui permet de voyager en France, en Hollande, au Luxembourg, en Italie, en Yougoslavie, en Hongrie ainsi qu'en Angleterre. La famille O'Leary n'offre certainement pas un profil très courant au Canada français de l'époque.

Selon ce que Walter O'Leary explique en entrevue en 1988, le mouvement des Jeunesses patriotes est né spontanément, le soir de l'élection provinciale du 25 novembre 1935. Les libéraux de Taschereau sont alors réélus de justesse, malgré les durs coups que leur porte l'alliance Duplessis-Gouin.

> Avec quelques amis, je suivais sur un tableau que le quotidien *La Presse* avait installé à l'angle des rues Saint-Jacques et Saint-Laurent le résultat du scrutin. Cette demi-victoire de l'opposition annonçait la chute prochaine de Taschereau. Je me suis placé sur les marches de l'escalier de l'édifice de *La Presse* et j'ai crié aux jeunes qui étaient là : « Allons fêter ça au monument Chénier, non loin de là au parc Viger [16]. »

Ils sont quelque 200 jeunes à se rassembler ce soir-là devant le monument de Jean-Olivier Chénier, selon *Le Devoir* daté du 27 novembre. Là, Walter O'Leary improvise un discours, son premier. Il parle de la nécessité d'un nouveau mouvement de jeunes, s'enthousiasme à l'idée d'en fonder un le soir même et finit par rentrer chez lui avec, dit-il, 125 noms et un comité de direction provisoire en poche. O'Leary fraye alors depuis un moment avec divers mouvements de jeunes canadiens-français, tout en gardant un œil sur les mouvements de droite catholiques internationaux, comme celui de *L'Esprit nouveau*, organe mensuel belge d'une centrale politique de jeunesse antilibérale qui publie notamment Henry Bauchau et Raymond de Becker.

Les appuis aux Jeunesses patriotes ne manquent pas, bien que leur succès initial soit beaucoup moins fulgurant que celui que connaît en 1932 un autre mouvement de jeunesse ultranationaliste, les Jeune-Canada, groupe dont Dostaler O'Leary, le frère aîné de Walter-Patrice, est membre à compter de 1935. Cette année-là, en mars, Dostaler publie *L'Inferiority Complex*, un tract des Jeune-Canada où est exalté l'idéal d'un nouvel État indépendant en même temps que sont vilipendés les Anglo-Saxons et les Juifs. Il reste que, bien que Dostaler soit souvent présenté comme le co-idéateur des Jeunesses patriotes, c'est bien son frère Walter-Patrice qui en est la véritable cheville ouvrière.

Les appuis aux Jeunesses patriotes viennent des milieux nationalistes. Depuis la Chambre des communes, Wilfrid Gascon manifeste un véritable enthousiasme à leur égard, tout en demandant à Walter O'Leary de ne pas révéler son nom. Il déclare, sous le couvert du secret, être « un vieil impénitent de l'indépendance canadienne-française [17] ». Dans *La Revue moderne* notamment, il est vrai que Gascon, qui a déjà passé pour un radical, a su faire connaître publiquement son inclination en faveur de l'indépendance politique du Canada français. Gascon collabore aussi à « Notre avenir politique », la célèbre enquête de *L'Action française* de Groulx qui conclut au caractère inévitable, à court ou moyen terme, de l'indépendance du Canada français [18]. Cet homme qui avait défendu Dreyfus et un libéralisme radical s'associe désormais, à la faveur de son plaidoyer pour l'autodétermination des « Canayens », à des propos nettement plus conservateurs, tout en se démenant, dans les années 1930, pour la mise sur pied d'une campagne d' « achat chez nous » qui s'appuie en partie sur la crainte viscérale des étrangers.

Avec les Jeunesses patriotes, Gascon partage l'idée que le Canada français est constitué par « un peuple de serfs exploités par la finance et l'industrie anglo-saxonnes » qui mérite de se libérer de ses chaînes, c'est-à-dire de l'exploitation des « trusts ». Comme d'autres hommes politiques, Gascon souhaite que la Confédération canadienne soit rebâtie « sur le principe de la souveraineté des États, avec l'abolition du gouvernement central et son remplacement par une assemblée et un conseil de délégués réunis pour *conférer*, mais non pour *gouverner* ». Il recommande néanmoins aux frères O'Leary, pour des raisons stratégiques, de ne pas dire « que le Canada français veut l'indépendance absolue tout de suite », de manière à ne pas créer une levée de boucliers [19]. Du parlement de Québec, nul autre que Paul Gouin, le chef de l'Action libérale nationale, écrit aux Jeunesses patriotes pour les assurer de son soutien. « Comme vous l'écrivez, vous pouvez compter sur moi pour démasquer les arrivistes sans vergogne et tous ceux qui tenteraient de barrer la route à l'exécution de notre programme. » La devise des Jeunesses patriotes – *Le Canada français aux Canadiens français*, phrase placée sous un glaive qui intègre à la fois une fleur de lys et une croix chrétienne – lui semble conforme à un sain « idéal catholique ». Au printemps 1937, Gouin offrira aux Jeunesses patriotes une page complète de *La Province*, hebdomadaire dont il est le directeur, afin qu'ils puissent faire valoir leurs idées [20]. C'est Pierre Chaloult, « chef de directives et de documentations » des Jeunesses patriotes, qui rédigera les collaborations à l'hebdomadaire, tout en engageant aussi sa plume à *La Nation* de Paul Bouchard. Walter O'Leary semble pour sa part peu empressé à écrire lui-même dans les journaux, bien que Bouchard le talonne à ce sujet. Il publie tout de même quelques lettres ouvertes, entre autres dans *L'Illustration nouvelle*.

Peu après la naissance des Jeunesses patriotes à Montréal, se forme à Québec le groupe *La Nation*. En 1935, Paul Bouchard participe déjà à la revue indépendantiste *Vivre* qui s'éteint au mois de mai. Avec des amis, il décide alors de publier un hebdomadaire. *La Nation*, « organe du séparatisme canadien-français », est lancée en février 1936, c'est-à-dire dans les premiers temps de l'existence des Jeunesses patriotes. Ce petit groupe d'avocats et de militants animé par Bouchard se pose aussi en défenseur zélé de l'idée de l'indépendance politique du Canada français, dont la nécessité est envisagée à la lumière d'un fascisme teinté d'antisémitisme. L'historien Robert Comeau a étudié comment les partisans de Bouchard, structurés en « faisceaux » selon l'exemple mussolinien, proposent une pensée d'extrême droite aux forts accents révolutionnaires [21]. Les Jeunesses patriotes et le groupe de *La Nation* sont à leurs débuts assez liés, mais des différends viendront vite mettre une certaine distance entre les deux [22].

Bien qu'il se soit lié d'amitié avec les frères O'Leary et divers membres des Jeunesses patriotes, Bouchard s'avère incapable de s'intégrer vraiment à ce groupe de Montréal, allant même jusqu'à faire devant eux une sortie fracassante, avec les effets de toge que sa profession d'avocat lui a appris à maîtriser [23]. O'Leary racontera pour sa part avoir eu des dissensions assez graves avec Bouchard dont une volumineuse correspondance ne fournit cependant guère de traces convaincantes [24]. Les deux groupes échangent tout de même de bons procédés, voire des collaborations. Bouchard souhaite tout de suite un vif succès à *L'Indépendance* [25], le journal du groupe d'O'Leary. Un seul numéro de *L'Indépendance* paraîtra, en février 1936. Après l'échec immédiat de leur publication, les Jeunesses patriotes se contentent de faire imprimer des cartes de membre et des tracts, faute d'être capables de tenir à bout de bras leur propre moulin journalistique. Autrement plus vif qu'O'Leary avec une plume, Bouchard anime *La Nation* sans faillir : 175 numéros auront paru lorsque la publication s'arrête au déclenchement de la guerre, en août 1939.

> Nous avons fondé *La Nation*, explique Paul Bouchard, pour grouper en faisceaux les haines de tous les hommes qui ont encore assez d'amour pour la guerre sainte et notre devenir national, pour pouvoir haïr ceux qui nous empêchent d'aller de l'avant [26].

Bouchard propose une révolution nationale pour mettre en place un système d'encadrement des libertés contrôlé par un homme providentiel, un chef qui puisse établir un véritable fascisme canadien-français. « *La Nation*, écrit Julien Fabre, exprime l'idéologie de l'aile radicale de la petite bourgeoisie canadienne-française. Elle reste tributaire du nationalisme traditionnel et de sa culture politique », même en s'intégrant à une nébuleuse fascisante [27]. Eux aussi sont inspirés par les paroles de Lionel Groulx, même si le prêtre-historien tient leurs velléités indépendantistes à distance, sans pour autant désavouer la totalité de leur projet. Leur idée est d'abattre la démocratie au Canada français et de fonder sur les ruines une société nouvelle. Ce programme politique proposé par *La Nation* ressemble d'assez près à celui envisagé par les Jeunesses patriotes.

Les deux groupes ont beau vouloir tuer l'esprit de parti, voire tuer les partis eux-mêmes au nom d'une révolution politique, ils n'hésitent pas, en privé, à chercher des appuis au sein du monde politique le plus traditionnel.

Avant l'élection de 1936, à la suite d'une de leurs premières assemblées publiques tenues au marché Maisonneuve, les frères O'Leary ont écrit à Duplessis et Gouin pour les adjurer de rester unis pour en arriver « avant tout à renverser le régime des financiers qui oppriment le peuple canadien-français [28] ». Leur souhait de voir advenir au plus tôt « un gouvernement essentiellement national » leur semble se concrétiser dans ce nouveau parti de l'Union nationale, issu d'une coalition entre des conservateurs et l'Action libérale nationale, née d'une scission du Parti libéral.

L'opposition de Walter O'Leary au gouvernement Taschereau lui vaudra d'être malmené physiquement. Lors de la campagne électorale de 1936, il est arrêté au marché Saint-Jacques où a lieu une assemblée partisane des libéraux. « On m'avait vu, paraît-il, tirer des tomates au Très Honorable Alexandre Taschereau », raconte-t-il pince-sans-rire [29]. Son côté crâneur et son goût pour l'action impétueuse ne plaisent pas à tout le monde, à commencer par Paul Bouchard qui trouve que son ami « passe son temps à manger de la dynamite [30] ». Bouchard ne donne pourtant pas sa place à cet égard...

Les Jeunesses patriotes en ont contre l'idée même d'une représentation populaire, préférant de beaucoup un chef totalitaire. Dans *Le manifeste des jeunes patriotes* que publie en décembre 1935 *Le Quartier latin*, journal des étudiants de l'Université de Montréal, on peut lire que « l'ordre doit remplacer ce désordre que l'on nomme "liberté" ; une vraie autorité doit remplacer cette anarchie qu'on appelle la souveraineté populaire ». En privé, Walter O'Leary ne cache cependant pas ses bons sentiments pour des hommes qui appartiennent à l'univers des partis traditionnels, comme Joseph-Ernest Grégoire, le Dr Philippe Hamel, Paul Gouin, Maurice Duplessis et Oscar Drouin. En 1936, le coloré J.-E. Grégoire, maire de Québec et député de Montmagny, est si près des Jeunesses patriotes que certains au sein même de l'organisation le perçoivent volontiers comme leur président honoraire.

Question d'image, O'Leary recommande à répétition d'« éviter de paraître officiellement avec tout homme qui est dans la politique active », ceci pour éviter que les gens ne pensent que les Jeunesses patriotes s'apparentent à un mouvement de parti et pour faire valoir une « action exclusivement nationale [31] ». Lorsqu'il est question de souligner la fête de Dollard des Ormeaux, le 24 mai 1936, O'Leary plaide donc auprès de ses militants pour que ne soient invités ni Grégoire, ni Wheeler Dupont, histoire que le mouvement conserve au moins des allures d'indépendance politique. Son attitude change puis qu'il songe bientôt lui-même à inviter Arthur Laurendeau, père d'André et directeur de *L'Action nationale*, l'économiste Esdras

Minville ainsi que le député Paul Gouin à participer à une assemblée publique au marché Saint-Jacques. Ils n'accepteront pas son invitation.

Le père Georges-Henri Lévesque est un de ceux qui écrivent discrètement à Walter O'Leary afin de signifier leur appui aux Jeunesses patriotes. Il regrette néanmoins que des tensions existent entre le groupe de Québec, réuni autour de *La Nation*, et celui de Montréal, avec ses Jeunesses patriotes. Celui qui fondera l'École des sciences sociales de l'Université Laval l'année suivante se dit « convaincu que la divine Providence finira par lui donner de jeunes chefs capables de s'unir et de s'entendre pour la Cause, et en Elle, et par Elle [32] ».

Différentes sections plus ou moins organisées des Jeunesses patriotes voient rapidement le jour hors de Montréal. Elles sont enthousiasmées par l'élan que souhaitent donner les Jeunesses patriotes à la campagne d'« achat chez nous » qui bat son plein depuis le début de la crise économique. On trouve des sections des Jeunesses patriotes à Québec, mais aussi à Trois-Rivières, Contrecœur, Saint-Marc, Saint-Antoine, Verchères, Mont-Joli, Saint-Hyacinthe, Rouyn, Amos, Saint-Georges de Beauce, Drummondville, Alma et Chicoutimi.

Ces sections régionales s'adressent à des jeunes qui n'ont le plus souvent qu'une éducation très rudimentaire. En Beauce, l'organisateur local des Jeunesses patriotes, Roméo Gilbert, affirme qu'« il y a 25 % des jeunes qui ne connaissent presque rien » parmi ceux qu'il est susceptible de recruter [33]. Certains jeunes gens s'engagent à l'évidence trop vite au sein des Jeunesses patriotes, c'est-à-dire sans trop savoir de quoi il retourne. Ils ignorent avant de s'engager à quelle enseigne politique loge vraiment ce mouvement de jeunesse. Les Jeunesses patriotes ne font pourtant pas secret de leur volonté d'en découdre avec les communistes, les socialistes et les anarchistes, ni de leur souhait de soumettre la vie politique à une forme de corporatisme. Mais qu'est-ce que tous ces concepts peuvent bien vouloir dire à des hommes de peu d'instruction qui sont la plupart du temps affamés par la crise économique ? À Drummondville, Elphège Simoneau des Jeunesses patriotes locales demande à Walter O'Leary de lui expliquer ce que veut dire le programme du mouvement lorsqu'il fait la promotion d'« un État totalitaire et technique [34] ». Amédée Fournier, pourtant président du cercle de Rouyn des Jeunesses patriotes, découvre avec effroi, lors de la réception des cartes de membre, que toute l'affaire « sent le fascisme à cent lieues [35] ». Il précise tout de suite que ses Jeunesses patriotes locales sont autant antifascistes qu'anticommunistes. « Personne ne veut de dictature », écrit-il à Walter O'Leary. Le groupe de Rouyn se dit néanmoins favorable à une nouvelle économic fondée sur le corporatisme, mais rejette le séparatisme. En somme, le programme politique auquel les militants locaux ont adhéré ne leur convient pas du tout ! Pour que le séparatisme puisse être envisageable, estiment ces égarés au sein des Jeunesses patriotes, « il faudrait faire revenir tous les Canadiens français expatriés ou sinon nous exposerions nos Frères à des représailles de la part des Anglo-Saxons ». Les militants de l'Abitibi, peut-être d'autres aussi, recommandent donc aux frères O'Leary d'y aller doucement, toujours dans les traces du Christ, ce qui n'est pas du tout dans les intentions du comité directeur montréalais qui bouillonne de sentiments révolutionnaires.

Walter O'Leary rappelle volontiers sa devise : *Vers l'indépendance, sans peur, ni bravade* [36]. Tous les moyens sont mis à profit afin d'atteindre cet objectif, y compris la réalisation d'un film de propagande qui est confiée à Christian Roy de Joliette. Le dessein des Jeunesses patriotes est d'être le plus vite possible « maîtres chez nous [37] ».

Sans se donner la peine d'examiner à fond les idées des Patriotes de 1837-1838, les activistes qui suivent les frères O'Leary trouvent intéressante, tout comme *La Nation* de Bouchard, l'idée de commémorer le centenaire des soulèvements. Des symboles révolutionnaires jaillissent d'un coup pour commémorer les patriotes. Le notaire Paul Guillet signale notamment à O'Leary qu'en ces temps de crise économique, l'étoffe du pays « habille son homme, chatouille la fierté nationale et donne la satisfaction du devoir accompli [38] ».

À Montréal, on trouve plusieurs sections des Jeunesses patriotes. Une des plus actives est celle du « Front Rosemont des Jeunesses patriotes ». Les différentes organisations de la ville mandatent des délégués aux réunions qui se tiennent parfois dans des lieux achalandés comme le marché Saint-Jacques ou le marché Maisonneuve. À l'instar des Jeune-Canada, elles organisent des pèlerinages en autobus ou en train à Arthabaska pour rendre hommage à Armand Lavergne sur sa tombe et communient aussi avec des symboles nationalistes comme Dollard des Ormeaux et Jeanne d'Arc.

Plusieurs assemblées des Jeunesses patriotes se tiennent en dehors de Montréal, notamment à Trois-Rivières où le conseil de ville met gratuitement à la disposition du groupe sa salle publique de la mairie, ce que souligne comme une victoire en soi l'organisateur local, Odilon Fortier [39]. Des programmes, des insignes et des cartes de membre sont distribués, même si l'organisation montréalaise manque à l'évidence de ressources, comme en témoigne l'impatience de certains fournisseurs qui attendent d'être payés, sans parler des membres qui claquent la porte parce que l'appui escompté de l'organisation centrale fait défaut.

Walter O'Leary et Réal Denis, « organisateur général », peinent à suivre la croissance aussi rapide qu'imprévue du mouvement. O'Leary accuse beaucoup de retard dans sa correspondance et ses confrères des régions s'impatientent de ses longs silences. Il n'arrive pas non plus à livrer à temps des textes à Paul Bouchard qui, invoquant les impératifs de publication de sa *La Nation*, lui en fait reproche. Bouchard trouvera en Marcel Hamel un collaborateur plus fiable que Walter O'Leary.

Autant qu'on puisse en juger par les échanges entre la direction des Jeunesses patriotes et ses différentes sections régionales, les classes sociales apparaissent mieux représentées dans cette organisation que dans le mouvement fasciste d'Arcand. À Mont-Joli, pour prendre un exemple, le comité directeur des Jeunesses patriotes est composé d'un avocat, d'un notaire, d'un comptable, d'un étudiant, d'un commis voyageur et d'un camionneur. Chez les fascistes d'Arcand, on recrute surtout, presque essentiellement, dans les classes populaires.

Le recrutement des Jeunesses patriotes se fait d'abord grâce à la publication d'articles dans les journaux. *Le Devoir, L'Action catholique* et *Le Bien public* parlent en grand bien du mouvement. S'ajoute à cela la publicité directe, sous forme d'encarts publicitaires ou de tracts, de même que les liens qui unissent plusieurs de leurs membres à des groupes déjà constitués, comme l'ACJC ou la JIC, où il est possible de recruter facilement de nouveaux membres. Le jeune Michel Chartrand sera un temps secrétaire des Jeunesses patriotes dont il désavoue cependant, selon son biographe, l'appui au gouvernement Duplessis.

Dans une harangue publique prononcée le dimanche 8 mars 1936, Walter O'Leary réclame « la mort de la politique partisane » et souhaite l'anéantissement des « politicailleries de professionnels, qu'ils soient de l'Union nationale ou ministériels [40] ». Mais il appuie, pour des raisons stratégiques, Maurice Duplessis. L'Union nationale doit conduire, croit-il, à implanter un nouveau type de vie politique. Arcand ne raisonne pas autrement.

Les Jeunesses patriotes et les chemises bleues partagent aussi leur admiration pour le pamphlétaire le plus déchaîné du moment, Claude-Henri Grignon, l'auteur des *Pamphlets de Valdombre* et des *Belles histoires des pays d'en haut*. Le président des Jeunesses patriotes n'hésite pas à inviter Grignon à prendre la parole lors d'assemblées publiques [41]. De son côté, Arcand recommande chaleureusement à ses troupes la lecture de Grignon. À compter de 1937, il souligne favorablement l'intérêt pour ses fascistes de lire en particulier *Les pamphlets de Valdombre*.

> Dans une époque comme celle que nous passons, explique *Le Fasciste canadien*, les vrais et bons pamphlétaires sont plus nécessaires que jamais, pour clarifier les idées et mettre un peu d'ordre dans un enchevêtrement de théories compliquées parmi

lesquelles le sérieux se mêle au banal, le fondamental à l'accessoire, le pratique à l'utopique, pour ramener les combattants égarés trop loin à la simplicité et aux éléments premiers du combat ; pour détruire sans pitié le mal et l'erreur partout où ils se trouvent [42].

Arcand et O'Leary ne sauraient cependant s'entendre au sujet de Lionel Groulx. Bien que la pensée de Groulx puisse être rapprochée du fascisme par certains aspects – culte du chef, soif d'ordre, antiparlementarisme, haine de la démocratie, désir d'une société corporatiste –, l'historien en soutane garde tout de même des distances prudentes par rapport à un engagement politique direct. Les Jeunesses patriotes n'en célèbrent pas moins Groulx comme un maître politique, une sorte de chef politique virtuel. Lors de l'assemblée à Arthabaska qui rend hommage à Armand Lavergne, Walter O'Leary affirme au sujet de Groulx qu'il est « notre maître à tous [43] ».

Le premier tract des Jeunesses patriotes, lancé à la fin de l'hiver 1937, propose une synthèse de la doctrine de l'abbé Groulx en plus d'un programme d'action. Le premier et unique numéro du journal du groupe, *L'Indépendance*, est lui-même spécialement dédié à l'abbé Groulx.

À Trois-Rivières, l'avocat Louis-D. Dandurant, responsable de la section locale des Jeunesses patriotes, demande à un étudiant de l'École des beaux-arts d'exécuter un buste du prêtre-historien qui sera tiré à 500 exemplaires, dont deux en bronze et un en ivoire. Il entend diffuser ces bustes en collaboration avec les Jeune-Canada, où Dostaler O'Leary est très actif. Avec cet autre mouvement de jeunes lancé en 1932, les Jeunesses patriotes partagent beaucoup d'objectifs. L'avocat Philippe Ferland, proche de l'Action libérale nationale, le constate avec raison en observant l'intérêt soutenu de ces groupes de jeunes canadiens-français envers le corporatisme [44].

Walter O'Leary s'inspire aussi beaucoup de l'univers maurrassien. Admirateur de Pierre Gaxotte, il obtient de le voir à Paris, à la rédaction du journal d'extrême droite *Candide*. Lecteur comme son frère du journal *Gringoire*, il est marqué par l'exemple d'une jeunesse européenne formée par l'Action française de Maurras. Comme les Camelots du Roi, les Jeunesses patriotes se font un devoir d'aller fleurir la statue de Jeanne d'Arc. Le 8 mai 1938, Dostaler O'Leary et des membres des Jeunesses patriotes vont déposer une couronne de fleurs place Viger, à côté de la statue de la sainte. Plusieurs portent des bérets, peut-être ceux fabriqués par un industriel sympathisant qui possède la Grand'mere Knitting Company Ltd, manufacturier du béret basque « La France ».

Même si elles sont inspirées par le fascisme mussolinien, les Jeunesses patriotes demeurent ainsi très proches de milieux conservateurs bien établis qui s'accommodent fort bien de cette part d'idéologie révolutionnaire saupoudrée sur leur nationalisme plus conservateur. Cette accointance des Jeunesses patriotes avec un fort courant nationaliste autonomiste, voire indépendantiste, les situe vite à l'opposé du PNSC, même s'ils partagent bel et bien plusieurs idées.

En 1988, Walter O'Leary constatait en entrevue que la différence fondamentale entre les Jeunesses patriotes ou le groupe de *La Nation* et les fascistes d'Arcand était leur position sur la question nationale : « La différence du groupe d'Arcand avec celui de Paul Bouchard, c'est qu'il était irrévocablement, semble-t-il, pronazi, et que la libération politique de notre peuple était absente de son programme. Nous ne voulions rien savoir de ces gens-là [45]. » Les Jeunesses patriotes, par ailleurs, ne trouvent pas sérieux l'antisémitisme et l'anticapitalisme de la doctrine d'Arcand. Il leur semble que ces haines ne sont utilisées que comme hochet sans conséquence dans le but d'attirer des nigauds dans une vaste entreprise de « soumission au colonialisme d'Ottawa [46] ».

En octobre 1936, lors d'une assemblée politique du PNSC tenue à la salle du Monument national, les Jeunesses patriotes veulent prouver qu'elles n'ont rien à voir avec la pensée d'Arcand et, surtout, rien à craindre d'elle. Elles se divisent alors par petits groupes de 10 et se dispersent dans la salle. Lorsque Arcand prend la parole, des miaulements et des aboiements fusent de partout dans la foule. O'Leary lui-même crie depuis le parterre « Vive l'État français ! » ce qui lui vaut une réplique rapide et cinglante de l'orateur Arcand [47].

Les jeunes gens sont vite obligés de déguerpir pour ne pas se « faire tailler en pièces sur place [48] ». Les hommes d'Arcand ne craignent pas d'utiliser la force brute. Ils font volontiers rouler leurs biceps. Une contre-manifestation organisée le même soir au Temple du travail, situé à quelques mètres du Monument national, juge aussi plus sage de se disperser par crainte des représailles des chemises bleues.

En avril 1937, Dostaler O'Leary lance un essai inspiré par le fascisme italien intitulé *Séparatisme, doctrine constructive*. Avec l'appui de Pierre Chaloult, il le publie aux Éditions des Jeunesses patriotes, mais à titre de membre des Jeune-Canada. En couverture, une carte du monde où une flèche dynamique conduit le regard depuis Athènes, Rome et Paris jusqu'à l'« État libre canadien-français ».

Antidémocrate, antisémite, opposé au communisme autant qu'au capitalisme, favorable à la mainmise complète de l'État sur la presse, l'aîné des O'Leary fait dans ce livre l'apologie d'un régime totalitaire sur la base d'une analyse toute personnelle de l'histoire canadienne-française. Inspiré notamment par Pierre Gaxotte, Gonzague de Reynold, Denis de Rougemont et André Tardieu, il cherche à mettre de l'avant une mentalité politique qui se distingue du libéralisme et du capitalisme, du côté du corporatisme, solution mise de l'avant par l'encyclique *Quadragesimo Anno* mais propulsée dans le ciel de la politique des années 1930 par les dictatures européennes. Parmi l'ensemble des corporations dont il rêve, celle des agriculteurs apparaît comme la plus importante, exactement d'ailleurs comme dans le programme politique proposé par Adrien Arcand dès 1934. Dostaler O'Leary propose aussi de restreindre l'accès des Juifs aux professions libérales.

Il en a bien sûr surtout contre l'univers démocratique. « C'est la démocratie, parce qu'elle exige pour vivre la nécessité de l'esprit

de parti, qui nous a conduits où nous en sommes, et qui continuera à nous abrutir, si nous ne la jetons pas une fois pour toutes,
par-dessus bord [49]. » Il voudrait lui substituer un État théocratique autoritaire, selon un modèle inspiré par les dictateurs latins.
Séparatisme, doctrine constructive vante ainsi le modèle politique
mis en place à Rome, Lisbonne et Burgos, sans désavouer complètement celui de Berlin.

Mais à la différence d'Arcand, Dostaler O'Leary se refuse
à fonder son nationalisme radical sur une théorie pseudo-
scientifique qui impose des distinctions entre aryens et non-
aryens [50]. Pour lui, la nation est d'abord et avant tout un fait
culturel. Les Latins d'Amérique doivent s'unir sous l'étiquette de
cette même doctrine corporatiste que défend son frère Walter.
« La chambre des corporations n'aura juridiction qu'en ce qui
regarde les affaires économiques. Les affaires politiques tant inté-
rieures qu'extérieures relèveront uniquement du gouvernement
secondé par le Conseil suprême de l'État [51]. » Au-dessus de tout
ça, l'État de même qu'un responsable absolu, le chef suprême,
un guide.

Trente ans plus tard, en 1965, Dostaler O'Leary meurt à
Paris tandis que son frère Walter réapparaît dans la vie politique, quelque peu transfiguré mais toujours aussi radical : il
s'active désormais dans la frange la plus ouvertement socialiste du
Rassemblement pour l'indépendance nationale, c'est-à-dire dans
une direction idéologique tout à fait opposée à celle qui était
la sienne au temps de sa jeunesse, sans toutefois avoir renié ses
convictions indépendantistes. Mais revenons à la fin des années
1930...

Le PNSC ne peut absolument pas souscrire au fascisme
envisagé par le groupe de *La Nation* ou des Jeunesses patriotes.
Pour Arcand, le nationalisme n'est pas une affaire culturelle, mais
un phénomène viscéral, fondamental, sanguin. Et puisque la
fidélité d'Arcand va d'abord au Canada comme partie de l'Empire
britannique, pourquoi encouragerait-il le Québec à affirmer
davantage son autonomie ?

L'historien René Durocher, dans une des très rares études consacrées jusqu'ici à Arcand, fait fausse route en affirmant que le PNSC eut des velléités séparatistes [52]. S'il est vrai qu'Arcand se montre toujours très sensible au sort des Canadiens français au pays – d'où Durocher déduit un supposé sentiment séparatiste –, il est pourtant clair, dans ses écrits autant que dans ses discours, qu'il ne songe qu'à défendre l'unité canadienne au nom de l'Empire. Un Québec indépendant, dit-il, serait à la merci des Juifs. Voilà déjà une raison suffisante pour s'y opposer, croit-il. « Les bruits lointains de séparatisme ou sécessionnisme » entendus dans certains milieux n'inspirent à Arcand qu'une seule réponse : « Il est inutile de dire que le jour où ce rêve susciterait un mouvement d'importance, la juiverie internationale serait trop heureuse de le soutenir pour maintes raisons faciles à discerner [53]. »

Parce qu'il est antisémite, Arcand considère qu'il se doit aussi d'être antiséparatiste. C'est en effet au nom de cette haine qu'il structure son rejet de toute velléité sécessionniste. Pour soutenir son point de vue, il réécrit même l'histoire de la Conquête. Les Canadiens français, à son avis, ne sont pas victimes d'un état d'infériorité mis en place de façon structurelle à la suite de la conquête anglaise de 1760. L'état d'infériorité des siens, la misérable condition des Canadiens français, il ne cesse de la voir à travers la lorgnette de son antisémitisme. À l'entendre, ce ne sont pas les Anglais, mais bien les Juifs qui ont conquis les Canadiens français :

> Nous avons perdu notre commerce de gros et de détail et une foule de nos industries. Aux mains de qui ? Des Juifs. Ce ne sont pas les Anglais qui ont envahi nos rues : Saint-Laurent, Ontario, Sainte-Catherine Est, Saint-Hubert, Christophe-Colomb, Mont-Royal, la rue Saint-Joseph de Québec, les rues commerciales de nos petites villes. Ce sont les Juifs [54].

C'est aussi plus largement par opposition aux minorités qu'Arcand refuse l'idée d'une indépendance du Québec. L'indépendance ou le nationalisme autonomiste sont à répudier parce qu'ils font trop de place à l'internationalisme. Un pouvoir fort, celui d'Ottawa, lui semble plus à même de décourager les réclamations des minorités qui mènent à une nation fragmentée. Par contraste, le libéralisme qu'exprime Henri Bourassa à l'égard des minorités est accusé de faire le jeu des minorités contre la nation.

Arcand rejette plus que tout autre le séparatisme de *La Nation*, beaucoup plus intellectualisé et argumenté que celui des Jeunesses patriotes. Bouchard, en contrepartie, devient un des opposants les plus farouches du PNSC. *La Nation* voit dans le parti des chemises bleues un repère de rastaquouères et de cabotins qui posent un « traquenard de trahison nationale » aux Canadiens français. En somme, bien qu'ils ne soient pas très loin l'un de l'autre, les deux groupes se détestent. Entre fascistes, on semble toujours être le traître d'un autre.

La devise séparatiste de *La Nation* – *Pour un État libre français d'Amérique* – annonce un programme qu'entreprend de combattre Arcand pour des raisons évidentes. Bouchard présente d'ailleurs son mouvement comme parfaitement opposé à l'impérialisme anglais, ce qui le place déjà en situation de conflit direct avec Arcand. Le 22 octobre 1936, le jeune avocat écrit dans son journal que « nul véritable nationaliste ne peut suivre Arcand et le PNSC sans forfaire au destin de la nation canadienne-française ».

En 1937, Bouchard se présente dans l'arène politique à titre de candidat indépendant lors de l'élection partielle dans le comté de Lotbinière. Il affronte Joseph-Napoléon Francœur, à qui il ne manque pas de rappeler son passé indépendantiste. Évidemment, Bouchard est battu. Mais il fait tout de même excellente figure. Il obtient 5 239 votes contre 9 910 pour son opposant. Il se présentera aussi dans une élection partielle contre un ténor du Parti libéral, Louis Stephen St-Laurent. Encore une fois, il mène une chaude lutte et obtient 12 700 votes tandis que St-Laurent en accumule 4 000 de plus.

Les sympathisants de *La Nation*, on l'a dit, se réunissent au sein des Faisceaux. Un des membres les plus célèbres de ces

*À compter de 1938, des bureaux (immeuble à l'arrière plan droit)
du PNSC jouxtent la Casa d'Italia, rue Jean Talon, à Montréal.*

Faisceaux sera un jeune étudiant du nom de Jean Marchand, promis à une brillante carrière de syndicaliste puis à de hautes fonctions politiques au gouvernement fédéral, sous le règne de Pierre Elliott Trudeau. Selon son ami Gérard Pelletier, Marchand participe à l'époque à un projet révolutionnaire où il est question de s'emparer des armes de la citadelle de Québec afin de tenter un coup de force contre le régime [55].

Arcand déteste tous ces jeunes membres des Faisceaux, à commencer par Bouchard qu'il surnomme avec mépris « Tit'boutte ». Il l'assimile volontiers à Anaclet Chalifoux et lui prédit le même destin funeste [56]. Le séparatisme du groupe de Québec lui est intolérable, mais aussi cette volonté d'imposer au Canada un fascisme strictement italien, un peu comme Anaclet Chalifoux avait en effet tenté de le faire. « C'est le génie même du fascisme que Tit'boutte [Bouchard] n'a pas encore compris, pas plus que la mentalité et le génie canadiens-français. » Arcand considère que le fascisme doit être adapté à chaque pays et qu'en conséquence, Bouchard fait fausse route en admirant une version trop strictement italienne.

De son côté, Bouchard reproche à Arcand son pancanadianisme qu'il associe à une volonté antifrançaise. Le penseur de *La Nation* considère de surcroît que le nazisme auquel s'abreuve Arcand n'est qu'une pâle copie inintéressante du fascisme italien, le seul qui puisse se trouver conforme à l'univers latin propre au Canada français. L'existence d'un führer canadien ne peut avoir selon lui que des conséquences fâcheuses, dont en premier lieu « de tuer au Canada français toute forte réaction nationaliste et corporatiste sur le plan fasciste latin [57] ». Il abreuve en conséquence Arcand d'une pluie d'injures, dans ce style plein d'excès bien caractéristique des années 1930.

> Paul Bouchard traita Arcand de « rasta du journalisme » et de « cancrelat des sous-sols de la politique », lui reprochant de ne rechercher que l'argent et d'exploiter la bêtise populaire. Il poussa même l'audace jusqu'à sous-entendre que l'antisémitisme forcené d'Arcand n'était peut-être qu'un racket lui permettant d'avoir accès aux fonds de propagande de l'hitlérisme [58].

Le séparatisme défendu par Bouchard ne sert à rien, pense Arcand, puisque les Canadiens français qui ont représenté leur peuple à Québec n'ont pas cessé de le trahir au fil du temps. Un nouvel État indépendant ne changerait rien au problème structurel de la société. « Car, même sous un régime séparatiste, nous ne serions pas mieux avec le système démocratique. » Il faut donc d'abord renverser le système démocratique au sein de la plus grande arène possible, à savoir le Canada, d'un océan à l'autre.

Le Canada des Canadiens français s'avance pour Arcand bien au-delà des frontières du Québec. « Nous ne songeons pas encore à nous enfermer dans une réserve et une vie faciles en abandonnant lâchement le quart de notre race dans sa conquête laborieuse, patiente et civilisatrice d'un sol qui nous appartient autant qu'à d'autres [59] » Ces arguments antisécessionnistes seront employés et adoptés aussi par bien des opposants à l'indépendance politique du Québec.

CHAPITRE 6

LES CHEMISES BLEUES

Jamais question ne se peut trouver de plus intéressante
que celle du Juif qui met en danger notre foi,
notre vie, notre honneur et nos biens.
JACQUES-ÉDOUARD PLAMONDON, « Le Juif »,
conférence prononcée à Québec le 30 mars 1910

EN MARS 1932, Hitler est candidat contre le vieux président Hindenburg. À Montréal, le 13 mars, jour de l'élection en Allemagne, Arcand publie dans *Le Miroir* un texte où il affirme que si Hitler est élu, ce sera la date la plus importante dans l'histoire contemporaine. Pourquoi ? Tout simplement parce que, pour la première fois dans cette histoire, plaide-t-il, un gouvernement pourra officiellement ostraciser les Juifs de toutes les façons possibles. Bien sûr, il est en joie.

Cet enthousiasme envers Hitler n'est pas présenté en demi-teinte. Il est clair. Éclatant. Dès le début de 1932, Arcand montre, sans aucune ambiguïté, un fort engouement pour l'extrême droite allemande. Le 1er mai 1932, voici ce qu'il écrit : « toutes nos sympathies vont au mouvement hitlérien ».

Les journaux d'Arcand et Ménard sont les seuls, au Canada français, à se montrer à ce point enthousiastes devant l'ascension fulgurante d'Hitler en Allemagne. D'autres journaux canadiens-français, il est vrai, s'intéressent assez favorablement aux politiques de l'extrême droite en Europe. Mais ils sont nettement plus réservés que les journaux d'Arcand dès lors qu'il est question du Führer.

Arcand considère les nazis comme des défenseurs de la chrétienté. Que la vraie nature d'Adolf Hitler, qui se dévoile bientôt à la face du monde, soit plutôt celle d'un adversaire de la religion catholique ne change rien à l'interprétation qu'en fait Arcand une fois pour toutes. Hitler se considère pourtant lui-même comme la seule figure à l'ascendant quasi religieux qui puisse être vénérée en Allemagne. La seule idole possible en ce pays reste la politique, au nom d'une exacerbation nationaliste. Qu'importe à Arcand, qui continue de voir dans le dictateur allemand une figure honorable, un être à la hauteur de tous les enseignements religieux.

À l'automne 1932, Arcand reçoit à Montréal la visite de Kurt Ludecke, un ami de la première heure du dictateur. Ludecke habite alors aux États-Unis avec son épouse américaine. Il est chargé, selon ses dires, d'établir de nouveaux contacts favorables à Hitler en Amérique du Nord. Depuis les États-Unis, il a entendu parler d'Arcand et fait volontiers le trajet en automobile vers le nord, depuis New York, pour venir le rencontrer.

Le führer canadien fait à l'évidence très vive impression sur Ludecke, qui le qualifie d'homme à l'intelligence vibrante. Ludecke témoignera qu'Arcand semble très proche du premier ministre Bennett et que son mouvement l'a fortement impressionné [1]. Arcand aurait même promis à son visiteur un entretien avec Bennett. Le premier ministre a été sollicité à cette fin dans une lettre datée du 4 janvier 1933. Mais Ludecke n'indique pas, dans ses mémoires, avoir finalement rencontré le premier ministre canadien. Il est fort peu probable que ce rendez-vous ait eu lieu sans que cet homme extraverti et plutôt mythomane l'ait finalement consigné par écrit.

En janvier 1933, Adolf Hitler est élu président du Reich. Malin, il s'est montré capable d'utiliser tous les ressorts du système parlementaire pour faire prévaloir sa haine de la démocratie. Et il a gagné. Arcand jubile et voit en lui un véritable modèle à

*Plusieurs mouvements racistes existent au Canada anglais au cours de
l'entre-deux-guerres. Ici, quatre membres du Ku Klux Klan canadien devant
une croix brûlée, à Kingston, en Ontario, le 31 juillet 1927.*

imiter. Il tiendra, lui aussi, le jeu électoral pour une plateforme
de manœuvres diverses devant conduire à l'établissement d'un
modèle politique totalitaire, achevé et définitif.

Arcand envisage l'élection allemande comme une promesse
faite à tous les pays qui ont « souffert » de la présence des
Juifs [2]. En mars 1933, il écrit que si faire disparaître les Juifs
d'Allemagne est une bonne idée, ce serait une meilleure idée
encore de les voir disparaître du Canada. Dès cette époque, son
modèle d'explication du monde se fonde essentiellement sur la
haine du judaïsme. Cette adhésion à un modèle univoque et
simpliste d'explication ne le quittera plus.

Les correspondances intellectuelles qui peuvent être tra-
cées entre le mouvement d'Arcand et le régime hitlérien sont

indéniables. Arcand entretient même certains contacts directs avec des intellectuels ou des militants nazis, comme il le fait avec des intellectuels racistes de plusieurs autres pays. Le 21 février 1933, il reçoit une lettre d'un nazi de Bavière qui le félicite de porter si haut en Amérique l'idéal d'Hitler [3]. Des échanges de textes ont lieu avec certains journaux, comme *Der Stürmer* de l'antisémite Streicher. Mais rien ne prouve cependant qu'Arcand bénéficie d'une aide directe venue du Berlin des nazis.

Les perspectives nationalistes paranoïdes d'Arcand ne s'abreuvent pas qu'à *Mein Kampf*. Diverses sources internationales, à commencer par les mouvements fascistes anglais, irriguent le discours des fascistes canadiens. À la suite du Britannique Henry Hamilton Beamish, Arcand estime par exemple – comme nombre de fascistes d'Angleterre, d'Afrique du Sud, des États-Unis et d'Allemagne – qu'il faut voir à déporter tous les Juifs sur l'île de Madagascar afin de les contenir définitivement [4]. L'île est assez riche, croient-ils, pour y faire travailler ces hommes de force afin qu'ils payent « en or sonnant » des sommes astronomiques [5]. Ghetto géant et système concentrationnaire sans précédent, l'île de Madagascar deviendrait ainsi une usine bon marché et la fosse septique nécessaire à la survie de l'humanité, soutiennent les fascistes. Cette idée qui circule largement parmi les extrémistes de droite du monde anglo-saxon sera adoptée par les nazis à la fin des années 1930.

Les fascistes menés par Arcand gravitent autour d'un noyau qui forme le cœur du Parti national social chrétien. Le PNSC comporte en son centre 25 membres réunis en conseil politique. Beaucoup de ses membres les plus importants proviennent de l'ancien grand conseil des Goglus. Aux dires d'Arcand, ces membres fondateurs sont pour la plupart de jeunes professionnels et des marchands de Montréal et des environs. Les militants de la base sont en fait surtout issus des milieux ouvriers.

Selon le programme du parti, « seuls pourront être citoyens canadiens les membres des deux grandes races qui forment, depuis son début, la population du Canada, et les autres membres aryens du reste de la population qui consentiront à s'identifier avec les deux races mères [6] ». Pour le PNSC, le Canada est une entité organique fondée sur une « race blanche » qui se doit, pour assurer son avenir, de rejeter aussi bien les Noirs, les Asiatiques, les Sémites et le « croisement abâtardi ». Ce Canada de Blancs pour les Blancs propose un État paternaliste qui veille à l'accomplissement des devoirs de chacun et qui ne permet pas la désunion.

Le PNSC entend faire en sorte de contrôler la production économique et de réformer la politique agraire de la colonisation afin de permettre aux Canadiens d'obtenir les terres dont ils ont besoin. Cette structure économique se place sous le signe d'un régime impérial britannique. Selon Arcand, « la saine raison et le sens de l'honneur exigent que nous soyons impérialistes, parce que impériaux de par notre consentement. D'ailleurs, le cri anti-impérialiste, comme tous les cris révolutionnaires de gauche, est un cri judéo-libéral dont on trouve les traces premières chez Israël, parce que la juiverie cherche à disloquer toute force qui peut retarder l'avènement de son empire universel [7] ».

Ce programme du parti sera soumis à l'approbation de jeunes fascistes de langue anglaise. Parmi eux, il est assez facile de reconnaître les principaux chefs de mouvements fascistes des autres provinces canadiennes.

Le groupe de sympathisants anglophones accueille très favorablement les orientations du PNSC. On décide de faire du programme du PNSC les balises d'une véritable organisation politique commune, selon les souhaits d'Arcand. En juillet 1938, à la suite d'un congrès pancanadien, naît le Parti de l'unité nationale du Canada (PUNC).

L'ascendant du chef fasciste canadien-français sur cet ensemble composite est considérable. Tout est structuré autour de la figure de ce chef autoproclamé. Si le charisme d'Arcand est indéniable, il est certain que les gens qui l'acclament créent aussi autour d'eux un besoin charismatique auquel il répond. Le désir d'un chef est là. La crise le favorise. Mais qu'est-ce qui séduit tant chez cet homme long et sec ?

Arcand emploie un langage simple, celui des ouvriers. Pour eux, il réclame « des salaires raisonnables » et la fin des spéculateurs, tout en décourageant les grèves. Son objectif demeure la mise sur pied de corporations ouvrières qui remplaceront les chambres parlementaires du régime démocratique dans un nouveau pays fasciste [8]. Il souhaite la création d'une « Banque d'utilité publique », régie par l'État, capable d'aider gratuitement les fermiers et les cultivateurs. Les paysans sont alors considérés par un vaste segment de la population comme la seule voie de sortie à la crise. Arcand propose aussi des nationalisations, au nom de l'intérêt du peuple.

Il peut parler de sujets semblables durant des heures, inépuisable, toujours droit comme un i. Quand il discourt, ses yeux roulent dans leur orbite, deviennent ronds comme des billes, furieux jusqu'à l'égarement, presque hypnotiques. Ses paroles grondent. À chacune de ses sorties, il insulte les Juifs. Il veut leur peau. Sa parole fulminante monte. Sa haine apparaît vite totale. Il parle ainsi jusqu'à perdre haleine, dans une fureur qui confine souvent à la folie, avant de quitter la scène et d'emporter avec lui le souffle de ses propres paroles. Ses discours ont de quoi bien enflammer un public en quête d'effets forts et, surtout, de solutions toutes prêtes à la crise économique. Les problèmes complexes, l'orateur les circonscrit toujours dans la figure commode d'un bouc émissaire : le Juif.

Arcand connaît à fond la littérature internationale de la droite extrême. Son propos est sans cesse enrichi d'exemples tirés de cette presse. Il possède l'érudition de surface des dévoreurs de journaux. Il aime la solitude du papier imprimé mais goûte avec délices les foules qui s'assemblent pour boire ses paroles. Il impressionne à coup sûr son auditoire par ce savoir apparent.

Son public est par ailleurs conquis d'avance par l'autorité naturelle du personnage et, surtout, par ce statut de chef que rehausse le spectacle continuel de l'uniforme, des saluts et des révérences martiales auxquels sa présence donne lieu.

La parole joue un rôle important au sein du PNSC. L'art du discours se voit accorder beaucoup d'attention. Pour convaincre, il faut d'abord savoir parler. À cet effet, plusieurs recrues se voient dirigées vers des cours de rhétorique. Arcand chaperonne quelques-uns de ces jeunes orateurs, dont le jeune Émile Vallée.

Arcand accordera aussi beaucoup d'importance à la communication écrite, à la différence d'autres mouvements fascistes, celui d'Anaclet Chalifoux par exemple. Il importe beaucoup pour lui de savoir écrire. Cet art d'écrire, fruit d'une éducation préalable et d'une gymnastique de la langue exigeante, Arcand sait qu'il se transmet plus difficilement. C'est lui qui rédige donc seul l'essentiel des textes du parti. Journaliste de métier, il a l'habitude de jouer avec les mots. Pour soutenir ses vues, il va lancer plusieurs journaux et ne perdra jamais de vue l'idée que les nouvelles feuilles constituent la suite des anciennes. « *Le Patriote*, écrit-il en 1934, a été fondé pour continuer l'œuvre commencée par *Le Miroir* et *Le Goglu* et ne pas laisser perdre le fruit de leurs travaux [9]. » Il en sera de même pour les feuilles encore plus radicalement fascistes qu'il anime bientôt. La diffusion des idées sous forme écrite lui apparaît capitale.

Au premier chapitre de l'*Organisation et règlement généraux du Parti de l'unité nationale du Canada*, on peut lire que « l'autorité suprême et la décision finale résident dans la personne du chef [10] ». Le PUNC adore les superlatifs et l'évocation de l'absolu. L'« autorité suprême » évoque la légitimité suprême autant que la volonté suprême. Aux yeux d'André Laurendeau, les militants de pareil extrémisme ne savent pas au fond à quoi ils adhèrent ; « ils se donnent à un chef et à une mystique », tout simplement. Cela rappelle le slogan nazi affiché partout en Allemagne : « Commande, mon Führer ; nous obéirons. »

Comme dans toutes les organisations politiques de type totalitaire, la figure du chef suppose d'emblée sa prééminence et l'efficacité totale de sa volonté. Du moins, telle est l'idée qu'on se fait d'ordinaire de ce type d'organisation. En fait, la volonté jupitérienne du chef découle d'un relatif consensus à l'intérieur de ses troupes et d'un haut degré de hiérarchisation structurelle chapeautée par cette figure tutélaire que des subordonnés peuvent invoquer pour justifier leur propre autorité.

Arcand, il faut le souligner, n'est pas l'unique figure d'autorité du PNSC. Dans cette organisation hautement hiérarchisée, ses lieutenants comptent pour beaucoup. Parmi eux, on trouve deux figures de première importance : le Dr Paul-Émile Lalanne et le major Joseph-Maurice Scott.

En septembre 1937, le secrétaire général du Congrès juif canadien, Hananiah Meyer Caiserman, présente Lalanne comme le secrétaire-trésorier du PNSC. Né à Montréal en 1884, Lalanne a mené des études de médecine à l'Université de Montréal avant de poursuivre en Allemagne une spécialisation en gynécologie. À son retour à Montréal, il s'installe dans le quartier Côte-des-Neiges et dirige, dans l'est de la ville, une clinique où il pratique des avortements. Rare à l'époque, surtout chez les Canadiens français, cette pratique lui rapporte une petite fortune [11]. Pour éviter que son action ne lui vaille un concert de plaintes, il demeure en bons termes avec l'Église, notamment grâce à « des dons honorables [12] ». Il finance la réparation des cloches, puis l'achat de l'orgue de la paroisse de Sainte-Barbe qui, en retour de si précieux appuis, offre au médecin un vieil harmonium.

Antisémite, Lalanne n'a pas hésité à soutenir les premiers journaux d'Arcand et de Ménard. Il écrit lui-même en 1935, sous le patronage des Native Sons of Canada, un pamphlet en anglais dans lequel il compare les Juifs à des « vipères » qui ne cherchent qu'à réaliser un gouvernement mondial juif.

Très fortuné, Paul-Émile Lalanne possède une île située sur le lac Saint-François, près de Valleyfield. On la surnomme parfois l'« île du diable ». À son sujet, les rumeurs les plus folles courent. Il y fait construire une résidence champêtre très confortable dont le mobilier en bois, spécialement conçu par un ébéniste, incorpore un peu partout le symbole de la croix gammée. Les luminaires eux-mêmes sont suspendus à des swastikas en fer forgé.

Ce lieu peu banal sert à des réceptions diverses, mais aussi de havre de repos pour ses jeunes patientes. On y trouve une salle de billard, un sauna, un bassin d'eau destiné à la pisciculture. Le journaliste Jean-Charles Harvey sera un de ceux qui séjourneront dans cette demeure d'insulaire, avant qu'il ne s'oppose bientôt aux positions des fascistes. Arcand finira par attaquer Harvey et son journal *Le Jour* pour ses positions politiques qu'il juge projuives [13].

Un autre des lieutenants les plus fidèles du führer canadien est le major Joseph-Maurice Scott, né en 1888 à Alfred, en Ontario, petit-fils d'un patriote de 1837-1838 [14]. Son frère aîné, Henri-Thomas, se passionne pour la gymnastique et lui communique cet enthousiasme pour la discipline du corps. Maurice deviendra à son tour moniteur de culture physique à Montréal et en région. Les jeunes gymnastes d'Henri-Thomas se rendront dans des concours sportifs internationaux organisés par des sportifs catholiques. À Rome, en 1908, Maurice est au nombre des 10 athlètes de l'équipe entraînée par son frère qui remportent les honneurs lors d'un concours sportif international organisé à l'occasion du jubilé sacerdotal de Pie X. Ses succès sportifs lui valent, de même qu'à ses camarades, d'être reçu par le pape. À leur retour au Québec, des foules immenses les acclament comme des héros. Maurice Scott connaît de nouveaux succès sportifs à Nancy en 1911, puis à Rome en 1913. Le 12 août 1914, il s'engage sous les drapeaux. Il est un des premiers à se porter volontaire lorsque la guerre éclate. Il sert à titre de lieutenant au sein du 85e bataillon, aussi appelé le régiment de Maisonneuve. Malgré la résistance de l'Église, il convainc plusieurs collèges canadiens-français d'entraîner des corps de cadets. Envoyé en Angleterre, Maurice Scott y rencontre Sam Hughes, ministre canadien de la Défense, sur qui il fait une forte impression. Hughes juge que Scott est l'homme tout désigné pour l'informer des mouvements d'opinion au Québec, tant au sein des bataillons que dans le public en général. Scott rentre donc au pays avec la mission de faire rapport au ministère des vagues de l'opinion. Il va finir par s'installer avec sa jeune épouse sur l'île du Calumet, sur la rivière des Outaouais, où il entend faire commerce du bois et profiter du tourisme. Au moment où éclate la crise économique, ce véritable colosse est séduit par la discipline de fer que propose Arcand.

Printemps 1938 : le major Scott entraîne la section féminine du parti.

C'est Scott qui organise et entraîne le mouvement paramilitaire du PNSC : la Légion. Ces Légionnaires du PNSC servent essentiellement à affirmer la force du mouvement lors d'assemblées, bien qu'on les destine en principe à l'action politique directe, à mi-chemin entre les SA du régime nazi et les Camelots du Roi de l'Action française de Maurras. Les Légionnaires font la vie dure aux contestataires et aux opposants, comme lors d'une assemblée tenue en avril 1938 dans l'extrême est de l'avenue Mont-Royal, où des opposants goûtent à leurs poings fermés [15].

Le major Scott, comme ses hommes l'appellent toujours, assure la formation de base de tous les nouveaux engagés du PNSC. Il leur apprend la marche au pas cadencé et diverses techniques de combat dans le but d'inculquer une discipline du corps et de l'esprit qui donne une idée du projet de conquête du mouvement politique. Chaque mois, les Légionnaires se réunissent à quelques occasions pour se livrer à des exercices paramilitaires. Des frictions entre les Légionnaires de Scott et la garde rapprochée d'Arcand, commandée par Léo Brunet, lequel a travaillé plusieurs années pour la Gendarmerie royale du Canada, surviennent à l'occasion [16]. En dehors de ses fonctions au sein du parti, Scott livre du charbon, de l'huile, du bois, propose des assurances automobiles aussi bien que des services de remorquage, tout en arborant volontiers le swastika en tout lieu et en toute occasion.

Le PNSC est organisé en sections, avec des responsables, avec une ligue féminine, supervisée par Yvonne Arcand, la femme du chef elle-même, toujours bien mise, les lèvres carminées, la ligne des sourcils soigneusement tracée. Les sections féminines comprennent une petite unité destinée à venir en aide de diverses façons, par des tâches ménagères surtout, aux familles fascistes nécessiteuses en raison de la crise.

En principe règne au-dessus de l'ensemble des sections une seule autorité, celle du chef. Mais la dynamique interne du parti suppose des relais à cette autorité qui sera même à l'occasion contestée, comme en font foi des dissensions qui conduisent des membres à se dissocier du PUNC. Le culte de la force et de la hiérarchie que propose Arcand comme principe de fonctionnement se réalise par un usage constant de la langue anglaise dans la chaîne de commandement de l'organisation. De nouveaux militants sont surpris par cette place faite à la langue anglaise.

Le dimanche 21 mai 1938, le parti tient une grande assemblée à l'aréna de Québec. Un journaliste de *L'Action catholique* observe que « des draperies, des oriflammes, des inscriptions avaient été disposées à l'intérieur et à l'extérieur de l'aréna avec un goût savant ». La chemise bleue de l'uniforme est bien visible partout. Tout se fait à la façon militaire, « avec une discipline et une tenue parfaites ». Tous les commandements se font en anglais seulement. Environ 2 000 personnes sont venues voir le spectacle qu'offre le déploiement de quelque 500 hommes d'Arcand en chemise bleue. Quelques jeunes filles, elles aussi parées de la chemise bleue et des insignes du parti, vendent des documents à l'entrée et à l'intérieur du palais des sports. L'assemblée commence par un retentissant *God Save the Queen*. Des protestataires dans la salle entonnent en réponse l'*Ô Canada*, alors hymne distinctif des seuls Canadiens français.

Les Légionnaires d'Arcand, tout comme sa garde personnelle, baptisée la Garde de fer, ne sont eux aussi commandés qu'en anglais, à l'instar de la pratique en vigueur alors dans l'armée canadienne. Des étudiants d'un collège de la Beauce venus assister à une assemblée d'Arcand à Québec le constatent avec déception [17]. Arcand lui-même adore utiliser la langue anglaise, dans une volonté de bilinguisation politique patente. Jusqu'à la fin de sa vie, il soutiendra que « Québec est un peuple à part » parce que « le Canadien français n'est ni anglais ni français, mais qu'il est la seule race au monde qui soit les deux à la fois [18] ».

Ce parti à la discipline de fer attire des curieux et des gens à qui le cérémonial de l'uniforme, de la parade et des discours énergiques plaît bien. Au nombre des jeunes curieux, on trouve le jeune Jean-Paul Riopelle, futur peintre aux fortes couleurs anarchistes. Encore adolescent, Riopelle est d'abord séduit par l'univers d'Arcand autant que par la religion catholique. Le peintre admettra plus tard avoir « assisté à des réunions secrètes », tout en minimisant l'importance de cet engagement, en le ramenant au niveau de son adhésion au mouvement scout [19].

Les rares archives disponibles qui traitent des membres de l'organisation nous montrent que c'est à Montréal que le PNSC recrute l'essentiel de ses effectifs. La métropole canadienne est soigneusement divisée en six zones, elles-mêmes découpées selon les limites paroissiales. Des réunions ont lieu chaque mois pour tous les membres des différentes zones. Lors de ces réunions, les membres sont priés d'apporter leur « carte verte de contributions (formule NSC-107) », qui servent à financer le parti. Le PNSC raffole de la bureaucratie. Il multiplie les formulaires, les codes, les références aux règlements. Les membres doivent entre autres remplir soigneusement des fiches afin de décrire en détail leurs fonctions et leurs occupations personnelles.

Chaque membre est soumis à une contribution mensuelle obligatoire de 25 cents. Pour être membre du parti, il faut donc avoir des convictions qui l'emportent sur les nécessités économiques du moment. En plus de ce tribut financier, les membres doivent s'engager formellement à tout faire pour assurer l'application du programme du parti.

À partir du 1er mars 1938, les quartiers généraux du PNSC sont situés au 517 du boulevard Saint-Laurent à Montréal, pas très loin de la rédaction du défunt *Goglu*. Les bureaux du parti occupent tout le troisième étage d'un ancien édifice commercial, c'est-à-dire environ 500 m². L'endroit est divisé en plusieurs espaces à bureaux qui sont répartis entre les divers comités du PNSC et la rédaction du *Fasciste canadien*. En haut des escaliers, à gauche, une grande pièce est utilisée par les secrétaires du parti. Juste à côté, séparé par une cloison de bois, est entreposé, dans une petite pièce, le matériel de propagande et de pavoisement. On y trouve aussi de la propagande publiée par des organisations internationales d'extrême droite et divers journaux de même tendance, dont *Swasica de Foc*, de Roumanie, *Narodni Pravo*, de Tchécoslovaquie, *De Nederlandsche National-Socialist*, de Hollande, et *The Fascist*, le journal britannique de Sir Oswald Mosley.

Bien qu'indépendant, le PNSC travaille en étroite collaboration avec plusieurs mouvements fascistes étrangers. Les activités de la British Union of Fascists de Mosley, de la Ligue impériale fasciste d'Arnold Leese, du National Social Christian Party d'Afrique du Sud, de la National Guard d'Australie et du Parti fasciste de la Rhodésie sont suivies avec attention [20]. Entre fascistes, on s'échange des journaux, des pamphlets et des ouvrages. Plusieurs témoignages d'Arcand permettent de constater la diversité de la provenance de ses lectures et leur homogénéité doctrinaire.

Dans ses journaux, Arcand fait la promotion des feuilles d'organisations fascistes étrangères. On trouve entre autres dans les pages du *Fasciste canadien* des publicités d'*Action* et de *Blackshirt*, les feuilles du parti de Mosley. Arcand s'efforce d'établir en priorité des liens avec les partis fascistes de l'Empire britannique dans le dessein de fonder conjointement les bases d'un nouvel empire.

Dans cette perspective, il poursuivra une correspondance avec Oswald Mosley même après la guerre.

Combien de membres compte le PNSC ? Cette question a donné lieu à tout un battage de chiffres. Le führer canadien affirme, selon les circonstances, que ses effectifs se chiffrent entre 15 000 et 100 000 membres. Un petit groupe de gens bruyants peut donner quelque temps l'impression qu'il est plus nombreux qu'il ne l'est. Mais Arcand réussit le tour de force de remuer assez d'air pour faire croire longtemps au monde entier à l'importance considérable de ses effectifs. Le *London Daily Herald* compte pour authentique le chiffre de 80 000 membres avancé un jour par Arcand. Les journaux anglophones admettent les yeux fermés ces effectifs invraisemblables. À Toronto, le révérend Claris E. Silcox, éditeur du *Social Service Journal of Canada*, affirme que le Québec compte 60 000 fascistes dont 5 000 se dépensent à faire des exercices militaires [21].

Qu'était donc exactement cette terrifiante force souterraine qui menaçait de renverser le système politique canadien ? Sensible et de plus en plus subtil dans ses interprétations de la vie politique, André Laurendeau, jeune directeur de la revue *L'Action nationale*, se moque à cet égard de la crédulité de l'opinion anglophone : « MM. Arcand et Lambert doivent préparer pour demain leur marche sur Rome, je veux dire sur Ottawa, et l'industrie de la chemise enregistre sans doute des gains formidables [22] ! »

Force est de constater que le refrain que chante Arcand au sujet de l'importance de ses troupes est très souvent repris en chœur. Depuis les années 1930, des historiens autant que des journalistes retiennent, sans suffisamment se méfier, les effectifs annoncés par Arcand ou ses disciples [23]. À la fin du XXᵉ siècle, Jean Côté, dans une apologie qu'il consacre à Arcand, valse au gré des chapitres entre 10 000 et 100 000 membres [24]... Le *Mémorial du Québec*, un livre d'histoire populaire parmi d'autres, retient qu'il y aurait eu jusqu'à 64 000 membres [25]. Dans son étude consacrée au PNSC en 1956, Réal Caux juge pourtant prudent de parler d'environ 10 000 membres [26]. Quant à lui, l'historien Richard Jones croit plus juste de parler de 1 800 membres en 1938 [27].

De quoi dispose l'historien pour établir le nombre exact d'adhérents à ce parti ? De fort peu de choses en réalité. Les listes de membres, si elles existent encore quelque part, demeurent introuvables. En principe, elles ont été saisies par les représentants du gouvernement lors de la mise en échec légale du parti en 1940. Il faut donc se contenter de quelques photos et de rares documents administratifs du parti pour tenter d'établir au moins un ordre de grandeur.

Les assemblées extérieures permettent souvent à plus de 2 000 personnes d'entendre Arcand. Mais comment départager la part de curieux des véritables militants réunis en plein air ? Le PNSC fait quelquefois salle comble au Monument national. La salle compte environ 800 strapontins. Cela donne déjà un certain ordre de grandeur quant au nombre d'individus que mobilise spontanément cette organisation d'extrême droite à Montréal. À partir des quelques photos connues des assemblées tenues ailleurs par les chemises bleues, on peut estimer entre 250 et 350 le nombre de personnes présentes. Les hommes en chemise bleue n'hésitent pas à se montrer publiquement en diverses occasions. En novembre 1937, quelque 400 officiers fascistes se réunissent dans un restaurant de Montréal avant une assemblée, tous en uniforme, portant la chemise bleue et le brassard de soie frappé de la croix gammée. Une photo immortalise l'événement [28].

Une crise interne survenue en 1938 permet de mieux évaluer le nombre de membres comme tel. Cette année-là, les armées du Reich envahissent la Tchécoslovaquie et les nazis adoptent les lois raciales de Nuremberg. Le fascisme gronde en Europe. On sent le souffle de la guerre. Neville Chamberlain pense que la signature d'Hitler sur un bout de papier l'empêchera. Les mouvements fascistes sont gonflés à bloc partout. Arcand tente de mettre la situation à profit pour faire avancer sa cause sur le terrain canadien. Au printemps 1938, il exprime sa volonté de fusionner

Les quartiers généraux du PNSC
logent dans cet immeuble du Vieux-Montréal.

le PNSC avec d'autres mouvements de l'extrême droite. Ce projet du chef cause de vives tensions à l'intérieur du parti.

Des dissidents, dont le plus connu est le médecin naturiste Gabriel Lambert, sorte de précurseur de la naturopathie, se font bientôt connaître. Ils contestent d'abord le principe d'autorité absolue sur lequel s'appuie Arcand et que *Le Fasciste canadien* a proclamé plus d'une fois : « Au sein du parti, l'acceptation de l'autorité est libre et consentie, mais une fois cette autorité reconnue et acceptée, il n'est plus loisible aux membres d'agir à leur guise [29]. » Opposé à Arcand au nom de sa propre vision du fascisme, Paul Bouchard ouvre très volontiers les pages de son hebdomadaire pour donner la parole à la faction dissidente du PNSC [30].

Le groupe du Dr Lambert en vient à remettre en question jusqu'aux statistiques dont le chef fasciste les abreuve. C'est dire à quel point ce groupe de fascistes insoumis s'éloigne du principe d'assujettissement total à l'autorité. Pour cette raison, à la fin de l'année 1936, Lambert est mis en accusation lors d'une réunion du parti. Il est rayé des listes officielles et on invite d'autres membres coupables des mêmes crimes à donner leur démission « pour indiscipline, colportage de rumeurs stupides et calomnies ». Huit membres démissionnent, deux autres encore sont expulsés [31].

Outre que cette petite rébellion permet de voir que l'autorité absolue du chef ne va pas de soi, elle offre la possibilité de creuser plus à fond la question du nombre de membres du PNSC. Jusqu'à cette crise, Arcand a en effet soutenu à maintes reprises que son parti compte 15 000 membres. Il a poussé l'exagération jusqu'à 100 000 membres lorsqu'il s'adressait à des médias étrangers. Or selon la poignée de dissidents, le parti ne compte, au Québec, que 1 800 membres en règle [32] !

Malgré cette crise interne, Arcand maintient ses dires. Il continue d'entretenir soigneusement la confusion au sujet de ses effectifs. Cette confusion le sert. Il le sait aussi bien que ses lieutenants. Contre vents et marées, le chiffre de 15 000 membres avancé par Arcand finit par faire son petit bonhomme de chemin. Certains retiennent ce chiffre, sans trop se poser de questions.

Il faut dire qu'Arcand n'a pas tellement besoin de gonfler lui-même l'importance de son mouvement. D'autres s'en chargent très bien pour lui. La paranoïa à son égard apparaît par moments complète. Arcand s'amuse d'ailleurs à le constater. Selon les journaux, les fascistes canadiens non seulement sont très nombreux, mais sont financés par diverses puissances fascistes, dont le Portugal, l'Allemagne, l'Italie. Dans une lettre à son patron Eugène Berthiaume datée du 30 juillet 1938, Arcand résume les excès de ses adversaires qui le trouvent toujours plus menaçant qu'il ne l'est en réalité :

Le *New Commonwealth* de la CCF socialiste m'attribue « les fonds du Vatican pour fonder un État papal sur les rives du Saint-Laurent » ; les Séparatistes de Québec me donnent généreusement « les fonds de l'Intelligence Service et de la maçonnerie anglaise pour vendre la province aux impérialistes » ; pour la maçonnerie anglaise du Canada, je suis « un agent payé par Mussolini » ; dans *L'Autorité* de Larue, je lis que « Arcand tient la caisse canadienne du Mikado » ; le Kahal, bien entendu, me bourre à pleines revues et magazines des « marks du Troisième Reich » et tantôt des « pesetas de Salamanque ». L'avant-dernier numéro de *Life*, de New York, me donnait bien généreusement « un armement fasciste de 500 revolvers passés en contrebande du Vermont » ; *Photo journal* d'hier (Roger Maillet) donne aux « fascistes canadiens un puissant arsenal caché dans divers endroits de la rue Saint-Laurent ». Et tous les journaux de gauche, comme certains pamphlets en circulation, dénoncent à grands cris « le sinistre Singor Dulianai, personnage mystérieux chargé de l'espionnage de Mussolini dans la province de Québec, qui s'infiltre dans les salons et cercles artistiques pour préparer le jour où les flottes aériennes fascistes viendront conquérir le Canada [33] ».

On a beau laisser ainsi partout libre cours à son imagination au sujet du parti d'Arcand, en réalité il manque de tout. « Nous nous tracassons sans cesse pour savoir comment la roue continuera de tourner », résume Arcand. À mesure que la rumeur d'une guerre prochaine avec l'Allemagne balaie l'opinion publique, son organisation peine tout simplement à recruter des nouveaux membres, quand ce n'est pas à maintenir dans ses rangs ceux qu'elle compte déjà.

Ce sont des hommes qui constituent la grande majorité des effectifs d'Arcand. D'après le témoignage d'un journaliste, la section féminine du PNSC ne compte pas plus d'une trentaine de membres dont la plupart ont entre 30 et 40 ans. Le journaliste note par ailleurs que la majorité des éléments féminins qu'il a l'occasion d'observer faisant des exercices militaires sont les épouses de membres du parti. Le major Scott, bras droit d'Arcand, affirme au journaliste que la section féminine du PNSC compte en temps

*Sur une presse à platine installée dans un sous-sol,
on imprime de la propagande antisémite.*

normal quelque 150 femmes. Même en admettant ce chiffre, si on considère comme plausible un nombre total de 1 800 membres, cela fait environ 10 % de membres féminins. À l'hiver 1938, lorsque le parti affirme que « la phalange féminine » a augmenté de 100 %, on se garde bien, comme toujours, de donner des chiffres [34].

Au début de 1938, H. M. Caiserman estime à 5 000 le nombre de membres du Parti fasciste canadien. Le secrétaire général du Congrès juif canadien s'intéresse très vivement, il va sans dire, à ces fascistes en chemise bleue qui menacent sans cesse ses coreligionnaires d'une haine jusqu'au-boutiste. À la même époque la police fédérale, qui affirme bien connaître le parti, déclare pourtant lui connaître seulement 450 membres [35].

À la lumière d'un communiqué interne du secrétariat général du PNSC daté d'octobre 1936, l'estimation de Caiserman se révèle certainement trop élevée et celle de la police fédérale sans doute assez juste. Ce communiqué, un des rares documents de régie interne dont l'historien dispose aujourd'hui, outre des données chiffrées, comporte également des données sur le profil des membres.

Le secrétariat du parti affirme avoir accepté 102 nouveaux membres au mois de septembre 1936. De ces nouveaux membres, 81,4% proviennent de Montréal. Parmi eux, seulement 7,8 % déclarent avoir une profession, ce qui les intègre aux « conseils corporatifs » que le PNSC souhaite voir se développer. Ce sont de simples employés des industries de la chaussure ou de la fourrure.

Le plus gros contingent du parti est composé de travailleurs non spécialisés. On peut penser que beaucoup d'entre eux sont des ouvriers réduits au chômage par la crise. Ces gens comptent pour 92,2 % des nouveaux effectifs montréalais du parti en septembre 1936. Dans ces nouveaux effectifs, il faut aussi noter l'absence quasi totale de membres issus des professions libérales traditionnelles. Seul un instituteur s'est engagé dans les chemises bleues.

Les efforts consentis par le PNSC pour le recrutement de nouveaux membres visent surtout le milieu ouvrier. La valeur des orateurs du parti est jugée principalement à leur capacité de convaincre des ouvriers des avantages du corporatisme. Lors de son décès, Émile Vallée, un de ces orateurs, est crédité par *Le Fasciste canadien* de la « conversion de plusieurs travailleurs égarés [36] ». Lui-même travaillait dans une « immense usine » où il combattait, rappelle le parti, toutes manifestations de nature communiste.

Les membres des professions libérales et les personnalités connues manquent au parti. Lorsque Jean Mercier, membre d'une famille de libéraux en vue, frère cadet de l'ancien député libéral Paul Mercier, se déclare ouvertement fasciste, le PNSC lui fait une véritable fête dans son journal. Jean Mercier a refusé, au nom de ses idées fascistes, de participer à une assemblée d'investiture dans le comté de Saint-Henri pour succéder à son

Devant le chef, une édition anglaise des Protocoles des sages de Sion *et des numéros du journal fasciste anglais* Action.

frère, nommé juge après avoir été député sans interruption depuis 1921. *Le Fasciste canadien* prend presque une page entière pour publier la profession de foi de Jean Mercier envers l'extrême droite. À l'ère des régimes forts qui luttent contre l'« emprise véreuse des partis politiques », explique Mercier, « l'ère des "mon-père-était-rouge" et des "mon-père-était-bleu" est bel et bien terminée [37] ».

La répartition géographique des nouveaux membres tend aussi à confirmer cet enracinement dans le terreau populaire : les trois zones de Montréal où le PNSC recueille le plus d'adhésions, selon ce communiqué d'octobre 1936, sont des secteurs populaires de l'île : la zone est avec 32 membres, la zone ouest avec

20 membres et enfin la zone nord-ouest avec 13 membres. Ces trois zones regroupent presque exclusivement les quartiers les plus populaires de Montréal [38]. C'est donc 84,4 % des nouveaux membres montréalais, toujours selon l'analyse de ce document interne, qui proviennent de quartiers ouvriers.

Ces statistiques confirment non seulement que l'essentiel des troupes du parti est composé de travailleurs non spécialisés, mais aussi que le mouvement fasciste est avant tout un phénomène urbain. En septembre 1936, les gains du parti hors de Montréal sont marginaux. Le PNSC accueille 12 nouveaux membres à Sainte-Anne de Bellevue, mais seulement des adhésions isolées dans des lieux comme Lachenaie, La Trappe, Sainte-Rose et Sherbrooke. À Saint-Hyacinthe, les fascistes ne gagnent que deux membres ce mois-là. Hors de Montréal, Saint-Hyacinthe apparaît néanmoins comme le deuxième centre d'activité des fascistes. Plusieurs manifestations y ont lieu. Pour la Noël de 1937, les fascistes de Saint-Hyacinthe créent même une agitation locale parce qu'ils se rendent tous ensemble, bien visibles, communier dans la chapelle d'un collège local des Frères du Sacré-Cœur qui a accepté de les accueillir [39]. Ils sont, encore une fois, dénoncés par le maire de la ville, le libéral T.-D. Bouchard qui, dans ses mémoires, raconte l'événement :

> Dans la chapelle du Collège des Frères du Sacré-Cœur, des fascistes de Saint-Hyacinthe, vêtus de leur uniforme de parade, s'étaient approchés de la Sainte Table, au moment de la communion, en formation militaire. [...] En l'occurrence, j'avais cru qu'il était de mon devoir de premier magistrat de la ville, de désapprouver cette démonstration antipatriotique comme étant incompatible avec le caractère d'une maison d'enseignement [40].

Les fascistes d'Arcand accusèrent par la suite T.-D. Bouchard d'être à l'origine de l'incendie qui frappa durement le collège quelque temps plus tard. Ils le soupçonnaient d'avoir voulu punir les sympathies fascistes locales en orchestrant pareil drame. Évidemment, Bouchard nia ces accusations en arguant qu'il était fallacieux de chercher des raisons politiques à un tel événement.

Les habits bleus, avec leur croix gammée brodée,
sont confectionnés à la main.

Si peu de membres des chemises bleues proviennent des régions, le PNSC y trouve cependant parfois des alliés objectifs importants. Dans les Cantons de l'Est, dans le comté rural de Mégantic-Compton, Arcand trouve par exemple un appui auprès du député conservateur Sam Gobeil, du moins un certain temps. Né à La Patrie, village fondé en 1875 pour le rapatriement de Canadiens français partis en Nouvelle-Angleterre, Samuel Gobeil est reconnu comme un touche-à-tout qui ne réussit dans rien. Il possède, dans son village natal, une scierie dont les copeaux de bois lui servent à alimenter une turbine. Cette turbine produit un peu d'électricité qu'il revend à ses concitoyens. Mais son entreprise avorte, comme avortent ses tentatives de devenir aériculteur, pomiculteur et apiculteur. Le Parti conservateur de Bennett en fait tout de même son candidat. À la Chambre des communes, le 26 février 1934, Gobeil prononce un discours contre la présence de Juifs à l'Université de Montréal. Il existe pour lui un risque dans le fait que des professeurs laïques et des étudiants juifs fréquentent l'Université de Montréal. Il souhaite en conséquence que la haute direction de l'institution francophone, contrôlée par l'archevêché, impose des quotas à l'admission de Juifs en ses murs et affirme clairement son caractère catholique. À l'Université McGill, institution anglophone, de tels quotas sont déjà en vigueur, souligne-t-il, comme c'est aussi le cas dans plusieurs universités et collèges au Canada et aux États-Unis. Son discours fait grand bruit. L'homme persiste contre vents et marées à maintenir ses propos diffamatoires [41].

Le député Gobeil vogue durant un moment sur le thème de l'« infiltration juive » à l'Université de Montréal. Il organise à ce sujet une assemblée politique à Lac-Mégantic, le 17 mars 1934, et contribue ainsi à la pénétration des idées d'Arcand hors des grands centres. Les presses du *Patriote* tirent d'ailleurs de ce discours de Lac-Mégantic une brochure intitulée *La griffe rouge sur l'Université de Montréal*, à la couverture jaune frappée d'une imposante croix gammée rouge cerclée de bleu et largement distribuée.

À East Angus, un des centres importants du comté de Mégantic-Compton, les journaux d'Arcand sont distribués sous le manteau par un pharmacien, le Dr Dufresne. Les quelques lecteurs du journal se le passent après l'avoir lu. Un homme est chargé de récupérer les copies disponibles pour les redistribuer [42]. On voit là que les journaux d'Arcand et Ménard jouissent d'un bien pauvre réseau de distribution en région.

Le tirage du *Fasciste canadien* offre une autre clé pour se faire une idée des effectifs des troupes d'Arcand. Au départ, ce journal dédié aux membres du parti n'est qu'une feuille dactylographiée sur deux colonnes, coiffée d'une croix gammée aux traits fins, tracée à la main. Mais la feuille se développe et elle est bientôt composée par l'Imprimerie Jacques Cartier, rue Beaubien Est. Sachant que chaque militant est tenu, selon les règles du parti,

*Début 1938, aux bureaux du PNSC, des jeunes hommes portant
la croix gammée s'affairent à la préparation de la propagande du parti
sous des portraits d'Adrien Arcand.*

de lire le journal, et vu qu'il est raisonnable de croire qu'une organisation aussi spartiate s'efforce de faire respecter cette consigne, on en déduit qu'il ne peut pas y avoir moins de copies du journal en circulation qu'il n'y a de membres du parti.

Arcand propose toujours une valse de chiffres en lieu et place des tirages réels. En mars 1938 il affirme que le tirage mensuel est de 21 000 copies [43]. Ce mois-là, *Le Fasciste canadien* annonce avoir vendu 4 000 copies de plus depuis le début de l'année [44]. Mais 4 000 de plus par rapport à quoi ? Il se garde bien de le dire. Depuis l'époque du *Goglu*, Arcand est passé maître dans l'art de jeter de la poudre aux yeux. Pareil talent, il faut le dire, est assez répandu chez les hommes de la presse.

Comment alors établir le tirage réel du journal ? Nous avons une assez juste idée des ventes du *Fasciste canadien* deux ans plus tôt. Un communiqué interne du secrétariat du PNSC daté d'octobre 1936 indique en effet que seulement 3 529 copies du *Fasciste canadien* ont été vendues au mois d'août de cette année-là. Le PNSC affirme tout de même que le tirage est de 10 000 copies [45].

Or deux ans plus tard, tandis qu'Arcand affirme que le tirage est désormais de 21 000 copies, le journaliste David Martin observe que seul un petit nombre de kiosques à journaux de Montréal continuent de vendre *Le Fasciste canadien*, ce que confirme d'ailleurs le parti [46].

Il est peu vraisemblable que le journal ait pu augmenter aussi considérablement son tirage en moins de deux ans sans compter au moins sur plus de points de vente. Notons par ailleurs que la réduction du prix de vente du *Fasciste canadien*, qui passe de cinq sous la copie à deux sous, peut très bien s'expliquer, non par un tirage accru, mais d'abord par l'économie que permet l'usage de la presse rotative. Le journal est imprimé à ses débuts par une simple presse à feuilles, coûteuse d'utilisation, avant d'être produit sur les rapides presses rotatives de *L'Illustration nouvelle*. Mentionnons d'autre part que si le tirage du *Fasciste canadien* avait vraiment sextuplé en moins de deux ans, comme le laisse entendre la propagande du parti, il aurait été en 1938 quasi supérieur à celui de *L'Illustration nouvelle*, le journal de la Fédération des journalistes canadiens, la compagnie pour laquelle travaille Arcand.

Revenons donc aux chiffres de 1936 puisque nous sommes au moins sûr de ceux-là : 3 529 copies vendues en août. Peut-on, à partir de là, déduire les effectifs du parti d'Arcand avant leur union en 1938 avec des groupuscules fascistes canadiens ? Si l'on considère que le règlement interne du PNSC veut que chaque membre vende 10 exemplaires du journal, il faut en conclure que les troupes d'Arcand, du moins à l'été de 1936, ne comptent guère plus de 350 membres en règle. Ou alors les membres ne remplissent pas leur engagement, même si la discipline du parti se veut sévère...

Aucun document ne permet en tout cas de considérer que les membres du PNSC d'Arcand au Québec aient pu alors être plus de 1 500. L'union avec des fascistes du Canada anglais, à compter de l'été 1938, fera gonfler quelque peu les effectifs, mais le tout reste bien loin des innombrables cohortes gonflées à bloc qu'Arcand laisse imaginer. Quelque 1 000 militants décidés, bien visibles avec leur chemise fasciste bleue, arborant de surcroît un brassard à croix gammée, symbole d'une puissance menaçante, voilà qui suffit bien assez à entretenir une véritable psychose. Arcand le sait. Et si la marginalité du mouvement est indéniable, reste qu'un nombre tout de même appréciable d'hommes en ont fait partie. Pourtant, les témoignages et les souvenirs populaires de cette participation à un mouvement fasciste sont plus que rares, même quasi inexistants, tant ils ont été bien enfouis dans la mémoire populaire.

CHAPITRE 7

L'AMI CÉLINE

*Je me sens très ami d'Hitler, très ami de tous les Allemands, je
trouve que ce sont des frères, qu'ils ont bien raison d'être racistes.
Ça me ferait énormément de peine si jamais ils étaient battus.*

LOUIS-FERDINAND CÉLINE, *L'école des cadavres*, 1938

ÉCRIVAIN MAUDIT AUTANT que béni, Louis-Ferdinand Destouches, alias Céline, est un personnage politique composite,
un anarchiste de droite doté à certains égards d'une sensibilité de
gauche, professeur de haine exterminatrice et tout à la fois défenseur des miséreux. À la fin des années 1930, après avoir connu
une première fois la gloire littéraire avec *Voyage au bout de la
nuit*, ce médecin bavard donne à lire des pamphlets dévastateurs.
Bagatelles pour un massacre (1937) et *L'école des cadavres* (1938)
déploient sur papier sa haine du matérialisme et sa conviction
profonde que le monde, à force d'être enjuivé comme il l'imagine,
court à sa perte prochaine tandis que le communisme s'avance à
pas de loup.

Dans *Bagatelles pour un massacre*, Céline affirme, à travers
un prodigieux dédale fait de ses phrases courtes et sonnantes,
que les Juifs se placent les premiers dans la truanderie. Les Juifs
ne constituent pas le seul sujet du livre, mais ils sont sans cesse
au programme. À entendre Céline éructer sa haine, page après
page, les Juifs sont à l'origine d'un puissant complot mondial qui

vise à dominer le monde. Ils trempent dans le communisme, qui n'est qu'une des facettes de leur perfidie.

> Les Juifs sont nos maîtres – ici, là-bas, en Russie, en Angleterre, en Amérique, partout !... Faites le clown, l'insurgé, l'intrépide, l'anti-bourgeois, l'enragé redresseur de torts... Le Juif s'en fout ! Divertissements... Babillages ! Mais ne touchez pas à la question juive, ou bien il va vous en cuire... Raide comme une balle, on vous fera calancher d'une manière ou d'une autre... Le Juif est le roi de l'or, de la Banque et de la Justice... Par homme de paille ou carrément. Il possède tout... Presse... Théâtre... Radio... Chambre... Sénat... Police... ici ou là-bas...

La peur du communisme, Céline la réduit à l'existence des Juifs, étant entendu pour lui que tout cela ne soit que basses œuvres, parmi d'autres, d'un gigantesque complot. La révolution bolchevique elle-même n'est que simple affaire juive. Inutile de chercher plus loin, croit-il. Céline avoue l'antisémitisme le plus féroce : « Je suis devenu antisémite et pas un petit peu pour rire, mais férocement jusqu'aux rognons !... » C'est ainsi qu'avance *Bagatelles pour un massacre*, durant des pages et des pages. Personne ne s'y trompe : ce livre est violemment antisémite.

En avril 1938, l'homme qui vient de publier pareil pamphlet s'embarque discrètement sur un bateau. Départ de Bordeaux en fin d'après-midi, le 15 avril 1938, un vendredi saint. Destination finale : Montréal. Que vient-il faire exactement au Nouveau Monde, dans la capitale du Canada français ? Ses biographes n'en disent rien ou presque, faute de le savoir ou pensant que tout cela ne se résume à presque rien. Dans une étude consacrée à cette visite rapide en Amérique, Hélène Le Beau note pourtant avec raison que ce séjour à Montréal, « par les raisons qui le motivent, mérite une attention particulière [1] ».

Le bateau avec lequel Céline quitte la France, *Le Celte*, est un petit cargo à vapeur de 907 tonneaux. Il est commandé par le capitaine Jean-Marie Esnault qui travaille pour le compte de la Compagnie générale de grande pêche. Ce bateau de marchandises compte à son bord 22 hommes d'équipage et quatre pas-

Louis-Ferdinand Céline.

sagers, dont Céline. À bord, l'écrivain fréquente à la table du capitaine les autres passagers, tous originaires de Saint-Pierre-et-Miquelon. Selon la jeune Jeanne Allain, une des passagères, ce médecin qu'elle appelle respectueusement « monsieur » porte un imperméable beige et un gros cache-nez enroulé à double tour, et il est chaussé de bottes en peau de phoque.

Chargé de 240 tonnes de charbon et de différents produits, *Le Celte* s'arrête dans les îles inhospitalières de Saint-Pierre-et-Miquelon, dernières possessions françaises d'Amérique du Nord. Après 12 jours en mer, il arrive au port de Saint-Pierre le mardi 26 avril 1938, par un après-midi brumeux[2].

Cet archipel perdu au milieu du bleu de la mer intéresse Céline, toujours curieux de tout. Si on en croit certains de ses biographes, il cherche alors depuis un moment un lieu suffisamment en marge du monde pour ne faire l'envie de personne et échapper ainsi aux batailles qui, sent-il, couvent déjà au-dessus de l'Europe. Pareil archipel pourrait-il éventuellement lui servir de refuge ? Il y songe. Mais Saint-Pierre n'est qu'une simple étape de sa route vers Montréal, véritable objectif du voyage. Quelques années plus tard, en fuite à Sigmaringen, Céline demandera tout de même à Pierre Laval de le nommer gouverneur de Saint-Pierre-et-Miquelon, ce qui lui sera accordé, mais en vain puisque la guerre, pour pareils collaborateurs, est alors tout à fait perdue.

Tandis que *Le Celte* décharge sa cargaison puis charge ses cales de morues avant de repartir pour la Grèce, Louis-Ferdinand Destouches s'embarque, deux jours après son arrivée, le 28 avril, sur un vapeur postal, *Le Belle-Isle*. Ce bateau est le lien le plus direct entre le Canada et les îles. C'est depuis le pont du *Belle-Isle* que Céline voit se dessiner peu à peu le continent américain à l'horizon. Il pose pied à terre à Halifax, avant de rallier le Montréal d'après les neiges sur un autre bateau.

Montréal est à la tête des eaux, devant les rapides qui empêchèrent les premiers Européens de poursuivre leur route plus à l'ouest. C'est une île-ville qui fend le fleuve en deux, avec ses rues et ses ruelles, ses églises innombrables qui se dressent pour un peuple qui n'est pas sûr que l'avenir finira par se tourner vers lui.

Que diable vient faire cet homme sulfureux à Montréal ? Les biographes de Céline, pourtant très nombreux, ne semblent guère connaître son projet exact. Le *Dictionnaire Céline* affirme au moins qu'il est alors dans l'écriture de *L'école des cadavres*, son troisième pamphlet :

> Les Démocraties veulent la guerre. Les Démocraties auront la guerre finalement. Démocraties = Masses aryennes domestiquées, rançonnées, vinaigrées, divisées, muflisées, ahuries par les Juifs au saccage, hypnotisées, dépersonnalisées, dressées aux haines absurdes, fratricides. Perdues, affolées par la propagande infernale youtre : Radio, Ciné, Presse, Lofes, fripouillages électoraux, marxistes, socialistes.

Le Juif est cette fois au cœur de son propos. Le monde est enjuivé. Sa solution finale : un rapprochement avec l'Allemagne nazie. Il répète : « Le Juif doit disparaître. » Céline est donc dans cet état d'esprit lorsqu'il se retrouve à Montréal, en ce début du mois de mai 1938.

Ville nouvelle pour lui ? Non. Pas tout à fait. Ce n'est pas le premier séjour du Dr Destouches à Montréal. Au printemps 1925, sous l'égide de la Société des Nations, il a visité la ville en compagnie d'une délégation venue étudier en Amérique les pratiques de la médecine sociale, des hôpitaux publics jusqu'aux dispensaires les plus sommaires. Le groupe voyage depuis La Havane jusqu'à Montréal, en passant par La Nouvelle-Orléans. Les journaux qui relatent alors les aventures de cette délégation parlent beaucoup du Dr Destouches, « sans doute parce qu'il est très bavard lui-même et qu'il séduit [3] ». L'écrivain ne jouit pourtant pas encore de la gloire que va lui procurer en 1932 la parution de *Voyage au bout de la nuit*, son livre le plus célèbre. Comment se fait-il alors que, six ans plus tard, lors de son second séjour, les journaux soient si discrets sur sa venue ? Parce que Céline l'est lui-même beaucoup.

Il a 43 ans lorsqu'il débarque à Montréal en mai 1938. C'est un des écrivains français les plus connus. Il n'a semble-t-il annoncé sa visite à aucun média ni aucune autorité. L'annonce impromptue de sa présence dans la ville surprend tout le monde.

Les exégètes de Céline répètent tous plus ou moins, à la suite d'un témoignage offert sur cette visite, qu'il est piloté dans la métropole canadienne par l'écrivain canadien Victor Barbeau, peut-être sur la recommandation, lira-t-on aussi, de Georges Montandon, médecin, ethnologue, père français de l'ethno-racisme à prétention scientifique et antisémite virulent. Victor Barbeau, journaliste passionné des lettres françaises, auteur d'essais nationalistes, futur père d'une Académie française toute locale, a bien vu Céline lors de son passage, mais il a pour ainsi dire forcé ce dernier à le voir.

Homme de droite pétri de nationalisme, Barbeau n'a pas beaucoup à voir avec l'univers intellectuel radical de Céline. Il connaît Adrien Arcand, mais se montre très opposé dans les faits à l'univers impérialiste défendu par son ancien confrère de *La Presse*. Entre 1922 et 1925, les deux hommes ont souvent eu l'occasion de déjeuner ensemble chez La Mère Lelarge, un restaurant situé près du journal [4]. *Mesure de notre taille*, un des essais de Barbeau où il s'emploie à dénoncer la déchéance économique des Canadiens français est tout de même fort applaudi par les fascistes canadiens-français [5].

Personnage distingué, Barbeau estime plus que tout la compagnie des écrivains, surtout lorsqu'ils sont très célèbres, comme l'est alors Louis-Ferdinand Céline. S'il est vrai qu'il rencontre Céline à Montréal lors de son voyage, ce n'est certainement pas lui, en revanche, qui le pilote dans la ville comme certains céliniens le racontent pourtant. La lecture des journaux de l'époque et les témoignages de Barbeau lui-même l'indiquent d'ailleurs fort bien : il n'a fait que se précipiter au-devant de l'écrivain, comme il le faisait d'ordinaire lorsqu'il apprenait la visite dans la métropole canadienne d'une personnalité du monde des lettres.

À la différence des autres écrivains de passage à Montréal, Céline n'a que faire de discuter de littérature avec Barbeau et sa cour. Barbeau le confirme dans des souvenirs de cette rencontre publiés en janvier 1963 dans *Aspects de la France* :

> En vérité, je n'en ai connu qu'un seul qui ait cavalièrement refusé de nous entretenir de son œuvre. Et ce n'était, vous le devinez bien, ni Maurois, ni Duhamel, ni Jean-Paul Sartre. Ce n'était même pas Saint-Exupéry, pourtant si effacé, mais de qui je me flatte d'avoir obtenu qu'il affrontât, pour la première fois de sa vie, le public. Sans notes et les yeux perdus dans l'espace, il évoqua quelques souvenirs, ou plutôt quelques paysages de sa périlleuse existence. Ô ! Sainte simplicité. Non, c'est d'un plus timide encore qu'il s'agit, de Louis-Ferdinand Céline...

Timidité ? Quand même pas. Céline a surtout l'esprit tendu vers tout autre chose que la pratique d'exercices de gymnastique de la pensée propres aux salons littéraires. Dans une entrevue qu'il accorde à *La Presse*, Céline ne parle pas de Victor Barbeau. Il indique plutôt le motif de sa visite sans détour : « J'ai rencontré les chefs d'un parti fasciste à l'avenir duquel je m'intéresse. » En fait, l'unique raison du séjour de Céline à Montréal est l'activité fasciste locale. Il y consacre d'ailleurs vraisemblablement plus de temps qu'on a pu le croire.

Selon les journaux montréalais – *La Presse*, *Le Devoir* et *Le Canada* vont signaler sa présence –, le navire de Céline est en rade le vendredi 6 mai au soir. Mais Céline se trouve à Montréal au moins depuis le jeudi 5 mai puisqu'il est déjà auprès de fascistes locaux au petit matin de la nuit de jeudi à vendredi. Il est arrivé dans la ville, selon les mots de Barbeau, « sans tambour ni trompette, presque incognito et sans que la République l'eût chargé de mission officielle », contrairement à sa première visite.

Dans *Le Fasciste canadien*, on apprend que Céline et le chef fasciste ontarien Jos C. Farr sont, le soir du 5 mai, les invités d'honneur d'Arcand lors d'une assemblée générale. Le journal observe que Céline-Destouches est un « écrivain réputé qui vient de publier *Bagatelles pour un massacre*, livre au succès immense dans le monde entier » dont le contenu, évidemment, ne peut déplaire à une formation politique pareille [6].

L'assemblée à laquelle assiste Céline se tient à la salle St-Thomas-d'Aquin, dans le quartier ouvrier de Saint-Henri. La pauvreté du quartier est étalée notamment au grand jour dans le roman *Bonheur d'occasion* de Gabrielle Roy, prix Femina en 1947. Les usines bordées par le canal Lachine crachent leur fumée et le sifflet des industries rythme l'existence d'une horde d'ouvriers habitués aux bas salaires, à la maladie, à la mort, aux joies éphémères. C'est un quartier où les fascistes d'Arcand se sont bien implantés. Ce soir du jeudi 5 mai 1938, « plusieurs centaines de chefs de groupes se rapportèrent à cette réunion, qui se termina à une heure après minuit ».

À cette assemblée à laquelle assiste Céline, on trouve aussi Joseph C. Farr, le chef des fascistes de Toronto. On discute des modalités qui doivent conduire à la formation d'un nouveau parti politique susceptible de réaliser l'alliance de l'extrême droite canadienne.

Pour remercier Farr de sa présence, la section féminine du Parti national socialiste chrétien (PNSC) lui offre un miroir aux couleurs du parti. Rien n'indique qu'un cadeau ait aussi été fait à l'autre invité d'honneur, le Dr Destouches, qui reste plus en retrait au cours de l'assemblée, en partie parce qu'il est beaucoup moins connu des militants que Farr.

Avec son gros appareil à soufflet, le photographe F. E. Marsan illumine la salle d'un éclair de magnésium et immortalise le visage des fascistes réunis ce soir-là. Sur son cliché, presque tous les visages apparaissent très distinctement. Ici, un jeune homme avec un visage fin et des lunettes rondes. Là, un homme rondouillard avec une fossette au menton. Les femmes sont jeunes, souriantes et coquettes avec leurs cheveux savamment ondulés. Presque tout le monde porte l'uniforme bleu à croix gammée. L'histoire a perdu les noms de la majorité de ces gens qui communient avec ferveur sur le thème de la mystique fasciste prônée par Arcand.

Cette assemblée est surtout composée d'hommes. Des 360 personnes que capte l'appareil du photographe Marsan, 85 % sont de sexe masculin. Ils occupent les premières places. Les femmes se trouvent presque toutes regroupées à l'arrière de la salle, avec leurs petits calots et leurs uniformes bien ajustés. Au fond de cette salle couverte d'oriflammes frappées de la croix gammée, on distribue de la propagande. On peut aussi y acheter du Coca-Cola, comme l'indique une affiche bien en vue.

Céline s'est assis à l'arrière, près des femmes, dans un coin, à la dernière rangée. On le distingue facilement, un peu en retrait, dès lors que l'on examine la photographie à l'aide d'une loupe. Céline fixe l'objectif. Sa tête est droite et volontaire. Il porte un complet pâle, une tenue de ville élégante qui, au milieu des uniformes à croix gammée, le singularise encore davantage.

Plusieurs discours sont prononcés. Ceux d'Arcand et de Farr constituent les moments forts. Rien n'indique que Céline ait pris la parole. Il ne parlera qu'après l'assemblée, et à quelques officiers

*Assis au fond d'une salle montréalaise remplie de fascistes,
Céline attend que le photographe ait terminé son travail.*

fascistes seulement. Que dit-il ? Ceci, selon le journal fasciste :
« Quand on voit une pareille manifestation de discipline, d'esprit
de corps, d'idéal hautement tendu et de patriotisme, on peut dire
qu'il y a un bon espoir d'éviter au Canada ce qui s'est passé en
Espagne [7]. » Est-ce que ce sont bien les paroles de Céline ou
celles qu'Arcand aurait aimé entendre pour fouetter l'ardeur de
ses troupes ? *Le Fasciste canadien* cite encore longuement Céline :

> Mais ne vous faites pas d'illusion ; comme la France, toute
> l'Amérique du Nord est gravement saturée du mauvais levain et
> gravement menacée ; vous ne serez jamais trop bien préparés, vous

n'arriverez jamais trop vite ; les mêmes forces qui ont déchiré et ensanglanté l'Espagne travaillent à un rythme redoublé sur ce continent et sont apparemment plus avancées qu'elles ne l'étaient en Espagne il y a deux ans. Ce que j'ai vu de votre élite est comme en France : elle dort inconsciente, aveugle devant le danger imminent qui la menace. Vous êtes le seul espoir, avec votre chef qui m'a tant impressionné et avec vos cadres puissants dont on ne pourrait trouver les équivalents en France en ce moment. Si vous faillissez à la tâche, votre pays est foutu. Mais, par ce que j'ai vu ce soir, il n'est pas possible que vous faillissiez. Vous avez tous les éléments voulus, vous avez l'esprit, le moral, la fibre, et surtout la clé indispensable : la compréhension claire et nette de la question juive, la question de base, la question centrale qui rayonne et influe sur toutes les autres. La réunion de ce soir est le seul souvenir valable que j'emporte d'Amérique.

Sont-ce là les mots exacts de Céline ? Sans doute pas. Arcand ou un de ses collaborateurs a dû recomposer de mémoire, au bénéfice des lecteurs du *Fasciste canadien*, ce discours improvisé par Céline. Mais à l'évidence, l'auteur de *Bagatelles pour un massacre* ne s'est pas gêné pour exprimer, une fois de plus, son dégoût des Juifs, alors pour lui la cause principale de tous les malheurs du monde.

Dans l'évocation de ses souvenirs publiés dans *Aspects de la France* en 1963, Victor Barbeau dit avoir appris la présence de Céline à Montréal « par un beau dimanche », soit vraisemblablement le 1er mai.

> Je le trouvai, nous étions en mai 1938, à une assemblée de chemises brunes, peut-être noires, taillées sur le modèle européen et dont l'existence, m'apprit-il, lui avait été signalée par un ami de New York. Lui-même portait une chemise qui avait dû être blanche naguère. Le « cher maître » que je lui servis le fit s'esclaffer, et tout de suite nous fûmes dans les meilleurs termes.

Barbeau rejoint Céline la toute première fois, dit-il, à la sortie d'une assemblée fasciste d'Adrien Arcand, rue Notre Dame, près

Fausse carte d'identité de Céline,
alias Louis-François Deletang, né à Montréal.

du square Victoria, prévenu de sa présence par un ami membre
du PNSC. Pourtant, aucune assemblée des chemises bleues ne
se tient dans ces environs-là de Montréal au cours du mois de
mai 1938. Comme l'assemblée du 5 mai au soir se termine passé
une heure du matin, on imagine d'ailleurs mal Barbeau retrouver
Céline à quelques kilomètres de là, c'est-à-dire aux environs du
square Victoria, encore plus tard dans la nuit.

Dans les environs du square Victoria dont parle Barbeau,
on trouve cependant les bureaux du parti d'Arcand. Céline a pu
participer là à une deuxième réunion de fascistes, ce qui est très
vraisemblable, ou peut-être la mémoire de Barbeau le trompe-t-il

tout simplement. Toujours est-il que c'est en compagnie du major Scott, du dentiste Noël Décarie et d'Adrien Arcand lui-même que Barbeau retrouve son écrivain. Ce n'est qu'avec beaucoup de peine que Barbeau réussit alors à arracher l'écrivain à cette réunion fasciste pour le traîner au repas mondain d'une société de gens de lettres. La première réaction de Céline est celle du refus catégorique. Barbeau doit le forcer, non sans difficulté, à quitter le dessein tout politique de sa visite.

> Il me fut, toutefois, impossible de vaincre sa phobie des discours en public. Non, pour quelque cachet que ce soit, il ne ferait pas de conférence, ni en smoking (il n'avait jamais eu de quoi s'en acheter un) ni en veston de ville. D'ailleurs, ce n'était pas une question de costume, c'était une incapacité totale à « faire le pitre » pour l'amusement des gens du monde. Un dîner d'écrivains ? Oui, mais à condition qu'ils ne soient pas plus d'une dizaine et que tout se passe à la bonne franquette comme à un rendez-vous des cochers et des chauffeurs.

Ils furent finalement une vingtaine, réunis sous les auspices de la Société des écrivains du Canada français. C'est une fois cette soirée fixée avec Barbeau que les journaux signalèrent la présence de Céline à Montréal, ce qui porte à croire que c'est l'écrivain canadien, rompu aux usages du journalisme, qui la publicisa auprès de ses confrères, notamment Robert Élie, auteur de l'article publié dans *La Presse*. À Élie, Céline déclare simplement qu'il a rencontré « les chefs d'un parti fasciste à l'avenir duquel il s'intéresse », tout en ajoutant des considérations sur l'avenir de la France et sa crainte qu'un nouveau conflit n'éclate. Il s'agit d'« un voyage sentimental », dit Céline, qui précise ne pas être fasciste mais éprouver de la « sympathie » pour Hitler.

À en croire Barbeau toujours, la soirée de la Société des écrivains du Canada français avec Céline fut terrible pour tous les convives. L'écrivain ne tenait pas plus à parler de son œuvre devant une société d'écrivains que devant des journalistes.

> Malgré la bonne chère et les bons vins, Céline ne desserra pas les dents. Assailli de questions, abasourdi par les caquets d'une

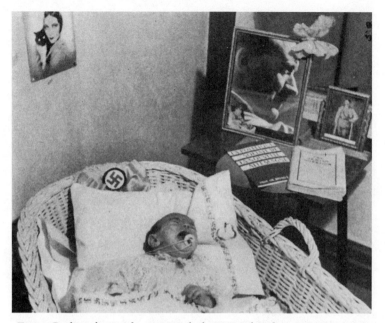

*Ernest Goulet, adjoint à la propagande du PNSC dans le quartier Rosemont
et fier capitaine dans la Légion, annonce, dans* Le Fasciste canadien *de
mars 1938, la naissance le 31 janvier d'un enfant prénommé Gaston
Adolphe Benito Adrien. C'est ce bébé que photographie le magazine
*Life *pour son numéro de juillet 1938, dans une mise en scène
très chargée où domine Hitler.*

femme de lettres dans le secret de toutes les fausses gloires de
Paris, il toucha à peine aux plats. Je m'attendais au pire, mais
l'ogre ne dévora personne. Son passage dans une maison de santé
américaine (*cf.* le *Voyage*) l'avait rendu invulnérable aux propos
de ses confrères. Il n'en avait pas moins déçu les invités lorsque
je mis fin à son supplice et qu'à son corps défendant je l'amenai
dans une maison amie boire le coup de l'étrier, le *night cap* du
Ritz. Les dieux m'aimèrent, ce soir-là, car nous n'en étions encore
qu'à notre première libation que, soudainement, du soliveau qu'il
avait été jusqu'à cette heure, Céline se mua en le plus disert et le
plus pittoresque des compagnons. Pour le voir au naturel, il avait

suffi de le voir dans l'intimité. Un mot par-ci, un mot par-là, et Céline enfourchait l'un après l'autre tous ses dadas, multipliant les anecdotes, donnant des noms, dressant des généalogies, fulminant, prophétisant jusqu'aux petites heures de la nuit. Encore que bien en deçà de ce que devait être la réalité, il entrevoyait jusqu'au sort qui lui était réservé.

Il fut question durant cette fin de soirée plus intime de *Bagatelles pour un massacre*, et forcément de sa pensée politique, mais à la différence de ses écrits, Céline parla une langue soignée, presque académique, observe Barbeau.

Au moment où Barbeau prit congé de lui, le reconduisant à son hôtel, « Céline parlait encore, mais il n'était plus question de *Bagatelles pour un massacre*. Il y a de bien belles femmes à Montréal, me dit-il. Au fait, comment s'appelle cette magnifique rouquine qui n'a pas ouvert la bouche de la soirée ? À l'an prochain, me promit-il, tout souriant et allégé de sa faconde ». A-t-il alors vraiment projet de revenir bien vite à Montréal ? C'est fort possible. Selon François Gibault, un de ses biographes, Céline cherche vraiment par ce court voyage exploratoire à connaître le développement en Amérique française d'idées qui lui sont chères, tout en étant à la recherche d'un lieu éventuel pour s'installer loin d'une Europe qu'il croit sur le point de sombrer dans le vide [8]. Il est obsédé par l'idée que l'Europe va basculer aux mains des Juifs et que la France va tomber. Le salut national lui apparaît impossible. Il cherche à fuir.

On sait par la correspondance d'Arcand que Céline passa deux jours entiers auprès des fascistes de Montréal. Il partit par la suite pour New York où il monta sur un bateau qui le ramena au Havre. Il ne revint plus jamais à Montréal. Faut-il voir comme un clin d'œil à ce projet de 1938 le fait qu'en pleine guerre, en 1942, pour mieux se soustraire à des menaces de mort, il prit comme fausse identité celle de Louis-François Deletang, né à Montréal ?

Au printemps 1938, Arcand écrit à son patron de *L'Illustration nouvelle*, Eugène Berthiaume, toujours installé à Paris, quelques mots au sujet de son ami Céline. On trouve cette lettre dans les papiers de la famille Berthiaume.

> J'ai un ami à Paris qui est venu passer deux jours avec nous, pour voir notre mouvement à l'œuvre. C'est le Dr Destouches, qui écrit sous le nom de Céline (*Bagatelles pour un massacre*, etc.). Si vous le rencontrez, vous le trouverez très intéressant. Il parle comme il écrit : à coups de dynamite, mélinite, cordite et T.N.T. Il m'a surpris en disant qu'il ne voit pas l'ombre d'un commencement d'espoir pour la France.

Comment Céline a-t-il pu connaître l'existence d'Arcand ? Peut-il l'avoir rencontré lors de son séjour à Montréal en 1925, alors qu'Arcand était journaliste à *La Presse* ? Ce n'est pas impossible. Mais ce n'est vraisemblablement qu'à compter des années 1930 que les deux hommes ont pu se connaître par divers réseaux internationaux d'extrême droite dans lesquels ils sont bien présents l'un et l'autre. Peut-être a-t-il entendu parler d'Arcand par Georges Montandon. Barbeau, lui, évoque un ami de Céline à New York qui serait à l'origine de sa visite montréalaise du printemps 1938. Toujours est-il que l'auteur de *Voyage au bout de la nuit* connaît déjà le mouvement fasciste canadien.

Le PNSC, on l'a dit, est en relation avec plusieurs groupes fascistes à l'étranger. On le connaît chez des nazis de Hambourg[9]. Même Radio-Rome, à en croire *Le Fasciste canadien*, a consacré en mai 1936 une émission au PNSC d'Arcand. Un des pamphlets diffusés par Arcand, *La clef du mystère*, a rapidement fait le tour du monde fasciste. En 1938, cette brochure violemment antisémite est très susceptible de s'être retrouvée à Paris entre les mains d'un homme tel que Céline. « Plus important travail du genre qui n'ait jamais été publié », dit Arcand, *La clef du mystère* est imprimé au début de l'été 1937 sous les auspices de la Ligue féminine anticommuniste de Montréal[10]. Cette association se révèle n'être qu'une simple couverture pour le parti d'Arcand. Un échange de lettres entre le médecin J. M. Lambert, secrétaire du PNSC, et H. M. Caiserman du Congrès juif le démontre. Lambert, un antisémite furieux, veille d'ailleurs lui-même à coordonner la distribution de la brochure imprimée en format tabloïd. Il la vend par ballots de 500 unités au prix de 10 cents pièce. On la publicise par des affiches à croix gammées placées à l'entrée des salles où se tiennent des réunions fascistes comme la « clé du nouveau Canada ».

Dans un rapport, la Gendarmerie royale du Canada estime à 150 000 exemplaires le tirage, toutes éditions confondues, de *La clef du mystère*. Le pamphlet circule toujours après la guerre et on l'identifie volontiers à Arcand, qui avoue finalement en avoir été l'auteur-compilateur [11]. La première édition anglaise et française, en 1937, a été imprimée sur les presses Duplex de *L'Illustration nouvelle* [12]. D'autres tirages eurent lieu à partir des mêmes formes en 1938-1939.

La clef du mystère reprend la thèse d'un complot international des Juifs telle que formulée dans les *Protocoles des sages de Sion*. Dès décembre 1932, dans les pages du *Goglu*, Arcand affirme que « les Protocoles des sages de Sion, plan juif de conquête mondiale, s'accomplissent à la lettre [13] ». Dans une suite d'articles publiés en 1936 dans *Le Fasciste canadien* et tous intitulés « L'authenticité des Protocoles », il ne cesse de prétendre, avec des preuves qui ne sont que dans son encrier, que ce faux document est corroboré par des faits. Arcand sait fort bien que l'authenticité de ce document est largement remise en cause, mais il n'en affirme pas moins que son contenu est authentique [14]. Il écrit non pas au service de la vérité mais pour l'infléchir autant qu'il le peut. Qu'importe que les *Protocoles* soient sans l'ombre d'un doute un faux grossier : ils demeurent pour Arcand et son mouvement une référence indépassable et commode pour nourrir le feu de tous leurs délires antisémites. « Qui n'a pas lu les *Protocoles* ne peut se prétendre documenté », répète *Le Fasciste canadien*, qui en organise d'ailleurs la diffusion, par ses pages ou son service de librairie, avec celle d'autres écrits antisémites [15] Les *Protocoles des sages de Sion*, fabriqués de toutes pièces par la police du tsar en Russie, demeurent contre vents et marées

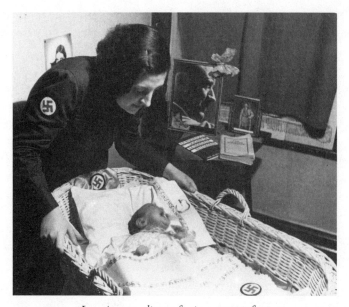

La mère canadienne fasciste et son enfant.

un des documents de référence des antisémites tout au long du xxᵉ siècle, comme l'a rappelé Léon Poliakov.

Dès septembre 1937, *La clef du mystère* fait son apparition dans les mouvements antisémites de Paris. Elle est distribuée en France par le Centre de documentation et de propagande d'Henri-Robert Petit et Henry Coston [16]. Arcand connaît bien ce dernier depuis 1931. « Plus qu'un ami », dira-t-il de lui ; plutôt « un frère de combat et de tribulation ». Dans *Le Fasciste canadien*, Arcand a publié des collaborateurs de Coston, dont Louis Tournayre, lequel collabore aussi en France au *Réveil du peuple*, l'organe du Front franc de l'architecte antisémite Jean Boissel.

Arcand aidera même Coston dans certaines de ses recherches. Il prétendra l'avoir soutenu « financièrement et éditorialement » pour relancer *La Libre parole*, célèbre journal antisémite du xixᵉ siècle créé par Édouard Drumont, de nouveau publié à compter de 1935. Les journaux d'Arcand, comme d'autres

journaux canadiens, dont *La Croix*, font régulièrement référence, avec des recommandations très favorables, à l'œuvre de
Drumont [17].

Dans l'immédiat avant-guerre, à Paris, le Centre de documentation et de propagande diffuse donc *La clef du mystère*.
Ce centre est fréquenté notamment par Darquier de Pellepoix
et Céline. L'éditeur de ce dernier place même ses pamphlets
en dépôt dans ce Centre, comme l'indiquent ses listes de titres
disponibles. Céline évoque d'ailleurs lui-même le grand intérêt
du lieu pour un antisémite dans *L'école des cadavres*. Peut-être
Céline a-t-il pu découvrir là les fulgurances antisémites de frères
canadiens.

Mais *La clef du mystère* circule également en Suisse, grâce aux
soins de la princesse de Karadja, amie du nazi Julius Streicher
et du major antisémite anglais Henry Hamilton Beamish, avec
qui Arcand correspond et partage ses vues antisémites [18]. On
retrouve également *La clef du mystère* en Belgique, tout comme
en Autriche, où le journal *Alpenländer Rundschau*, dans un
article publié le 25 septembre 1937, en parle favorablement. Le
pamphlet est traduit en allemand sous le titre de *Der Schlüssel des
Geheimnisses* [19]. Il circule bien sûr aussi dans l'Allemagne nazie.

Ce pamphlet devient un des principaux produits d'exporta-
tion idéologique des fascistes canadiens, bien que la diffusion
ne se fasse pas sans peine. Au moins une cargaison de la version
anglaise destinée aux États-Unis est saisie par les autorités grâce
aux efforts déployés en ce sens par le Congrès juif canadien.

Par l'entremise de ce brûlot ou par d'autres documents issus
des fascistes canadiens, Céline a pu prendre connaissance, depuis
la France, des avancées de l'extrême droite en Amérique du
Nord. Comme l'affirme André Laurendeau, le PNSC est « mieux
connu à l'étranger que chez nous [20] ».

Lorsque Céline arrive à Montréal en mai 1938, les tracta-
tions qui conduiront à la formation d'un nouveau parti politique
fasciste pancanadien sont déjà en cours depuis un moment. Si
on en croit Arcand lui-même, Céline est déjà prévenu du projet de constitution de cette force politique d'extrême droite en

*La chemise bleue et la croix gammée n'empêchent pas
un enfant de profiter du printemps.*

Amérique du Nord. Comment le sait-il ? Peut-être par Arcand lui-même. Il n'est pas impossible que les deux hommes aient échangé des lettres. Les journaux d'extrême droite européens, qui parlent assez souvent d'Arcand, ont pu aussi indiquer ces développements.

Mais le séjour montréalais de Céline ne l'enthousiasme pas autant qu'il a pu le laisser entendre à Barbeau ou aux officiers d'Arcand. En matière d'antisémitisme et de radicalisme d'extrême droite, Céline place la barre très haut. Personne ne semble pouvoir la franchir, pas même lui. Depuis l'hôtel Windsor, il traduit à Gen Paul la pauvre impression que lui fait le Canada, peut-être influencé par sa prise de conscience des forces réelles du PNSC au pays.

Dans l'ensemble, impression détestable. Jamais encore la propagande juive n'a été si implacable, vitupérante, insatiable. Aucun

Assemblée d'organisa[tion]
MAI 1938
P. N. S. C.

salut pour nous de ce côté. Les défaites japonaises sont saluées ici même, et les catholiques comme les Bénédictins d'ailleurs, tous sont maçons, projuifs, antifrançais et pousse-au-crime. Ils nous voient tous en guerre. Nous méprisent comme des chiens et nous conçoivent qu'à la curée. L'ensemble abject [21].

Rien même à espérer du côté de Saint-Pierre-et-Miquelon, pense-t-il : « projuifs ».

Son séjour américain n'a duré que quelques jours. Sitôt arrivé, sitôt parti. Tout sur son chemin lui semble un échec eu égard à sa pensée radicale. Il ne reviendra pas à Montréal l'année suivante, quoi qu'il ait pu laisser entendre a ce sujet. Ses idées d'un monde en déliquescence n'ont pu qu'être renforcées par son séjour auprès d'Arcand, lui aussi convaincu de l'effondrement prochain de sa

*Arcand pose, en compagnie de sa femme
Yvonne Arcand et Jos C. Farr, devant un
parterre d'environ 360 militants en
uniforme. Au fond, dans le coin droit,
Louis-Ferdinand Céline (voir détail p. 209).*

société sous le poids des Juifs. À bord du bateau qui le ramène
en France, Céline travaille à son nouveau pamphlet, *L'école des
cadavres*.

Après la guerre, Arcand tente de renouer contact avec Céline,
tout comme avec d'autres collaborateurs de l'occupant nazi. Il
compte beaucoup pour ce faire sur son libraire londonien habituel, S. E. Fox, qui tient boutique au 35 Langbourne. Ce libraire
dit avoir obtenu des nouvelles de certains collaborateurs par
Céline. Arcand lui demande des nouvelles de l'écrivain. C'est
finalement par l'entremise d'un fasciste suédois, Borge Jensen,
que le libraire espère le remettre sur la piste de Céline [22].

Dans l'après-guerre, Arcand achète chaque mois une quantité
énorme de livres. Ses lectures inclinent toutes dans le même sens :
antisémitisme, anticommunisme, penseurs de la droite extrême

forment le gros de la nouvelle bibliothèque qu'il se constitue pour remplacer celle perdue durant la guerre. Il commande, à son libraire londonien, les pamphlets de Céline, diverses éditions des *Protocoles des sages de Sion*, des ouvrages sur la Révolution française, sur Isabelle d'Espagne, des livres signés Disraeli, *Les sélections sociales* de Vacher de Lapouge ou *L'idée russe* de Nicolas Berdiaeff, parmi bien d'autres choses. Il commande aussi un peu partout divers livres et brochures d'inspiration religieuse.

Qu'Arcand ait souhaité correspondre dans l'après-guerre avec Céline ne fait aucun doute. Mais Céline lui-même l'a-t-il souhaité ? Il a réussi à sauver sa peau des excès brutaux de l'épuration. Il est seul, dans son coin et craint qu'on ne lui troue la peau un jour prochain. Ses pamphlets, il refuse de les voir rééditer. Il évacue d'un coup ses perspectives antisémites. « C'est fini, c'est dépassé. Plus jamais je ne parlerai des Juifs [23]. » Repentance de circonstance ? Dans sa correspondance, on voit que les Juifs demeurent pour lui liés à l'idée qu'ils dominent le monde et que selon lui, il devra y avoir, tôt ou tard, une résurgence du racisme, dût-elle être conduite par les Juifs eux-mêmes ! En attendant, il est préoccupé par l'envahissement de hordes jaunes qui menacent l'Europe.

> Pendant que nous parlons, y naît un Chinois toutes les secondes, alors vous comprenez ça devient grave... [...] Et, au fond, n'est-ce pas, l'Asie a faim et l'Europe a peur, n'est-ce pas... Voilà le fond de l'histoire... Alors évidemment qu'y vont venir en Dordogne... Ben les plus folles armées, les plus féroces Tamerlan possibles, quand y arriveront à Cognac, y seront ratissés, z'auront pris le goût du Cognac [24].

Tout dans l'esprit de Céline continue de confiner au racisme comme principe d'explication du monde. Il reconnaît ses excès mais ne manifeste aucune repentance. Il se fait cependant plus prudent, plus discret.

Arcand ne cherche pas bien longtemps à retrouver Céline. Peut-être a-t-il vite compris que l'antisémite virulent qu'il a connu s'est amendé pour la galerie. Lui, fidèle à sa rage des années 1930, il continue en ligne droite.

CHAPITRE 8

L'UNION FASCISTE

Des coups d'horloge tombent comme des gouttes
sur le cimetière et les rebords des toits. La mort
s'insinue habilement au cœur même de la vie.

THOMAS BERNHARD

LE SAMEDI 16 OCTOBRE 1937, Arcand passe toute la journée avec des fascistes américains en vue de préparer une grande assemblée qui doit avoir lieu deux semaines plus tard à l'hippodrome de New York. Il est invité dans la métropole américaine à l'initiative de son bon ami Henry Hamilton Beamish, avec qui il prononce d'ailleurs au moins deux autres discours aux États-Unis à cette occasion, dont un au chic Club Harvard [1]. Beamish est un fasciste britannique qui voyage beaucoup pour faire la promotion de ses idées. Il a déjà rendu visite à Arcand à Montréal en novembre 1936, à l'occasion d'une de ses grandes tournées internationales. Beamish avait alors affirmé espérer beaucoup des Canadiens français, « qui peuvent former bloc, à cause de leur unité religieuse, raciale et linguistique » contre les « forces du mal [2] ». Pendant ses 10 jours passés au Canada français en 1936, Beamish avait participé à des assemblées à Montréal ainsi qu'à Québec, ce qui avait provoqué des protestations de groupes de gauche. Jusqu'à sa mort en 1948, Arcand et lui demeureront de très fidèles complices.

Le grand rassemblement de l'hippodrome de New York se tient le 30 octobre 1937. Il est organisé par le German-American Bund. Le parterre compte environ 10 000 personnes d'extraction américaine, allemande, italienne, russe, ukrainienne et espagnole. Arcand se retrouve au podium avec des ténors du fascisme en Amérique du Nord, dont les chefs hitlériens Fritz Kuhn, Rudolph Markman et James Wheeler-Hill, l'italo-fasciste John Finizio et William Dudley Pelley, un pasteur protestant devenu chef des Silver Shirts. L'année précédente, Dudley Pelley a été un opposant embarrassant pour Franklin D. Roosevelt lors de l'élection présidentielle. Lors du rallye politique new-yorkais, on trouve aussi Robert Edward Edmondson, pour qui Arcand a beaucoup d'estime à cause des procès que lui a intentés la communauté juive.

De part et d'autre de la tribune qui accueille à tour de rôle les orateurs, de jeunes fascistes se relaient au garde-à-vous, devant une forêt de drapeaux des quatre coins du monde. C'est la fanfare de la police de New York qui produit la musique d'ambiance pour accueillir les invités [3]. Est-ce à cet exemple qu'au retour du groupe de fascistes canadiens à Montréal, une fanfare du Parti national socialiste chrétien (PNSC) sera mise sur pied, avec grosse caisse et contrebasse [4] ?

Arcand est accueilli au podium par une bruyante ovation et le salut fasciste de circonstance. Il est vêtu d'un complet sobre, à la différence de son ami Beamish qui porte lui, pour l'occasion, le brassard à croix gammée. Les gens réunis devant Arcand sont venus pour entendre des discours racistes, antisémites et ultra-patriotiques. Ils ne sont pas déçus. Arcand offre à son auditoire un concentré de ses propos anticommunistes et antisémites, dans un style parfaitement maîtrisé.

Enthousiasmé par son succès et l'atmosphère de la rencontre, Arcand discute le soir même avec ses hôtes, au chic Harvard Club, des possibilités d'unifier l'extrême droite de tout le continent. Il est accompagné à New York par une petite délégation de fascistes canadiens-français dirigée par le Dr Gabriel Lambert, cet

Fritz Julius Kuhn en uniforme fasciste à l'occasion d'un rassemblement au Madison Square Garden, à New York, le 26 février 1939.

homme rond aux yeux globuleux et à l'air satisfait qui pratique une médecine naturiste, rue Hutchison à Montréal. Lambert est à cette époque sous le coup d'une accusation de la justice pour avoir « incité les étudiants de l'Université de Montréal à l'émeute » contre des manifestations de gauche [5].

La rencontre à l'hippodrome de New York a l'effet d'un viatique sur les activités d'Arcand. Déchaîné plus que jamais à son retour à Montréal, il redouble d'efforts. Il affirme que l'assemblée de New York marque officiellement les grands débuts du fascisme en Amérique. Il annonce que l'année qui vient sera celle du PNSC et multiplie les entrevues. Les chiffres les plus farfelus quant à ses effectifs circulent allègrement. Arcand assure à qui veut l'entendre que son parti a la possibilité réelle de s'emparer de 20 à 40 sièges des Communes si une élection est déclenchée [6].

En 1937, le PNSC entreprend donc son expansion en vue de devenir un véritable parti pancanadien. Arcand multiplie à vive allure les contacts avec les différents chefs des mouvements fascistes au Canada comme à l'étranger. Au Canada, il entend en arriver à fusionner les forces dans un parti unique qui soit dévoué tout entier à sa personne et à l'idéal révolutionnaire qu'il propose.

Le chef fait alliance avec deux groupes fascistes parmi les plus importants : la Canadian Union of Fascists de Joseph C. Farr, chef des fascistes de Toronto, et le Canadian Nationalist Party de William Whittaker, installé à Winnipeg avec son journal, *The Canadian Nationalist*, feuille antisémite et anticommuniste [7]. Ces deux groupes anglophones distribuent dès lors la version anglaise d'un programme commun négocié autour de l'acceptation d'Arcand comme chef national. Chacune des entités constitutives est considérée comme une branche du nouveau parti. Ils se proposent d'ailleurs d'étendre le principe de l'union à d'autres groupes du même type qu'eux [8]. Arcand fait la promotion dans les pages du *Fasciste canadien* de cette alliance globale envisagée comme un grand parti national constitué autour du PNSC.

L'union de ces différents mouvements fascistes canadiens constitue aux yeux d'Arcand « l'ère nouvelle qui nous donnera l'union nationale, la compréhension nationale, la paix nationale, la justice nationale et la reconstruction nationale [9] ». En un mot, il croit que cette alliance est l'avenir de la nation elle-même.

De l'affiliation, on passe bientôt à une volonté de fusion. Des discussions conduisent à l'annonce, en mars 1938, de l'incorporation définitive des trois principaux groupes fascistes sous la seule gouverne d'Adrien Arcand. Le chef des chemises bleues se rend discuter de fusion à Toronto et prend la parole devant les militants. Le 7 avril 1938, 300 d'entre eux viennent l'entendre parler à la salle du théâtre Apollo. Le 2 mai, Arcand se rend à nouveau à Toronto, en compagnie du fidèle major Scott, pour parler aux militants de Jos C. Farr. Heureux, ils posent alors devant lui un grand Union Jack, symbole de leur attachement à l'Empire britannique et à sa couronne [10]. Depuis le temps du *Goglu*, Arcand estime que l'Empire n'est plus une affaire d'Anglais, « comme il l'a été jusqu'ici, mais l'empire de tous les pays qui le composent [11] ».

L'entente entre fascistes, annoncée dès le printemps, est scellée officiellement lors d'un congrès qui se déroule à Kingston du 1er au 4 juillet 1938 et qui marque la fin du PNSC et le début du Parti de l'unité nationale du Canada (PUNC). Le rassemblement des fascistes n'est pas aussi glorieux qu'Arcand l'aurait souhaité : la ville ontarienne leur interdit de défiler dans les rues. Dès le mois de mai, des professeurs de l'université Queen's ont protesté contre la tenue de ce congrès national de l'extrême droite. Devant cette opposition, les fascistes se retrouvent à Toronto, au Massey Hall. L'accueil n'y est guère meilleur : des militants antifascistes organisent une contre-manifestation à l'extérieur de l'enceinte de Massey Hall tandis que le Maple Leaf Gardens rassemble des milliers d'opposants, parmi lesquels plusieurs militants communistes, réunis par la Ligue pour la paix et la démocratie.

Les fascistes en congrès parlent sur une scène où sont affichés les slogans *God Save the Kings* et *Canada for Canadians*. Partout, on voit les couleurs de l'Union Jack, le drapeau de l'Empire qui tient lieu d'étendard national à ces coloniaux.

Depuis le début des années 1930, Arcand a toujours défendu le principe de la monarchie héréditaire. Les marques de déférence à l'égard de la couronne britannique étaient multiples et constantes dans le PNSC aussi. Ses fascistes regrettaient le décès de George V et assuraient à son successeur à la tête « du plus grand Empire de tous les temps », Édouard VIII, « leurs sentiments de loyauté, de fidélité et de respect », avant de condamner son abdication au profit de son amour pour Wallis Simpson, sans doute une Juive, croit Arcand [12]. Que cette femme ait été plutôt sympathique à Mosley et à Hitler, qu'elle ait pu avoir une aventure avec Ribbentrop comme on le dira, tout cela, bien sûr, Arcand l'ignorait.

Le nouveau PUNC est un mouvement monarchiste qui renouvellera constamment son allégeance à la couronne d'Angleterre. « À chacune de ses assemblées, les membres du parti

et l'assistance lèvent le bras en criant : "Vive le Roi !" Tous les membres admis dans le parti doivent prendre un engagement de fidélité et de loyauté au Roi [13]. »

Au début d'une grande assemblée tenue à Québec en mai 1938, les membres du PUNC entonnent le *God Save the Queen* avant de répéter à la suite du président de la rencontre : « Vive le roi, vive le Canada, vive le parti, vive Arcand [14] ! » Des messages de fidélité à l'Empire et à sa couronne sont adressés en haut lieu. Le 5 juillet 1938, le secrétaire du gouverneur général fait parvenir à Adrien Arcand un message dans lequel Son Excellence remercie le PUNC « pour son message de loyauté au roi et au pays [15] ».

L'idéal monarchique est un des attributs saillants du fascisme façon Arcand. Pourquoi un système politique basé sur une couronne héréditaire ? Parce que la monarchie, considère-t-il, repré-

*Assemblée du PNSC
le 20 juin 1938 à Montréal.
Au premier rang, on reconnaît
Adrien Arcand et sa femme.*

sente mieux qu'aucun autre système politique la possibilité de fonder le pouvoir national dans une autorité suprême. La forme républicaine ne permet pas l'expression d'une véritable autorité puisque la démocratie oblige à des élections. Elle contrarie l'idée d'une unité nationale immanente et menace cette unité par des légitimités trop fragiles.

Dans *Le Combat national*, le nouveau journal du parti qui se substitue au *Fasciste canadien*, on développe ce credo royaliste.

> En monarchie, peut-on y lire, l'Autorité suprême est et reste incriticable [sic], de son berceau à sa tombe ; elle est respectée par tous et l'ensemble du peuple l'honore. Le Pouvoir royal ne sort pas du bourbier, il est revêtu de l'autorité de droit divin, de la grâce d'État particulière attachée à son sacre et son onction [16].

Par nature, la couronne est incritiquable. C'est en cela qu'elle est forcément supérieure au président ou à tout chef d'État qui serait élu.

Dans *Le Fasciste canadien*, on explique aussi que les Canadiens sont et doivent être impérialistes de naissance.

> Impériaux de par notre consentement, nous devons être impérialistes, non pour assurer l'hégémonie de l'Angleterre sur les autres pays, mais pour participer à la plus puissante force politique du monde et prendre conscience des avantages de cette participation et tirer les bénéfices que nous pouvons en attendre [17].

Le PNSC ne croit pas souhaitable de détacher le Canada de cette puissance impériale puisqu'elle lui permet de bénéficier du marché du Commonwealth. Cette emprise du colonialisme ne lui semble pas non plus à l'origine d'aucune mesure vexatoire à l'endroit du Canada français.

En mai 1939, à l'occasion du passage au Canada du roi George VI et de la reine Elizabeth, les membres du PUNC applaudissent très vivement Leurs Majestés. Ils crient à tue-tête leur enthousiasme, comme dans leurs assemblées [18]. Il faut dire que le couple royal, débarqué à Québec à l'Anse-au-Foulon, là où Wolfe et ses troupes avaient mis pied à terre en septembre 1759 pour conquérir la ville, est accueilli partout dans la province avec un grand enthousiasme qui ne contredit pas celui exprimé par les fascistes. Sous les vivats du peuple, le couple traverse le Québec et le reste du pays dans un train spécial. Il goûte partout un véritable triomphe. Arcand profite de cet enthousiasme monarchique. Dans le *Combat national* de mai 1939, on précise que « tous les membres admis dans le parti doivent prendre un engagement de fidélité et de loyauté au roi ».

Revenons un peu à cette union de l'extrême droite que scelle le congrès de Kingston en juillet 1938. Lors de cette assemblée fondatrice, le nom d'Arcand est le seul proposé aux congressistes qui doivent se choisir un chef. Il est officiellement proposé par la délégation de l'Ontario, qui est secondée par celle des provinces maritimes. À Kingston, Arcand est donc élu à l'unanimité chef du PUNC, « tous les délégués incorporant dans le procès-verbal de la convention la déclaration officielle qu'ils avaient le mandat de leur groupe respectif de proposer le même nom [19] ». Dans le nouveau parti, l'unanimité est de rigueur et l'« élection » du chef ne doit pas s'écarter de ce principe directeur. Joseph Farr devient pour sa part l'organisateur du parti.

Le swastika du PNSC est délaissé au profit d'un nouveau symbole commun, un flambeau orange bordé de feuilles d'érable et surmonté par un castor vu de profil. Ce symbole se veut plus canadien que le précédent, même si, selon *Le Combat national*, « les délégués de toutes les provinces sont unanimes à dire que la croix gammée a bien servi » jusque-là en tant que symbole de la race blanche [20]. La devise du parti est *Serviam*, c'est-à-dire « Je servirai ». Tout cela est « essentiellement national », explique en détail Arcand à son patron Eugène Berthiaume [21].

Le swastika représente alors un symbole de plus en plus délicat à manier à mesure que s'accroissennt les tensions internationales suscitées par l'Allemagne hitlérienne. Pour Arcand, qui doit composer avec des militants aux racines intellectuelles très catholiques, la condamnation du paganisme nazi par Pie XI, en mars 1937, encourage forcément à reconsidérer l'usage quotidien d'un tel symbole. Pour être fidèle à un Canada impérial et à la foi chrétienne qui anime son personnel politique, Arcand renonce quelque peu, à compter de 1938, à cette référence directe au nazisme.

Lui qui chantait jusque-là les louanges d'Hitler badine désormais au sujet du Führer. Arcand prétend qu'il ne fait qu'affirmer des vérités toutes canadiennes dans lesquelles il est vain de chercher l'influence du chef nazi. Il raille désormais ceux qui l'assimilent à un führer canadien :

> Si vous découvrez que l'industrie de la confection est aux mains des Juifs en Canada, vous êtes un... agent d'Hitler. Si vous vous insurgez parce que le monopole de l'amusement, théâtre et cinéma corrupteur, est 100 % juif en Canada, vous êtes un... agent d'Hitler. Si vous voulez travailler à redonner aux Canadiens le monopole de leurs forêts, leurs mines, leurs commerces de

fourrures, de meubles, de viandes, d'épiceries, vous êtes un... agent d'Hitler [22].

Le programme du nouveau parti affirme sa foi en Dieu et en son représentant direct, le souverain. Il est en cela fidèle au document fondateur du Canada lui-même qui, dans l'Acte de l'Amérique du Nord britannique en 1867, établit les fondements du pays sur ces deux bases. Le PUNC s'estime animé d'un patriotisme proprement canadien qui ne désire qu'assurer l'unité du pays, envisagé comme un tout organique dont l'âme est la monarchie héréditaire. Antidémocrate, l'Unité nationale s'engage dans la voie électorale et demande au peuple de l'élire pour faire triompher ses principes politiques, économiques et sociaux.

Au chapitre des principes politiques, le parti propose l'affirmation du caractère national du Canada en exigeant la création d'une nationalité canadienne qui serait intégrée au sein du Commonwealth britannique. « Nous voulons une participation immédiate plus grande et plus active aux intérêts de l'Empire britannique, qui sont nos intérêts, sur une base de partenaires égaux et solidaires. » Pour l'instant, regrette le PUNC, il n'existe pas de citoyens canadiens mais seulement des citoyens britanniques qui concourent par leur action à une volonté commune d'accroître la force et la puissance du « gracieux souverain qui forme le principe reconnu d'autorité active ». La création d'une identité canadienne plus forte n'apparaît pas contraire à l'intérêt impérial.

Au Canada même, seuls ces citoyens proprement canadiens devraient jouir de droits civiques réels. Mais qui peut être canadien, selon le PUNC ? Seulement ceux qui sont issus des « deux grandes races qui forment, depuis son début, la population du Canada » et ceux qui, tout en étant jugés aryens, voudront se joindre à l'un ou l'autre de ces groupes fondateurs.

Le parti d'Arcand souscrit à sa façon à l'idée, alors dominante chez les Canadiens français, qui veut que la Constitution de 1867 soit le fruit d'une alliance entre deux groupes sociologiques distincts plutôt qu'une simple alliance entre quatre gouvernements provinciaux, comme on peut pourtant le penser en observant l'Acte de l'Amérique du Nord britannique d'un strict point de vue juridique. En outre, l'État canadien envisagé par le PUNC sera théocratique. Il ne répondra pas à des principes laïques mais bien à une doctrine chrétienne, « sans s'immiscer dans les organisations religieuses ». Tout le système d'éducation, de la tendre enfance jusqu'à l'université, doit être chrétien et contrôlé par l'institution religieuse. L'éducation idéale obéit à la croix et à la bannière, est entièrement contrôlée par des enseignants en soutanes et se doit de former des esprits patriotiques et disciplinés, « capables de comprendre la valeur du sacrifice ».

Les autres confessions religieuses seront tolérées au Canada, promet le PUNC, « pourvu qu'elles ne viennent pas en conflit avec l'autorité de l'État, la sécurité du pays et le bien commun ». En un mot, la liberté de culte est en danger ! Évidemment, l'immigration est au cœur des préoccupations de ce nouveau parti ouvertement xénophobe. Pas d'immigration au Canada, propose le PUNC, sauf en cas de besoin et alors soumise à une sélection de sujets aryens.

Chef d'un nouveau parti pancanadien, Arcand tient beaucoup de réunions publiques. Sitôt de retour à Montréal, il organise dans l'est de la ville une assemblée publique au marché Maisonneuve. Les orateurs dénoncent les Juifs, les préparatifs de guerre et la situation économique. Arcand promet d'instaurer un État corporatif au Canada[23].

Il participe bientôt à nombre d'activités en dehors des frontières du Québec, ce qui lui demande du temps, beaucoup de temps. Le 4 juillet 1939, le PUNC tient une assemblée à Moncton au Nouveau-Brunswick. Les orateurs principaux sont Adrien Arcand et Daniel O'Keefe, organisateur du PUNC pour le Nouveau-Brunswick. Ils parlent ensemble de la « menace communiste » et de la « question juive ». L'affiche unilingue anglaise qui annonce l'événement réclame « le Canada aux Canadiens ».

Chez les Acadiens du Nouveau-Brunswick, l'enthousiasme pour les idées d'Arcand apparaît très vif. Dans une lettre au propriétaire de *L'Illustration*, Arcand écrit, le 11 juillet 1939 :

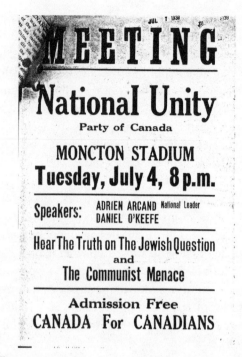

Le 4 juillet 1939, Arcand tient un rassemblement à Moncton, en anglais, en compagnie de Daniel O'Keefe.

Je viens de passer cinq jours au Nouveau-Brunswick et chez les Acadiens. La situation y est pénible, c'est la grande pauvreté presque partout. Les gens y sont littéralement dégoûtés du vieux système ; j'ai été surpris de voir comment notre mouvement y est connu et aimé, surtout chez les pêcheurs isolés des plus petites paroisses. À Shédiac, population mâle de 600 personnes, il y avait à notre assemblée 1 200 hommes de tous âges, qui ont hurlé leur enthousiasme avec un entrain comme je n'ai jamais vu, même dans Québec. Ils ne veulent plus entendre parler de rouge ou de bleu, encore moins de communisme [24].

Excellent chef d'apparat pour les cérémonies occasionnelles, Arcand n'en tire pas des revenus suffisants pour vivre, et il ne jouit pas d'une autonomie financière qui lui permette de s'investir totalement dans son projet politique. Par ailleurs, son élection ne paraît pas devoir être pour demain. Même en remportant de grands succès d'estime, le système électoral canadien lui reste défavorable. Calque de celui de Londres, le système parlementaire canadien conduit presque toujours au triomphe de l'un des deux grands partis politiques au Parlement. Faute d'un système proportionnel, des distorsions importantes existent dans la représentation effective des partis politiques au Parlement et le nombre de votes obtenus par chacun. Dans ce système parlementaire, les chances de voir élire des candidats du PUNC sont très minces.

Pour vivre, pour subvenir aux besoins de sa femme et de ses trois enfants, il doit donc aussi trouver le temps de travailler comme journaliste. Est-ce que les fonctions de chef d'un parti pancanadien nuiront aux activités journalistiques d'Arcand au sein de *L'Illustration nouvelle* ? Plusieurs se le demandent. Lucien Dansereau ne le croit pas [25]. Mais Eugène Berthiaume, son patron, n'est pas du même avis, même s'il est à l'évidence heureux de voir son protégé accéder à la chefferie d'un parti fasciste au niveau national : « Je me berce à l'idée de savoir ce qui me ferait le plus de plaisir : vous saluer comme chef fasciste canadien ou rédacteur en chef de *L'Illustration* [26]. »

Quoi qu'il en soit, le führer canadien s'est résolu tant bien que mal à consacrer une large partie de ses journées aux affaires de *L'Illustration nouvelle*. Lorsqu'il a des articles à rédiger pour son parti, il arrive tôt le matin aux bureaux de son journal, rue Marie-Anne, et il rédige en après-midi les éditoriaux de *L'Illustration nouvelle*, installé à sa machine à écrire avec une tasse de thé qu'il fait venir du restaurant du coin [27].

Même si le directeur de l'information de l'époque affirme qu'Arcand laisse de côté ses affaires politiques lorsqu'il est à *L'Illustration*, il l'observe toutefois à l'occasion revêtu de son uniforme fasciste dans la rédaction du journal. Il constate aussi que nombre de visiteurs d'Arcand sont liés à ses activités politiques, à commencer par le major Scott qui vient d'ordinaire le chercher en fin d'après-midi, une fois terminés pour Arcand la correspondance quotidienne et les rappels téléphoniques qui sont le lot de tout homme de presse.

Bien que favorable aux perspectives idéologiques d'Arcand, le propriétaire de *L'Illustration*, Eugène Berthiaume, demeure un homme d'affaires prudent qui n'est pas intéressé à s'aliéner une partie de la population. À ce titre, Berthiaume, qui est aussi président du conseil d'administration de *La Presse* et membre de celui de *La Patrie*, répète à Arcand à quelques reprises que son journal n'a pas à se vouer à la promotion de l'antisémitisme. Pas question pour *L'Illustration nouvelle*, dit-il à Arcand, de casser du sucre sur le dos des Juifs. Le journal, sans cesse secoué par des crises, est trop fragile. Impossible également pour Berthiaume d'envisager de bloquer l'accès aux annonceurs juifs comme le souhaiterait Arcand. Les annonceurs en général sont déjà trop peu nombreux. Berthiaume prend exemple sur *La Presse* en cette matière.

Mais Arcand a tout de même relativement de latitude, à titre de rédacteur en chef, pour proposer sa vision du monde aux lecteurs. L'enthousiasme du journal pour les régimes totalitaires est manifeste, mais bien sûr beaucoup moins évident que dans *Le Fasciste canadien*.

Le 12 mars 1938, les troupes allemandes franchissent la frontière autrichienne. C'est l'Anschluss. Hitler annexe l'Autriche au Reich. Arcand, dans *Le Fasciste canadien*, applaudit cette nouvelle comme une « délivrance » du petit pays du « contrôle étranger[28] ». En Espagne, les efforts des Canadiens qui composent le bataillon Mackenzie-Papineau, nommé ainsi en l'honneur des deux chefs patriotes de 1837-1838, n'arrivent pas à infléchir l'avancée des fascistes. Madrid va finir par tomber. Franco gagne. Arcand se réjouit du triomphe des phalangistes. *Le Fasciste canadien* exècre les velléités d'indépendance des Basques et met en garde les Canadiens français qui seraient tentés de suivre leur exemple[29]. « Gloire à Franco ! » lance-t-il[30]. Partout en Europe, les chemises brunes avancent. Plus que jamais, la guerre menace.

Que sait Arcand des coups de force qui se préparent en Europe ? Le 21 mars 1938, il écrit à Eugène Berthiaume qu'il serait préférable de ne pas se trouver en France à la fin du mois, ni au début d'avril. « Je peux être mal renseigné, quoique mes sources aient toujours été exactes, mais personnellement je ne prendrais pas de risques inutiles. » Énigmatique, il laisse entendre que la fin de la guerre civile en Espagne annonce « le commencement d'autre chose ailleurs [31] ». Il recommande donc à son patron un séjour dans la campagne anglaise, « fort belle au printemps ».

Le parfum d'une guerre prochaine flotte sans cesse sur la correspondance qu'il entretient de façon suivie. Arcand n'espère pas la guerre, loin de là, mais il la sent venir, comme bien des gens. « La situation européenne paraît plus tendue que jamais, écrit-il. C'est à souhaiter qu'il n'y ait pas de guerre. S'il doit y en avoir une, qu'elle ne vous surprenne pas dans la ville apparemment la plus menacée [32]. » Paris, croit-il, est appelée à tomber comme Madrid. Elle tombera en effet, en juin 1940. Mais n'allons pas trop vite.

Berthiaume est bien sûr tout à fait au courant des activités politiques d'Arcand et partage d'ailleurs ses points de vue radicaux jusqu'à un certain point. Arcand lui écrit, toujours sans gêne aucune, souvent sur le papier à en-tête frappé d'une croix gammée et surplombée du castor du PNSC. Berthiaume ne se formalise pas du tout de cet usage du symbole nazi par le rédacteur en chef de son journal.

À l'occasion, Arcand sollicite même le concours du fils du fondateur de *La Presse* pour la bonne marche de ses activités politiques. Le 3 mars 1938, à titre de chef du PNSC, Arcand écrit ainsi à son patron Berthiaume pour se plaindre du traitement journalistique que lui a réservé *La Patrie*. Ce journal de la rue Sainte-Catherine lui a demandé, par l'entremise de son rédacteur en chef, Oswald Mayrant, la permission de photographier des fascistes du PNSC à l'exercice, « sections masculines et sections féminines [33] ». Ces photos devaient être publiées avec une série d'entrevues au sujet des activités fascistes au Québec, explique Arcand à Berthiaume. Un journaliste de *La Patrie* « prit deux longs après-midi de mon temps et, dans notre salle fasciste de Maisonneuve-Rosemont, dérangea nos fascistes à leur exercice durant toute une soirée ». Mais l'article ne parut jamais parce que, selon ce qu'avait tiré Arcand de la direction de *La Patrie*, « M. Pamphile-Blaise-Réal-Nugent Tremblay, dit Du Tremblay, avait exercé son droit de censure sur la publication des articles et photos en question ». Il demande donc à Berthiaume d'intervenir.

La rage d'Arcand contre Du Tremblay explose à tout moment, comme c'est le cas chez Eugène Berthiaume d'ailleurs, et il menace d'organiser un boycottage des journaux de Du Tremblay. Il regrette par ailleurs de devoir constater que la presse canadienne-anglaise a plus de considération pour lui que la presse canadienne-française. Cette dernière, observe Arcand, demeure toujours en retard dès lors qu'il s'agit de parler du fascisme au Canada, « toute la presse anglaise de l'Amérique du Nord » ayant déjà publié « d'abondantes chroniques et photographies sur le sujet ».

En cette année 1938, Arcand se plaint aussi à Eugène Berthiaume, toujours sur papier officiel frappé d'une croix gammée, que CKAC, propriété du journal *La Presse*, lui refuse du temps d'antenne. Il s'en plaindra l'année durant à son patron.

Berthiaume déteste lui aussi Du Tremblay, mais freine néanmoins les ardeurs de son rédacteur en chef. Il s'inquiète vite de voir Arcand consacrer de plus en plus de temps à son mouvement politique, tout en lui conservant sa confiance. Mais il est vrai qu'Arcand se consacre plus à ses activités politiques qu'à son travail journalistique. Des espoirs de développement de l'extrême droite en Amérique du Nord autant que les activités fascistes habituelles le distraient de son travail de journaliste. En attendant le grand soir, Arcand demeure pourtant un simple salarié de *L'Illustration nouvelle*, un esclave du quotidien comme le sont tous ses confrères journalistes, assis à leur petit bureau de dactylographe.

La croix gammée s'expose en pleine rue. Ici, deux hommes en uniforme fasciste devant le Club d'aviation canadien (détail).

À partir de l'automne 1937, Eugène Berthiaume possède les deux tiers des actions de *L'Illustration nouvelle*. Le journal vivote, mais il en prend tout de même peu à peu le contrôle total, convaincu qu'il est possible de le relancer. Mais l'automne suivant, rien ne va plus, encore une fois. Le journal est plus que jamais dans une situation précaire. Arcand reçoit alors chez lui plusieurs câblogrammes qui portent la signature d'Eugène Berthiaume ou encore d'une jeune demoiselle française, Colette Berget, en fait un simple prête-nom. Berthiaume cherche à prendre, avec la complicité d'Arcand, le contrôle total et définitif du journal, mis en fâcheuse posture, selon Berthiaume, par le gérant Juneau. En 1938, le journal doit plus de 30 000 $ à très court terme. Deux options s'offrent à lui : déclarer faillite ou bien affronter les obstacles et tenter de remettre l'entreprise sur pied. Berthiaume choisit cette option-là, en faisant le pari qu'Arcand est l'homme de la situation pour opérer ce délicat sauvetage.

Adrien Arcand a lui-même pensé à racheter ce journal en perdition pour le mettre tout entier au service de ses idées politiques. Mais avec quel argent ? De l'argent, Arcand n'en a pas. Il n'en a jamais eu. À Berthiaume, il affirme qu'il pourrait peut-être compter sur l'aide éventuelle d'« une vieille veuve patriotique » qui reste cependant à trouver. Berthiaume lui répond, le 1er septembre 1939 :

> Pour sauver ce quotidien je serais prêt à jouer le rôle de la vieille veuve patriotique, sans épouser votre cause, avec votre collaboration discrète et un bon gérant, il ne serait pas difficile d'en faire un succès [34].

Il s'agit pour Arcand de reprendre les actions du gérant Masson, une opération qui lui coûte 1 500 $, fournis en sous-main par Berthiaume lui-même.

Pour éviter que le journal ne tombe ou ne cède à la volonté de l'Union nationale de l'acquérir pour en faire un organe de parti, Berthiaume conclut donc une alliance secrète avec Arcand, convaincu qu'il fait là le bon choix d'associé. Berthiaume, il faut le dire, n'est pas du tout sous l'emprise du charme charismatique d'Arcand. Le fascisme de son employé, il l'instrumentalise plutôt afin de servir à la bonne marche de ses affaires. Non seulement Berthiaume a-t-il alors en tête de remettre à flot *L'Illustration nouvelle*, mais il a toujours l'idée d'acquérir avant longtemps d'autres journaux [35].

En novembre 1938, la seule condition qu'avait posée Eugène Berthiaume pour qu'Arcand prenne les commandes de *L'Illustration nouvelle* était qu'il s'abstienne de « lancer des cris de races dans le journal et de laisser les Juifs à leur sort. Ceux-ci constituent une partie importante de la clientèle de *La Presse*. Si donc vous voulez que *L'Illustration* vive, ne leur en fermez pas la porte [36] ».

Le fils du fondateur de *La Presse* se souvient par ailleurs avoir été défendu un jour, dans la saga qui l'oppose à Pamphile Du Tremblay, par l'avocat juif Peter Bercovitch, à qui il garde une reconnaissance éternelle. « Je ne puis l'oublier. Ne serais-je que le seul Canadien français pour répondre à son appel afin de défendre sa race que je répondrais, comme il le fit : Présent. J'ajoute qu'il ne me l'a jamais demandé. » Berthiaume tient donc mordicus à ce que son journal ne se fasse pas le chantre trop bruyant de l'antisémitisme. Il n'en partage pas moins avec Arcand des perspectives sociales incontestablement antisémites et, partant, une certaine vision réactionnaire du monde. L'héritier de Trefflé Berthiaume s'imagine entre autres que la presse mondiale est contrôlée tout entière par des Juifs qui ne pensent qu'à leurs intérêts. « Pensez, écrit-il à Arcand, que les chefs actuels des principales agences sont Stern, pour Havas, Blum, pour Radio, Bollack pour Fournier. Hélas [37] ! » Comment construire une agence de presse qui ne soit pas contrôlée par des Juifs, se demande Berthiaume.

À la demande pressante de Colette Berget, alias Eugène Berthiaume, Arcand rend visite au consulat d'Allemagne pour savoir s'il peut recevoir, pour le seul bénéfice de *L'Illustration nouvelle*, le service de nouvelles transocéanique du régime hitlérien [38]. Arcand promet au consul qu'il peut reproduire pareils articles dans *L'Illustration nouvelle* sans en mentionner la provenance. Mais comme l'information arrive de Berlin avec un jour de retard, il est difficile en pratique de trouver à faire usage de cette agence de presse hitlérienne dans *L'Illustration*, comme le suggérait Berthiaume.

Arcand rendra une autre visite au consul allemand pour l'encourager à maintenir, toujours en faveur de *L'Illustration*, un abonnement à bas prix à ce service de nouvelles transocéanique du régime de Berlin. Le journal de Berthiaume, plaide-t-il, n'a pas les moyens de le payer à son plein prix.

Selon Joseph Bourdon, le directeur de l'information de *L'Illustration nouvelle*, Arcand ne fait pas mention au journal de ses idées antisémites et racistes [39]. A-t-il besoin de le faire ? *L'Illustration nouvelle* soutient elle-même des positions favorables aux fascistes, prenant la défense de Mussolini, Salazar,

Franco et même Hitler. Il faut dire qu'Arcand a la mainmise sur l'analyse de l'actualité internationale en page éditoriale.

L'Illustration adopte une ligne politique qui change au gré du vent, même si Arcand y met beaucoup du sien pour faire pencher le journal solidement à droite. La directive d'Eugène Berthiaume en matière politique est claire : le journal doit toujours finir par prendre le parti du gagnant lors d'une campagne électorale, juste assez pour donner l'impression au parti victorieux qu'il est redevable de quelque chose à *L'Illustration nouvelle*. Arcand respecte cette directive fidèlement.

En novembre 1938, Arcand affirme à Berthiaume que le journal, depuis sa réorganisation, n'a pas perdu une seule élection, « générale ou partielle, provinciale ou municipale ». Arcand partage d'ailleurs un même type d'opportunisme que Berthiaume face au jeu électoral : « Je ne crois pas qu'il serait temps de commencer à perdre. »

Pour l'élection municipale de 1938, Arcand suit donc la même ligne de conduite que d'ordinaire : « [D]onner une chance équitable à tout le monde ; lorsque les choses se préciseront vers la fin et qu'un courant sera bien dessiné, teinter de façon à être du côté gagnant, sans prendre trop ouvertement fait et cause pour la faction apparemment gagnante. »

Le contenu de ce journal est à vendre. Tout à *L'Illustration* est affaire d'argent. Le 9 décembre 1938, dans une lettre, Adrien Arcand raconte à Eugène Berthiaume qu'Alphonse Raymond, roi de la conserve, directeur et président de Catelli, « le plus grand fabricant de pâtes alimentaires dans l'Empire britannique », a demandé à le rencontrer. Raymond agit alors à titre de trésorier pour Charles-Auguste Gascon lors de la campagne municipale qui l'oppose à Camillien Houde. Il a fait venir Arcand au bureau du sénateur Joseph Rainville. Raymond voulait savoir si *L'Illustration nouvelle* n'accepterait pas de soutenir la campagne électorale du sénateur. Tout se résume à une chose : l'argent. Combien d'argent ? Qui va payer ? Arcand narre la conversation dans la lettre, au bénéfice de son patron installé confortablement à Paris :

— Monsieur Raymond, j'ai en ce moment autorité pour décider de cette question, mais comme il s'agit de transiger avec quelque chose qui n'est pas mon bien, je ne puis pas écouter mes penchants personnels. Si c'est pour vous faire plaisir, je vous demande : quelle somme offrez-vous en faveur de ce plaisir ?

— Nous avons bien peu d'argent, répond Alphonse Raymond en présence du sénateur Rainville.

— Alors, je ne puis rien vous promettre. Par ailleurs, si vous pouvez me faire la demande suivante, je vous aiderai : « Monsieur Arcand, au nom de M. Duplessis, je vous demande la faveur d'aider M. Gascon, et cette faveur sera mise au crédit de M. Eugène Berthiaume. » Avez-vous autorité pour me parler ainsi ?

— Je vous mentirais si je vous disais oui. Mais je vais me mettre en communication avec M. Duplessis dès cet après-midi et je vous donnerai une réponse aussitôt que je l'aurai reçue moi-même.

— Vous m'assurez, devant M. Rainville, que vous êtes présentement en autorité ?

— Je ne puis vous l'avouer que sous le sceau du plus strict secret, avoue Alphonse Raymond.

— [...] Comprenez-moi bien, précise Arcand. Ce que je veux est ceci : si nous accordons une faveur demandée par M. Duplessis, je veux que cela crée pour M. Berthiaume le droit d'en demander une plus tard, et qu'il n'y ait pas de discussion là-dessus. Vous vendez vos confitures et ne les donnez pas. Comme directeur de banque, vous ne donnez pas les dollars de votre tiroir sans en recevoir quelque chose en retour. Je suis obligé de faire la même chose [40].

La demande officielle de Duplessis est formulée le mercredi 7 décembre, par l'entremise de Jean Raymond, le fils du roi de la pâte alimentaire. Le premier ministre a aussi tenté de joindre Lucien Dansereau à ce même sujet par l'entremise de son fils Paul Dansereau [41]. Le lendemain, le sénateur Rainville fait venir Arcand à son bureau pour lui dire ceci : « J'ai vu l'honorable Alphonse Raymond et il me charge de vous dire officiellement que, si *L'Illustration* appuie M. Gascon, cela fera grand plaisir à M. Duplessis. »

Arcand lui demande immédiatement si ce message « répond à l'entente proposée devant vous ». Le sénateur répond par l'affirmative. Arcand propose immédiatement à Berthiaume de profiter de cette reconnaissance de dette pour trouver à le faire nommer au Conseil législatif !

Arcand prédit la victoire de Gascon par une marge d'environ 25 000 votes. Le soir du 11 décembre 1938, c'est Houde qui remporte néanmoins la victoire, grâce à l'appui stratégique que lui ont offert les libéraux fédéraux. Il obtient 83 481 votes contre 62 869 pour Gascon. Houde se fait ainsi élire pour une quatrième fois à la mairie de Montréal, malgré l'opposition que lui fait en sous-main son ancien allié Duplessis.

Berthiaume reprochera à Arcand d'avoir violé les promesses de neutralité relative de son journal dans cette histoire, puisque d'autres accords politiques, ceux-là conclus avec Houde en sous-main, réclamaient au total plus de retenue. Bientôt, *L'Illustration* sera de plus en plus perçue comme le journal officieux de l'Union nationale de Duplessis.

Depuis Paris, Berthiaume reproche aussi régulièrement à Arcand de se consacrer à d'autres journaux que *L'Illustration nouvelle*, les journaux de son parti fasciste, pour ne pas les nommer. « Ne croyez-vous pas que si tous vos efforts avaient été concentrés pour le succès d'un seul journal ce serait beaucoup mieux et pour le journal et pour vous [42] ? »

Car rien ne va plus encore une fois à *L'Illustration nouvelle*. Les agissements d'Arcand ne sont pas seuls en cause. Les vieilles dettes se sont accumulées. Le journal est passé de 24 pages à 20. Il faut désormais acheter le papier au jour le jour, faute de pouvoir convaincre le fournisseur de le livrer en grande quantité comme avant, sur la foi de la solvabilité de l'entreprise de presse.

Les problèmes de liquidité du journal sont énormes depuis un bon moment. Tout tourne au désastre. Le vendredi 2 septembre 1938, le syndicat des typographes a déjà ordonné à ses membres de quitter le journal pour protester. Il a exigé le paiement comptant des typographes pour une semaine complète de travail et le remboursement du 20 % de baisse salariale auxquels il avait consenti préalablement, comme l'ensemble des employés. Dans la foulée, avant d'accepter un retour à leur atelier, le syndicat des typographes demande un contrat de travail et une augmentation de salaire.

Le 11 septembre, il n'y a tout simplement plus d'argent en banque pour payer l'ensemble des employés. Tout le personnel non syndiqué, c'est-à-dire la rédaction et l'administration, doit subir une troisième coupe consécutive de salaire à hauteur de 20 %. Une nouvelle intervention financière de la part d'Eugène Berthiaume et la nomination d'un nouveau gérant pour le journal permettent de payer *in extremis* les employés et de relancer tant bien que mal les opérations à la mi-octobre 1938.

Au même moment, Arcand ne cache pas à Berthiaume qu'il tente d'utiliser *L'Illustration nouvelle* pour faire tomber le régime en place. Arcand est surexcité par une série d'articles qui paraissent en septembre 1938 sur un prétendu scandale des armements dont les fondements mêmes demeurent relativement imprécis. Toute cette histoire prend bientôt l'importance d'un pétard mouillé.

Au sujet de l'affaire des armements, Arcand s'illusionne tout à fait quant au pouvoir qu'ont les mots pour disloquer un régime. Il écrit : « L'affaire est suffisante pour faire tomber n'importe quel régime. Mais il y en a une autre, plus sensationnelle encore, qui est en réserve, pour hâter sa chute au bon moment. » Le régime ne tombera pas. Le grand soir d'Arcand ne vient pas.

En novembre 1938, Berthiaume nomme Arcand procureur et mandataire de ses intérêts devant le vice-consul britannique à Paris afin qu'il puisse voter selon les actions qu'il possède dans la Fédération des journalistes canadiens incorporée, nom de la société qui publie *L'Illustration*. Jusqu'ici, c'était depuis des années Lucien Dansereau qui veillait à la totalité de ses affaires. Mais Dansereau rend alors visite à son ami en France. C'est donc à Arcand plus qu'à quiconque que Berthiaume fait confiance pour gérer les affaires de la compagnie, d'autant qu'il doute

désormais de l'administration de Dansereau. En l'absence de ce
dernier, il prie d'ailleurs Arcand de bien vouloir faire enquête sur
ce qu'il est advenu des 25 000 $ qu'il a investis récemment dans le
journal et qui semblent mystérieusement avoir disparu en fumée.
Berthiaume le remercie de lui servir de vigile au sein du journal et
observe que le chef fasciste est le seul à lui parler de la survivance
de l'entreprise plutôt que de son sabordement [43]. Arcand ne se
gêne pas pour lui rapporter tous les détails des mésaventures
financières de *L'Illustration nouvelle*. En retour, Berthiaume lui
donne « carte blanche [44] ».

Berthiaume connaît les malheurs où se sont enfoncés les
petits journaux d'Arcand.

> Je ne voudrais pas que vous renouveliez l'expérience que vous
> avez faite avec votre associé, lorsque vous avez créé des mouve-
> ments à Montréal. Je ne voudrais pas, non plus, faire la même
> expérience que vous. C'est pourquoi je voudrais bien que la hache
> soit toute prête, si vous voulez vous en servir [45].

Berthiaume mise tout sur Arcand pour sauver le journal et ses
affaires. Il joue gros. Et il perd.

En 1939, Adrien Arcand est le secrétaire de la Fédération
des journalistes canadiens. C'est donc lui qui, depuis les bureaux
du journal, situé au 1124, rue Marie-Anne Est, veille à informer
les actionnaires sur toutes les affaires qui concernent l'entreprise
et remplit un certain nombre de tâches administratives. Lucien
Dansereau agit alors officiellement à titre de président de la compagnie. Mais Berthiaume révoque ses procurations en faveur
d'Arcand le 1er septembre 1939, jour où les armées d'Hitler envahissent la Pologne. Ce même jour, le directeur de l'information
du journal, Joseph Bourdon, téléphone chez Arcand pour lui
demander des explications sur cette nouvelle crise internationale.

Selon Bourdon, Arcand ne dicte aucune ligne de conduite
à la salle de rédaction, qui prend alors la plupart de ses informations internationales à la radio américaine [46].

À *L'Illustration nouvelle*, les nouvelles internationales sont
d'ordinaire du ressort de l'Italo-Canadien Mario Duliani, un

italophone né en Istrie qui, après avoir vécu en France, où il est pourchassé par la justice pour usage répété de faux chèques, a immigré en Amérique. Durant la guerre, Duliani sera interné au camp de Petawawa avec Adrien Arcand. Son expérience du camp lui inspirera un récit romancé, *La ville sans femmes*.

CHAPITRE 9

PETAWAWA

Si tu n'arrêtes pas, je vais t'envoyer à Petawawa !
ARMANDE QUINTIN

L A PARANOÏA moderne flotte et se déplace au gré des courants
et des remous de l'actualité. À compter de 1938 se multiplient les inquiétudes au sujet d'Arcand et de ses hommes. Si
bien qu'Ernest Lapointe, ministre fédéral de la Justice, finit par
demander une enquête pour connaître le poids exact du fascisme
au Canada. Le député libéral provincial Cléophas Bastien, ancien
vendeur d'assurances, crie au feu au sujet des fascistes. Il affirme
que c'est par centaines chaque semaine qu'Arcand recrute de
nouveaux membres [1]... À Ottawa, la députation se montre heureuse de l'enquête demandée par Lapointe « sur ces prétendus
mouvements fascistes [2] ».

Le 6 janvier 1939, devant les membres du Club Rotary à
Toronto, le juriste Joseph Sedgwick soutient qu'Arcand est aussi
puissant au Canada que Mussolini l'était en Italie en 1920 ou
qu'Hitler le devenait à compter de 1929. Vraiment ? Certes,
Arcand maîtrise l'art de se rendre énigmatique et partant, celui
de se faire craindre. Mais faut-il croire à la puissance d'un homme
pathologiquement haineux dont les maigres troupes démontrent
tout au plus la soif de pouvoir de cet égocentrique ? Toujours

est-il qu'à l'approche de la guerre, on assiste à une véritable exacerbation des craintes que suscite Arcand. « La démocratie ne peut survivre que si l'apathie populaire change » devant pareil homme, lance Joseph Sedgwick [3].

À Québec, dans la nuit du jeudi 18 mai 1939, le Parti communiste du Canada distribue quelque 25 000 exemplaires d'un tract pour protester contre la tenue d'un rassemblement des troupes d'Arcand qui doit se tenir dans la vieille capitale le dimanche suivant. Pour les communistes, Arcand est un ami intime de Duplessis, un scribe à son service au sein de *L'Illustration nouvelle*, mais surtout un espion allemand, en relation directe avec le parti nazi. « Il envoie régulièrement des agents à Berlin, recevoir ses ordres des maîtres de là-bas. Un de ces agents a assisté dernièrement à un Congrès du parti nazi à Nuremberg », explique le tract communiste.

La psychose liée au nazisme prend de plus en plus d'ampleur. Gaston Lajoie, un jeune dentiste employé dans le cabinet du Dr Noël Décarie, un fidèle d'Arcand, panique le jour où les travaux d'un peintre lui font découvrir par hasard, dissimulé dans une cloison du cabinet installé dans un immeuble du centre-ville de Montréal, un système de communication en bakélite relié à une antenne installée sur le toit. Immédiatement convaincu que Noël Décarie communique avec des sous-marins allemands qui naviguent dans les eaux du fleuve, le Dr Lajoie quitte ses fonctions pour ouvrir un cabinet en région. C'est du moins l'histoire qu'il racontera toujours à sa famille au sujet de ses courtes relations avec ce militant fasciste qu'est alors le dentiste Noël Décarie [4].

S'il est certain que le Parti de l'unité nationale du Canada (PUNC) entretient des relations avec l'Allemagne nazie, rien n'indique que les liens soient à ce point étroits qu'il faille croire ces fascistes parfaitement inféodés à ceux d'Hitler.

La visée principale du parti d'Arcand est cependant bien conforme à ce qu'annoncent les communistes : ils souhaitent « renverser notre système démocratique pour implanter à Ottawa une dictature de terreur et de sang ». Un procès tenu à Toronto, rappelle le tract des communistes, a démontré que « les gens d'Arcand portent des armes et s'entraînent pour des actes de violence ».

Les fascistes canadiens s'opposent farouchement à la guerre qui s'annonce en Europe, ainsi qu'à la participation éventuelle du Canada. Pourquoi ? Parce que l'entrée en scène du Canada dans un conflit pareil ne pourrait justement que faire le jeu des communistes en affaiblissant davantage le monde aryen ! Arcand peste contre l'augmentation des crédits militaires par le gouvernement canadien. Le PUNC avait conspué ainsi le député Maxime Raymond qui parlait, dès 1938, de la menace européenne du fascisme :

> Pourquoi les jérémiades imbéciles de nos politiciens de toutes nuances pour ce réarmement ? [...] Demain comme hier (1914), après les homélies de tous nos politiciens de sac et de corde exalteront le *patriotisme* en attendant qu'on nous donne l'armée. Et en avant, alors, les canons et les mitrailleuses que les Canadiens transporteront sur les champs de bataille pour la Russie soviétique, communiste et athée [5].

Arcand préférait en somme laisser le champ libre à Hitler en Europe afin qu'avec lui disparaissent les Rouges.

Au matin du 1er septembre 1939, les avions de la Luftwaffe percent sans aucune difficulté les lignes de défense de la Pologne. Les chars ouvrent ensuite les veines du pays à toute vitesse. En quelques heures, il est évident que la Pologne est complètement perdue sous la poussée fulgurante des armées d'Hitler. Le choc de la défaite polonaise secoue l'Angleterre et la France, qui déclarent la guerre à l'Allemagne. Le Canada, comme colonie britannique, emboîte le pas quelques jours plus tard. Tout le monde est atterré par la nouvelle, mais personne n'en est vraiment surpris. La guerre, on en parle sans arrêt depuis un moment et il était dans l'ordre des choses qu'elle survienne un jour prochain.

Tout annonçait la catastrophe. La Tchécoslovaquie et l'Autriche étaient déjà tombées. Hitler allait bientôt ne faire qu'une bouchée de la Hollande, de la Belgique et de la France. Dans ce contexte international, comment maintenir encore long-temps au Canada les activités d'un parti ouvertement fasciste, même lorsque celui-ci chantait la gloire de l'Empire britannique ?

En septembre, au déclenchement de la guerre, Arcand se déclare épuisé. Le sénateur Joseph Rainville et Lucien Dansereau sont les premiers à encourager Arcand à prendre du repos. Un médecin confirme la fatigue de son client et lui défend même d'écrire, à moins de raisons sérieuses, ce qui, pour qui occupe une position de cadre au sein d'un journal comme *L'Illustration nouvelle*, est une situation pour le moins invalidante. Le voilà à l'écart de la vie active alors même que l'Europe bascule dans la guerre.

Depuis quelques mois, les absences d'Arcand à *L'Illustration nouvelle* se sont en fait multipliées pour diverses raisons, à commencer par son militantisme très actif. L'été précédent, il a été absent de la rédaction du quotidien pendant plusieurs semaines afin de prononcer des conférences en Nouvelle-Écosse, au Nouveau-Brunswick ainsi qu'en Ontario. Les tâches politiques et professionnelles qu'il cumule finissent par avoir raison de son énergie.

Le dimanche 17 septembre 1939, Arcand écrit à Lucien Dansereau qu'il se repose. Il se trouve à Saint-Alexis-des-Monts, où il s'est installé au lac Caché. « Le repos, qui se terminera dans huit jours, m'a fait grand bien et a liquidé une somme énorme de vieille fatigue [6]. » Il séjourne là-bas près de deux semaines en tout. Yvonne, sa femme, vient le retrouver pour la fin de semaine et remercie Dansereau d'avoir été si obligeant à son égard.

Trois jours après l'entrée en guerre du Canada, Arcand se trouve donc loin de *L'Illustration nouvelle* et, en quelque sorte, du feu de l'action. Se cache-t-il, comme on pourrait être tenté de le croire à première vue ? Pas du tout. Tout le monde sait où il est. M. Arcand loge au Club Chapleau, dans les Laurentides. Là, il se livre à un de ses loisirs préférés : la chasse. Rien de tel, pense-t-il, pour se refaire une santé. Il aime depuis toujours faire tonner son fusil pour emplir sa gibecière des lièvres et des perdrix des Laurentides, comme il aime aussi pratiquer la chasse fine nécessaire à la prise de plus grosses bêtes. Écorcher un ours ou un chevreuil puis, le soir venu, observer un ciel criblé d'étoiles lui apparaît, à l'instar de beaucoup de Canadiens de sa génération, comme un des très grands plaisirs de l'existence humaine.

Le lendemain de son retour au journal, Arcand remonte sur une estrade à titre de chef du PUNC. Le déclenchement de la guerre ne l'empêche pas de continuer de tenir des rassemblements en faveur d'un nouveau régime politique à Ottawa. Est-ce simple inconscience ou pure provocation de sa part s'il estime que renverser le régime canadien continue d'être la priorité même à l'heure où le tocsin de la guerre a sonné ? Il n'hésite pas à employer l'image de la marche mussolinienne sur Rome. Il est question de s'emparer du pouvoir par tous les moyens, y compris l'élection démocratique ! « En marche vers Ottawa », proclame son ralliement montréalais du mardi 20 septembre 1939 au marché Saint-Jacques, au coin des rues Ontario et Amherst, juste devant la pharmacie des Vadeboncœur. L'assemblée est annoncée dans les journaux. Les curieux s'ajoutent aux militants, comme toujours.

En octobre 1939, donc à peine revenu de son repos régénérateur dans les Laurentides, Arcand s'absente à nouveau six jours, cette fois pour faire campagne en faveur de Duplessis. Il se consacre aussi une dizaine de jours à une campagne contre la canalisation maritime du Saint-Laurent dont on trouve quelques échos sous sa plume dans *L'Illustration nouvelle*.

Au journal, les absences répétées commencent à être difficilement tolérables et de moins en moins tolérées. Les rapports entre l'administration et Arcand apparaissent plus tendus que jamais. Eugène Berthiaume l'a jusqu'ici toujours soutenu. Il a même fait preuve à son égard de beaucoup de souplesse. Mais il lui reproche désormais, non sans raison, de s'occuper beaucoup moins du journal que de ses activités politiques, voire de sa seule petite personne.

À compter d'octobre 1939, Arcand n'écrit plus rien dans *L'Illustration*. Plus rien jusqu'au jour où il part en principe se reposer à nouveau dans le Nord ! Il démissionne de la rédaction du journal à ce moment, après s'être cassé une jambe, dit-il, ce qui l'oblige à un nouveau repos forcé et prolongé. Est-ce là une simple mise en scène, celle d'un homme que commencent d'inquiéter les lois d'exception qui planent au-dessus de sa tête comme une menace prête à s'abattre ? Ou est-ce plutôt le jeu d'un homme habile qui fait tout simplement en sorte de quitter en douce ce journal qui pique du nez à très grande vitesse ?

Lorsque, au début de 1940, Arcand quitte officiellement ses fonctions à *L'Illustration nouvelle*, rien ne va plus au journal. À la suite d'une nouvelle grève des typographes, Eugène Berthiaume donne des instructions pour tout simplement fermer boutique. Il n'a pas l'intention de continuer de maintenir plus longtemps en vie ce canard boiteux. La direction licencie la majorité du personnel et tente finalement *in extremis* de maintenir l'affaire en vie pour quelques mois de plus. En vain. *L'Illustration nouvelle* finira par être reprise par l'Union nationale, qui en fera le *Montréal matin*, un journal bien dressé à lui rapporter pleine satisfaction électorale...

Début octobre 1939, la Gendarmerie royale (GRC) se présente à l'improviste au lac Saint-François et pose pied sur l'île du Dr Lalanne. Elle y saisit divers objets liés au nazisme, croix gammées, large photo d'Hitler, et autres. Le riche docteur n'est pas incommodé davantage par les autorités, semble-t-il, même si les agents mettent aussi la main, lors de cette descente, sur un émetteur radio à longue portée, un poste T.S.F. Peut-on soupçonner Lalanne d'entretenir des relations radio avec l'ennemi ? Hugues Théorêt, qui s'est passionné pour l'histoire de Lalanne, raconte que le médecin a prétendu entretenir tout au plus des échanges avec des confrères allemands [7]. Mais devant tant de signes d'engagement fasciste, en plein début de guerre, la GRC lui donne-t-elle vraiment « le bénéfice du doute », sans plus de formalités ? D'autres hommes moins compromis que lui connaissent des sorts

Saisie de matériel de propagande.

autrement plus difficiles. Peut-être Lalanne jouit-il de relations qui jouent en sa faveur.

Un autre bon ami d'Adrien Arcand, le notaire Jean-Louis Robillard, recevra la visite d'un officier en civil de la GRC qui lui conseille de se débarrasser de papiers qui pourraient établir ses liens avec l'organisation fasciste. Lorsqu'une descente survient à son cabinet quelques jours plus tard, les pièces compromettantes sont déjà loin. Le notaire évite ainsi de se retrouver les menottes aux poignets [8].

Le printemps 1940 est le théâtre en Europe d'une confusion et d'une désorientation totales. Le Danemark et la Norvège tombent, puis les Pays-Bas, la Belgique et bientôt la France. Les troupes de la Wehrmacht repoussent vers la mer, à Dunkerque, les soldats français et anglais qui ont tenté en vain de contenir leur avance. Des conditions difficiles sont fixées pour la population par l'occupant allemand. Très vite, rien ne va plus pour les Alliés.

Dans la débâcle, on ne tolère plus l'expression d'une pensée jugée en lien direct avec celle de l'ennemi. En Angleterre, le 23 mai 1940, le chef fasciste Oswald Mosley et son lieutenant, le capitaine Ramsay, sont arrêtés, de même que 80 cadres de leur parti. Ils resteront en prison jusqu'à la fin de la guerre, sans connaître de procès.

Au Canada, toujours le 23 mai, la GRC et la police de Montréal mènent des descentes chez au moins sept activistes d'Arcand. Elles saisissent du matériel de propagande et les listes de membres du parti à ses quartiers généraux. Tout le matériel saisi nécessita six camions que l'on chargea durant six heures. Les autorités ont pour objectif avoué de « débarrasser la métropole des espions et de tous ceux qui cherchent à saper le moral des Canadiens au bénéfice des nazis et favoriser une invasion teutonne au Canada [9] ».

Dans les jours qui suivent, d'autres opérations sont menées contre l'organisation fasciste. Hugues Clément, un des cadres des Légionnaires, se livre à la police, qui met aussi la main au collet d'organisateurs et de cadres du parti, dont Henri Arcand, responsable du transport, frère d'Adrien, Marius Gatien, responsable de la propagande, G.-R. Barck, un organisateur, le fidèle major Maurice Scott, chef des Légionnaires, et son adjudant, Paul Giguère.

Des opérations policières contre le PUNC sont aussi menées près d'Ottawa, où on saisit du matériel de propagande et procède à l'arrestation du militant Alexandre Brosseau. La police annonce aussi avoir conduit, dans toutes les provinces canadiennes, des opérations similaires contre des mouvements susceptibles de nuire aux opérations militaires. Joseph Farr et John Loriner sont arrêtés à Toronto. Dans l'ouest du pays, on arrête John Schio en Saskatchewan, John-S. Lynds au Manitoba et C.-S. Thomas en Colombie-Britannique. Dans l'est, Daniel O'Keefe est appréhendé au Nouveau-Brunswick et William McDuff en Nouvelle-Écosse.

À Montréal, quelque 10 000 manifestants réclament qu'Ottawa interne tous les membres supposés d'une cinquième colonne[10]. Le vent a définitivement tourné pour le PUNC. Sous l'accusation d'avoir nui à Sa Majesté, on part aussi en chasse contre Arcand, qui ne bronche pas.

Les frères O'Leary des Jeunesses patriotes pensent eux qu'il est préférable de prendre ses jambes à son cou. Les Jeunesses patriotes sont surveillées de plus en plus près par la GRC. Elles sont bientôt harcelées par les services de police.

Il y a même eu une descente chez le libraire-éditeur René Sarrazin, raconte Walter O'Leary. C'était le libraire des Jeunesses patriotes. On y trouvait là toutes nos publications. Elles ont été saisies et... elles n'ont jamais été restituées, y compris le livre de Dostaler, mon frère, *Séparatisme, doctrine constructive*. Le harcèlement ne cessait pas. On a même écrit à ma mère que si je ne cessais pas mes activités, je serais emprisonné. Le comité directeur des Jeunesses patriotes a décidé de suspendre nos activités. Nous avons dû nous exiler en Amérique du Sud mon frère et moi pour la durée de la guerre[11].

Paul Bouchard de *La Nation* fera de même. Pour s'éviter la prison ou, à tout le moins, des tracasseries liées à ses positions politiques, il fuit lui aussi, pour la durée de la guerre, en Amérique du Sud. À compter de 1942, il passe d'un pays à l'autre, visite le Mexique où sa demi-sœur réside, mais aussi le Chili, le Brésil, le Pérou et l'Argentine. Il y étudie l'histoire, la géographie et l'économie. Selon son ami Jean Côté, il vit alors l'exil dans des conditions extrêmement précaires[12]. Il ne rentrera au Canada qu'en 1945, quelques semaines avant la fin de la guerre, alors que la tension politique s'est relâchée en raison du dénouement prévisible du conflit en faveur des Alliés, tant en Europe qu'en Asie.

Le 30 mai 1940, Adrien Arcand et le dentiste Noël Décarie, trésorier du PUNC, sont arrêtés près d'un lac des Laurentides, tout près de Nominingue. Depuis quelques jours, Arcand y pêche tranquille, béret bien calé sur la tête, cigarette au bec. Les

*En juin 1940, les principales têtes du parti fasciste canadien se retrouvent
devant le juge. Au banc des accusés, le Dr Noël Décarie, Maurius Gatien,
Maurice Scott, John Loriner, Joseph Farr, Adrien Arcand,
son frère Henry, Léo Brunet, et G.-R. Barck.*

deux hommes sont conduits en prison, menottes aux mains, et placés sous bonne garde. Le soir même, Yvonne Arcand, toujours active au côté de son mari depuis ses débuts en politique, se rend aux bureaux de la GRC afin de prendre des nouvelles de son mari et de ses partisans incarcérés. Selon *La Presse*, elle demande aussi aux autorités de récupérer une forte somme, plus de 7 000 $, que la police aurait saisie en procédant à l'arrestation de Noël Décarie. Plusieurs documents sont saisis par la police dans cette nouvelle vague d'arrestations, dont une collection de textes antisémites rassemblés par le Service de propagande nazie (Welt Dienst). Arcand, plus tard, regrettera beaucoup la disparition de ces imprimés virulents [13].

La Loi des mesures de guerre, mesure d'exception, ne laisse aux accusés aucune chance de se défendre. Adrien Arcand et ses seconds Noël Décarie et Hugues Clément sont les premiers à être mis en accusation. De quoi les accuse-t-on ? On leur reproche d'avoir répandu, du 3 septembre 1939 au 29 mai 1940, des rapports ou fait des déclarations avec l'intention de causer de la désaffection ou de causer préjudice aux chances de succès des troupes de Sa Majesté. Selon ce qu'en rapporte *La Presse*, on reproche aussi au parti d'Arcand de nuire au recrutement par divers moyens et de répandre des idées préjudiciables à la poursuite efficace d'une victoire militaire. Comme toujours, c'est Salluste Lavery qui entreprend de défendre les activistes de ses bons amis fascistes. Mais pour une fois, Arcand refuse les services de son avocat afin de pouvoir plaider seul sa cause.

La réalité, Arcand aurait voulu depuis plusieurs années qu'elle soit dans ses inventions de tirages extraordinaires, dans ses alignements imaginaires de troupes importantes capables d'une puissance révolutionnaire contenue par sa seule volonté de chef tout-puissant. La fiction est loin de la réalité, mais pour la société canadienne, la réalité a fini par prendre peur de la fiction. C'est en accusant Arcand de ses rêves que cette société canadienne assure sa propre rédemption, elle qui était par ailleurs souvent si favorable à des idées d'extrême droite.

Qu'est-ce qu'Arcand peut bien dire pour sa défense devant un système qui se donne alors tous les moyens légaux d'emprisonner des gêneurs sans justement s'empêtrer dans trop de formalités légales ? Le 6 juin, le lieutenant québécois de Mackenzie King, le ministre de la Justice et procureur général du Canada Ernest Lapointe, déclare illégales plusieurs organisations fascistes et communistes au pays. Le PUNC compte désormais au nombre des organisations bannies.

À Montréal, au matin du 19 juin 1940, dans la salle d'audience de la deuxième chambre de la Correctionnelle, Adrien Arcand et 10 coaccusés sont entendus devant le juge Rodolphe DeSerres, ancien commandant du 22ᵉ bataillon canadien-français levé en 1914 pour aller combattre outre-mer.

Mᵉ Fernand Chaussé s'occupe de Marius Gatien, Mᵉ Cotton de John Loriner, Mᵉ Didier Leroux d'Hugues Clément, et Mᵉ Salluste Lavery de tous les autres accusés, dont J. C. Farr et le Dʳ Noël Décarie. Tout le monde a un avocat. Sauf Arcand.

La Couronne dépose une ou deux caisses de lettres devant le juge, les lit, les fait valoir comme des preuves éclatantes de la collusion de ces militants avec l'univers de pensée nazi. Ce sont pour la plupart des lettres venues d'Allemagne, d'Italie et d'Angleterre qui sont retenues à charge contre les membres du PUNC. Elles sont échelonnées sur une période qui va de 1934 à 1939. Que disent-elles ? Elles professent un antisémitisme militant, montrent qu'il existe des échanges de renseignements à ce sujet comme au sujet de luttes contre le communisme et contre la finance internationale. D'autres lettres, plus récentes, montrent que les hommes d'Arcand se déclarent prêts à obéir à ses ordres. La Couronne montre aussi qu'Arcand entretient une correspondance soutenue avec le chef fasciste anglais Oswald Mosley. Après avoir reçu des nouvelles de son homologue anglais, Arcand écrit ainsi à Farr, son confrère de Toronto, une missive mystérieuse que reprend volontiers la presse : « Mosley m'écrit que les choses vont vite, vous savez ce que ça veut dire, ça s'en vient de plus en plus, je ne puis en dire davantage dans une lettre [14]. »

L'Anglais Henry Hamilton Beamish, chef fasciste installé en Rhodésie, est cité devant le juge DeSerres. Beamish aurait écrit ceci : « Après Adolf Hitler, je considère Adrien Arcand au-dessus de tous les autres leaders nazis que j'ai eu l'occasion de rencontrer. » En 1936, Beamish a passé une dizaine de jours au Canada en compagnie d'Arcand au cours d'un séjour de trois mois en Amérique [15]. Il en a gardé visiblement un excellent souvenir.

Devant le juge DeSerres, on confond la nature exacte des effectifs d'Arcand avec ce qu'il a bien voulu faire croire. *La Presse*, dans son édition du 19 juin 1940, reprend l'idée que le « major » Maurice Scott aurait eu à sa disposition d'importantes Légions, au nombre de 204. Chacune devait comprendre 229 hommes, ce qui porte l'ensemble de ces troupes paramilitaires à environ 47 000 hommes ! Entre ces rêves éveillés et la réalité, il y avait évidemment une très grande différence, comme on l'a déjà montré dans ce livre. Comment en plus faire craindre Scott si l'on doit considérer dans la balance qu'il s'est porté volontaire, dès septembre 1939, pour se battre au sein de l'armée canadienne contre les nazis [16] ?

Les 11 hommes, pointés du doigt par Me Gérald Fauteux, avocat de la Couronne, sont accusés de représenter un risque pour le pays face à l'ennemi. Le dossier à charge comporte aussi le fait qu'Arcand s'est rendu au consulat allemand et qu'il a échangé des lettres avec le consul afin d'obtenir le droit d'utiliser le service de nouvelles transocéanique de Berlin. On néglige de dire – mais peut-être qu'on ne le sait pas – qu'Arcand a fait ces démarches au bénéfice de *L'Illustration nouvelle*, à la demande expresse d'Eugène Berthiaume, son patron. Arcand n'aura pas le temps de s'expliquer à ce sujet.

Si les proximités intellectuelles avec l'ennemi sont claires, l'intention de le servir formellement en temps de guerre l'est décidément beaucoup moins. Peu importe, l'affaire est bien vite expédiée. Le juge DeSerres abonde dans le même sens que l'avocat de la Couronne : « Tout cela révèle l'existence d'un complot contre l'État. »

Le procès n'a pas seulement fait le premier tour des documents déposés qu'il est suspendu. La Loi des mesures de guerre permet de tout expédier. Le 22 juin, Ernest Lapointe, ministre fédéral de la Justice, ordonne que les 11 accusés soient envoyés en détention. Il annonce en Chambre qu'Arcand et ses hommes vont demeurer séquestrés pour la durée entière de la guerre.

D'abord trois jours dans les prisons municipales, puis trois semaines au pénitencier. Ils traversent cinq ou six séances de photos et de prise d'empreintes digitales. Les 18 premiers mois d'internement, ils n'auront pas droit aux visites de leur femme ou de leur famille. Pendant les deux premières années d'internement, Arcand souffre de graves dérèglements des fonctions rénales [17].

Les autres chefs fascistes de l'Empire britannique connaissent des sorts semblables. H. H. Beamish est incarcéré à la prison de Salisbury, en Rhodésie, à compter du 10 juin 1940. Ses démarches auprès du premier ministre, Sir Godfrey Martin Huggins, ne changent rien. Comme il l'écrit à Arnold Leese, pour sa part

emprisonné à la prison de Brixton, à Londres, il a été placé derrière les barreaux sans accusations et sans procès [18]. Depuis sa
prison, Beamish soutient qu'il n'a pas de liens avec le nazisme allemand mais continue d'affirmer qu'il y a en Rhodésie un problème
juif et un problème asiatique [19]. Beamish sera libéré le 3 juillet
1943, sans être jamais parvenu à se faire préciser les accusations
ayant légitimé son incarcération. Selon ses dires, il a passé l'essentiel de son temps en prison à lire l'*Histoire de la décadence et de la
chute de l'Empire romain* de Gibbon et des livres sur l'histoire de
l'Afrique du Sud, notamment sur la découverte des diamants et
leur exploitation à compter de 1806 [20]. Un partisan de Beamish,
J. Wynn, de Tai Mawr dans le Denbighshire, sera aussi arrêté en
juillet 1940 et passera plus de deux ans et demi en prison avant
d'être relâché grâce aux efforts d'un vieil ami député [21]. Des partisans de Franco qui résident à Gibraltar sont eux aussi arrêtés
en juillet 1940 puis incarcérés en Angleterre [22]. Ils seront libérés en 1941. Mais c'est Arcand qui détiendra le record du temps
d'internement en temps de guerre parmi la fratrie de fascistes du
monde anglo-saxon.

Arcand et ses hommes sont tout d'abord envoyés au camp de
Fredericton, au Nouveau-Brunswick. Prisonnier ou pas, Arcand
continue de se comporter comme un chef. Il ne cède pas sa place
devant un simple gardien, maintient un formidable quant-à-soi
qui impressionne ou déplaît, c'est selon [23]. Le Dr Décarie fait
même du prosélytisme au camp. Selon le témoignage du médecin
Robert Ingram, qui connut de près Décarie à Fredericton où il
menait avec lui des inspections pour évaluer la santé des détenus,
Décarie ne renonçait pas à ses convictions fascistes et à sa haine
pour les communistes. Le jour où Ingram affirme enfin qu'il
souscrit aux thèses de Décarie, celui-ci jubile et soutient qu'une
fois au pouvoir, son parti fasciste verra à le nommer médecin-chef
du Canada [24] ! L'internement ne leur fait pas changer d'idée.

À l'été, Adrien Arcand, prisonnier matricule P503, est trans-
féré à Petawawa, un camp militaire du nord de l'Ontario. Sur la
route qui conduit à Sudbury, au milieu de kilomètres de forêts,

se dressent des baraquements battus, hiver comme été, par de violentes bourrasques. Pendant des décennies, Petawawa fut synonyme de barbelés et de répression dans l'imaginaire collectif.

Ainsi, lorsque j'étais petit, Armande Quintin, ma grand-mère, me disait, dans les occasions où je me montrais trop turbulent, qu'elle m'enverrait à Petawawa si je ne me calmais pas tout de suite... Je ne comprenais pas le sens exact de « Petawawa », mais je savais d'instinct qu'un lourd nuage de menaces planait soudain au-dessus de ma tête.

Le maire Camillien Houde, qui depuis longtemps n'entretient pas des relations très cordiales avec Arcand, est lui aussi envoyé à Petawawa. Son enthousiasme à l'égard du fascisme européen l'a rendu indésirable en temps de guerre. Le 7 février 1939, devant un auditoire anglophone, le maire s'est lancé un peu loin et en paye vite le prix. Il affirme alors que « les Canadiens français de la province de Québec sont fascistes par le sang sinon par le nom, et si l'Angleterre doit aller en guerre contre l'Italie, leurs sympathies iront vers les Italiens [25] ». Qui plus est, Houde a déclaré en public être farouchement opposé à la conscription, tout comme nombre de nationalistes canadiens-français qui estiment qu'on tente de les tourner en bourrique, une fois de plus, dans une guerre impériale. Pourquoi les Canadiens français soutiendraient-ils une guerre dont l'effet immédiat le plus perceptible pour eux serait le renforcement de l'impérialisme britannique ? Houde ose demander à la population de ne pas se conformer à l'enregistrement national exigé par le gouvernement. Il n'en faut pas plus pour mettre le feu aux poudres : la presse anglophone demande sa tête.

Le 5 août 1940, en fin de soirée, le maire Houde est arrêté à sa sortie de l'hôtel de ville de Montréal. Le gros bâtiment municipal de style Second Empire, décoré à la manière de l'hôtel de ville de Tours en France, ne reverra pas Houde de sitôt. Le maire de Montréal est conduit sous escorte jusqu'au camp de Petawawa. Houde a tout de même un peu plus de chance qu'Arcand : il est relâché en 1944, à la suite d'un feu roulant de protestations.

Dans le cas d'Arcand, des demandes répétées pour la révision de son procès ne conduisent qu'au maintien de son incarcération. À chaque nouvelle demande officielle adressée aux autorités, on conclut invariablement qu'il doit rester enfermé à Petawawa.

Des civils d'origine allemande, japonaise, italienne sont aussi emprisonnés au Canada pour des raisons de sécurité, sans connaître de procès. Le soupçon suffit. Les autorités arrêtent même des Juifs allemands, mis dans des camps comme les autres, comme s'ils pouvaient représenter un appui au régime hitlérien ! Pendant trois ans, quelque 300 Juifs sont internés au fort de l'Île-aux-Noix, au milieu de la rivière Richelieu. Dans les Cantons de l'Est, à Sherbrooke, on emprisonne nombre de Juifs avec des prisonniers de guerre. Les conditions de vie dans les baraques sherbrookoises sont insalubres. Plusieurs détenus doivent dormir à même le plancher. Dans un rapport daté d'octobre 1940, le major Donohue explique que les baraques où sont entassés les prisonniers sont bien petites et que « l'espace entre les lits disponibles est restreint, ce qui rend l'entretien de l'endroit difficile ». Jamais vu « des baraques aussi sales », dit-il. « Aucun hôpital n'a été prévu et les malades doivent dormir avec les autres internés [26]. » Ces prisonniers déguenillés sont traités rudement parce que les autorités les jugent « obstinés » et « non coopératifs ». On le serait à moins, il est vrai...

Quelle est la vie à l'ombre des miradors du camp de Petawawa ? Les corvées balisent le quotidien. La promiscuité forcée rend les rapports humains difficiles. Petawawa n'est tout de même pas le lieu d'actes extrêmes qui dépassent l'imagination, comme c'est le cas dans les camps nazis ou les goulags soviétiques. Une clôture maligne de barbelés et des miradors tiennent néanmoins farouchement à distance du monde extérieur ceux qui s'y trouvent...

Pour les prisonniers existent tout de même de longs moments de loisirs. Dans des bois tendres, Arcand sculpte patiemment des broches et des boutons. Il fabrique aussi des boîtes à bijoux et d'autres objets du genre, souvent ornés des symboles de son parti, le flambeau, le castor. Il sera toujours très fier de l'ensemble de ses bricolages de captivité [27].

Les militants fascistes demeurent très unis. Arcand dira à son ami H. H. Beamish que ses hommes sont toujours les plus joyeux au camp et, de ce fait, les plus populaires. Ils conservent un moral très élevé, ce qui n'est pas le cas de tout le monde. Au point que plusieurs autres prisonniers ne pourront comprendre tout à fait l'état d'esprit de ces gens-là [28]. Arcand dira ne jamais avoir perdu sa « joie de vivre » au cours de son internement [29].

Au camp de Fredericton, Arcand et le major Scott avaient réussi à convaincre les prisonniers de donner du sang pour les victimes de la guerre par l'entremise de la Croix rouge. L'offre fut signifiée à trois reprises au commandant du camp, qui l'ignora semble-t-il [30]. Les hommes d'Arcand apparaissent volontiers la cible d'injustices. Comme les paquets de victuailles offerts aux prisonniers par la Croix rouge n'étaient pas distribués également, ils décidèrent de tout mettre en commun, raconte Arcand à un de ses admirateurs, le procureur Marvin Brooks Norfleet de Memphis, au Tennessee.

À Fredericton comme à Petawawa, Arcand constitue autour de lui une petite cour. On trouve au premier rang Gérard Lemieux, Maurice Scott, ainsi que les Dr Lambert et Décarie. Scott maintient en prison un enthousiasme de tous les instants pour les idées de domination du PUNC. Il est le premier à insister pour que se continue la pratique des exercices spartiates propres au PUNC, en plus d'accepter d'être soumis à la discipline qu'impose déjà le camp.

Selon le témoignage d'un prisonnier, Bruce Magnuson, les fidèles d'Arcand lui ont construit une sorte de trône où il s'installe lors des exercices de ses hommes, flanqué de gardes à ses côtés. Toutes les manœuvres du groupe Arcand, dans des circonstances pareilles, lui semblent pour le moins immatures [31].

D'autres détenus conservent de meilleurs souvenirs d'Arcand. C'est le cas d'Alex Navarro, fortement impressionné par la personnalité d'Arcand, bien qu'il affirme ne croire qu'en Dieu et n'avoir jamais eu le moindre intérêt pour les partis politiques. À son arrivée au camp de Fredericton, Arcand lui aurait prêté sans hésiter 10 $ et le Dr Noël Décarie se serait occupé de ses mauvaises dents.

> Dans cette même institution où vous êtes maintenant, lui écrit-il le 12 mars 1945 depuis le Château Frontenac, je n'ai rencontré qu'un seul gentleman, et c'est vous, sans égard à vos idées. Je n'oublierai ni la bonté ni la courtoisie que vous avez montrées à mon égard tandis que j'étais là, particulièrement tandis que j'étais à l'hôpital à Petawawa. Ces cigarettes mises sous mon oreiller... pour moi, c'est inoubliable [32] !

À sa sortie du camp, Navarro a été accueilli à Québec par la mère du Dr Décarie et son frère Paul, avant de s'installer au chic hâteau Frontenac. Il y a de bien pires façons de reprendre contact avec la vie civile !

Pour remercier Arcand de ses bontés, Navarro lui offre d'envoyer un chèque de 1 000 $ à sa femme Yvonne dès que possible afin de contribuer à l'éducation de ses trois enfants. L'a-t-il fait ? Il a à tout le moins déjà envoyé de l'argent à Arcand le 10 mars 1945, depuis Fredericton, sous forme de mandat [33].

Au cours de ses années de détention, Arcand sera très fortement secoué par la mort du major Scott. Le colosse un peu trop enveloppé est victime d'une crise cardiaque qu'Arcand imputera à ses seules conditions de détention. Scott a fait deux crises d'angine. Le commandant et le médecin ont recommandé qu'on le libère en raison de son état de santé, mais cette libération n'a pas été agréée par les autorités. Trois jours après sa dernière attaque d'angine, le major Scott meurt à l'hôpital Victoria de Fredericton [34].

Très proche de Scott depuis plusieurs années, Arcand vit difficilement cette disparition dont il parlera beaucoup. H. H. Beamish, qui correspondait aussi avec le major Scott depuis sa prison de Rhodésie, affirme que sa mort constitue « une grande perte pour la Cause [35] ».

Arcand affirme par ailleurs avoir été victime d'une tentative d'assassinat alors qu'il était interné. Cette « attaque » serait survenue à Petawawa en 1942 [36]. Quelqu'un, dit-il en évoquant « ses médecins », aurait voulu l'empoisonner [37]. À l'entendre, on aurait déjà voulu l'éliminer ou lui faire peur, à une autre période de sa vie, avec un revolver ou une mitraillette. Fabulations, encore une fois ?

Contrairement à ce que purent écrire certains de ses admirateurs mal informés, Arcand ne préfère pas rester enfermé afin de s'éviter de voir, dans la société civile, les progrès effectués par les communistes à l'occasion d'un effort de guerre commun contre les puissances de l'Axe [38]. Il lutte au contraire pour sortir de là aussitôt que possible et ne désespère pas de retrouver sa liberté à force d'en appeler de sa condition. Il plaide par écrit à plusieurs reprises sa remise en liberté, tout en renouvelant l'expression de sa fidélité à l'égard du Canada et de sa couronne. À chaque fois, après une rapide analyse de ses épîtres, il est recommandé de maintenir Arcand et les siens sous les verrous...

Mais au total, Arcand ne se plaint pas trop de sa condition de prisonnier. Mis à part quelques éclats individuels d'égoïsme, d'étroitesse d'esprit et de malveillances dont il ne se soucie pas trop, il affirme que « le traitement général qui leur est accordé est équitable » dans l'ensemble, « bien que dans les limites strictes des règles d'une prison ou de camps de concentration ». Ses cinq années de prison ont été pour lui propices à « la pensée, la méditation, la prière, la réflexion et le repos [39] ». Pour sa femme et ses enfants, il est bien conscient que la situation qui résulte de son absence fut autrement plus difficile à supporter. « Ils ont eu à déménager à plusieurs reprises et ont vécu comme des réfugiés. »

À l'été 1945, Adrien Arcand se trouve toujours en prison avec 72 autres hommes qu'il estime être des partisans de ses idées : 26 Canadiens français, deux citoyens des îles britanniques, 33 Canadiens de l'Ouest d'origine allemande, une dizaine d'origine italienne et quelques autres [40]. L'organisateur du PUNC et lui seront les derniers à être libérés.

Pour tous ces hommes qui ont subi comme lui l'épreuve des camps, il aura toujours des attentions spéciales et une écoute particulière. À ses anciens compagnons de réclusion, il réserve même un tirage hors commerce d'un livre en 1966 [41].

Le 3 juillet 1945, alors que sa femme a convenu de lui rendre visite le jour même, Arcand est libéré. Cette nouvelle la secoue autant que celle de son arrestation, cinq ans plus tôt. La joie alterne avec les larmes. Arcand se retrouve devant les portes du camp. Il goûte à nouveau la simple joie de vivre libre. Cinq années et cinq semaines passées derrière les barbelés sont désormais derrière lui.

À qui l'observe alors, son avenir ne peut que paraître plombé. Son employeur avant la guerre, Eugène Berthiaume, a vendu *L'Illustration nouvelle*, devenue peu à peu une feuille de l'Union nationale, un parti dont Arcand aimera de plus en plus dire, sans motif, qu'il en est un des cofondateurs. Berthiaume ne peut plus lui donner d'emploi, même s'il a tout de même offert de payer une caution pour le faire libérer. Après cinq années de réclusion, qui peut bien vouloir engager un journaliste plein de soufre comme Arcand ? Berthiaume n'en a d'ailleurs plus pour longtemps à vivre. Tout le monde le donne pour mort. Pourtant, il renaît. Mais non sans peine.

Un député d'Ottawa, Fred Rose, le seul qui soit d'allégeance communiste en Chambre, réclame du gouvernement l'éradication définitive du fascisme dans la société. Dans sa volonté de mettre définitivement les fascistes au pied du mur, il pointe du doigt Arcand. Il souhaite qu'il soit enfin jugé et, bien sûr, condamné [42]. Conformément à la ligne politique des communistes, Rose veut en finir avec le spectre du fascisme. Mais sa volonté d'avaler Arcand pour de bon se heurte à des obstacles juridiques. C'est d'ailleurs Rose qui goûtera finalement à cette justice expéditive qu'il souhaite voir administrer à Arcand. En 1946, le député communiste est accusé d'espionnage pour le compte de l'Union soviétique, emprisonné, puis déporté en Pologne.

Léa Roback, organisatrice de Fred Rose, estime que plusieurs Juifs étaient partis en Ontario avant la guerre parce qu'ils avaient peur d'Arcand. Aux yeux de cette militante communiste, Arcand est obsédé par le pouvoir et n'a que faire du catholicisme. « La religion, ça ne le dérangeait pas du tout. Lui, c'était le pouvoir qu'il voulait [43]. » Va pour le pouvoir, mais pour la religion, l'affaire paraît plus complexe que Léa Roback veut bien le croire.

Aux yeux d'Arcand, toujours enclin à tout expliquer par un complot, qu'il soit juif ou communiste, Fred Rose devient d'un coup le seul vrai responsable de sa détention. Il le répétera très volontiers à ses correspondants, notamment à son ami Henry H. Beamish [44]. Furieux contre Rose, Arcand le rend d'un coup seul responsable de tous les maux dont il a souffert derrière les barbelés.

CHAPITRE 10

L'OGRE DE LANORAIE

Savez-vous bien que c'est ici la maison
d'un ogre qui mange les petits enfants ?

CHARLES PERRAULT, *Le Petit Poucet*

L E 18 MAI 1942, Yvonne Arcand débarque avec ses enfants à Lanoraie, village situé au bord du fleuve Saint-Laurent, à une cinquantaine de kilomètres en aval de Montréal [1]. La famille s'installe dans une résidence d'été. La belle saison venue, il est alors commun, pour les familles de citadins bien nantis, de s'évader de l'univers du bitume et du béton pour goûter l'air frais, au bord de l'eau, souvent le long du fleuve. Mais les Arcand ont quitté Montréal non dans un pur souci de villégiature, mais tout simplement pour bénéficier d'un toit que leur offre un ami. Nécessité oblige, Yvonne Arcand a déjà dû déménager plusieurs fois avec ses trois enfants depuis que son mari est incarcéré. Les meubles autant que les habitudes de l'avant-guerre ont disparu dans la tourmente de ces déplacements forcés et répétés.

Une fois arrivée à Lanoraie, la militante des causes de son mari comprend vite qu'elle ne partira plus de ce village [2]. Des amis du parti veillent, de loin en loin, sur la famille. C'est le notaire Robillard qui a acheté la maison pour les Arcand. Il leur en offre l'usufruit [3].

L'aîné des fils d'Arcand s'enrôle comme volontaire dans l'armée. Au moment où le conflit se termine, il a 18 ans et doit en principe être envoyé en Europe pour combattre.

Quatre hivers passent sans le père. En juillet 1945, deux mois après la fin de la guerre en Europe, Adrien Arcand est libéré. Il débarque à son tour à Lanoraie pour y retrouver sa famille. Il a 45 ans lorsqu'il redécouvre petit à petit les plaisirs d'une certaine intimité auprès des siens. Ses meubles et à peu près tout ce qu'il possédait avant la guerre ont disparu, mais il ne s'en fait pas trop, bien conscient que la situation de chacun peut chavirer rapidement [4]. Ses idées, elles, demeurent les mêmes.

> Plus j'ai considéré et pesé mes idées, mes propositions et mes solutions, le plus j'ai été convaincu de la justice et de la justesse de notre cause. [...] J'ai été très heureux durant ces années d'internement, et fier de souffrir pour la Cause et d'être un exemple de ce que j'avais toujours prêché à nos disciples [5].

Arcand n'a guère eu l'occasion de goûter à la vie de famille avant la guerre, toujours écartelé entre son travail de journaliste et une multitude d'activités politiques. Rien de bien différent des hommes de sa génération, souvent loin de leurs proches. Arcand découvre en 1945 des enfants déjà grands, bien différents de ceux qu'il a laissés à la charge de sa femme cinq ans plus tôt, à l'heure d'être interné. L'aîné mesure 6 pieds 2 pouces (1,89 mètre). Les deux plus jeunes ont pour leur part doublé de taille depuis qu'il les a vus la dernière fois [6].

Que fait-il ? Il fend le bois à la hache pour nourrir le feu de la grosse cuisinière en fonte émaillée de la maison. Il égrène aussi ses souvenirs, au fil de la conversation, comme il égrène son chapelet. Arcand se met bientôt à la peinture, encouragé par quelques amis, puisque certains lui affirment qu'il est tout à fait doué pour l'art, surtout pour les portraits très formels qu'il s'applique à exécuter de son mieux à l'aide de tubes de couleurs à l'huile. Il exécute quelques copies de classiques, dont une Mona Lisa qu'appréciera favorablement un journaliste qui lui rend visite un jour, tout en mettant alors en doute la valeur de la plupart de ses autres travaux d'artiste.

Peintre de chevalet, Arcand produit des toiles attachées à un strict réalisme. Il déteste tout de la peinture contemporaine qui tente de s'affranchir de canons anciens. Picasso, Dali, Dubuffet et Chagall sont pour lui des « incroyables », c'est-à-dire des producteurs grossiers d'« horribles barbouillages » liés à la décadence [7]. Que l'art puisse s'élever vers de nouveaux sommets ne lui apparaît possible que dans la mesure où l'artiste soumet d'abord son travail aux règles du bon goût édictées par l'Église. « S'il y a eu avancement dans les beaux-arts : peinture, sculpture, architecture, mosaïque, poterie, orfèvrerie, chant, musique, polyphonique, etc., avec les Fra Angelico, les Raphaël, les de Vinci, les Michel-Ange, etc., c'est à la Papauté qu'on le doit [8]. »

À sa grande surprise, Arcand reçoit quelques commandes pour des toiles. Elles lui sont, dit-il, bien payées [9]. Ce sont des portraits auxquels il travaille de son mieux. Il exécute aussi, de sa propre initiative, des portraits d'amis qu'il présente dans des poses classiques, du type de celles qu'appréciait déjà une noblesse du Moyen Âge en quête d'un souvenir immortel. Il réalise notamment le portrait d'un de ses bienfaiteurs, le notaire Louis-Joseph Robillard.

Sa famille a beau s'être établie à demeure à Lanoraie depuis trois ans, il réfléchit bien vite à l'idée d'un nouveau déménagement qui lui permettrait de se réinstaller à Montréal, c'est-à-dire plus près du cœur de la vie qu'il a connue avant-guerre. Arcand a beau avoir loué la grandeur de la vie campagnarde et goûter comme pas un les joies du chasseur terré dans les bois, il n'en demeure pas moins un citadin.

Il considère ainsi avec attention la possibilité d'acquérir un terrain dans l'ouest de l'île de Montréal pour y construire une maison, dans un de ces nouveaux lotissements qui poussent comme des champignons dans l'immédiat après-guerre [10]. Mais, sans salaire de base, ses revenus mensuels sont plus que modestes.

L'inertie toute naturelle d'une famille déjà installée dans ses habitudes achève de faire pencher la balance en faveur de l'établissement définitif à Lanoraie. Mais à Lanoraie, la guerre n'est pas terminée pour Arcand.

En août 1945, alors que le champignon atomique emporte Hiroshima et Nagasaki, il téléphone à son avocat, Salluste Lavery, pour être bien certain que l'interdiction légale du Parti de l'unité nationale du Canada (PUNC) est levée. La police fédérale le confirme, explique Lavery. Cette police se dit même prête à remettre tout ce qui appartient au parti et à ses membres, mais conseille d'en faire la demande par écrit. En parallèle, Lavery affirme ne pas savoir quand siégeront d'éventuels tribunaux de réclamations de guerre, mais recommande à son client et ami de penser à ses réclamations pour « dommages pour perte de salaire pendant cinq ans, dommages pour la santé affectée, importants dommages auprès d'une certaine partie de la population mal renseignée qui ont pu vous prendre pour des ennemis, etc. [11] ».

Le gouvernement canadien, de son côté, n'entend pas pousser plus loin son action contre Arcand. Le ministre de la Justice, Louis Stephen St-Laurent, estime sur la foi d'un document rédigé par un haut fonctionnaire qu'Arcand a déjà purgé durant la guerre la peine maximale envisageable au vu des chefs d'accusation qui pesaient contre lui. Par ailleurs, il ne peut être jugé non plus pour trahison puisque la loi canadienne adoptée à cet effet est postérieure à son inculpation [12].

Arcand, lui, n'est pas du tout satisfait. De quoi l'accusait-on exactement ? Il ne voit pas les craintes qu'ont pu soulever ses idées ou affecte de ne pas les voir. Il veut forcer la tenue d'un nouveau procès. Il songe sérieusement à intenter des poursuites. Il menace, il peste, il vocifère. Mais ils ne sont pas nombreux ceux qui se préoccupent de son sort. Ses menaces ne semblent inquiéter personne au gouvernement.

Parmi les rares appuis que reçoit Arcand, il faut noter celui, étonnant, d'un jeune étudiant en droit à Londres. Ce jeune homme a pour nom Pierre Elliott Trudeau, un futur premier

Des policiers de l'escouade anticommuniste arrachent des affiches
du Parti ouvrier-progressiste à Montréal, en 1952.

ministre du Canada. Au bénéfice de *Notre Temps*, journal proche
de l'Union nationale et dirigé par Léopold Richer, Trudeau
prend la défense d'Arcand de façon tout à fait inattendue. Il
écrit depuis la capitale britannique, le 4 février 1948, un article
riche et dense du type de ceux qui contribueront bientôt à sa
renommée au sein d'une nouvelle revue baptisée *Cité libre*. Dans
son édition du 14 février 1948, *Notre Temps* fait bonne place au
texte de ce jeune collaborateur qui s'élève contre l'emploi de la Loi
des mesures de guerre. Bien sûr, il ignore qu'il y aura lui-même
recours en octobre 1970.

   Le gouvernement canadien, explique Trudeau, prétendit
mener la guerre au nom de la chrétienté et de la démocratie,
mais « sa prétention ne provoqua guère plus de ferveur que de

cynisme, et je ne puis prétendre avoir été moi-même exempt d'en faire ». Pourquoi ? Parce que « le gouvernement sollicitait l'obéissance au nom de la démocratie [...] ; mais il commandait au moyen d'une démocratie telle qu'il l'entendait lui-même. De sorte que les valeurs fondamentales des dirigeants voulaient bien permettre que l'on mourût, mais non que l'on vécût, au nom des valeurs fondamentales des dirigés », c'est-à-dire au nom de « la dignité inestimable de la personne humaine et [du] droit inaliénable pour tout homme de tendre librement vers le complet épanouissement de sa personnalité ».

Pour Trudeau, le gouvernement a donc procédé à l'égard d'Arcand « en marge du droit commun et à l'encontre de toute justice, sans procès régulier, ni défense adéquate, ni pénalité prévue, ni jugement indépendant de l'exécutif ». Au nom des principes qu'il disait défendre, il a donc agi à l'encontre de ses principes.

Du coup, les démarches d'Arcand devant les tribunaux apparaissent exemplaires au jeune avocat Trudeau. « M. Arcand, son procureur et ses corequérants font preuve d'un civisme éclatant en portant ces questions devant les tribunaux ; ils méritent la profonde reconnaissance de tous ceux qui attachent quelque importance à la liberté et à la justice. » Trudeau va-t-il trop loin en félicitant ainsi très chaudement l'avocat Salluste Lavery qui demande réparation pour ses clients ?

Arcand tentera à plusieurs reprises d'être entendu par le gouvernement, mais en vain. L'affaire traîne. Il n'arrive à rien. Le gouvernement repousse ses demandes. En septembre 1958, il présente un mémoire sur les « Réclamations des nationalistes canadiens internés injustement vs le Gouvernement du Canada » par l'entremise de son procureur, toujours le même, Me Salluste Lavery [13].

Edmund Davie Fulton ne pourra alors que répéter que, à titre de ministre de la Justice et de procureur général du Canada, « il ne voit aucune base à ses réclamations [14] ». Arcand continue néanmoins de revenir à la charge. Il ne demande pas de compensation, plaide-t-il auprès du cabinet de Fulton, mais tout simplement le droit de poursuivre le gouvenerment pour un internement « tyrannique, despotique et injuste [15] ». Fulton lui répondra personnellement, le 26 octobre 1958, lui signifiant que l'internement a été fait en vertu de l'article 21 des règles de défense du Canada et qu'il ne voit pas en quoi la Cour pourrait s'opposer au ministre de la Justice de l'époque [16]. Les lettres suivantes d'Arcand, nombreuses, semblent être restées sans réponse. Tout en poursuivant ses requêtes, il s'emploie aux affaires de sa formation politique, sans mener grande vie.

Dans les années suivant son retour du camp, Arcand prendra l'habitude de se rendre à Montréal une fois par semaine pour rencontrer ses amis et essayer, tout doucement, de mettre un peu d'ordre dans les affaires du parti. En 1946, Arcand écrivait : « Il y a eu beaucoup de plaisir depuis mon retour à réanimer le mouvement, mais je demeure ferme dans ma décision de laisser les gens voir, goûter et subir davantage ce que l'"ennemi" leur a brassé [17]. »

Il se montre tout à fait conscient d'avoir été pris pour un illuminé, un fanatique ou un sonneur de fausses alarmes au cours des années d'avant-guerre. « Les gens se moquent des pompiers, sauf quand les flammes dévorent et ravagent ; ils dédaignent les médecins, mais pas lorsqu'ils sentent une grippe mortelle. » Dans cette perspective, il estime stratégique de laisser monter un peu le désastre avant de se manifester vraiment comme un sauveur providentiel.

Bien sûr, il n'a pas changé d'idées. Il demeure tout à fait convaincu d'avoir identifié la source de tous les malheurs du monde une fois pour toutes en la personne du Juif. Il regrette que la plupart des amis de ses idées en France, collaborateurs, pétainistes, miliciens ou tortionnaires, aient « presque tous été assassinés ou condamnés à mort », tandis que d'autres « crèvent dans les bagnes français [18] ». Il conserve pour toujours l'idée que Pétain a libéré la France de ses vrais ennemis : les Juifs, les francs-maçons, les agnostiques, les banquiers, les journalistes, les cinéastes, etc.[19]. En somme, explique-t-il, le Führer a facilité la tâche au vieux Maréchal, ce qui lui permet de dire qu'« Hitler fut temporairement le libérateur de la France, comme de tant d'autres pays européens[20] ».

Est-il heureux de voir un groupe d'hommes de droite, menés par l'historien Robert Rumilly, accueillir au Canada plusieurs collaborateurs du régime de Vichy ? Sans aucun doute, mais on ne le trouve pourtant pas au cœur des efforts menés alors par l'industrieux historien pour permettre à une poignée de pétainistes convaincus de trouver refuge au pays des érables. Il faut dire qu'Arcand est jugé, même par cette droite raciste et antisémite aux idées de laquelle souscrit Rumilly, comme une personnalité quelque peu gênante, du moins en public. Pour mener à bien une opération de couverture pour les collaborateurs, Rumilly sait pertinemment qu'il vaut mieux chercher des appuis ailleurs que chez cet excité, trop bruyant, trop voyant, trop compromis avec un ultraradicalisme de droite pour pouvoir être secourable dans des opérations aussi délicates.

En 1949, Arcand achète au village une maison de bois du XIXᵉ siècle pour 5 000 $. La maison est située juste devant le large fleuve où défilent les immenses bateaux de fer qui vont et viennent remplir ou vider leur ventre dans le port de Montréal, alors le plus important du pays. On y voit aussi défiler lentement les goélettes des marins du pays. Située rue de l'Acqueduc, cette maison toute simple, joliment champêtre, est semblable à celles qu'on trouve alors partout le long du fleuve.

Les murs intérieurs de la nouvelle demeure sont recouverts de lambris, tout comme le plafond. Un escalier, plutôt à pic, fait de marches de bois au gros nez, conduit à l'étage où la charpente du toit réduit considérablement la partie utile de chaque pièce. Arcand mène sa vie en bas, dans une chambre-bureau organisée devant un lit surplombé d'une grosse croix.

La cuisine, avec ses armoires basses et sa grosse cuisinière en fonte émaillée, communique avec une pièce plus petite qui sert de cuisine d'été. Là, une trappe conduit à un caveau en ciment,

Le totem des conservateurs, tel qu'imaginé par le caricaturiste Robert LaPalme vers 1948 : Adrien Arcand soutient Camillien Houde, Maurice Duplessis et George Drew, le premier ministre de l'Ontario.

construit en marge de la cave principale. À partir de ce caveau, quelqu'un a creusé à la pelle un tunnel en direction du talus qui, tout juste à quelques mètres, borde le fleuve. Ce passage, assez large pour laisser passer un homme, a-t-il été réalisé pour servir d'ultime porte de sortie à quelqu'un qui, depuis la maison, se sentirait soudain pris dans une souricière ? Les habitants actuels de la maison se le demandent, sans n'avoir jamais eux-mêmes osé se risquer bien loin dans ce passage devenu dangereux [21].

Les murs de cette maison de Lanoraie ont accueilli nombre de personnalités de l'extrême droite. En 1950, ils ont même abrité,

au moins pendant quelques jours, le théoricien fasciste américain Francis Parker Yockey qui, en compagnie d'un ami italien,
souhaitait aider à la relance d'un mouvement solide et actif au
Canada. Pendant ces quelques jours, ce « gothique intégral »,
selon les mots d'Arcand, se rend avec lui à l'église du village et
joue volontiers les fugues de Bach sur le vieux piano droit de la
maison [22].

Francis Parker Yockey est l'auteur d'*Imperium*, publié sous
le pseudonyme d'Ulick Varange, un ouvrage antirationaliste
aux forts accents antisémites, très marqué par l'influence de
Nietzsche, Spengler et Karl Haushofer. Arcand, tout comme
Maurice Bardèche, Julius Evola et d'autres fascistes d'après-guerre,
tient en haute estime ce livre à l'écriture sèche. Il en recommande
très souvent la lecture à ses proches, comme s'il s'agissait pour lui
d'un véritable bréviaire politique [23].

Sur la base de son appui aux idées de Yockey, Arcand entre-
tiendra des échanges avec l'European Liberation Front, un petit
groupe néofasciste né d'une scission avec Mosley. L'European
Liberation Front envisage une unification des pays européens au
nom d'une civilisation commune, tout en professant pourtant un
nationalisme racial et ethnique contradictoire avec leur objectif
d'unification.

Chez lui, Arcand est entouré de papiers de toutes sortes,
pour la plupart des coupures de presse récentes. Beaucoup de ses
documents d'avant-guerre ont disparu. Ce qu'il a pu récupérer
est entreposé dans sa maison, dans une multitude de dossiers
qu'il engraisse en les nourrissant de la presse d'extrême droite qui
lui arrive de nouveau des pays anglo-saxons. Sur des chaises et
des tabourets s'accumulent des amoncellements de papiers divers
dans un équilibre précaire. Ses papiers, il ne sait bientôt plus où
les mettre. Au grenier, il loge des boîtes et des boîtes de coupures
de presse, persuadé qu'elles lui seront un jour utiles [24].

Son espace de travail est petit, très petit. Sur une table est
posée une grosse machine à écrire noire du même genre que
celle qu'il utilisait à la rédaction de *L'Illustration nouvelle*. Juste

au-dessus, accrochés au mur, l'emblème de l'Unité nationale, une torche surmontée d'un castor, et la maxime latine du parti *Serviam*, servir. Dans un coin, un phonographe et une bonne collection de disques de musique classique rappellent ses passions musicales du temps où il était journaliste à *La Presse*. La pièce est totalement cernée par les mauvaises huiles qu'Arcand peint depuis sa sortie des camps. Son lieu de travail, à en croire les descriptions qu'en font ses différents visiteurs, laisse une certaine impression de désorganisation. Au milieu de ce bric-à-brac, Arcand est bien calé dans un gros fauteuil au cuir tendu par des clous dorés. Il y lit confortablement ou se livre à sa correspondance en tirant la fumée du fourneau de sa pipe.

Partout dans la maison, Arcand a fixé aux murs des sphères d'un liquide coloré destiné à éclater en cas d'incendie et à éteindre les flammes en se répandant sur elles. Il a une peur bleue du feu. Du temps de son association avec Joseph Ménard, il a déjà connu les ravages laissés par trois incendies criminels aux bureaux de ses journaux. S'il fallait que tout brûle cette fois à Lanoraie ? Cette pensée lui est insupportable.

Il ne veut, pas plus qu'il ne peut relancer son mouvement d'avant-guerre avec la même intensité militante. Arcand est très conscient de la faiblesse de ses moyens : le voilà incapable de livrer une autre bataille sans risquer de tout perdre définitivement. La maison de la rue de l'Acqueduc devient pour lui une sorte de repaire d'où il sort le moins possible. Il se réfugie dans cette demi-retraite qui, plaide-t-il, se veut d'abord stratégique. Il attend ainsi une nouvelle secousse sociopolitique avec impatience, convaincu que seules des conditions extrêmes peuvent lui permettre de renaître au grand jour, victorieux, enfin puissant. Pour l'heure, son parti désorganisé doit demeurer volontairement « en dormance », selon ses propres mots.

Dans *La République universelle*, lancée par le PUNC en 1950, Arcand affirme que les deux grandes guerres n'ont été que des préludes, après le coup d'envoi de la Révolution française, à une grande révolution mondiale, dans une tragédie dont le dernier acte à venir, plus terrible encore que celui qui s'est terminé en 1945, montrera une humanité subjuguée par le communisme et le matérialisme du libéralisme triomphant [25]. Cette crise, croit-il, ne saurait tarder bien longtemps encore avant de survenir. Il se trompe. Encore une fois. L'après-guerre entraîne plutôt une période de prospérité comme l'Occident en a rarement connue.

Le conflit de 1939-1945 n'a été à son sens que la deuxième phase, après la Grande Guerre de 1914-1918, d'une effroyable révolution mondiale où la race blanche, de plus en plus acculée au pied du mur de l'histoire, court à sa perte. Le troisième et dernier mouvement de l'effondrement civilisationnel est déjà en marche depuis la fin du conflit, croit Arcand. Avant d'espérer voir le PUNC triompher, il convient pour des raisons stratégiques d'attendre les conséquences les plus graves de ce troisième acte avant l'effondrement. Ce sentiment d'un monde qui se disloque est sans cesse accentué chez Arcand par l'idée d'une dégénérescence raciale du monde blanc. S'il craint comme pas un la décadence morale, culturelle et intellectuelle de l'Occident, il appelle néanmoins volontiers cette déchéance de tous ses vœux, même dans l'angoisse qu'elle lui procure, afin que l'action politique du PUNC puisse regagner de la vigueur. Ce véritable pessimisme s'enracine au nom d'un espoir de conquête fasciste.

Ses objectifs révolutionnaires demeurent les mêmes que dans l'avant-guerre. Seuls changent les moyens envisagés pour les atteindre. Ainsi, Arcand ne compte plus sur des troupes paramilitaires soigneusement entraînées à marcher au pas cadencé pour s'emparer un jour du pouvoir. Il met en veilleuse pareilles velléités de s'emparer de l'appareil politique en place. Il abandonne tout à fait la promesse d'une révolution immédiate, porteuse de promesses mirobolantes d'un changement social radical au profit d'un étapisme au profil parfois obscur. L'Unité nationale va dorénavant se servir du véhicule offert par des politiciens du Crédit social ou de l'Union nationale de Duplessis pour faire avancer ses combats.

Lorsqu'en 1947 Kenneth Wright du quotidien *The Gazette* rencontre Arcand à Lanoraie, il est convaincu qu'il se trouve devant un homme plus résolu que jamais à lutter pour ses idées. Arcand préserve l'intégrité doctrinaire de son parti, tout en misant sur les progrès déjà réalisés. « Mes convictions sont plus fortes que jamais, déclare-t-il, et je suis heureux d'avoir pu souffrir pour elles [26]. »

Le chef du PUNC parle de ses années d'internement avec beaucoup de bagout, tout en répétant qu'il retournerait sans hésiter derrière les barbelés pour défendre ses idées jusqu'au bout. « Une balle dans la tête sur un champ de bataille pour des idéaux auxquels on croit, c'est la mort d'un soldat [27]. » Loin d'être dépité par son sort, il fait devant le journaliste étalage d'autosatisfaction.

Son jeune fils Pierre assiste à l'entrevue de son père et se laisse prendre en photo en sa compagnie au bénéfice des lecteurs du quotidien *The Gazette*. Le journaliste observe que le chef fasciste parle un anglais riche, bien qu'avec un fort accent français, tout en ayant des notions, semble-t-il, d'allemand et de yiddish.

Tout ce qu'il dit, Arcand le croit plus que jamais. Sa pensée s'est pour ainsi dire cristallisée dans la haute opinion qu'il a déjà de lui-même. Il n'en sort plus. « Ce que j'ai accepté de souffrir pour ces opinions m'y a confirmé davantage », déclare-t-il en 1954 [28]. Sur un mode à la fois tragique et comique, il tente d'inscrire sa propre existence dans une martyrologie de l'extrême droite.

Il n'y a pas chez l'Arcand de l'immédiat après-guerre le moindre repentir d'avoir singé différents mouvements réaction-naires pour développer en Amérique un fascisme ardent. Prison ou pas, faillite de l'autoritarisme en Europe ou pas, Arcand conti-nue de foncer en ligne droite, tête baissée. Il n'y a pas de « résur-gence » du fascisme comme on peut le lire ici et là, clame-t-il. En vérité, « la vraie chose n'est jamais morte [29] ! »

L'attente du pire comme condition de floraison d'un nou-vel ordre social n'empêche tout de même pas les membres du PUNC de tenir certaines activités structurantes. Pour souli-gner l'anniversaire de leur chef, les militants organisent ainsi une première grande célébration fasciste d'après-guerre le dimanche

9 novembre 1947. Cette fête permet de mesurer le pouvoir d'attraction dont jouit toujours Arcand après des années de silence forcé [30]. Entre 500 et 700 personnes assistent à l'événement. Les médias en parlent, comme s'il s'agissait de l'apparition d'un fantôme. À Toronto, la nouvelle annoncée à la radio permet à Wilfrid Pouliot, un ancien fidèle de Joseph C. Farr, de reprendre contact avec Arcand et de l'assurer, plus que jamais, de sa fidélité absolue. Pouliot affirme à Arcand avoir conservé un heureux souvenir « des belles conférences » qu'il venait faire à Toronto [31]. À cause de la guerre, Pouliot a perdu contact avec Farr et souhaite pouvoir le retrouver grâce à Arcand.

Ce Pouliot n'est qu'un cas parmi d'autres de fascistes qui font d'Arcand un pivot des communications entre extrémistes de droite, aussi bien du Canada que de l'étranger. À travers un tissu complexe de relations dont Arcand constitue le centre, de nouveaux partisans d'extrême droite se manifestent peu à peu. L'araignée fasciste n'est pas morte.

Arcand reçoit des lettres enthousiastes de partout, souvent de la part de simples citoyens qui n'avaient pas eu l'occasion de le connaître dans son fanatisme d'avant-guerre. On le félicite tantôt pour son « franc parler » au sujet des Juifs, tantôt pour son courage. On lui écrit encore pour obtenir une photo autographiée ou pour obtenir des précisions sur la teneur de ses idées [32].

L'internement dans des camps lui a-t-il vraiment donné l'aura d'un martyr digne d'un nouveau type de dévotion ? Il le souhaite, à tout le moins [33]. De son long séjour dans les camps, il tire même une certaine vanité. Son avidité pour la notoriété n'est pas nouvelle. Il prend plaisir à être perçu comme une sorte d'icône d'une politique radicale corrosive. Son propre buste, réalisé par un sculpteur amateur, trône chez lui, sur une étagère. Voilà au fond tout ce qui reste du culte de la personnalité qu'il a tant voulu susciter.

À compter de 1947, les médias se remettent à parler d'Arcand à qui mieux mieux, ce qui lui assure bien sûr une jolie publicité à peu de frais. Il est heureux d'accueillir des journalistes, de parler de ses idées, toujours les mêmes. Ce faisant, il évite en fin renard de répondre clairement aux questions qui concernent l'état de ses troupes. Les activités du PUNC sont en dormance, répète-t-il, tout en ajoutant que ses hommes, très impatients, attendent de reprendre l'action au grand jour.

Arcand affirme à quiconque veut l'entendre que son parti ne se mettra pas réellement en mouvement tant « que le temps ne sera pas mûr [34] ». Dans la vaste plaine dévastée où il situe ses idées, le chef se présente comme un aigle, mais il n'a ni ailes ni serres. Le voile du secret continue tout de même d'entretenir en sa faveur un certain mystère au sujet de ses effectifs politiques autant que de ses projets immédiats.

D'un naturel joyeux, Arcand parle toujours avec vivacité et assurance. Ses yeux sont ronds comme des billes et éclairent un visage mince qui s'étire sur un front dégarni. De chaque côté de l'arête du nez, qui surplombe une mince moustache soigneusement taillée, on voit le réseau des veines qui affleurent.

Comment gagne-t-il sa vie ? Dans l'immédiat après-guerre, les contributions des membres du parti sont toujours, comme dans les années 1930, de 25 sous par mois. Ces petites sommes permettent-elles d'assurer un salaire au chef et de faire vivre par le fait même femme et enfants ? On peut en douter. En 1966, Arcand dira avoir des revenus annuels inférieurs à 4 000 $, dont une bonne part consistent en droits d'auteur [35].

Au cours de ses dernières années, son fidèle ami Gérard Lemieux, pourtant père d'une famille très nombreuse en Abitibi, s'arrange pour soulager Arcand de certaines factures, tout en lui adressant à l'occasion des marques de soutien campagnardes sous forme de bleuets sauvages patiemment ramassés par les mains laborieuses des siens [36].

À un reporter du *Times* venu spécialement lui rendre visite en 1948, Arcand affirme toucher de l'argent grâce à la peinture et à des traductions réalisées pour des amis. Arcand traduit en fait quelques textes en sous-main pour l'Union nationale, tout en tentant de soutenir le rythme de ses engagements politiques malgré une santé quelque peu chancelante. L'argent manque bien souvent, pour ne pas dire tout le temps. En 1967, dans les dernières paroles d'Arcand transcrites à la veille de son décès, le führer canadien affirme que le PUNC ne doit « jamais afficher la pénurie et le manque aigu de fonds [37] »...

Il peut au moins compter sur le soutien du régime de Duplessis. L'Union nationale lui vient parfois en aide jusqu'au début des années 1960. Les sommes qui lui sont versées par le parti de Maurice Duplessis constituent en quelque sorte des redevances politiques pour ses efforts : on le verra plus loin. Duplessis lui-même ne semble pas détester Arcand, du moins lorsqu'il en est question en privé. Joseph-Ernest Laforce, depuis son bureau de la Commission du service civil de la province de Québec, le confirme le 25 septembre 1956. La veille, Duplessis s'est entretenu avec Laforce et son bon ami Noël Dorion [38]. Il est alors question des violentes sorties des abbés O'Neill et Dion contre l'Union nationale. Duplessis affirme avoir lu les derniers numéros de *L'Unité nationale* à ce sujet. Laforce cite même dans sa lettre les paroles du premier ministre : « Je les ai lus et je constate que c'est ce qui a été écrit de mieux sur le sujet. » Dorion aurait pour sa part affirmé qu'« Arcand est sûrement l'un des plus grands journalistes du Canada sinon le meilleur ». Parfaitement rompu à toutes les palabres et les circonlocutions susceptibles d'assurer le renouveau perpétuel de son triomphe électoral, Maurice Duplessis est tout à fait capable de soutenir Arcand.

Catholique, fier de l'être, Arcand fréquente assidûment l'église Saint-Joseph de Lanoraie. Sous la voûte couleur d'azur du temple, la famille possède son vieux banc en chêne, le n° 5 [39]. « Je suis catholique convaincu et pratiquant. » En témoigne déjà suffisamment la publication de *Mon livre d'heures*, avec son lot de prières et l'expression de ses dévotions [40]. Fervent croyant, il souhaite que sa descendance le soit à sa mesure, au nom d'un héritage canadien-français. Ses écrits des années 1950 montrent, à la différence de ceux des années 1930, une préoccupation de plus en plus importante concernant la religion. Plusieurs de ses correspondants sont des religieux.

Jules Mondor, ancien cultivateur de tabac jaune, aujourd'hui âgé de 95 ans, se souvient qu'Arcand lui avait offert une de ses toiles parce qu'il aidait le curé de l'époque. Ce curé, Henri Gaudette, la population locale, tout comme Arcand, le croyait capable d'obtenir des miracles. La toile d'Arcand est alors installée en bonne place, dans le presbytère de Lanoraie, où le curé a l'habitude, entre autres choses, de prendre connaissance des lettres qu'Arcand lui adresse au sujet de l'un ou l'autre des préceptes de la foi [41].

Au village, tout le monde considère Adrien Arcand comme un monsieur fort poli, un homme qui ne cause aucun problème. Mais certains n'aiment pas le savoir là. Ils l'assimilent volontiers à un spectre, une sorte d'ogre qui aurait les traits d'Adolf Hitler lui-même. Personne au village, chose certaine, ne fait autant parler dans les chaumières et dans les médias.

En 1947, Arcand s'affiche contre la création de l'État d'Israël. Il reprend même, sans gêne aucune, une idée qu'il avait déjà avancée avant la guerre quant à l'à-propos de déporter massivement les Juifs sur l'île de Madagascar. Cette idée, on l'a dit déjà, il la doit à son vieil ami Henry Hamilton Beamish qui la réactualise lui aussi de son côté dans ses saillies d'après-guerre.

Pour transformer les Juifs en insulaires de Madagascar, il faut préalablement, estiment Arcand et Beamish, vider l'île de ses habitants actuels. Que faire avec cette population noire ?

> Il y a là aujourd'hui environ 4 millions de nègres qui pourraient être envoyés en Afrique, au Libéria par exemple, affirme Arcand en 1947. Ensuite, les Juifs d'Amérique, d'Angleterre, de tous les pays du monde, pourraient être isolés là-bas, sans contact avec la race blanche, et passer le reste de leurs jours à élaborer leurs complots entre eux [42].

La peine de mort serait requise contre les Juifs qui voudraient quitter l'île. La solution finale des nazis ne préconisait pas autre chose que ce qu'avançait Beamish, estime Arcand, soit d'offrir aux Juifs le plus grand ghetto du monde. Là, seule la mort constituerait une voie de sortie possible à l'univers concentrationnaire planifié pour eux [43].

Dans leur correspondance, Beamish et Arcand discutent abondamment de ce projet de déportation, comme s'il s'agissait d'un sujet comme un autre. Beamish en discute aussi de son côté avec au moins un autre Canadien français, Gérard Gagnon, un des lieutenants les plus fidèles d'Arcand [44].

La haine raciale que continue de prôner Arcand sur tous les toits ne concerne pas que les Juifs. Les Noirs représentent aussi pour lui un « problème » à résoudre. Dans l'après-guerre, il s'inquiète vivement de la natalité des Noirs aux États-Unis. Qu'arrivera-t-il de l'homme blanc perdu dans un éventuel océan noir [45] ? Il faut au moins arriver à contenir l'expansion des Noirs américains par de vigoureuses mesures raciales, soutient Arcand. À Ross Barnett, le gouverneur farouchement ségrégationniste de l'État du Mississippi, il adresse ses meilleurs souhaits et affirme appuyer tout à fait sa politique raciste [46].

Les Noirs sont pour Arcand des êtres qui forment au mieux un peuple enfant. Ceux qui, malgré leur condition naturelle, ont connu la réussite lui semblent vite suspects de fomenter quelque complot contre les Blancs. Il pointe par exemple du doigt la danseuse Joséphine Baker, « la plus riche et la plus fameuse négresse », devenue outrageusement millionnaire, dit-il, « après avoir montré son derrière aux Folies Bergères ». Arcand ne peut accepter que certains « nègres », comme Joséphine Baker, puissent vivre dans des maisons dignes de gens à l'aise alors que beaucoup de Blancs sont chômeurs. Il suppose que les Noirs fortunés ont causé un préjudice à des Blancs, dans le dessein d'utiliser des rouages sociaux complexes pour parvenir finalement à éliminer la race blanche. Arcand rappelle sans cesse la nécessité de défendre la pureté de l'homme blanc, « au nom de la culture et de la civilisation [47] ».

Manieur de sophismes à qui mieux mieux, Arcand affirme que « l'absence de maturité chez les nègres d'Afrique ne veut pas dire que les nègres soient nos inférieurs ». Mais leur condition naturelle justifie néanmoins un paternalisme complet à leur égard.

> Il en est de même pour les petits enfants, qui sont indiscutablement les égaux de leurs parents [...] mais ces petits enfants, aussi longtemps qu'ils ne peuvent se suffire à eux-mêmes, restent des dépendants pour ce qui est de leur vie, leur nourriture, leur logement, leur habillement, leur éducation ; ils sont socialement inégaux puisqu'ils doivent obéissance à ceux de qui leur vie ou leur survie dépend [48].

Très habile dans les détournements de sens, Arcand utilise même volontiers les expressions du racisme inconscient du grand Albert Schweizer pour servir les fins de son propos colonialiste parfaitement assumé jusque dans ses outrances les plus extravagantes.

Qui s'étonne de le voir défendre tous les colonialismes en Afrique, celui des Belges au Congo autant que celui d'autres puissances européennes [49] ? Dans cette grande époque de la décolonisation qu'est l'après-guerre, Arcand regrette purement et simplement la fin des empires. En renfort pour ses idées, il continue d'utiliser des sophismes dont il se sert comme arguments massue. En pleine guerre d'indépendance algérienne, il déclare ainsi que le fait qu'un million de Français se fassent chasser d'Algérie constitue un véritable exemple de « discrimination raciale [50] ».

Le général de Gaulle, déjà coupable aux yeux d'Arcand d'avoir combattu le régime de collaboration de Pétain, lui apparaît comme un fossoyeur d'Empire parfaitement condamnable. Coupable, il l'est de laisser la race blanche perdre du terrain en Afrique. À un correspondant français, Arcand écrit : « Votre Algérie, vous l'avez perdue, elle a été vendue, donnée, sacrifiée aux trafiquants juifs de pétrole, comme tout le reste de l'Empire français, par un mégalomane qui parle de "grandeur" quand tout disparaît ou rapetisse [51]. »

Ses idées directrices, Arcand les réaffirme dans un long et fastidieux programme, celui de son parti, qu'il sait néanmoins

résumer succinctement, comme il le fait au bénéfice de Gerald
Fenton, un étudiant de l'université Queen's qui souhaite écrire un
article à son sujet. Aux questions précises de l'étudiant, Arcand
s'applique à répondre par écrit, le 1er mars 1947 [52].

La plateforme du PUNC, lui explique-t-il, repose sur l'idée
que le Canada est un pays d'Amérique du Nord, membre du
Commonwealth britannique, fondé et développé selon des traditions et une éthique chrétienne qui lui font naturellement repous-
ser le marxisme. La lutte des classes « n'est pas naturelle ». Elle
est « destructrice et doit être remplacée par de la coopération de
classe et du partnership ». Arcand s'oppose par ailleurs au régime
de laisser-faire du libéralisme. L'État tout-puissant est le seul principe d'autorité sociale qu'il reconnaît. En conséquence, les partis
politiques doivent faire place au corporatisme pour régler toutes
les questions sociales, professionnelles et économiques au sein de
la structure d'encadrement offerte par l'État. Les corporations,
représentées au sein du gouvernement, pourront ainsi décider de
questions purement politiques. « Le système corporatif fait du
citoyen un partenaire du gouvernement. » Dans cette société,
tous sont partenaires. Il n'y a plus d'opposition. Le consensus
apparaît alors qu'il est en vérité le fruit d'une pression totalitaire.
Cette société voulue par Arcand ne supporte aucune dissension
en son sein. Le fascisme envisagé par Arcand se veut l'exacte
contrepartie du communisme, lui aussi totalitaire [53].

Qu'est-ce qui arriverait d'ailleurs avec les syndicats dans
pareille société ? demande l'étudiant Fenton. Arcand estime que
les syndicats doivent être traités par l'État au même titre qu'une
autre corporation. Sans jamais se présenter comme antisyndica-
liste, Arcand ne fait pourtant aucune place au moindre regrou-
pement de travailleurs qui oserait affirmer leurs intérêts sans
l'accord total de l'État. Il rejette l'idée de « lutte des classes » au
profit d'une bonne entente imposée par une autorité étatique
bienveillante.

En 1965, Arcand dira une fois de plus être favorable à une
forme de syndicalisme « amélioré » grâce à une intégration

corporatiste des syndicats. Il répète en cela ce qu'il affirmait déjà en 1936 [54].

> Personnellement, dans ma profession, j'ai été le premier et le plus durement frappé pour cause de syndicalisme. Je suis resté syndicaliste, je suis même plus que cela, je suis corporatiste (qui signifie le syndicalisme obligatoire, comme pour les médecins, avocats, notaires, dentistes, ingénieurs, etc.) [55].

Sa vision du syndicalisme consiste dans les faits à confisquer le pouvoir des syndicats au nom d'une égalité sociale apparente qui n'admet pas le principe de la lutte des classes.

Il considère que les Canadiens d'expression française sont « naturellement et obligatoirement des conservateurs traditiona-listes, et agissent comme tels dans leur province, et se méfient du libéralisme dans le champ de compétence fédéral, dans l'espoir de leur préservation [56] ». Les lois anglaises, explique-t-il, ont permis de conserver un attachement à la monarchie. Des sentiments qu'Arcand approuve et encourage, il va sans dire : à l'entendre, il serait donc ni plus ni moins que la voix du peuple.

Sa vision politique s'articule autour d'un pouvoir central quasi total, à qui est reconnue la légitimité de prendre presque toutes les décisions à sa guise. En fait, Arcand ne considère aucune opposition souhaitable, convaincu qu'une chambre des corporations suffit à répondre à toutes les objections, au nom de l'unité de l'État. « Durant la dernière guerre, nous avons eu une administration gouvernementale "autoritaire" (ce que le Parti de l'unité nationale propose maintenant) », dira-t-il afin de donner des repères. Ce qui ne l'empêche pourtant pas de dénoncer ce gouvernement lorsqu'il est lui-même victime de ses lois autoritaires...

Le défi que pose l'unité sociale n'est pas simple. Elle est d'autant plus difficile à réaliser au Canada qu'il y existe deux communautés de base. Reconnaît-il l'existence d'un problème canadien-français au Canada ? « Oui. S'il n'y en a pas au Québec, il en existe un au Canada. Les Canadiens d'expression française

forment "une race nationale" seulement au Québec, où ils ont
des droits définis par la Couronne et le Traité de Paris. Hors du
Québec, ils ne sont pas "chez eux". » Cette situation explique-
rait ce qu'Arcand considère être une dévotion provinciale des
Canadiens français à l'égard du Québec, ce qui est une bonne
chose à son sens tant que cela ne nuit pas au principe d'unité
générale.

Dans l'immédiat après-guerre, le chef du PUNC se félicite de
pouvoir constater qu' « il n'existe pas de mouvement séparatiste
au Québec ». Il ne suspecte pas qu'un de ses fervents admirateurs, Raymond Barbeau, s'apprête à se lancer, tête baissée, dans
un corporatisme qui se voudra au service d'un rêve d'indépendance politique : l'Alliance laurentienne. En janvier 1956, tout
juste un an avant la fondation officielle de ce mouvement séparatiste de droite, Barbeau goûte avec un plaisir renouvelé les propos
d'Arcand et se réjouit que le chef fasciste canadien ait bien voulu
lui « dire quelques mots après [son] extraordinaire conférence ».
Dans une lettre adressée par la suite à Arcand, Barbeau lui avoue
bien franchement toute son admiration et son enthousiasme
pour son pamphlet antisémite le plus violent, *La clef du mystère*. « Il y a plusieurs années que je communie à vos idées, ayant
été en 1950 l'heureux acquéreur d'une cinquantaine de *La clef
du mystère*, et depuis ce temps, discrètement, je me suis efforcé
de faire lire ce document à certaines personnes intéressées [57]. »
Selon Arcand, Raymond Barbeau lui rendra visite chez lui, à
Lanoraie, afin de discuter de la parution prochaine de son livre
consacré au pamphlétaire Léon Bloy [58]. Lorsque Barbeau se lan-
cera en politique comme indépendantiste, Arcand qualifiera tout
simplement d' « égaré » cet homme bien de droite [59].

La progression rapide du mouvement indépendantiste québécois à compter de la toute fin des années 1950 offre au moins
aux fascistes du Québec, estime Arcand, l'occasion de favoriser la
sympathie du Canada anglais à leur égard. Arcand se pose alors
plus que jamais en défenseur de l'unité canadienne telle qu'elle
découle du document constitutionnel colonial de 1867. Mais le

PUNC apparaît incapable de comprendre suffisamment la dynamique de la montée des différents mouvements indépendantistes québécois pour être en mesure d'en profiter auprès du Canada anglais et d'y trouver de nouveaux appuis.

Né en 1963, bientôt traversé par plusieurs tendances, le Front de libération du Québec (FLQ), la frange la plus révolutionnaire du mouvement indépendantiste québécois, n'est pour Arcand qu'une marionnette aux mains de pouvoirs étrangers. Il ne croit pas que des fils du pays puissent se lancer volontairement dans une action encouragée par l'œuvre d'auteurs tels que Frantz Fanon, Jacques Berque, Albert Memmi et Jean-Paul Sartre, pas plus au sein du FLQ que d'un mouvement politique démocratique comme le Rassemblement pour l'indépendance nationale, le RIN. « Je plains ces petits », écrit-il en signant d'un pseudonyme. Il affirme du même souffle que ces jeunes-là ne sont pas, au fond, responsables de leurs actes puisqu'il ont été éduqués « par des émigrants athées et francs-maçons venus de Belgique et de France [60] ». Ce sont donc des étrangers, des hommes idéologiquement peu recommandables, qui les auraient poussés à la haine. Cette thèse de la non-responsabilité sera fréquemment évoquée par Arcand pour parler des indépendantistes en général et des felquistes en particulier. Il refuse à ces jeunes séparatistes la responsabilité de leurs actes alors que ceux-ci réclament justement une responsabilisation totale d'une société habituée à se laisser ballotter au gré du colonialisme. Le felquiste Georges Schoeters, d'origine belge, « et une couple d'autres » qu'il ne nomme pas, Arcand les réduit ainsi à de simples agents du régime de Fidel Castro. Comme toujours, aucune preuve n'étaye son affirmation.

Un jour de janvier 1963, un des plus fidèles lieutenants d'Arcand, Gérard Lanctôt, débarque au parloir du Collège Saint-Ignace. Son fils Jacques, étudiant au collège, lui semble être une des victimes d'un enseignement athée que condamne le PUNC. Gérard Lanctôt se présente donc devant le professeur qui ose faire lire à son fils « un écrivain impie » tel qu'Albert Camus. Le professeur André-G. Bourassa a en effet prêté à son étudiant, qui s'ennuie dans ses cours de latin, *L'état de siège* de Camus. Dans une sainte colère, Gérard Lanctôt déchire ce livre devant le professeur, totalement médusé par tant d'excès pour si peu [61].

Dans une entrevue accordée à la radio de Radio-Canada en 2004, Jacques Lanctôt affirme qu'il a été élevé à la dure par ce père fasciste qui fait profession de quincailler, dans une crainte perpétuelle de Satan – symbolisé sur terre par les Juifs, qui avaient bien sûr « tué le Christ » – et par le communisme [62]. Il dit également avoir grandi dans la haine des États-Unis, pays maudit par son père qui considère le géant américain comme un simple ghetto juif. Durant sa petite enfance, soumis à l'exemple d'un père autoritaire et d'une mère qui rêve de le voir accéder à la prêtrise, Jacques Lanctôt affirme avoir eu sans cesse peur des Juifs, des communistes et de tout ce qui n'était pas catholique. Jacques Lanctôt dira avoir cru aux messages fascistes jusqu'à les répéter à l'école.

La famille Lanctôt rend des visites à Adrien Arcand à Lanoraie ainsi qu'à l'abbé Pierre Gravel, proche sympathisant du PUNC. Quartier Rosemont, dans la maison familiale des Lanctôt, se tiennent parfois des réunions fascistes. Sous ce toit, tout est objet de péchés, ce qui conduit vite un enfant à croire à l'enfer sur terre. Jusqu'à l'âge de 15 ans, moment de ses premières révoltes contre l'autorité paternelle, combien de fois Jacques Lanctôt a-t-il cru finir en enfer à force de barboter dans les idées catholico-fascistes de son père ?

Trois des 10 enfants de Gérard Lanctôt vont se retrouver radicalement engagés à gauche, au sein du FLQ. À l'été 1963, âgé de 17 ans, Jacques, le troisième de la famille, prend part à des actions terroristes qui le conduisent jusqu'au FLQ. Une bombe saute sous un pont ferroviaire. De la dynamite est volée. Des incendies sont allumés dans différentes casernes militaires. Jacques Lanctôt appartient d'abord à un groupe de jeunes révolutionnaires animé par Guy de Grasse. Il sera plus tard responsable de l'enlèvement de l'attaché commercial britannique James Richard Cross, élément déclencheur, en 1970, de la crise d'Octobre. Selon une étude de Marc Laurendeau, *Les Québécois violents*, il a d'abord pensé enlever un diplomate juif, un geste sans rapport avec la cause défendue estiment ses camarades de lutte [63]. En entrevue, Jacques Lanctôt explique avoir reproduit, même dans son engagement de gauche, certains gestes extrémistes de son père [64].

Ces jeunes gens qui carburent tout au long des années 1960 à une littérature qui se félicite des succès de Castro, de Guevarra ou de Ho Chi Minh, Arcand ne saurait les supporter. Sait-il que quelques-uns d'entre eux, comme Jacques Lanctôt, ont été en quelque sorte formés en réaction à ses propres politiques ?

L'anticommunisme virulent du PUNC se mâtine d'une sainte horreur de ces idéaux issus de la Révolution française auxquels aspirent les jeunes républicains québécois qui se passionnent pour la politique au début des années 1960. Chez Arcand, tout est conçu non seulement pour s'opposer au communisme mais aussi pour prendre le contrepied de la Déclaration universelle des droits de l'homme. Le libéralisme autant que le communisme lui apparaissent fondamentalement opposés à une vérité transcendante, la seule acceptable dans un idéal de droite radical baigné de catholicisme [65].

Dans une entrevue accordée en 1962, Arcand se montre farouchement opposé au rationalisme des Lumières. Il déteste en particulier Jean-Jacques Rousseau et en général les hommes qui, tels que le journaliste Jacques Hébert, croient à la bonté naturelle du genre humain au point de remettre en cause le fonctionnement du système carcéral [66]. Dès 1936, le journal d'Arcand exposait volontiers sa haine des principes de fraternité et d'égalité énoncés par Rousseau [67]. Au XVIIIe siècle des Encyclopédistes, le chef fasciste préfère le Moyen Âge, période qui nous a donné, à son avis, « les sommets de la philosophie et de la théologie ; la fugue, qui est le sommet de la musique » et « le plus grand style, le gothique [68] ».

Il affirme que le Moyen Âge ne fut une période sombre que pour les Juifs des ghettos, ce qui ne peut que le réjouir. Dans son discours devant les milliers de fascistes états-uniens à New York, en 1937, il proclamait déjà son enthousiasme pour cette période de l'histoire idéalisée par ses soins. Le Moyen Âge, affirmait-il, était « l'époque illuminée par excellence de l'histoire humaine », sauf pour les Juifs [69]. On reconnaît dans cette image magnifiée du Moyen Âge un motif du romantisme allemand, qui était aussi une réaction au progrès des Lumières.

Arcand rejette en outre la théorie de l'évolution avancée par Charles Darwin, la science et le concept de raison humaine. L'homme, il le croit sorti de Dieu tout-puissant et la femme d'une côte d'Adam. Les chevaliers de la raison, du scientisme, les fils de l'université sont pour lui parfaitement méprisables.

Que des scientifiques osent récuser l'authenticité du suaire de Turin suffit à le faire crier au complot juif contre la religion [70]. Arcand refuse l'avortement et la contraception. Pour lui le premier devoir du croyant est de procréer [71]. La foi seule devrait éclairer le monde. Cette foi n'a pas à connaître la moindre évolution et se trouve fixée à jamais dans des dogmes, ce qui lui donne à pester sans fin contre les réformes mises en application à la suite de Vatican II. Seule au final compte pour lui « la vérité qui est le Christ et dont l'Église est la seule porteuse [72] ». Les opinions humaines ne valent rien, qu'elles proviennent de « bacheliers, licenciés, docteurs, maîtres ès-ci ou ès-ça » puisque « la Vérité, c'est Dieu [73] ». Sans se prendre pour Dieu, Arcand se prendra tout de même volontiers très souvent pour la vérité elle-même, affirmant qu'il n'a jamais fait autre chose que de la propager.

À sa table de travail, devant sa grosse machine à écrire noire, Arcand écrit à beaucoup de sympathisants ainsi qu'à des figures de proue du fascisme mondial. En entrevue, en 1961, il affirme entretenir des relations en France, en Belgique, en Italie, en Argentine, en Inde, en Égypte, aux États-Unis, aux Pays-Bas, au Royaume-Uni, au Brésil et au Venezuela. À en juger par les papiers qui lui ont survécu, il n'exagère sans doute pas beaucoup, pour une fois. Chose certaine, il est très au fait, grâce à la multitude de ses correspondants, de la « littérature antijuive et anticommuniste énorme » publiée aux États-Unis [74]. De cette littérature, il a presque tout lu, jusqu'à devenir lui-même une sorte

de livre vivant de la haine. Cette littérature circule chez les militants fascistes. L'écrivain Jacques Ferron, homme de gauche s'il en
est un, hérita un jour des paperasses d'un des disciples d'Arcand,
un « pauvre photographe de la rue Cuvillier, à Hochelega ».
Ferron fut surpris « du nombre de publications américaines
qu'il recevait : *U.S. News and World Report*, *The Point*, *Natural
Fluoridation News*, *Women's Voice* et, à ces périodiques, il faut
ajouter des petits trucs venus de l'Irlande catholique et un *Nordic
Anglo-Saxon*, des antipodes, soit de l'Afrique du Sud[75] ». À
l'image de leur chef, les fascistes canadiens-français apparaissent
nourris par toute la littérature d'extrême droite, mais en particulier par ce qui provient de l'univers anglo-saxon.

Arcand dévore plus que jamais profusion de livres, comme
en font foi ses lettres et de nombreux bordereaux de commande
adressés à des libraires spécialisés dans la littérature d'extrême
droite. Que lit-il ? Entre autres choses, des éditions variées des
Protocoles des sages de Sion, Julio Meinvielle, Joseph de Maistre,
Léon de Poncins, Louis-Ferdinand Céline, Benjamin Disraeli, les
écrits antisémites de Robert Wilton, *Les sélections sociales* de l'eu-
géniste français Georges Vacher de Lapouge, les écrits antibolche-
viques du très catholique Nicolas Berdiaeff, des ouvrages opposés
à la Révolution française. Il lit aussi avec plaisir l'œuvre d'Alexis
Carrel, « le savant transcendant de nos temps modernes »,
ancien membre d'un parti pronazi qui avait mis sa science au
service d'enquêtes sur les « qualités biologiques » des familles
immigrées à l'heure où l'on organisait leur déportation vers des
camps de la mort[76]. Arcand est un fidèle lecteur du journal
de l'extrême droite française *Rivarol*. Il reçoit nombre de pamphlets en provenance du sud des États-Unis. Il accuse réception aussi de la plupart des imprimés réalisés par les Britons de
Londres, le successeur du mouvement de son ami Henry Hamilton Beamish. La lecture de certains auteurs catholiques le ravit,
en particulier le penseur ultramontain français Marcel Clément,
largement publié au Québec après la guerre. Il lit une énorme
quantité d'écrits catholiques et s'intéresse de près aux paroles

du pape Pie XII, ce qui à la suite de ses fabulations de catholique donne plus que jamais à Hitler l'allure d'un homme qui aurait trempé dans l'eau bénite. Du Québec plus précisément, il s'inspire surtout des articles de son ami le chanoine Georges Panneton publiés dans *Le Bien public* de Trois-Rivières. Il dévore plusieurs journaux, y compris *Nouvelles illustrées*, une des feuilles à potins de son ami Serge Brousseau qui n'hésitent pas à faire écho à ses activités.

Ce grand lecteur d'imprimés qu'est Arcand n'en entrevoit pas moins avec plaisir le jour prochain où, enfin parvenu au pouvoir, il pourra imposer des lois pour mettre au pas toute la presse. « Nous avons des mesures sanitaires pour éviter les empoisonnements. Pourquoi pas une loi contre les idéologies empoisonnées[77] ? » Le principe de la liberté de la presse est pour lui un mythe dont se leurre un public ignorant des réalités des médias.

> La « liberté de la presse » est un mythe qui n'a jamais existé et n'existe pas. N'importe qui peut fonder un journal et seul le propriétaire d'un journal est libre de choisir ce qu'il veut que son journal publie. Jamais le Pape ne permettra à des francs-maçons de rédiger *L'Osservatore romano*, jamais la *Pravda* ne confiera sa rédaction à la Ligue du Sacré-Cœur, jamais le Parti libéral n'appellera les journalistes de l'Union nationale pour faire sa propagande, etc.[78].

Certes. Mais le journaliste doit-il forcément plier devant le propriétaire ? Arcand croit que oui, au nom d'un principe de respect de l'autorité et du pouvoir total que celle-ci détient. « Ne pas reconnaître à l'employeur le droit strict d'orienter son entreprise comme il l'entend, c'est du marxisme communiste pur, c'est attenter au droit de propriété privée. » Rien de plus grave, aux yeux d'Arcand, lequel fut pourtant un des rares journalistes de *La Presse* à tenir tête à son employeur...

Dans sa correspondance d'après-guerre, Henry Hamilton Beamish apparaît constituer sa principale nourriture intellectuelle. Les deux hommes renouent en fait, après l'interruption de la guerre, l'amitié chaleureuse qui animait leurs rapports dans les années 1930. Beamish écrit régulièrement à Arcand pour l'entretenir de ses idées ou de la trajectoire de celles de certains alliés[79]. Dès ses premières lettres d'après-guerre, au printemps 1946, Beamish se dit extrêmement heureux d'avoir finalement retrouvé la trace de son vieil ami Arcand. Durant la guerre, explique Beamish, il a tenté de lui envoyer, de même qu'à plusieurs membres du PUNC, des lettres ou des textes depuis sa prison sud-africaine. Beamish a écrit au chef, de même qu'à « Linteau, Laroche, Longpré ». Mais ses missives, visées par la censure, lui furent toutes retournées[80]. Entre 1946 et 1947, il est même question que Beamish rende prochainement visite à Arcand à l'occasion d'une tournée américaine.

Beamish s'emploie essentiellement à déployer sa haine des Juifs et à enseigner à qui veut l'entendre que le communisme et le judaïsme ne font qu'un[81]. Tout comme Arcand, il croit que rien n'est plus propice désormais à une révolution fasciste, qu'il faudra que les gens souffrent au préalable. « Et les gens sont encore beaucoup trop riches », dit-il. Il faut donc une crise, l'espérer, la préparer. Une crise, une crise !

En 1947, Beamish entretient des liens soutenus avec au moins deux autres fascistes canadiens-français, le Dr Paul-Émile Lalanne et un certain Jacques M. P., dont l'identité exacte demeure mystérieuse. Beamish demande volontiers à Arcand son avis au sujet de ses différents correspondants et de leurs points de vue[82].

En collaboration avec Beamish, Arcand souhaite créer une coordination internationale de l'extrême droite afin de favoriser la puissance de leurs idées communes. Arcand écrit à quelques connaissances et amis afin d'évaluer la faisabilité du projet. Il s'enquiert notamment à ce sujet auprès de George Washington Armstrong de Forth Worth, au Texas, un très riche industriel et magnat du pétrole connu dans les milieux d'extrême droite pour ses tracts qui expriment des idées suprémacistes, une haine profonde des Juifs et un anticommunisme virulent[83]. Arcand et Beamish se félicitent par ailleurs de voir Arnold Leese vouloir relancer les Britons [84]. Une correspondance d'après-guerre entre Leese et Arcand existe, mais les échanges sont moins nourris qu'avec Beamish. Leese le remercie poliment des documents que le Canadien ne manque pas de lui adresser [85]. Avant le conflit, Arcand recommandait déjà à ses troupes la lecture des écrits de Leese. Il est très vraisemblable que les deux hommes se connaissaient déjà très bien alors [86]. Mais après avoir connu les camps de prisonniers durant la guerre, Leese se retrouve à nouveau en prison au printemps 1947, cette fois pour avoir aidé d'anciens nazis allemands à fuir la justice. La nouvelle de cette condamnation fait perdre espoir à Beamish, tout comme à Arcand, d'une résurgence rapide et véritable du fascisme en Angleterre [87].

Doivent-ils espérer plutôt des efforts consentis par Oswald Mosley pour relancer la droite radicale ? Arcand est moins proche de Mosley que d'autres chefs fascistes anglo-saxons. Il entretient en revanche une correspondance soutenue avec Gerald Hamilton, qui est un proche de Mosley. C'est surtout par Hamilton qu'Arcand entre en relation avec Mosley, lequel semble lire et apprécier les propos d'Arcand par l'entremise de leur ami commun. Hamilton se déplace même pour rencontrer Arcand à Montréal au début d'avril 1948 [88].

Arcand échange aussi beaucoup avec Sir Barry Edward Domvile, un distingué haut gradé de la Royal Navy qui, avant la guerre, devint un des fascistes et antisémites anglais les plus influents, ce qui lui valut alors la chaleureuse amitié de Joachim Ribbentrop, le ministre des Affaires étrangères du Reich. Sa passion politique pour l'extrême droite lui valut lui aussi d'être emprisonné durant la guerre. Chez Sir Barry Edward Domvile comme chez Arcand, la réclusion ne fit en définitive qu'accuser davantage leur propension à tout expliquer par des échafaudages fragiles de thèses de complots multiples se superposant les uns sur les autres, jusqu'à en perdre tout à fait contact avec la réalité. Les deux hommes échangèrent beaucoup et régulièrement jusqu'à la mort du chef fasciste canadien.

Si le gros de la correspondance d'Arcand est consacré à des chefs fascistes anglais, il ne néglige pas pour autant d'autres

alliés à l'étranger. Le Suédois Einar Åberg, fondateur en 1941
de la Ligue d'action antijuive dans son pays, est au nombre de
ses correspondants. Åberg se dit écrasé par l'idée que la Suède
est désormais dominée par les Juifs et reprend de plus belle
ses discours haineux après la guerre [89]. Arcand engage aussi dès
1947 une correspondance avec Charles L. Morey, un des noms
d'emprunt d'Avedis Boghos Derounian, un agent infiltrateur de
nombreux groupes d'extrême droite anglais et américains qui
sera surtout connu sous le nom de John Roy Carlson. Comme
bien d'autres, Arcand est berné par ce parfait caméléon.

À la même époque, il entretient également des rapports épis-
tolaires avec des groupes arabes et des extrémistes d'Amérique du
Sud, haut lieu de refuge pour d'anciens nazis et leurs sympathisants. Sa haine des Juifs fait alliance avec celle que leur vouent
des organisations arabes pour des raisons géopolitiques. « Je dois
admettre que, comme chrétien, j'ai certaines sympathies pour les
mahométans », dit-il. Issa Nakhleh, directeur de la Palestinian
Arab Delegation, lui écrit le 30 décembre 1963 : « [L]es sionistes
ont lavé le cerveau, contrôlé et corrompu l'esprit et la conscience
de l'Occident. Ils sont aussi coupables de ce crime du siècle [90]. »
Autrement dit, ils sont coupables de tout, comme le croit Arcand.

Le führer canadien poursuit aussi ses échanges en Europe
avec son ami Henry Coston, antisémite dans la mouvance
d'Édouard Drumont, apologiste du système concentrationnaire
et collaborateur impénitent du régime de Vichy. Dans les pages
de *L'Unité nationale*, Arcand annonce les ouvrages antisémites
que vend l'épouse de Coston à Paris, tout en précisant qu'on
peut faire confiance à sa librairie justement en raison de la personnalité de madame, déjà « condamnée aux travaux forcés à
perpétuité pour son action contre la judéo-maçonnerie [91] ».

En somme, dès l'après-guerre, Arcand reconstitue très vite
un important réseau de communication avec quelques-uns des
radicaux d'extrême droite les plus influents du monde. Il compte
à l'évidence beaucoup sur le développement des communications
avec ces alter ego étrangers pour assurer ses propres positions.

Il est en cela fidèle à la manière qui était déjà la sienne avant la guerre. Arcand n'évolue pas seul, mais dans une mouvance internationale dont la conduite semble, encore une fois, surtout dictée par des agitateurs anglais.

Est-ce la faiblesse des moyens d'Arcand ou une santé quelque peu chancelante qui l'empêche de participer à des rassemblements de personnalités fascistes à cette époque ? En 1950 et 1951, il n'assiste pas aux rencontres internationales fascistes qui se tiennent à Rome et à Malmö, en Suède. Sont-ce là affaires trop strictement européennes pour Arcand ? Il est pourtant en rapport avec quelques associations italiennes d'extrême droite, dont les néofascistes mussoliniens du Movimento Sociale Italiano. Il échange avec Francesco Giorgi, figure de proue romaine de ce mouvement.

Arcand ne se rend pas en tout cas davantage aux États-Unis, où il nourrit pourtant des échanges entre autres avec la Nationalist Crusade de l'antisémite Gerald L. K. Smith du Missouri. Yvonne Arcand ira au moins une fois à Los Angeles, où elle semble avoir été accueillie par des militants. Pourquoi son mari ne l'accompagne-t-il pas ? Le chef fasciste canadien ne voyage plus guère, même dans son propre pays. Il quitte désormais assez peu souvent son fief de Lanoraie. Son dessein de structurer une extrême droite continentale ne tient qu'à sa plume. Ce sont ses lettres qui font voyager ses idées pour lui.

Ses épîtres sont souvent des textes-fleuves. Il s'adresse à des personnalités fort diverses, ce qui n'assure pas toujours qu'il soit vraiment en relation avec ces gens-là. Ainsi, une lettre au républicain Richard Nixon, à qui il écrit en 1964, ne lui vaut aucune réponse, pas plus d'ailleurs qu'une lettre adressée à Arnold Toynbee, un penseur qu'il estime et à qui il demande, comme s'il devait s'agir là de préoccupations universellement partagées, des précisions sur ses rapports passés avec le Congrès juif canadien [92]. Arcand est un véritable admirateur des livres de Toynbee, qu'il estime presque autant que ceux d'Oswald Spengler.

En 1963, il écrit une longue lettre au dictateur portugais Oliveira Salazar pour le féliciter de ses positions à l'égard des empires. En se référant à un concept de la culture inspiré par sa lecture de Spengler, il affirme que « l'histoire de toutes les civilisations enseigne que, dès qu'une Haute Culture a atteint son point de maturité, la loi organique qui la contrôle l'oblige à projeter ses connaissances et ses bienfaits partout à travers le monde [93] ». Et comme il n'existe à son sens qu'« une seule haute culture-civilisation occidentale », celle-ci peut tout se permettre... Salazar se contente d'accuser réception, très obligeamment il est vrai, par la voix de son secrétaire particulier [94]. Mais aucune réponse de Salazar lui-même ne lui parvient, ni rien qui serait flatteur à l'extrême, au contraire de ce que dira après coup Arcand, toujours aussi fabulateur [95]. Il restera jusqu'à sa mort un admirateur fervent des dictateurs Franco et Salazar, en partie, dit-il, à cause de leur « attitude positivement prochrétienne [96] ».

Le jeu électoral l'intéresse plus que jamais. Il prône le respect de l'Union nationale de Maurice Duplessis puis de celle de Daniel Johnson. Mais ce n'est pour lui qu'un rapport de sympathie stratégique qui se poursuit dans le temps, faute de pouvoir compter sur des forces plus radicalement à droite encore. Les créditistes l'intéressent beaucoup moins que l'Union nationale, même s'il convient de la nécessité de les soutenir eux aussi pour des raisons stratégiques. Au cours des années 1930 déjà, Arcand estimait que le Crédit social était une forme de communisme déguisé [97]. Il trouve toujours aussi farfelu dans l'après-guerre le programme économique de cette formation, qui propose d'imprimer de l'argent pour le distribuer au peuple comme moyen d'augmenter la richesse collective. Les créditistes ne seront toujours pour lui que de simples fumistes, des gens incapables de prendre toute la mesure du social [98]. À son avis, les ténors des créditistes, Louis Even et Gilberte Côté-Mercier, « sont un peu mêlés » et « ne sont pas allés au fin fond de la question et la présentent fort mal au public ». Arcand n'en conçoit pas moins une certaine estime pour Réal Caouette, une des figures de proue des créditistes. Il aime aussi les militants politiques des créditistes « en tant que droitistes, nationaux, patriotes, chrétiens adversaires du plan de conquête juive mondiale [99] ». Il se montre donc tout à fait prêt à les aider, puisqu'il partage au moins avec eux un idéal de droite. Ainsi, lors des élections d'après-guerre, Arcand juge que si un candidat de Caouette a de meilleures chances qu'un autre, « ce serait encore préférable à n'importe quoi, car au moins ces gens-là sont de la Droite, même s'ils ne s'en doutent pas [100] ».

Caouette lui-même rend à l'occasion visite à Arcand à sa maison de Lanoraie, en compagnie d'autres créditistes. L'impression qu'il laisse au chef fasciste sera toujours bonne. « C'est un droitiste, un bon chrétien et un bon "Canadien" », dira de lui Arcand, qui invite plus d'une fois ses militants à l'appuyer, à défaut d'un candidat plus radical, puisqu'il vaut « 1 000 fois mieux que les libéraux socialistes et les socialistes [101] ». Arcand entretient aussi des liens avec Robert Thompson, le chef créditiste albertain, à qui il rappelle les échanges qu'il eut avec John Blackmore, premier chef de la formation [102].

Arcand partage à tout le moins avec les créditistes l'idée que le peuple, grevé d'impôts sur les revenus, est victime d'un « plan pour parvenir au but de détruire toute propriété privée [103] ». À son avis, la gauche gagne du terrain partout, comme une sorte de « récolte finale des erreurs semées par la Révolution française ». Mais Arcand demeure le partisan d'une troisième voie fasciste, à situer à son avis entre le communisme et le libéralisme, et qui ne peut être offerte et incarnée au Canada que par son propre parti.

Le PUNC renaît véritablement de ses cendres en 1949. Cette année-là, à l'élection fédérale, Arcand se présente comme candidat dans la circonscription de Richelieu-Verchères. Radio-Canada refuse de lui vendre du temps d'antenne, mais il réussit à mener une campagne efficace avec des moyens traditionnels : le porte-à-porte, les assemblées, des brochures, des tracts. Il obtient 5 190 votes contre 12 329 au libéral Gérard Cournoyer, le député élu. Le Parti conservateur, avec P.-E. Guertin comme candidat, n'obtient que 473 votes et le Dr Guertin, pour l'Union des électeurs, 370. Arcand est donc deuxième. Plus d'un électeur sur

*L'affiche électorale d'Arcand pour l'élection de 1949 reprend
sa photo officielle d'avant-guerre.*

quatre a voté pour lui. Pas mal comme résultat pour quelqu'un qui méprise aussi farouchement la démocratie.

Arcand brigue à nouveau un siège de la Chambre des communes à l'élection du 10 août 1953. Il se présente cette fois devant les électeurs de Berthier-Maskinongé-Lanaudière, une circonscription créée l'année précédente. « Si j'embarque, confie-t-il à son fidèle ami Gérard Lemieux, c'est parce que c'est sûr, non pas simplement pour faire une tentative ou un bel effort [104]. » Le parti ne présente aucun autre candidat ailleurs... Arcand, seul, bénéficie de l'appui tacite de l'organisation de l'Union nationale qui se rallie à sa candidature. Pour gagner, Arcand mise sur cet appui de l'Union nationale, mais aussi « sur la prière des fidèles amis, et l'aide matérielle de ceux qui peuvent la donner ».

La nomination officielle d'Arcand comme candidat « nationaliste » a lieu à Saint-Barthélemy, le 27 juillet 1953. Aimé Piette, figure bien connue du village de Saint-Jacques, agit à titre de président du comité d'élection. Piette affirme que ses compatriotes ne peuvent « pas prendre une mauvaise chance » avec Adrien Arcand puisqu'il sera un jour « plus qu'un simple député si nous lui faisons confiance ». Le slogan électoral que scande Arcand est celui de l'Unité nationale : « Le Canada aux Canadiens. » Le fils du notaire Robillard, Paul, travaille ardemment à son élection. Il distribue des dépliants et placarde des affiches aux quatre coins du comté. Comme son père avant lui, le jeune homme est persuadé que les Juifs contrôlent le monde [105].

Dans sa publicité électorale, Arcand rappelle fièrement ses faits d'armes. Son dépliant électoral signale les commentaires élogieux dont l'ont gratifié, au fil du temps, certains chefs fascistes, dont Henry Hamilton Beamish et Barry Domvile. Il se présente comme un farouche opposant aux chefs de file des communistes canadiens que sont Tim Buck, Sam Carr, Fred Rose et Gui Caron. Arcand déclare en outre à ses électeurs qu'il suivra « en toute circonstance une politique nationaliste du "Canada aux Canadiens" », sans expliquer plus avant comment, dans la vision du PUNC, les électeurs se retrouvent pris en cisaille dans une politique d'extrême droite.

Au scrutin du 10 août, Arcand obtient 7 496 voix, ce qui est considérable. Encore deuxième, cette fois devant le notaire Joseph Langlois, un libéral avec une petite moustache en brosse semblable à celle d'Hitler. Le vainqueur a obtenu 10 709 voix. Les libéraux remportent alors leur cinquième élection fédérale de suite, ce qui représente dans l'esprit d'Arcand une épouvantable catastrophe. Les conservateurs de George Drew forment l'opposition officielle. Et le Crédit social obtient 15 sièges, ce qui n'est pas mal.

L'échec électoral d'Arcand est au fond un succès. Il montre pour la première fois ses capacités réelles à attirer à lui le vote populaire. Sa deuxième place galvanise son énergie. Il repart. Il parle là où l'on souhaite l'entendre. Il se démultiplie même grâce à des enregistrements de ses conférences sur bandes magnétiques que des fidèles diffusent au bénéfice de petits groupes réunis dans des cuisines ou des salons.

Le 15 mars 1954, Arcand s'adresse à 200 « hommes d'affaires », dit-il, en vérité de petits commerçants, des animateurs de chambres de commerce locales. Sa conférence est enregistrée pour qu'elle puisse ensuite servir ailleurs. On l'invite à prendre à nouveau la parole, dans d'autres assemblées du genre où, comme d'habitude, il mélange religion, antisémitisme et programme de lutte au communisme au nom du corporatisme.

L'élection de 1956, qui s'annonce très favorable à Duplessis, lui semble encourageante [106]. Arcand n'a pas du tout à se plaindre du régime de Duplessis qui le récompense bien de ses penchants en sa faveur. Gérald « Gerry » Martineau, chien de garde du trésor de l'Union nationale, réputé à juste titre plus influent qu'un ministre, est un bon ami d'Arcand. Martineau se montre financièrement généreux à l'égard du chef du PUNC. C'est lui qui finance une opération que doit subir Arcand en 1959. Après la mort de Duplessis, il continue de veiller sur le chef du PUNC. Le 3 mars 1960, Martineau fait adresser à Arcand, cette fois par l'entremise de Joseph-Ernest Laforce, la somme de 500 $. En marge de la courte lettre qui annonce l'arrivée de cette somme inattendue, Arcand note à la plume : « G. Martineau, qui paya la moitié de mon opération. Très chic [107] ! »

Arcand dira que Martineau est le seul, avec Duplessis lui-même, à qui il doit vraiment de ne pas avoir crevé de faim dans les années 1950 [108]. Sa reconnaissance à l'égard de l'Union nationale est énorme. En 1966, il affirme que Duplessis est le chef politique ayant le plus fait pour le Québec depuis la découverte du pays par Jacques Cartier en 1534 [109]...

Après les passages rapides de Paul Sauvé et d'Antonio Barrette au pouvoir et les tourments du parti sous des directions éphémères, l'arrivée de Daniel Johnson comme nouveau chef de l'Union nationale à compter de 1961 ne déplaît pas à Arcand. Johnson, semble-t-il, se montre lui aussi disposé à soutenir en douce « notre ami de Lanoraie », du moins par l'entremise d'Eugène Doucet, un administrateur de la région de Trois-Rivières et partisan notoire de l'Union nationale [110]. Même après la mort de Duplessis, l'Union nationale continue donc de gratifier Arcand de quelques faveurs monétaires pour les appuis que le chef fasciste prodigue au parti. Arcand n'hésite en effet pas un seul instant à recommander à ses troupes de travailler en faveur de l'Union nationale dans certains comtés et pour les créditistes dans d'autres, en particulier en Abitibi. Tout cela « pour Foi et Patrie, Langue et Religion », comme il l'explique à son fidèle Gérard Lemieux [111].

La députation ne fuit pas Arcand. Le chef fasciste attire à lui certains des plus réactionnaires des députés de l'Union nationale ou du Parti conservateur, dont le Dr Gaston Tremblay, un farouche opposant à la laïcisation de l'enseignement élu à l'élection du 5 juin 1966 [112]. Des députés invitent Arcand à s'adresser à leurs militants. En 1962, le chef fasciste parle devant un auditoire de Valleyfield auquel il est présenté par l'ancien député fédéral Gérard Bruchési. Arcand n'hésite pas alors à « dire que Duplessis et Johnson sont les plus brillants politiques de notre histoire contemporaine [113] ». Il est ensuite chaudement remercié par le député fédéral de Vaudreuil-Soulanges, Marcel Bourdonnais, qui affirme que ce qu'il vient d'entendre « n'est pas une conférence, c'est un monument ».

Yves Gabias, député provincial de Trois-Rivières sous la bannière de l'Union nationale, fréquente Arcand. Le chef du PUNC lui fournit plusieurs lectures opposées au libéralisme [114]. Arcand appuie directement le pharmacien Georges Valade, élu député fédéral conservateur dans Montréal-Sainte-Marie. Valade soutient, dans une lettre du 9 mai 1958, devoir son élection en partie au travail d'Arcand : « Vous avez coopéré, d'une façon assez directe, au merveilleux résultat de cette campagne, et votre encourageant appui a certes contribué à nettoyer le comté de Sainte-Marie » du Parti libéral [115]. En 1961, Arcand prononce aussi un discours à l'occasion d'un dîner-causerie à Lavaltrie pour l'Union nationale [116].

Au nombre des meilleures relations politiques d'Arcand, il faut compter encore l'avocat Rémi Paul, qui le tutoie volontiers. Le député conservateur de Berthier-Maskinongé le remercie à plus d'une reprise de ses conseils. Paul échange avec lui sur différents sujets politiques. Arcand le conseille notamment en matière de « publicité » électorale. Rémi Paul et son collègue député Raymond Bourbonnais tentent même de convertir les autres députés québécois à une approche publicitaire suggérée par Arcand. « Pour ce qui a trait à la publicité du Parti conservateur, je trouve que vous avez grandement raison, et je crois que dans un avenir rapproché j'aurai une mission officielle à remplir auprès de vous au nom de la presque totalité de mes collègues du Québec [117]. »

En 1961, Paul se dit heureux de constater que le nom d'Adrien Arcand devient de plus en plus populaire auprès des députés d'Ottawa, bien que son projet publicitaire avorte. La direction du Parti conservateur fera clairement comprendre à Arcand qu'elle ne veut pas de l'appui de ses militants fascistes « même avec une perche de 15 pieds [118] ». Arcand n'en continue pas moins de soutenir les conservateurs en général et Rémi Paul en particulier. À ce dernier, il assure le soutien de ses militants lors de son investiture comme candidat des conservateurs, le 6 mai 1962. Paul pousse par la suite l'amabilité à son égard jusqu'à lui faire adresser quotidiennement le compte rendu des débats de la Chambre des communes [119]. Au plan politique, Arcand et Paul sont tous les deux favorables à la peine de mort. Ils partagent aussi, entre autres choses, un vif intérêt pour le sénateur américain Barry Goldwater, qui prêche en faveur d'une véritable croisade contre les rouges aux États-Unis [120]. Goldwater sera connu comme l'adversaire ultra-conservateur du président américain sortant Lyndon Johnson.

Lorsqu'en 1962 est lancée la campagne fédérale des conservateurs canadiens à Trois-Rivières, Arcand est invité à assister à un
énorme banquet qui doit réunir 5 000 personnes. Vedette de la
soirée, dimanche le chef du Parti conservateur, John Diefenbaker,
est suivi par une imposante meute de journalistes et de photo-
graphes. Diefenbaker manque de fort peu de se retrouver dans les
journaux en compagnie d'Adrien Arcand. Dans la grande salle du
banquet, raconte Léon Balcer dans ses mémoires, Diefenbaker
s'arrête pour saluer son député Rémi Paul, flanqué alors de son
ami Adrien Arcand, une homme que le chef conservateur ne
connaît pas. « Arcand était un homme d'une stature imposante
qui se tenait toujours droit comme un militaire. Il avait une
physionomie remarquable et surtout des yeux noirs perçants,
un peu sortis de leur orbite », raconte Balcer. Diefenbaker est
immédiatement fasciné par Arcand et se met à discuter avec lui.
Balcer, voyant tout de suite les titres des journaux qu'une telle
rencontre pourrait produire, tente d'entraîner Diefenbaker plus
loin en le poussant. Celui-ci résiste, tout à fait agacé par le geste,
« et continue à causer avec Arcand [121] » ! Un photographe d'un
quotidien montréalais prend alors plusieurs photos de la scène.
Balcer doit finalement faire intervenir Roger Laroche, un avocat
de Trois-Rivières, pour s'assurer que ces images ne seront pas
publiées le lendemain dans la presse...

Rémi Paul sera plus tard accusé publiquement par le syndicaliste Michel Chartrand de sympathies nazies. Le député avait
affirmé au préalable qu'il n'aurait pas eu honte d'appartenir au
parti d'Adrien Arcand [122]. Le président de la Centrale des syndicats nationaux (CSN), Marcel Pépin, déplorera lui aussi les liens
de Rémi Paul avec le chef fasciste [123].

CHAPITRE II

LE NÉGATIONNISTE

C'est une ruse des démons de faire croire qu'ils n'existent pas.
CHARLES BAUDELAIRE

L E FASCISME qui continue d'exister au Canada dans les années d'après-guerre se trouve dans une situation très différente de celui des années 1930. D'abord, il faut remarquer que contrairement à plusieurs pays européens, il n'y a pas eu au Canada de campagne d'épuration à la fin du conflit mondial. Les fascistes emprisonnés pendant la guerre retrouvent en 1945 leur liberté et leur droit de parole. Ils ne connaissent pas de véritable procès. Plusieurs gagnent, du fait même de leur emprisonnement sous le coup de mesures d'exception, une sorte de gloriole qui suscite un certain intérêt en leur faveur.

Après 1945, le message corrosif que porte en elle la révolution fasciste est neutralisé en partie par la récupération de son imagerie dans de nouvelles formes d'esthétisations populaires. Les clubs de motards, prêts à renchérir sur leur mauvaise réputation, commencent à porter des casques d'acier de l'armée du IIIe Reich. Ils arborent aussi une foule d'insignes militaires qui laissent suggérer jusqu'où ils peuvent aller. Des groupes de « blousons noirs » apparaissent, à qui on associe des violences d'un nouveau genre, gratuites, extrêmes. Les symboles du fascisme et du nazisme s'associent aux marques de rébellions ostentatoires de ces groupes.

En littérature, les livres de Mishima donnent dans le culte de la force et un ultranationalisme qui conduit à terme au coup d'État. Ils sont portés aux nues par la critique. Louis-Ferdinand Céline, autre vedette de la littérature mondiale, véritable paranoïaque antisémite, s'amende à peine pour ses pamphlets d'avant-guerre et évoque désormais, en catimini, un « problème » asiatique plutôt que juif tandis qu'il devient un des écrivains les plus traduits et les plus lus. En faisant fi de ses positions politiques au nom de la liberté en littérature, en célébrant son rire plutôt qu'en analysant sa pensée, comme s'amuse à le faire pour la galerie un Philippe Sollers, l'université reconnaît assez rapidement Céline comme un des très grands écrivains du XXᵉ siècle.

Au cinéma, des actes extrêmes liés au fascisme sont mis en scène. Les films ayant une thématique propice à mettre en images certains des aspects les plus sombres du fascisme se multiplient, plus ou moins en marge de la cinématographie guerrière de type hollywoodien. Certaines de ces œuvres sont produites par d'anciens nazis eux-mêmes. Après avoir tourné des images qui font l'apologie de l'antisémitisme durant la Seconde Guerre mondiale, le réalisateur allemand Veit Harlan lance ainsi en 1957 *Le troisième sexe*, véritable entreprise de propagande contre l'homosexualité, un des thèmes forts du nazisme.

La fascination pour le meurtre morbide et la déshumanisation crée pour les écrans, sous la figure emblématique du SS sanguinaire, un phénomène de banalisation du mal où le meurtre n'est plus qu'une affaire mécanique sans conséquence, comme dans le régime hitlérien lui-même. Dans un nouveau type de film qui voit le jour dans l'après-guerre, la violence est totale, mais capable à l'évidence de susciter chez un public important une forme d'enthousiasme liée à la perversion des formes connues du fascisme. *Le portier de nuit* de Liliana Cavani ou *Les damnés* de Visconti installent un registre où l'idéologie fasciste s'apparente de plus en plus à une simple esthétique de la transgression. Celle-ci inspire rapidement une sous-production cinématographique très abondante. On trouve en effet nombre de films de série Z qui exploitent l'univers concentrationnaire allemand tel un simple cadre de nature plus ou moins érotique, le sexe ayant au moins le mérite de ne pas faire oublier l'humanité dans l'angoisse du mal. La présentation réaliste du pire au sein d'un tel système concentrationnaire y est télescopée en une simple trame narrative qui ne carbure qu'à l'impulsion sexuelle, sans la moindre gaieté. Le summum du genre, si l'on peut dire, est sans doute atteint dans les années 1970 par deux films italiens en quête de représentations fortes du fantasme sado-masochiste : *La bestia in calore* de Paolo Solvay et *SS Hell Camp* de Luigi Batzella. On pourrait aussi évoquer *Ilsa la louve des SS* de Don Edmonds ou d'autres films du genre, comme *Train spécial pour Hitler* ou *Nathalie dans l'enfer nazi* d'Alain Payet, précurseurs de films strictement pornographiques qui appartiennent à cette même lignée où l'univers concentrationnaire est presque banalisé.

La société fasciste de l'avant-guerre était en vérité très répressive à l'égard des sexualités ouvertes. Mais dans l'univers des fantasmes de l'après-guerre, le fascisme devient vite une référence importante dont se gave la pornographie. L'uniforme, les chaînes, les insignes, le swastika et les bottes militaires sont tout simplement assimilés et, surtout, réduits à des métaphores d'une sexualité aventureuse. Le fait que ces objets symbolisent la répression comme telle et une société répressive leur permet de devenir, par un effet de bascule, les marqueurs d'une transgression.

Dans une société qui change à toute vitesse, au point de faire évoluer l'univers fasciste vers ces tangentes inattendues, le discours d'Arcand maintient une ligne monolithique. Il ne montre aucun signe de repentance. Bien au contraire, Arcand se dit plus que jamais convaincu de la valeur de ses idées qui n'ont pour ainsi dire pas changé malgré les années passées derrière les barbelés, à l'ombre des miradors. Mais la société canadienne dans laquelle il tente d'inscrire son discours s'est beaucoup modifiée par rapport aux années 1930.

Au nom du progrès, les Canadiens se trouvent désormais absorbés par un discours général qui se gargarise de toutes les

*Gérard Lemieux pose fièrement avec sa femme et leur nouveau-né
en compagnie de son chef Arcand.*

manifestations de prospérité économique. La majorité de la
population vit depuis longtemps à la ville et ne tient plus le
discours du retour à la terre et de la colonisation comme étant
encore d'actualité. La radio et bientôt la télévision assurent la
diffusion dans les campagnes d'idées venues des centres urbains.
Rajeuni par le « baby-boom » comme d'autres sociétés occi-
dentales, le Canada marche alors à grands pas vers un monde
d'hyperconsommation. Le crédit généralisé apporte des besoins
de consommation supplémentaires. Le cinéma parlant, tant criti-
qué avant la guerre par une élite, triomphe partout. Les banlieues
fleurissent, tout comme les centres commerciaux. Les salaires aug-
mentent plus rapidement que l'inflation. Au Québec, le revenu
personnel par habitant passe de 655 $ en 1946 à 1 455$ en 1961 [1].
Pour la première fois depuis longtemps, la population bénéficie
de surplus d'argent à dépenser à sa guise. Cette nouvelle réalité sociale accélère un mouvement de déperdition d'une culture
traditionnelle fondée en grande partie sur l'oralité. La popularité d'une émission télévisée consacrée au folklore comme *Soirée*

canadienne, diffusée à compter de 1960, est le reflet d'un monde qui tombe en désuétude et qu'on aime se rappeler avec nostalgie en plongeant son regard dans l'univers des gigues, des quadrilles et des chansons à répondre.

Évidemment, l'histoire de cette révolution culturelle et sociale est complexe, enchevêtrée, pleine de ruptures. De façon commode, on en situe le plus souvent l'avènement avec l'élection du Parti libéral de Jean Lesage, le 22 juin 1960, même si des signes évidents annoncent bien avant la teneur de cette révolution dite tranquille. Reste que la ligne directrice de ce courant de fond est bien une différenciation progressive du milieu social de l'après-guerre par rapport à celui de l'immédiat avant-guerre. Forcément, des résistances à de pareilles ruptures se font sentir. Plusieurs s'inquiètent d'un certain chaos moral que dessine la société de consommation portée par l'idéologie libérale. En même temps, on s'inquiète de la menace que pose le communisme, perçu comme le reflet inversé d'une même image monstrueuse. À l'ère de la paranoïa anticommuniste qu'encourage le sénateur McCarthy aux États-Unis, la guerre de Corée, à laquelle vont prendre part plus de 25 000 soldats canadiens, accentue une peur de tous les instants contre un ennemi jugé diabolique. Les accusations de communisme pleuvent et profitent entre autres au régime Duplessis pour discréditer injustement des adversaires politiques. Chez Arcand comme chez d'autres doctrinaires, l'anticommunisme prend parfois des formes inattendues. Il se révèle ainsi, comme nombre de néo-fascistes américains, farouchement opposé à la fluoration de l'eau, parfaitement convaincu qu'il s'agit là d'un complot communiste pour exterminer l'Occident chrétien.

Mais qui est communiste ? Pas besoin d'être membre du parti pour être considéré comme tel, croient les militants fascistes. Du moment qu'un homme « donne son adhésion mentale et morale à l'idée communiste, on peut être assuré qu'il est acquis aux légions de Moscou », explique *L'Unité nationale* [2]. Entre les Juifs et le communisme, les fascistes voient des ponts partout, quitte à les construire eux-mêmes de toutes pièces. Évidemment, cela laisse place à des interprétations fantaisistes, comme en permet aux autorités la « Loi du cadenas » adoptée par l'Union nationale. *L'Unité nationale*, le journal d'Arcand, publie plusieurs textes en faveur d'une législation encore plus sévère contre le communisme.

C'est en 1953 que le parti relance un journal, *L'Unité nationale*. Arcand écrit à son ami Ernest Laforce que ce mensuel « continuera ma bataille de toujours contre le Rouge (pâle, moyen, foncé) ». Au nom même de ses visées anticommunistes, Arcand souhaite que la santé de Duplessis se maintienne au mieux. « Lorsque ce dernier partira, écrit Arcand, je crains que ce ne soit une catastrophe pour notre race si fortement menacée. Je n'en vois pas d'autres que lui ayant assez de prestige pour mener à bien notre grand combat et le faire triompher [3]. »

La première page de *L'Unité nationale* est coiffée de la devise du régime de Vichy, le triptyque *Travail, Famille Patrie* auquel Arcand a ajouté *Dieu*. Que trouve-t-on de nouveau dans ce mensuel par rapport à ses feuilles d'avant-guerre comme *Le Patriote* ou *Le Fasciste canadien* ? L'antisémitisme y a toujours bonne place. L'idée qu'un complot explique la marche du monde vers le caniveau revient sans cesse.

L'Unité nationale n'est pas la seule publication à laquelle Arcand prête sa plume. Il se profile aussi derrière certaines feuilles qui se veulent avant tout religieuses, comme *Carrefour chrétien*, un imprimé diffusé au maximum à 1 000 exemplaires. Dans cette mouvance catholique, il anime aussi, sous le couvert du secret, un groupe ultracatholique d'obédience fasciste, Via Veritas Vite (V-V-V) [4].

Dans les années 1950, l'extrême droite canadienne continue d'exister par la seule énergie de sa logique interne, depuis toujours autosuffisante. Ce fascisme canadien se présente comme un paravent qui saura préserver ceux qui se cachent derrière lui des incertitudes qu'apporte une période de changements. Si Arcand répète à satiété qu'il n'a pas changé, il est clair que la société qui reçoit désormais son message n'est plus la même que celle à laquelle il s'adressait 20 ans plus tôt.

D'ailleurs, qui s'intéresse à l'extrême droite dans l'après-guerre ? Arcand raconte dans sa correspondance qu'il s'adresse tout spécialement à des hommes d'affaires lors de réunions, mais on voit mal quel important patron d'industrie pourrait être alors lié à lui.

L'enthousiasme pour des régimes totalitaires n'est certes pas absent du monde des affaires. Il suffit pour s'en convaincre de constater tout l'intérêt qu'éprouve un jeune entrepreneur tel que Pierre Péladeau pour l'œuvre de Nietzsche, réduite chez lui aux seuls thèmes du pouvoir de la volonté et de l'exaltation du sentiment de puissance. Un des proches de Péladeau, Charles-Albert Poissan, voit la croix gammée sur le bureau de son patron dans les années 1950 [5]. À un autre de ses proches, Jean-Paul Saint-Louis, Péladeau vante, à la même époque, la puissance d'un homme tel que Mussolini avec les femmes [6]. Selon son biographe, le magnat de la presse québécoise aurait fréquenté, à titre d'initié, les idées fascistes de Dostaler O'Leary au sein de « sa Chevalerie des Laurentides [7] ».

Des années plus tard, en 1990, dans une entrevue à l'hebdomadaire *L'Actualité*, Pierre Péladeau déclare avoir « un grand respect pour les Juifs », mais ajoute qu'« ils prennent trop de place [8] ». Dans cette même entrevue, il confesse avoir de l'admiration pour la force de volonté d'Adolf Hitler. La publication de cette entrevue provoquera une vive tornade que le principal intéressé s'empressera d'étouffer en réajustant quelque peu ses déclarations. Le rédacteur en chef du magazine, Jean Paré, affirmera par la suite dans une lettre que les citations de Péladeau qui ont suscité autant de réactions de la part du public « n'étaient pas exactes », tout simplement [9].

Ce Pierre Péladeau qui « donne des indications parfois visuelles » – pour reprendre les mots de Charles-Albert Poissan – d'une certaine sensibilité favorable à l'univers de la croix gammée, est-il un homme susceptible d'avoir entretenu des liens directs avec Adrien Arcand ? Rien ne l'indique. Péladeau fréquentera toutefois beaucoup Jean Côté, un journaliste et écrivain qui sera son biographe et ami, tout en étant, jusqu'à la fin de sa vie, un ami autant qu'un thuriféraire infatigable d'Adrien Arcand [10].

Jean Côté a publié à compte d'auteur une biographie affligeante du chef fasciste, *Arcand, une grande figure de notre temps*, ainsi qu'un volumineux bric-à-brac de ses lettres sous le titre *Arcand ou la vérité retrouvée*. Rien là-dedans ou ailleurs, à ma connaissance, ne tend à confirmer qu'Arcand ait entretenu à l'époque des liens particuliers avec des hommes d'affaires importants ou en voie de le devenir. Lorsque Arcand dit et répète, tout au long des années 1950, s'adresser à des hommes d'affaires, le chef du Parti de l'unité nationale du Canada (PUNC)) confond plutôt les cercles restreints du petit commerce aux limites souvent très paroissiales avec les parangons du capitalisme. Dans l'après-guerre comme dans l'avant-guerre, Arcand s'intéresse essentiellement aux commerçants de quartier, épiciers du coin, barbiers, gens de boutiques, et c'est eux qu'il intéresse. Il entretient pour le compte de ce milieu une certaine illusion de proximité entre le capital et les intérêts locaux.

Ce sont en fait d'abord et avant tout des gens du peuple, sans grande éducation, parfois analphabètes, qui assistent à ses conférences. C'est d'ailleurs ce qu'observe un témoin, Harry Mayer, président de la Ligue contre l'antisémitisme à Montréal, lorsqu'il assiste à une rencontre secrète de sympathisants. Les auditeurs de la conférence enregistrée sur bande magnétique qui est diffusée lors de cette séance appartiennent à ces petites gens ballottés par les transformations rapides de la culture sociale dans l'après-guerre. Ils sont « ignorants et même analphabètes, admettent le mensonge comme vérité religieuse [11] », explique Mayer.

En octobre 1952, lorsque Mayer se présente à une séance secrète, il trouve 46 personnes qui écoutent une grosse enregistreuse cracher la voix « intensément passionnée d'Adrien Arcand que tous continuent d'appeler "le chef", même s'il n'est pas là [12] ».

Arcand prend la parole devant de petits commerçants.
Ici, chez un marchand de chaussures.

La conférence dure au total 2 heures et 45 minutes et nécessite trois bobines. L'hôte de la soirée ne cesse alors de répéter à quel point les auditeurs sont chanceux d'entendre la voix d'un dirigeant pareil.

Dans l'après-guerre, on trouve beaucoup de membres du petit clergé fascinés par les discours d'Arcand. En 1956, dans leur bouillant réquisitoire contre les mensonges et la corruption du régime, les abbés O'Neill et Dion laissent entendre qu'Arcand recrute chez les religieux au nom d'une fronde anti-communiste qui profite au gouvernement Duplessis. Ils n'ont pas tort. Que disent-ils ?

Une littérature de bas étage a pénétré les presbytères et les couvents. Un curé a changé ses convictions après lecture de *L'Unité nationale*, de monsieur Adrien Arcand ! Des religieuses ont lu ou entendu raconter d'étranges histoires sur des gens que, jusque-là, on croyait catholiques. On a parlé de la foi mise en danger, des ennemis qui rôdaient, de l'exemple des pays où une poignée de communistes ont réussi à prendre le pouvoir, etc. Vu de près, c'était de la pacotille pour épater des primitifs. Et pourtant, le truc a fonctionné à merveille [13] !

En 1962, un « chef religieux » achète, à Valleyfield, l'enregistrement d'une conférence d'Arcand pour la faire entendre aux membres de sa communauté [14]. Il n'est pas le seul à montrer un intérêt pour les propos d'Arcand. Le journaliste du *Devoir* Jean-Claude Leclerc se souvient que plusieurs religieux étaient présents dans les assemblées du chef fasciste au début des années 1960. L'historien Jacques Lacoursière relate pour sa part qu'un frère d'une communauté de Trois-Rivières enregistrait nombre de discours d'Arcand [15]. Il s'agit vraisemblablement du frère Léo, professeur à l'école secondaire Immaculée-Conception à Shawinigan, qui dira lui-même avoir enregistré et diffusé très volontiers la parole d'Arcand [16]. Par ces enregistrements, le frère Léo souhaitait, disait-il, transmettre la parole du chef du PUNC « à des personnes sensibles à la vérité ». L'édifice principal de sa communauté ayant été rasé par les flammes, les précieux documents ont sans doute été emportés à jamais dans la catastrophe.

Au nombre des amis en robe d'Arcand, on trouve le père Fabien, un capucin qui donne un avis favorable au sujet du programme du PUNC à ses ouailles qui lui demandent quoi en penser. « Tel quel, c'est le plus chrétien de tous les programmes politiques au Canada, et donc le plus humain », explique le père Fabien [17]. La réalisation du programme de l'Unité nationale, poursuit-il, « mettrait la paix dans les cœurs, donnerait à toutes les bonnes volontés d'immenses possibilités spirituelles et temporelles ». Arcand, croit encore le père Fabien, « a risqué sa vie » pour le Canada et son combat contre les Juifs n'est que celui « des papes de tous les temps », l'« attitude même de notre Seigneur dans le Saint Évangile ».

Dans sa correspondance avec Arcand, le père Fabien affirme que plusieurs curés lisent avec plaisir *L'Unité nationale*. Il laisse entendre que ses sentiments profonds à l'égard du parti sont partagés au moins par Mgr Brosseau de Montebello. Le père Fabien échange régulièrement des idées avec Arcand et se montre favorable, tout comme lui, à l'agressive chasse aux communistes entreprise aux États-Unis par le sénateur Joseph McCarthy.

L'ogre de Lanoraie est aussi très lié avec un autre intellectuel en robe, le chanoine Georges Panneton de Trois-Rivières. Les deux hommes partagent des préoccupations proprement obsessionnelles à l'égard des Juifs, des communistes et des francsmaçons. En témoigne leur abondante correspondance. Après la mort d'Arcand en 1967, le chanoine Panneton affirme qu'il « le considère comme un génie en son genre », rien de moins [18]. Georges Panneton est le frère de l'écrivain Philippe Panneton, ambassadeur canadien au Portugal de Salazar et connu, dans la littérature québécoise, sous le nom de Ringuet.

Le fascisme est-il un exemple chrétien à suivre ? À en croire l'attitude de certains religieux, il pourrait sembler que oui. Le cas du frère enseignant René Lahaie est à cet égard particulièrement troublant. En 1964, cet enseignant de septième année d'une école de la rue Saint-Denis à Montréal instaure pour ses élèves un système d'émulation fondé sur Adolf Hitler et Jésus Christ, tout deux représentés par des portraits dans sa classe [19].

Le frère Lahaie a seulement 22 ans. Sur le tableau d'ardoise noire de sa classe, il inscrit des échelons de réussite scolaire calqués sur l'ordre militaire nazi. Auront triomphé les jeunes qui parviendront à obtenir le grade de SA, les premières sections d'assaut du parti nazi à ses débuts, puis de SS, les anges de la mort du régime... Les grades militaires lui importent peu, dira-t-il, puisque ce que les élèves souhaitent être d'abord et avant tout, c'est « des officiers du Christ [20] ». Ses élèves doivent même saluer une icône du Christ en levant le bras et en s'écriant « Heil Christ ! »

Le supérieur du frère Lahaie, le frère Hector Asselin, de même que le conseil des professeurs de l'ordre religieux, prennent d'abord la défense de ces méthodes pédagogiques lorsqu'elles déclenchent une vigoureuse indignation de la presse montréalaise, laquelle toutefois les force à battre rapidement en retraite.

Arcand, lui, trouve que la CECM a commis « un crime infiniment plus grave que n'a pu le faire le frère Lahaie » en publiant dans son journal, *L'Élève*, un texte d'un auteur juif [21].

Ce jeune frère enseignant est-il un admirateur du PUNC ? L'histoire ne le dit pas, mais il est à tout le moins sensible à un corps d'idées qui ne lui est pas étranger, comme le sont nombre de ces petits religieux de l'époque dont on trouve la trace dans la nébuleuse de l'ogre de Lanoraie.

Arcand a beau compter plusieurs amis ou partisans dans le petit clergé, il n'entretient pas de contacts cordiaux avec les ténors de l'Église. Ses lettres au cardinal Maurice Roy, même répétées, restent sans réponse, tout comme celles adressées au cardinal Paul-Émile Léger. La ligne officielle des hautes autorités de l'Église à l'égard de son mouvement n'a pas changé depuis la fin des années 1930. Arcand est un proscrit de l'Église officielle.

Pour le haut clergé, Arcand demeure un infréquentable. On le lui fait volontiers savoir. Le jeudi 20 mai 1954, les portes de la salle paroissiale Saint-Stanislas, située au 1371 de la rue Laurier Est, restent closes. Ce soir-là, la salle devait accueillir une conférence du « journaliste » Adrien Arcand. Mais une nouvelle consigne, visiblement adressée en haut lieu au curé Arthur Deschênes, a fait en sorte qu'Arcand n'a pas pu profiter à la dernière minute de cet espace pourtant dûment loué [22]. La conférence d'Arcand était rédigée et il se préparait à gagner Montréal pour en livrer le contenu lorsqu'on le prévint par téléphone que le contrat de location de la salle avait été résilié. « Nous n'avons rien à expliquer, répondra à un journaliste jugé trop curieux un abbé de la paroisse. Allez vous renseigner ailleurs ! »

La salle du Canadian Slovak Building, où les membres ont été conviés, demeure elle aussi fermée. Pétition et protestations ont raison du propriétaire de l'immeuble qui finit par interdire lui aussi l'accès des lieux à Arcand [23]. De tels refus apparaissent nombreux.

Les problèmes qu'il éprouve en particulier à retenir des salles chez les religieux persistent jusqu'à sa mort. En 1966, les pères de

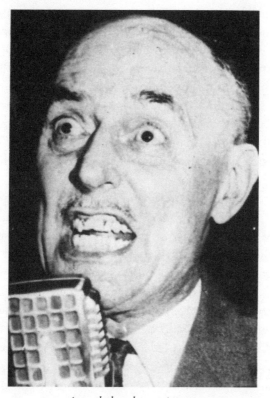

Arcand, dans les années 1950.

Sainte-Croix, peut-être eux aussi sous l'influence de l'archevêché, refusent finalement de louer un gymnase retenu pour la tenue d'un banquet du PUNC le 27 novembre. En 1966, le maire de Montréal, Jean Drapeau, et l'archevêché voient aussi à ce que les salles de la ville ne soient pas louées aux militants du PUNC.

Arcand se met aussi à dos différents religieux, comme le père Gustave Lamarche, directeur des *Carnets viatoriens*, pourtant homme de droite lui-même, admirateur de la pensée de Maurras, grand ami de l'historien antisémite et raciste Robert Rumilly. Aux yeux d'Arcand, le père Lamarche des Clercs de Saint-Viateur est suspect, tout comme d'autres religieux, d'être lié à des Juifs [24] !

Les sentiments qu'Arcand entretient à son égard ne s'améliorent pas lorsque Lamarche montre pour le Québec de forts penchants autonomistes, voire indépendantistes, même s'il le fait dans une stricte perspective de droite.

Comme dans les années 1930, l'indépendantisme demeure pour Arcand un non-sens qui bafoue les principes mêmes de respect de l'autorité. Arcand accuse pour cette raison même l'abbé Jean-Paul Tremblay du Séminaire de Chicoutimi, un historien régionaliste et animateur de mouvements de jeunes catholiques, d'être un cerveau lavé par les idées des rouges puisqu'il s'intéresse à l'avancée du mouvement indépendantiste québécois. Le parti d'Arcand, rapporte *La Presse* du 12 décembre 1966, s'en prend, lors d'une assemblée, aux indépendantistes québécois en général et à Pierre Bourgault en particulier [25]. Pour Arcand, selon *Le Devoir* du même jour, les Juifs ont infiltré le mouvement séparatiste, ce qui le rend encore plus dangereux...

Arcand peste contre le père Émile Legault, animateur de théâtre, maître de plusieurs des meilleurs jeunes comédiens de l'heure. Le père Legault, dit le ténor fasciste, a eu le culot de publier dans *L'Oratoire*, un imprimé des Pères de Sainte-Croix, un article où il prend la défense de Charlie Chaplin, chassé des États-Unis en vertu de l'anticommunisme promu par le sénateur Joseph McCarthy. Aux yeux d'Arcand, les États-Unis ont été « persécutés et trahis par Chaplin », qui n'est qu'un être « subversif », un « traître » et un « immoral [26] ». En conséquence, qu'une publication catholique prenne la défense du père du personnage de Charlot apparaît à Arcand « rien de moins que scandaleux ».

Si Arcand est à l'évidence un croyant imprégné de toute une mystique religieuse, cela ne suffit pas pour autant à laver son esprit de tout rapport avec le nazisme. Pour continuer de promouvoir la pensée d'Hitler dans l'après-guerre, Arcand en fait, comme par magie, une sorte de chrétien singulier. Il perçoit le Führer comme un idolâtre de la Vierge Marie, sans s'attarder à la condamnation du catholicisme par le dictateur [27]. Ce culte supposé d'Hitler pour la Vierge lui suffit à sacrer le dictateur allemand grand catholique et à justifier de fait son antisémitisme virulent [28]. Pour Arcand, Hitler devient même « le seul chef d'État à refuser la séparation de l'Église et de l'État ». Mais l'admirateur du Führer néglige de signaler que c'est l'État qui devenait d'abord et avant tout religion en Allemagne nazie.

Peu à peu, le nazisme apparaît assimilé sous sa plume à la quête des chrétiens des premiers temps.

> La guerre de 1939 ne fut pas une affaire d'issue militaire, ce fut une guerre d'idées, de doctrines, de systèmes, et les idées ne se tuent pas avec le fusil, la corde, la prison. L'idée juste et saine triomphe toujours, malgré n'importe quelle coalition mondiale, comme l'a prouvé le christianisme à ses débuts [29].

On voit donc Arcand s'employer à faire à Hitler une nouvelle réputation qui ne peut que servir ses propres vues politiques. Il accorde en ce sens une entrevue au magazine *Maclean* dans laquelle il considère que Hitler était en quelque sorte un précurseur du marché commun et de l'idée d'Union européenne. « Hitler, dit-il, était un Européen. Il voulait refaire l'unité de l'Europe, tandis que Mussolini était surtout italien [30]. » Même mort et battu, il considère le chef nazi comme vainqueur au moins sur un point, « puisque la race blanche a gardé ses droits d'aînesse sur le continent européen ».

Hitler lui apparaît de surcroît avoir été un rempart nécessaire contre le communisme en Europe. Si c'est bien le cas, à quel prix l'a-t-il été ? La limitation des droits, la terreur, les camps de concentration, la doctrine raciste ne sont pas nécessaires à la défense de l'Europe. En outre, pour un anticommuniste, Hitler est l'homme qui a signé le Pacte germano-soviétique avec Moscou en 1939, indice d'un parti pris évident pour la realpolitik tortueuse plutôt que pour une ligne morale bien définie. Enfin, l'attaque de l'Allemagne nazie contre l'URSS et la déroute qui s'ensuit font vite apparaître qu'Hitler préfère voir l'Europe s'effondrer avec lui plutôt que de se rendre. Son entêtement dans une guerre depuis longtemps perdue permet aux troupes soviétiques de s'étendre sur au moins la moitié de l'Europe, ce que la mise d'un terme au conflit aurait permis d'éviter.

Arcand ne cache pas son admiration pour Hitler. Il estime que malgré sa défaite militaire, ses idées ont gagné la guerre. Ce qui explique, plaide-t-il, que des années après la mort du Führer, on tente toujours de l'atteindre en faisant des procès à ses idées par l'entremise de ceux qui les ont défendues.

Il place le dictateur allemand sur un même piédestal que des philosophes de l'Antiquité grecque. Hitler, « c'était évidemment quelqu'un ! Relisez ses discours [...] et lisez ensuite tous les discours de Démosthène, Eschyle et Cicéron, et vous verrez qu'il s'élève à leur hauteur. Comme chef d'État, Hitler a détruit toute trace des six millions et demi de chômeurs en Allemagne en moins de trois ans. Non seulement, il a éliminé six millions et demi de chômeurs, mais il lui a fallu importer deux millions de travailleurs étrangers, dans un pays dépourvu en ressources naturelles, parce qu'il avait divorcé de la "finance et de l'économie orthodoxes" encore enseignées aujourd'hui chez nous [31] ».

Dès le début de l'année 1946, Arcand échange avec Henry Hamilton Beamish des documents qui affirment que les morts que provoque en Allemagne la famine consécutive aux rationnements alimentaires et à la destruction du territoire sont le fait des Juifs [32].

En 1958, un jeune paysan souabe du nom d'Ernst Zündel débarque au Canada. Il rencontre Adrien Arcand quelque temps plus tard et reconnaît en lui un maître à penser politique. Zündel passera en tout trois heures et demie avec Arcand, ce qui suffit pour qu'il reprenne à peu près tout son discours en matière de négation de la Shoah. Dans ses mémoires, Zündel rend hommage à ce titre à Arcand. En 1985, devant un avocat de la Couronne qui l'interroge à Toronto, Zündel décrit Arcand « comme un grand Canadien » qui l'a aidé à chasser sa croyance dans l'Holocauste [33]. Comme son maître Arcand, Zündel niera l'existence des chambres à gaz. Le 8 novembre 2005 s'ouvre à

Mannheim, en Allemagne, un procès qui le condamnera à une lourde peine de prison pour ses activités de négationniste.

Arcand niera toujours avec véhémence, comme s'il s'agissait d'une falsification, les crimes du régime hitlérien. Il dément quiconque ose affirmer que « Hitler martyrisait, asphyxiait, brûlait ses victimes [34] ». En disant cela, on « répète simplement les bobards de la propagande juive, communiste, franc-maçonnique et, en conséquence [on] fait son jeu ». Tout n'est qu'invention, complot et calomnie, répète-t-il. La Seconde Guerre mondiale doit être envisagée à l'inverse de la façon dont elle est présentée. « On s'est aperçu en haut lieu que ces preuves n'étaient que des inventions, des fabrications, des torrents de parjures, des extorsions d'aveux obtenus sous la torture [35]. » On s'est aperçu aussi en haut lieu, continue-t-il gaiement, qu'il n'y avait jamais eu de camps de la mort en Allemagne. Alors, on en a inventé en Pologne, prétend-il.

> On en est rendu aujourd'hui, pour le seul camp d'Auschwitz, à compter près de 4 500 000 victimes de gazage et de crémation, ce qui, avec les moyens attibués à ce camp, aurait normalement pris au moins 120 ans, d'après les calculs les plus précis des scientistes experts en la matière !

Les démonstrations, les preuves, les documents, les balises des calculs et les noms des experts qui mèneraient à pareil retournement de l'histoire, Arcand ne fait que les sortir d'un chapeau de mauvais prestidigitateur, incapable de les convoquer sérieusement pour établir des bases solides à son propos. En somme, l'Holocauste serait « le mensonge du siècle pour faire oublier la responsabilité criminelle de ceux qui ont imposé une guerre alors qu'il n'y avait pas de *casus belli* [36] ». Les Juifs demeurent pour lui les responsables de la guerre. Dans cette inversion entre vainqueurs et vaincus, les Juifs auraient donc provoqué le conflit et bataillé jusqu'à inventer un génocide afin de créer des conditions propres à l'établissement de l'État d'Israël.

Baigné tout entier dans les eaux troubles du mensonge et du déni, Arcand soutient par ailleurs que les Juifs qui se dissocièrent publiquement de leur communauté, en « affirmant qu'ils se considéraient Allemands avant tout et solidaires de la Culture occidentale », ne furent pas incommodés par le régime nazi [37]. Dans un système qui organisait la traque des individus selon leurs ascendants généalogiques, rien de moins vrai pourtant. Le führer canadien s'emploie néanmoins de son mieux à dédouaner ainsi complètement l'Allemagne nazie, incapable de souffrir ceux qui l'ont vaincue.

À défaut de citer et de discuter des faits, Arcand jette de la poudre aux yeux. Il applique à sa lecture de l'histoire les règles mêmes de l'à-peu-près et de la fabulation qu'il reproche à ceux dont le discours lui fait horreur parce qu'il contredit sa vision du monde. Un négationniste comme Arcand nie le soleil à midi.

À vrai dire, le führer canadien ne tente même pas de démontrer l'inauthenticité des chambres à gaz puisqu'il tient cette réalité tout simplement pour impossible. Les quelques rares éléments concrets qu'il ose apporter à son moulin sont sous-interprétés, selon son habituelle présentation partielle et partiale des faits. Ainsi Arcand cite-t-il le cas d'Ilse Koch, femme du commandant du camp de Buchenwald, mère de trois enfants. Après la guerre, Koch fut accusée, entre autres, d'avoir ordonné la mort de détenus dont elle aurait collectionné les tatouages selon l'inclination d'une passion parfaitement morbide. Arrêté par la Gestapo, son mari avait été accusé de détournement de fonds puis fusillé par les nazis. Arrêtée elle aussi, elle avait été interrogée et relâchée avant d'être à nouveau arrêtée, après la guerre, par les Américains. Au cours de son procès, la preuve contre Koch s'avère peu concluante, même si elle finit par être condamnée, lors d'un nouveau procès en 1951, à la prison à vie. Or le caractère insuffisant de la preuve sur laquelle s'est fondée la condamnation de Koch suffit à Arcand pour récuser en bloc la réalité tout entière du camp de Buchenwald.

Pas une ligne chez Arcand n'admet la réalité des massacres commis par les nazis contre des Tziganes, des Juifs, des homosexuels, des Noirs, des opposants politiques. On reste plutôt à la surface, étant entendu que toutes les preuves qui proviennent du régime nazi lui-même sont forcément des faux, que tout cela n'est qu'une mise en scène fabriquée par des Juifs. D'emblée, la cause est entendue et toute discussion est exclue. Les mémoires d'Anne Franck ? La même chose : un faux, croit Arcand. « L'imposture des mémoires d'Anne Franck n'a d'égale que l'imposture des six millions de Juifs trucidés [38]. » L'Holocauste a été inventé pour se venger de gens dont les idées apparaissent toujours justes à Arcand.

En 1961, lorsque Adolf Eichmann est jugé pour son action de haut fonctionnaire du régime nazi dans l'élaboration et la réalisation de « la solution finale », Arcand qualifie l'affaire de « diabolique conspiration mondiale ». Eichmann, dit-il, « est accusé de cette foutaise de propagande de polémique qu'on appelle "crimes contre l'humanité" qu'aucun code national ou international n'a encore été capable de définir [39] ». Mais peu importe la définition exacte de ces « crimes contre l'humanité » puisque Arcand ne reconnaît pas même ici l'existence d'un crime. Ce sont des crimes « supposément commis », dit-il. Que ce fonctionnaire ait participé de près à l'élaboration de la logistique de la « solution finale » est tenu pour invraisemblable puisqu'une telle chose n'existe pas, ne peut pas exister.

Homme qui se flatte de n'avoir aucune passion, au point de prétendre qu'il n'est pas antisémite, le fonctionnaire Eichmann, victime d'un malaise cardiaque lors de son procès, provoque l'empathie d'Arcand qui souhaite qu'on lui accorde « les plus grands soins possible afin que le procès ne soit pas interrompu ». Au même moment, le mentor de l'extrême droite canadienne accuse les Juifs, dans les pages des *Nouvelles illustrées*, d'organiser eux-mêmes des profanations de cimetières juifs – renversement de pierres tombales, dommages à des synagogues – pour s'attirer un capital de sympathie et organiser un « racket de la persécution » pour subventionner des organisations antifascistes [40]. *Nouvelles illustrées*, un journal jaune qui accueille aussi des textes de l'historien de droite Robert Rumilly, est dirigé par Serge Brousseau, un éditeur de livres sans grande éducation qui a tenté sa chance du côté du journalisme à sensation. Brousseau a, selon un témoin de l'époque, « le don d'attirer chez lui tous les "fuyards" et les laissés-pour-compte de la société [41] ». Arcand a publié dans son journal des articles qui ont eu, dit Brousseau en 1961, un « effet foudroyant [42] ».

Adrien Arcand écrit à Radio-Canada pour se plaindre de l'attention que porte le télédiffuseur d'État à ce procès contre l'ancien haut gradé nazi qu'est Eichmann. Marcel Ouimet, ancien correspondant de guerre devenu directeur général du secteur français de cette institution, et qui a pris connaissance de sa lettre, n'en revient pas. Outré, il prend lui-même la plume pour répondre au führer canadien :

> Que vous puissiez, après tant d'années et malgré l'accumu-lation des preuves et des témoignages de ceux qui en furent les victimes – et ils sont légions – nier ou tenter de diminuer l'horreur des assassinats massifs, dépasse mon entendement. D'autant plus qu'en ma qualité de correspondant de guerre j'ai eu l'occasion de me rendre à Belsen et Buchenwald, entre autres usines d'extermina-tion. J'y ai constaté personnellement comment on s'y prenait pour éliminer des êtres humains auxquels le plus souvent on ne repro-chait que leur religion, sans compter les prisonniers politiques, chrétiens ou autres, qui avaient eu le courage de s'opposer à un régime que certains ont préconisé pour le Canada avant la guerre et, semble-t-il, qu'ils ne sont pas prêts à cesser de défendre [43].

Arcand lui répond à son tour par une lettre-fleuve dont il a le secret [44]. Il fait valoir que des témoins directs des camps de Belsen et Buchenwald affirment qu'il n'y a jamais eu là de chambres à gaz ni de fours crématoires. Qui sont ces témoins ? Quelle est la valeur de ces témoignages ? Arcand n'en dit mot, bien sûr. Il reproche aussi à Radio-Canada de ne pas avoir défendu les victimes de l'épuration en France après la guerre, toutes victimes de leur fidélité au maréchal Philippe Pétain, « deux fois sauveur de la France », insiste-t-il.

Aucune preuve ne semble ébranler les certitudes loufoques d'Arcand. Les camps eux-mêmes, leurs briques, leurs barbelés, les fours crématoires disparaissent dans le nuage déployé par ce négationniste qui n'a rien à envier en termes de démesure aux propos de Maurice Bardèche, sacré sans doute un peu trop vite « père » du négationnisme dans l'après-guerre [45].

Il ne tient pas à connaître ce dont il refuse catégoriquement l'existence. Les photos ? Des trucages. Des mensonges.

> Ces photos étaient de l'expédition Fritjoff Nansen de la Ligue des nations d'avant-guerre et qui illustraient, par des morceaux de cadavres, les horreurs de la famine artificielle créée par les communistes juifs de Russie. J'ai vu et revu à la télévision ces mêmes photos de monceaux de cadavres, publiées par moi avant la guerre, et attribuées à Hitler 15 ans plus tard [46] !

Le vieux chantre d'un fascisme canadien a effectivement publié des photos d'horreurs attribuables aux Soviétiques à la fin des années 1930. Ces photos, il les considéraient alors comme des preuves irréfutables de l'horreur perpétrée par les communistes. Pourquoi est-il incapable d'envisager que l'horreur ne loge pas seulement à gauche, chez les communistes ?

À Radio-Canada, il en voudra à mort. Le président, J.-Alphonse Ouimet, sera submergé de lettres et de poursuites. En janvier 1963, Arcand se rend à Toronto pour l'enregistrement d'un entretien dans un studio de la société d'État. L'entrevue ne sera pas utilisée dans le montage final de l'émission à laquelle elle était destinée. Arcand fulmine. Il poursuit à nouveau la société d'État, cette fois pour la somme de 1 525 $ [47]. Son procureur dans cette affaire n'est nul autre que son vieil ami Lucien Dansereau. Même lorsque Radio-Canada l'assure qu'elle n'utilisera pas l'enregistrement, puis le dédommage de son déplacement pour se débarrasser de la cause, Arcand persiste. L'intervieweur, Donald MacDonald, sera même blâmé par la société d'État pour être sorti de sa réserve et avoir accusé Arcand en entrevue de professer « des mensonges vicieux au sujet du peuple juif » alors que

Arcand se présente à lui comme un éminent expert international des questions juives [48].

Arcand retourne le chèque de Radio-Canada lié au règlement de cette histoire, ne jugeant pas la manière du règlement satisfaisante [49]. Pour poursuivre son tiraillage juridique, il utilise désormais les services d'un autre procureur, Édouard Masson, un ancien de *L'Illustration* lui aussi. Arcand a pris l'habitude de rendre à Masson des visites hebdomadaires à Montréal [50]. Pour maintenir l'agitation, Arcand écrit même à différentes personnalités politiques, dont Ernest Halpenny, secrétaire d'État, pour faire connaître ses vues sur Radio-Canada, qui nie avoir jamais fait appel à Arcand à titre de spécialiste – en vertu de quoi le chef fasciste lui réclame des frais – et estime l'avoir invité tout au plus comme personnalité, comme elle le fait avec nombre de personnes [51].

Que penser d'un film sur les atrocités de Buchenwald ? Un faux aussi, forcément. « C'était en réalité un film des atrocités alliées commises dans la ville ouverte de Dresde, où 60 000 femmes et enfants réfugiés furent anéantis en une seule nuit de bombardement par les Alliés [52]. » Arcand pousse le négationnisme jusqu'au délire.

Mais enfin, admet-il qu'il y eut des massacres de Juifs durant la Seconde Guerre mondiale ? S'il dit l'admettre, c'est toujours pour mieux en réduire l'importance et, surtout, les motifs.

> Il y a eu 600 000 Juifs tués pendant la dernière guerre, pas six millions : le mensonge du siècle. Sur ces 600 000, la moitié furent tués lors de l'anéantissement du ghetto de Varsovie, quand Hitler ordonna de raser par des bombes « aériennes » ce secteur qui s'était soulevé par les armes en temps de guerre et dans un pays vaincu : chose admise par les lois militaires. Les autres moururent pour la plupart de sous-alimentation et de typhus par faiblesse et non-résistance à cause de sous-alimentation. Les Alliés par vagues de 600 et 1 000 avions bombardèrent les entrepôts allemands de vivres, les routes et les ponts et les jonctions de chemins de fer. Hitler leur fit dire officiellement, via la Suisse : « Vous détruisez les

vivres de vos prisonniers, je ne priverai pas mes troupes pour leur donner à manger, vous serez responsables. » Et de très nombreux Juifs et autres sous-alimentés en moururent, en si grand nombre qu'il fallut brûler leurs cadavres pour éviter la contamination générale [53].

Des enfants juifs massacrés ? Arcand n'y croit guère. S'il y a eu des enfants tués, c'est que la plupart se livraient, à l'incitation de leurs parents, à des activités militaires [54]. Et le reste ? Tout n'est que mensonge, plaident les négationnistes dans son genre en s'épargnant la tâche de le démontrer, ce dont ils seraient bien sûr incapables. Comme pour le reste, la chose est entendue d'avance. Tout est vu par le bout de la lorgnette d'une double inversion : inversion des responsabilités de la Seconde Guerre mondiale d'abord, puis inversion victimaire. Au final, l'Allemagne apparaît complètement dédouanée.

Dans la structure de cette argumentation, la réalité ou non d'un vaste massacre de Juifs ne trouble guère Arcand. La mort des Juifs n'apparaît toujours que comme un détail.

> Même si Hitler avait fait tuer six millions de Juifs, chiffre décuplé des Juifs morts pendant la guerre, aurait-il été condamnable de le faire, considérant la prose de centaines de chefs juifs affirmant depuis 1933 que tous les Juifs du monde entier, même ceux de l'Allemagne, travaillaient sans relâche pour imposer à l'Allemagne une guerre dont elle ne voulait pas ?

Voyez comment le massacre, au bout du compte, est une chose qui aurait pu être justifiée...

La guerre n'a pas été amorcée par Hitler, soutient Arcand. Ce n'était pas non plus un conflit qui opposait principalement les régimes démocratiques au fascisme. Il affirme que c'était, tout comme pour la Première Guerre mondiale, un conflit organisé par les Juifs contre le monde.

La vérité du meurtre de masse se heurte chez Arcand au sentiment que ses idées procèdent d'une juste vision du monde où c'est bien les Juifs qui représentent le mal absolu. Le raisonnement à l'égard de la chambre à gaz s'apparente à celui de la preuve de l'existence de Dieu. Comme on prouvait jadis, rappelle Pierre Vidal-Naquet, l'existence de Dieu par le fait que ceci est contenu dans le concept même de Dieu, le négationniste considère que les chambres à gaz n'existent pas parce que cette impossibilité est tout simplement un de leurs attributs [55].

Arcand réécrit l'histoire de la Seconde Guerre mondiale avec une légèreté vertigineuse. « Aucun plan stratégique n'a existé entre l'Allemagne et le Japon, même indirect », écrit-il à son ami William Guy Carr en 1955 [56]. « Hitler avait obtenu l'accord de Neville Chamberlain, à Berchtesgaden, de marcher contre la Russie, à travers l'Autriche, la Tchécoslovaquie et la Pologne. » Tout aurait été maquillé par la suite par les Juifs, au désavantage de l'Allemagne. Vertige, hallucination, conte délirant.

Mais ce vertige plaît et sait faire rêver certains avec lui. Paul Rassinier, premier révisionniste majeur, connaît Arcand et s'adresse à lui lorsqu'il cherche un ouvrage particulier pour écrire sur sa conception de l'État juif [57].

Jusqu'à la fin de sa vie, Arcand demeure obnubilé par un anti-sémitisme maladif comme facteur d'explication unique de tous les grands événements. En 1966, un an avant sa mort il considère toujours que la seule « question réelle, véritable, vitale et capitale de la grande conflagration mondiale » reste « la question juive [58] ». Il continue jusqu'à la fin de sa vie à entretenir une correspondance nourrie avec nombre de figures fascistes, notamment celle d'Ulrich Fleischhauer, un nazi responsable avant la guerre du Service mondial de propagande (le Welt Dienst), d'où Céline tira des sources pour son pamphlet *Bagatelles pour un massacre*. « Un homme admirable », résume Arcand qui correspond avec lui jusqu'à sa mort [59].

Arcand n'est pas pour autant nostalgique d'un fascisme de l'avant-guerre. Hitler appartient à un temps révolu. Il le sait et ne s'en inquiète pas. S'inspirer à la lettre de *Mein Kampf* lui apparaît ridicule. « Le genre Hitler, écrit-il, est passé, fini et ne reviendra jamais. » Les agitateurs épris d'action au nom d'un fascisme ancien lui apparaissent des passéistes ignorants. « Le temps des orateurs à grands trémolos de mélodrame est passé. La télé est l'arme moderne ; elle nous est fermée pour l'instant, mais quand ceux qui ont tout à perdre prendront panique, elle s'ouvrira à nous comme par enchantement [60]. » En attendant de bénéficier de la puissance des ondes, inutile de trop s'investir dans le jeu électoral qu'Arcand souhaite voir depuis toujours s'effondrer. Dans l'intervalle, avant ce chambardement global des structures qui doit survenir avec « la troisième phase de la Révolution mondiale », seul compte pour lui de former « des jeunes chefs dynamiques » au nom d'un fascisme de demain pour lequel le PUNC doit servir de cadre formateur [61].

Les formes du fascisme changent. Arcand ne s'enthousiasme pas facilement pour ceux qui continuent de croire que l'extrême droite doit s'affirmer selon des représentations d'avant-guerre qui lui apparaissent détonner dans le contexte social des années 1950 et 1960. Au Dr Paul-Yves Rio, de Tanger, qui est favorablement impressionné par le National Renaissance Party de New York, Arcand montre à ce titre des réserves.

> Il y a du bon et surtout du mal dans l'affaire du National Renaissance Party. Jusqu'à ce jour, je n'ai pas voulu établir de contacts avec ce mouvement. Un de ses hauts membres de Chicago est venu me voir ici pour me convaincre de contribuer à une campagne... en faveur de l'athéisme ! Ses principaux chefs se promènent dans un autobus appelé « L'autobus de la haine » (The Hate Bus). L'un de ses pamphlets préconise l'installation de chambres à gaz aux États-Unis pour l'annihilation immédiate de 80 000 Juifs. Les petits groupes de membres se promènent ici et là avec des insignes et drapeaux à swastika, faisant le salut nazi à la moindre provocation. Ces gens se croient encore en 1933-1939. Tout est tellement exagéré, surfait, que je doute parfois que ce soit un mouvement provocateur cryptologiquement encouragé et souligné par la Haute Juiverie [62].

J. H. Dwyer de Montréal écrit à Arcand en novembre 1960 pour lui dire qu'il a organisé plusieurs groupes d'étude d'extrême droite anglais à Montréal. Au Canada, Dwyer représente

336 ADRIEN ARCAND, FÜHRER CANADIEN

l'American Nazi Party de George Lincoln Rockwell, fondé l'année précédente à Arlington, en Virginie. Son disciple canadien souhaite faire front avec l'organisation d'Arcand, qui lui répond que son groupe de nationalistes organise d'abord et avant tout des études et des lectures, livrées sur bandes magnétiques, par et pour de petits groupes, dans des maisons privées.

> Nous nous préparons non pas pour les élections mais pour avoir de jeunes gens énergiques capables de reconstruire notre société avec la troisième phase (désormais galopante) de la Révolution mondiale, lorsque les conspirateurs auront réussi par leurs complots à détruire toute politique, économie et structure sociale.

Arcand affirme au final à son correspondant avoir lu Rockwell et la littérature qu'il répand. S'il partage avec Rockwell un antisémitisme virulent, une volonté de ségrégation raciale et un anticommunisme radical, il n'en déplore pas moins la surenchère symbolique dont il use pour attiser les passions de foules d'opposants. Le choix de démonstrations publiques tapageuses et l'apparat du type de celui du IIIe Reich mis en avant par ces néonazis ne lui semblent guère judicieux pour faire valoir des idées de droite radicales. Arcand juge très défavorablement l'action calquée sur des formes hitlériennes de l'American Nazi Party. « Tout cela est si extravagant, si déraisonnable, écrit-il, que n'importe quel esprit sain peut croire qu'il s'agit là du fait d'agents provocateurs pour discréditer les mouvements sérieux [63]. »

Lorsque John Beattie, chef du Canadian Nazi Party, écrit à Arcand le 24 juin 1965 pour lui faire part de son admiration et lui signaler qu'une délégation de 35 à 45 personnes de son organisation souhaite assister au prochain banquet du PUNC, Arcand n'y voit aucune objection. Ces nazis-là, à la différence de ceux conduits par Rockwell, lui apparaissent tout à fait convenables. Arcand répond donc gentiment à Beattie, poussant même la politesse jusqu'à demander à son organisation provinciale de tenir le Canadian Nazi Party au fait de ses activités [64]. Entre les nazis de Beattie et ceux de Rockwell, les idées sont pourtant les mêmes. Seule la manière varie.

Arcand n'a plus l'élan ni la fougue de ses années d'avant-guerre. À compter de la fin des années 1950, il est peu à peu diminué par des ennuis de santé. Il se sent vieux, le répète volontiers. Maladies, crises et attaques de toutes sortes se succèdent et l'entravent dans sa volonté de déployer plus en avant son action, ce qui ne l'empêche tout de même pas de lire et d'entretenir une importante correspondance tous les jours [65]. Au courant de sa santé précaire, l'exécutif de son parti refuse qu'il se rende en Suisse pour servir la cause de Joseph-Albert Mathez, un antisémite virulent aux prises avec un procès dans lequel Arcand met volontiers son nez. Des ulcères sérieux nécessitent des soins. Il doit être opéré et demeure hospitalisé un bon moment, alors même qu'il craint de voir Antonio Barrette de l'Union nationale être renversé par les libéraux de Jean Lesage aux élections de juin 1960.

Les libéraux qui entreprennent la « Révolution tranquille » lui apparaissent comme de dangereux rouges. Tout de suite, le premier ministre Lesage est réduit à une figure de conspirateur juif dont le vrai nom serait « John Wiseman »... Il en a contre la réforme de l'éducation et contre son artisan Paul Gérin-Lajoie, contre René Lévesque bien sûr, associé à la gauche radicale. L'élection de Daniel Johnson en 1966 lui apporte un certain apaisement. Si « Jean Lesage avait été réélu, dans cinq ans nous n'aurions plus eu de religion, de prières, de crucifix dans nos écoles publiques [66] ».

Le testament qu'il rédige lors de cette déroute du corps ne laisse aucun doute sur la profondeur de sa foi catholique. Arcand s'avoue pauvre : « [À] cause du combat particulier que j'ai épousé il y a un tiers de siècle, j'ai peu de choses à laisser et j'en ai quelque regret, mais j'espère que la divine Providence y suppléera, à mes survivants, par l'intercession de saint Joseph [67]. » Sa « lutte anticommuniste », dit-il, n'a apporté « que pénurie et pertes ». Qui le soutient financièrement ? Ses amis susceptibles de le secourir ne sont plus qu'une poignée.

Le 23 avril 1965, *La Presse* annonce qu'Arcand sort de l'ombre. Ce sera la dernière fois. Le jour précédent, il a annoncé son retour devant un parterre d'environ 150 personnes réunies à l'École normale de Valleyfield. Parmi son auditoire, on note comme toujours un certain nombre de religieux et de religieuses. Dans les premiers jours de juillet de cette année-là, les presses de l'Imprimerie Bernard terminent d'imprimer *À bas la haine !*, un pamphlet antisémite de 142 pages. L'édition courante est publiée sous couverture cartonnée bleue, mais Arcand se fait aussi fabriquer une édition spéciale, ornée de son vieux portrait officiel des années 1930 et reliée sous une couverture en simili-velours. Dans ce livre, publié à compte d'auteur, l'obsession d'Arcand pour l'univers juif atteint des sommets de paranoïa, qui sont le fait de la marque des mouvements révisionnistes d'après-guerre au XXᵉ siècle.

Le 14 novembre 1965, Gérard Lanctôt organise avec les jeunes fascistes du mouvement une grande fête en l'honneur du chef au Centre Paul Sauvé. Environ 800 personnes trinquent et mangent en son honneur. Ravi, le « chef national » témoigne le lendemain de son affection pour Lanctôt, « chef provincial » du PUNC. Yvonne Arcand se dit impressionnée par les progrès en art oratoire de Gérard Lanctôt, mais son mari considérera toujours que les capacités à convaincre par le discours ne sont pas la première qualité de son chef provincial. En 1965, Arcand convient avec lui qu'il est désormais opportun « que les croix d'origines française et britannique » figurent désormais « au moins sur les étendards de notre parti [68] ». En janvier 1967, alors qu'Arcand est de plus en plus faible, Gérard Lanctôt devient le chef du PUNC. Il avait été jusque-là le principal relais d'Arcand avec les affaires du parti. Arcand dira de lui qu'il a été, durant la guerre, un de ses plus fidèles élèves, « son frère de captivité pendant plus de quatre ans ». Alain, un des fils de Gérard Lanctôt, affirme que son père, « un roc inébranlable », a été emprisonné durant la guerre parce qu'il avait peint des croix gammées dans les rues de Valleyfield [69]. Durant son emprisonnement, il fréquentait Arcand sans relâche. « Nous nous sommes vus tous les jours, explique Arcand, avons parlé et discuté ensemble [70]. » Le führer canadien considère Lanctôt comme quelqu'un qui comprend mieux que quiconque l'ordre et la discipline[71]. Il hérite des pouvoirs du chef. Jusqu'à sa mort, en 2003, Lanctôt restera le chef incontesté d'un groupuscule de fanatiques qui vivotent.

En décembre 1966, Arcand doit s'aliter à cause d'une insuffisance rénale grave. La dialyse s'impose. Yvonne Arcand tient ce nouvel effondrement physique relativement secret, car déjà, comme elle l'observe, « si le chef a un simple mal de tête, tout le monde prend panique[72] ». Mais depuis deux ans, il est en vérité bien mal en point, sans appétit, épuisé à la suite du moindre effort, victime d'insomnies et d'œdèmes[73]. Le cancer le ronge.

Bien sûr, la nouvelle de sa défaillance fait vite le tour de sa poignée de militants. Le chef doit être hospitalisé à l'hôpital Notre-Dame de Montréal pendant deux mois. Un cancer grave est en cause. Arcand affirme en février 1967 qu'un chapelet plutôt que les bombardements d'isotopes le sauve *in extremis*[74]. Un de ses amis les plus fidèles, le chanoine Georges Panneton de Trois-Rivières, se dit heureux d'apprendre qu'il est guéri « dû à Notre Dame de Garabandal[75] ».

La rémission, supposée divine, sera bien courte, tout juste le temps pour Arcand d'envisager de faire un voyage pieux en Espagne, à Garabandal, lieu par excellence du tourisme religieux pour les adorateurs de la Vierge Marie en ce début des années 1960[76]. En avril 1967, le mal reprend de plus belle. Le larynx est touché. Arcand souffre beaucoup. Il est admis à l'hôpital Notre-Dame, rue Sherbrooke à Montréal. D'autres de ses amis, moins portés aux appels au ciel, lui suggèrent des granules de ceci ou cela, selon un enthousiasme pour cette médecine naturelle qui est fort répandu chez les gens de l'extrême droite. Arcand rend son dernier souffle le 1er août 1967.

La mort d'Arcand suscite somme toute assez peu d'attention. Le matin du vendredi 4 août, l'église de Lanoraie est pourtant pleine pour rendre hommage au disparu. Aux funérailles, le jeune Ernst Zündel témoigne de son estime pour Arcand grâce à un enregistrement sur bande magnétique[77]. Dehors, un cortège d'honneur fait le salut fasciste. Le cortège est dirigé par

Gentile Dieni, qui fut incarcéré avec Arcand durant la Seconde Guerre mondiale après avoir animé un club fasciste, rue Dante à Montréal. Une fanfare des Italiens de Montréal joue la marche funèbre de Chopin. Une très longue file de voitures suit le cortège jusqu'au cimetière. Sur sa tombe, on placera, au même niveau que le sol, une plaque de granite rectangulaire balisée par des bornes. Depuis, les gens du village disent y voir chaque année des gens venir s'y recueillir.

Épilogue

*Hitler n'est que le spectre de notre propre passé
qui s'élève contre nous.*

GEORGE ORWELL

L A VIE D'ADRIEN ARCAND se présente comme le détail où
se condense presque le tout d'un âge des extrêmes dans
lequel l'humanité découvre les capacités quasi sans limites de
s'infliger de profondes blessures à elle-même. L'histoire de cet
homme s'inscrit en effet dans un espace-temps tragique, celui
du XXe siècle, donc celui des guerres totales et des haines qui les
animent.

Arcand est un produit social de son époque, complètement
habité par ce que certains historiens appellent « l'esprit des
années trente ». Le fascisme existe alors sous plusieurs formes
dans le monde et irrigue, à divers degrés, un vaste champ politique. Que le fascisme au Canada ait connu une sorte de pinacle
avec Arcand ne fait aucun doute. Dans l'entre-deux-guerres, les
commentateurs qui parlent à son sujet d'un « führer canadien »
n'utilisent pas seulement une image commode et forte mais
appellent bel et bien un chat un chat.

Au pays des érables, Arcand reprend et adapte l'idéologie
d'extrême droite qui fleurit à l'époque en Europe. Il est enchanté
de la montée du nazisme, mais surtout entousiasmé par les dimen-
sions impériales qu'offre le fascisme anglais. L'existence du Parti

national social chrétien (PNSC) et ses suites sont en effet largement déterminées par l'apport du fascisme anglais tel que dessiné par Lord Sydenham, Oswald Mosley, Henry Hamilton Beamish et Sir Barry Edward Domvile.

Arcand n'est pas le seul au Canada français à être tenté par l'aventure du fascisme. Anaclet Chalifoux et ses chemises brunes, *La Nation* de Paul Bouchard avec ses Faisceaux ou encore les Jeunesses patriotes de Walter O'Leary et son frère sont tous des groupes radicaux qui communient dans un idéal totalitaire d'inspiration fasciste.

D'autres mouvements nationalistes canadiens-français reprennent quant à eux, à divers degré, certains éléments du fascisme. Antidémocrates, antiparlementaires, antisémites, autoritaires, ces nationalistes se situent dans la nébuleuse de l'influent prêtre et historien Lionel Groulx. Ils tiennent en haute estime certains régimes dictatoriaux, en particulier ceux de Mussolini, Franco, Salazar et Dollfuss, dans les limites diffuses d'un bricolage idéologique complexe dont les fondements s'appuient en partie sur le conservatisme et un héritage intellectuel ultramontain. Les Jeune-Canada, groupe de jeunes nationalistes groulxiens, eux-mêmes charmés par divers aspects des régimes totalitaires, influencent l'organisation d'autres mouvements plus radicaux, tels que les Jeunesses patriotes.

Le sentiment antisémite, assez largement répandu au Canada au cours des années 1930, est révélateur d'un certain état d'esprit du moment. Même les fonctionnaires canadiens évitent alors d'accueillir les réfugiés juifs qui fuient l'Europe pour des raisons humanitaires [78]. D'un océan à l'autre, au Canada français comme au Canada anglais, diverses organisations nationalistes régionales partagent des éléments de pareils discours d'exclusion. Le premier ministre conservateur Richard Bedford Bennett, autant que son successeur libéral, William Lyon Mackenzie King, soutiennent eux-mêmes des visions sociales antisémites.

Le mouvement d'Arcand, lui, a des aspirations pancanadiennes, au nom du fascisme impérial qu'il porte en son cœur. Il s'appuie tout entier sur la haine des Juifs pour justifier ses positions politiques ultraradicales. Au PNSC et dans ses diverses incarnations à venir, l'antisémitisme apparaît, comme chez les nazis, telle la véritable pierre d'assise de toute une pensée politique où la croyance se montre toujours plus forte que la connaissance. Arcand et sa cour se singularisent, par rapport aux autres mouvements d'extrême droite canadiens, notamment par cette propension à toujours tout expliquer et structurer à partir de cette seule haine délirante des Juifs.

Les mouvements politiques d'Arcand sont antisémites jusqu'au délire et par le délire. Le führer canadien se révèle tout à fait incapable d'envisager la marche du monde sans y voir les Juifs comme moteur principal. Faute de pouvoir comprendre l'histoire autrement, il la refait et la réécrit selon ce paramètre délirant, avec une violence et une mauvaise foi dont il est souvent difficile de prendre toute la mesure.

Malgré ses efforts considérables, Arcand ne jouira jamais d'un pouvoir suffisant pour attirer à lui un très vaste spectre de l'opinion publique. Congédié de *La Presse* en 1929, à la veille de la crise économique, ruiné par la déconfiture de ses petits journaux antisémites au début des années 1930, c'est un homme sans le sou, riche de sa seule volonté. Pour survivre, il est forcé de vendre sa force de travail à *L'Illustration nouvelle*, un journal quotidien qui vivote. Bien que son patron, Eugène Berthiaume, partage une certaine vision antisémite du monde, il n'est pas question pour lui, à la différence des fascistes, de s'aliéner la moindre clientèle par des déclarations fracassantes ou des exclusions proclamées. Le respect que prête Berthiaume à Arcand est celui qu'on accorde tout au plus à un bon employé. Berthiaume n'oublie jamais qu'Arcand est d'abord et avant tout au service de ses intérêts. Cet héritier fortuné le chicane même de dépenser plus d'énergie pour ses activités fascistes que pour son entreprise. Même lorsque Arcand est sacré chef pancanadien des fascistes à l'été 1938, Berthiaume n'hésite pas à lui rappeler fermement qu'il se doit d'abord et avant tout à ses charges à *L'Illustration nouvelle*.

Bien que doté de qualités de chef évidentes et porté par les vents violents de la crise économique, Arcand ne réussit pas à susciter suffisamment d'adhésions pour engager toute une société à le suivre dans ses vues politiques révolutionnaires. Les diverses formations politiques qu'il conduit n'arrivent à s'imposer à aucun rendez-vous électoral, ni à envisager un éventuel coup d'État autrement que comme une bravade. Arcand n'arrive pas à attirer à lui la bourgeoisie ou des intellectuels importants et recrute de fait essentiellement au sein du petit monde ouvrier. À la différence de la plupart des grands chefs fascistes du monde, tous indépendants de fortune, il tire en plus le diable par la queue, plus encore dans l'après-guerre, alors qu'il se retrouve sans emploi.

Arcand n'a jamais trouvé les conditions matérielles qui lui permettraient d'affirmer sa parfaite autonomie en tant que chef d'un parti politique. Même sa petite troupe d'hommes, censée le diviniser, va à l'occasion se diviser pour remettre en cause son autorité comme en témoignent des crises internes. De surcroît, il est discrédité par les condamnations de la toute-puissante Église catholique, puis boudé en raison de son appui à l'impérialisme britannique et de son refus des aspirations autonomistes des nationalistes canadiens-français. Contre vents et marées, même dans un monde social sensible à plusieurs de ses idées, il ne réussit pas à établir un mouvement politique majeur, bien que son art consommé de la propagande lui assure une audience certaine, au Canada comme à l'étranger.

En outre, l'image ternie de Hitler devant laquelle se prosterne une partie de son mouvement lui cause plus de préjudices qu'elle ne l'aide, sans qu'il n'ait été, semble-t-il, en mesure de le réaliser assez vite. À la veille d'un nouveau conflit européen, on n'affiche pas autour de soi la croix gammée et des portraits du chef du Reich sans en subir de durs contrecoups politiques.

Dans ce vaste pays binational, Arcand ne parvient pas, en un mot, à s'imposer assez rapidement comme seul chef possible de l'extrême droite. Lorsqu'en 1938 il procède à l'unification effective des fascistes canadiens et délaisse quelque peu les références directes à Hitler, il est déjà bien trop tard pour qu'il puisse espérer imposer ses idées au cœur de la politique canadienne. La menace d'une nouvelle guerre conduite par les nazis s'accentue ; les armées de Hitler, vives comme l'éclair, ont déjà envahi la Tchécoslovaquie et l'Autriche. Elles menacent désormais la Pologne. La population canadienne se méfie de gens qui reprennent sous forme de calques, de façon presque caricaturale, plusieurs des attributs de ce chef allemand qui promet de faire basculer dans l'abîme une paix mondiale fragile. Les premières déroutes des Alliés conduisent Arcand et les siens tout droit au purgatoire de l'internement préventif du régime de guerre. Il passe cinq années avec ses partisans derrière les barbelés.

À la libération d'Arcand en 1945, son antisémitisme continue d'irradier, désormais sous le chapeau d'un néofascisme. Dès 1946, il est un des premiers, avec Maurice Bardèche, à formuler au sujet de la Shoah un discours révisionniste qui traduit une incapacité à supporter la défaite de l'Allemagne. Pour disculper l'Allemagne nazie et dédouaner sa pensée de toute tache, il propose avec assurance une inversion complète de la réalité où les Juifs jouent, une fois de plus, contre la raison même, le rôle de bourreau absolu. Ce sont des propos délirants, mais composés selon les apparences du sérieux qui forcent l'attention de certains.

Ses idées révolutionnaires, Arcand y croit dans l'après-guerre parce qu'il y a cru dans les années 1930 une fois pour toutes. Pour continuer d'y croire, il réinterprète selon sa mystique politique toute l'histoire de la Seconde Guerre mondiale. Dans une sorte de paranoïa idéologique, il continue. Il avance désormais sur la voie du révisionnisme. Les camps de la mort ? Foutaise ! clame-t-il. Une chose pareille n'a jamais existé autrement que dans l'esprit de ceux qui ont voulu disqualifier le fascisme par des procédés mensongers. L'argument est si gros qu'il finit par convaincre certaines personnes qu'il n'est pas tout simplement grossier.

Après la guerre, le conjoncture est moins bonne que jamais pour imposer l'idée d'un régime antidémocratique et antiparlementaire qui carburerait au corporatisme sous le couvert d'une haine extrême des Juifs. La guerre a favorisé une croissance économique rapide. La défaite des puissantes de l'Axe a consolidé la mainmise de la démocratie libérale sur le monde occidental. Arcand le sait, tout en devenant néanmoins de plus en plus soumis à ses obsessions.

Seule sa propre mort semble pouvoir l'arrêter. En l'attendant, il se répète, tourne en rond, fait comme toujours des palabres au sujet de ses forces réelles, tout en passant près, il faut le dire, d'être élu à deux reprises lors d'élections fédérales à titre de candidat indépendant ultranationaliste. Sa performance électorale suffit à l'Union nationale de Duplessis et aux conservateurs fédéraux pour le considérer avec respect. Ces gens-là jugent qu'Arcand détient entre ses mains une force politique assez importante pour qu'il soit utile de s'assurer de sa fidélité.

Adrien Arcand sera toute sa vie instrumentalisé par un milieu politique plus conservateur que révolutionnaire. Il est utilisé d'abord par les bleus de Bennett, puis sert les intérêts d'un puissant baron de la presse, Eugène Berthiaume, et enfin, après la guerre, il est mis à profit par l'Union nationale, les conservateurs, voire même les créditistes. Arcand dépend entièrement de cette volonté extérieure de lui prêter un pouvoir qu'il n'a pas d'emblée. Sur le terrain électoral, on utilise Arcand et les siens plus qu'on ne les craint.

L'histoire n'a pas retenu les noms des nombreux partisans du fascisme à feuille d'érable. Même les noms de Paul-Émile Lalanne, de Joseph Ménard, de Maurice Scott et de Gérard Lanctôt sont aujourd'hui à peu près oubliés. Ces gens-là n'ont jamais appartenu, malgré leur militantisme de tous les instants, à un univers politique structuré selon les règles habituelles de la vie politique. Ils ont sans cesse évolué en marge de la structure dominante. Cela les a rendus *a priori* moins faciles à étudier que l'univers du nationalisme de Lionel Groulx et de ses nombreux satellites, un ensemble d'intellectuels moins frustes et beaucoup plus faciles à appréhender grâce à des sources écrites nombreuses, structurées et facilement accessibles. Il est tout de même étonnant de constater qu'on a peu ou prou étudié avec attention l'univers d'Adrien

Arcand à ce jour, lui qui est au Canada le chantre de l'extrême droite la plus authentiquement fasciste.

Adrien Arcand vécut sa vie tel le porteur d'une flamme vite éteinte, puis telle l'ombre menaçante bien que fugitive qu'un objet étranger projette dans la clarté du monde des vivants. On regarde aujourd'hui forcément avec un certain effroi un homme aussi parfaitement étranger aux valeurs démocratiques, se mouvant en marge de la société à la façon de cette araignée noire gorgée de sang que l'on nomme la croix gammée.

REMERCIEMENTS

Ce travail s'est nourri à ses origines, il y a plus d'une décennie, de conversations avec Pierre Anctil, Gonzalo Arriaga, Robert Comeau et le regretté David Rome. Qu'ils soient remerciés, au-delà du temps, pour l'impulsion de départ qu'ils ont su donner à ce travail entrepris en marge de mon étude consacrée à l'historien Robert Rumilly.

Mes assistantes de recherche, Anne Lavallée à l'Université Laurentienne et l'énergique Laurence Martin à Montréal, m'ont été d'un très riche secours pour la documentation de ce livre. Mes remerciements à Jean-Claude Leclerc, mon collègue du *Devoir*, à Nadia Roy, Gilles Janson, Katia Marcil, Evangelina Guerra Ponce de León, ainsi qu'à mon vieil ami Christian Desmeules, lesquels m'ont soutenu dans ce travail de diverses façons. Ce livre a bénéficié des soins avisés de Thomas Déri et Nathalie Freitag, que je remercie aussi chaleureusement. Toute ma reconnaissance enfin, comme toujours, à mes patients éditeurs.

NOTES

Prologue

1. Lettre d'Adrien Arcand au chanoine Georges Panneton, Lanoraie, 12 août 1966, cité dans David Philipps [Jean Côté], *Arcand ou la vérité retrouvée*, Montréal, Édition Béluga, 2002, p. 408.

2. Joachim von Ribbentrop, *De Londres à Moscou*, Paris, Grasset, 1954, p. 17.

3. *Ibid.*, p. 20.

4. *Ibid.*

5. Robert Lawson, « Joachim von Ribbentrop in Canada, 1910 to 1914 : A Note », *The International History Review*, XXIX, 4, décembre 2007, p. 821-832.

6. Michel L'Hébreux, *Le pont de Québec*, Québec, Septentrion, 2008, p. 104.

7. Stefan Zweig, « Chez les Français du Canada », dans Luc Bureau (dir.), *Mots d'ailleurs*, Montréal, Boréal, 2004, p. 19.

Chapitre 1

1. H. Mayer, « Le racisme au Canada français », octobre 1952, Bibliothèque et Archives Canada, Fonds Adrien Arcand, MG 30, D91, vol. 1.

2. Robert Comeau, Richard Desrosiers et Stanley-Bréhaut Ryerson (dir.), « Le Parti ouvrier vu par Arthur Saint-Pierre », dans *L'action politique des ouvriers québécois (fin du XIXᵉ siècle à 1919)*, Montréal, Presses de l'Université du Québec, 1976, p. 53.

3. Jacques Rouillard, *Histoire du syndicalisme québécois : des origines à nos jours*, Montréal, Boréal, 1989, p. 103.

4. « Candidats ouvriers », *La Patrie*, 14 novembre 1904, p. 6.

5. Robert Rumilly, *Histoire de la province de Québec. Les Écoles du Keewatin*, tome XVII, Montréal, Montréal Éditions, [s.d.], p. 111.

6. Robert Comeau, Richard Desrosiers et Stanley-Bréhaut Ryerson (dir.), « Le Parti ouvrier : constitution », dans *L'action politique des ouvriers québécois (fin du XIXe siècle à 1919)*, *op. cit.*, p. 46-48.

7. Affiche reproduite dans : Jacques Rouillard, *Histoire du syndicalisme québécois*, *op. cit.*, p. 107.

8. Simon Belkin, *The Labor Zionist Movement in Canada 1904-1920*, Montréal, Actions Committee of the Labor Zionist Movement in Canada, 1956.

9. Daniel Gay, *Les Noirs du Québec, 1629-1900*, Sillery, Septentrion, 2004, p. 364.

10. *Le Soleil*, 9 juillet 1913, cité dans Miki Roy, *Redress. Inside the Japanese Canadian Call for Justice*, Vancouver, Raincoast Books, 2005, p. 10.

11. Robert Comeau, Richard Desrosiers et Stanley-Bréhaut Ryerson (dir.), « Le Parti ouvrier : programme », dans *L'Action politique des ouvriers québécois (fin du XIXe siècle à 1919)*, *op. cit.*, p. 41.

12. *Ibid.*, p. 65.

13. Lettre d'Adrien Arcand au chanoine Georges Panneton, Lanoraie, 12 août 1966, cité dans David Philipps [Jean Côté], *Arcand ou la vérité retrouvée*, *op. cit.*, p. 407.

14. *Ibid.*, p. 208-209.

15. Claude Corbo, *La mémoire du cours classique, les années aigres-douces des récits autobiographiques*, Montréal, Éditions Logiques, 2000, p. 55-56.

16. Claude Galarneau, *Les collèges classiques au Canada français (1620-1970)*, Montréal, Fides, 1978, p. 108-109.

17. Selon une entrevue d'Adrien Arcand accordée à Réal Caux en 1958. Réal Caux, *Le Parti national social chrétien (Adrien Arcand, ses idées, son œuvre et son influence)*, Mémoire de maîtrise (Science politique), Université Laval, 1958, p. 20.

18. Kenneth Wright, « "Stronger Than Ever Here" Is Arcand's Fascist Boast », *The Gazette*, 22 février 1947, p. 13.

19. Entrevue d'Adrien Arcand accordée à Jean Côté en 1965. Cité dans : Jean Côté, *Adrien Arcand. Une grande figure de notre temps*, Montréal, Éditions Pan-Am, 1994, p. 23.

20. Lettre d'Adrien Arcand au chanoine Georges Panneton, Lanoraie, 20 mars 1963, cité dans David Philipps [Jean Côté], *Arcand ou la vérité retrouvée*, *op. cit.*, p. 217.

21. Réal Caux, *Le Parti national social chrétien*, *op. cit.*, p. 20.

22. Émile Goglu, « En marge d'une tournée », *Le Goglu*, 1930, p. 3.

23. David Philipps [Jean Côté], *Arcand ou la vérité retrouvée, op. cit.*, p. 596.

24. Lettre d'Adrien Arcand au réalisateur de Radio-Canada Jean Loiselle, Lanoraie, 25 octobre 1961, Bibliothèque et Archives Canada, Fonds Adrien Arcand, MG 30, D91, vol. 2.

25. *Ibid.*

26. Lettre d'Adrien Arcand à Eugène Berthiaume, Montréal, 11 octobre 1938, Bibliothèque et Archives nationales du Québec, P673, S2, SS5, D3.

27. « Furieuse mêlée militaire », *Le Goglu*, 17 janvier 1930, p. 1.

28. Lettre d'Adrien Arcand à Eugène Berthiaume, 18 décembre 1939, Bibliothèque et Archives nationales du Québec, P673, S2, SS5, D3.

29. Lettre d'Adrien Arcand à Monsieur Paquin, 6 avril 1936, cité dans David Philipps [Jean Côté], *Arcand ou la vérité retrouvée, op. cit.*, p. 55.

30. Selon une entrevue d'Adrien Arcand accordée à Réal Caux en 1958. Réal Caux, *Le Parti national social chrétien, op. cit*, p. 20.

31. Lettre d'Adrien Arcand à Eugène Berthiaume, 11 octobre 1938, *op. cit.*

32. Lettre d'Adrien Arcand à Eugène Berthiaume, 8 juillet 1935, Bibliothèque et Archives nationales du Québec, P673, S2, SS5, D3.

33. *Ibid.*

34. *Ibid.* Voir aussi : Anonyme, « Nos gloires nationales », *Le Goglu*, 27 décembre 1929, p. 6.

35. Lettre d'Adrien Arcand à Eugène Berthiaume, 11 octobre 1938, *op. cit.*

36. *Ibid.*

37. « Entretien de Nicolas de l'Isle avec M. Joseph Bourdon », cité dans David Philipps [Jean Côté], *Arcand ou la vérité retrouvée, op. cit.*, p. 500.

Chapitre 2

1. Anonyme, « À coups de poignards », *Le Goglu*, 31 octobre 1929, p. 1.

2. Lettre d'Adrien Arcand à Jean Barette, Lanoraie, 1er août 1963, Bibliothèque et Archives Canada, Fonds Adrien Arcand, MG 30, D91, vol. 2.

3. Mira Falardeau, *Histoire de la bande dessinée au Québec*, Montréal, VLB, 2008, p. 44.

4. Adrien Thério, *L'humour au Canada français. Anthologie*, Montréal, Éditions du Cercle du livre de France, 1968, p. 183.

5. Lettre d'Adrien Arcand au chanoine Georges Panneton, Lanoraie, 4 novembre 1965, cité dans David Philipps [Jean Côté], *Arcand ou la vérité retrouvée, op. cit.*, p. 239.

6. Émile Goglu, « En témoignage de sympathie à mes confrères journalistes », *Le Goglu*, 29 août 1929, p. 1.

ADRIEN ARCAND, FÜHRER CANADIEN

7. Émile Goglu, « Millionnaire facilement », *Le Goglu*, 18 octobre 1929, p. 4.

8. Émile Goglu, « À ceux qui veulent faire de l'argent », *Le Goglu*, p. 1.

9. Robert Lahaise, *La fin d'un Québec traditionnel, 1914-1939*, Montréal, L'Hexagone, 1994, p. 155 ; André Beaulieu *et al.*, *La Presse québécoise, des origines à nos jours, 1920-1934*, vol. 6, Québec, PUL, 1986, p. 186.

10. Anonyme, « Transformations d'une citrouille ! », *Le Goglu*, 24 janvier 1930, p. 8.

11. Anonyme, « Pourri ou pas pourri ? », *Le Goglu*, 7 février 1930, p. 1.

12. Émile Goglu, « Le Peuple attend un sauveur », *Le Goglu*, 30 mai 1930, p. 2.

13. Anonyme, « L'Ordre patriotique des Goglus », 29 novembre 1929, p. 6.

14. Émile Goglu, « Proclamation », *Le Goglu*, 13 décembre 1929, p. 1.

15. Anonyme, « Nous allons nous connaître », *Le Goglu*, 7 février 1930, p. 6.

16. Anonyme, « Ce que feront les Goglus », *Le Goglu*, 20 décembre 1929, p. 6.

17. Anonyme, « L'Ordre patriotique des Goglus », *loc. cit.*

18. Lettre d'Adrien Arcand à Claude Bruchési de CJMS, Lanoraie, 11 mai 1965, Bibliothèque et Archives Canada, Fonds Adrien Arcand, MG 30, D91, vol. 2.

19. Émile Goglu, « La fête nationale », *Le Goglu*, 24 juin 1932, p. 2.

20. Lettre d'Adrien Arcand à M. Paquin, 6 avril 1936, cité dans David Philipps [Jean Côté], *Arcand ou la vérité retrouvée, op. cit.*, p. 55.

21. Émile Goglu, « La fête nationale », *loc. cit.*

22. Émile Goglu, « Le Goglu au parlement », *Le Goglu*, 28 février 1930, p. 3.

23. Émile Goglu, « Un homme que j'aime », *Le Goglu*, 22 août 1929, p. 2.

24. Émile Goglu, « Houde et les Juifs », *Le Goglu*, 10 juillet 1931, p. 2 ; « Nouvelle trahison des houdistes en faveur des Juifs », *Le Goglu*, 17 juillet 1931, p. 6 ; « Ce que Houde dit sur la question juive et... ce qu'il fait », *Le Goglu*, 24 juillet 1932, p. 4.

25. Anonyme, « M. Duplessis, chef », *Le Goglu*, 18 novembre 1932, p. 3.

26. Anonyme, « Les chefs se suivent et ne se ressemblent pas », *Le Goglu*, 10 février 1933, p. 5.

27. Anonyme, « Ce n'est pas M. Duplessis mais M. Taschereau qui provoque l'expansion du communisme », *Le Goglu*, 10 mars 1933, p. 5.

28. Émile Goglu, « Les dangers du chômage », *Le Goglu*, 22 mai 1931, p. 8.

29. Émile Goglu, « Le coin éditorial », *Le Goglu*, 2 octobre 1931, p. 2.

30. Émile Goglu, « L'aide aux campagnes », *Le Goglu*, 13 mai 1932, p. 2.

31. Émile Goglu, « Épargnons les campagnes », *Le Goglu*, 15 mai 1931, p. 2 ; « Les conditions du progrès agricole », *Le Goglu*, 26 juin 1931, p. 2.

32. Émile Goglu, « Le pape et les campagnes », *Le Goglu*, 29 mai 1931, p. 2.

33. Émile Goglu, « Pourquoi pas tout de suite ? », *Le Goglu*, 5 juin 1931, p. 2.

34. Émile Goglu, « Le retour à la terre », *Le Goglu*, 19 juin 1933, p. 6.

35. Jean-François Nadeau, *Robert Rumilly, l'homme de Duplessis*, Montréal, Lux, 2009, p. 140.

36. Émile Goglu, « Les dangers de la ville », *Le Goglu*, 19 juin 1931, p. 2.

37. Émile Goglu, « Le retour à la terre », *Le Goglu*, 11 septembre 1932, p. 2.

38. Émile Goglu, « Reprenons nos terres », *Le Goglu*, 20 janvier 1933, p. 2.

39. Anonyme, « Une nouvelle attaque », *Le Goglu*, 13 janvier 1932, p. 7.

40. Émile Goglu, « Les assurances sociales », *Le Goglu*, 27 janvier 1933, p. 2.

41. Émile Goglu, « L'étatisation de l'électricité », *Le Goglu*, 10 février 1933, p. 2.

42. [Adrien Arcand], « Les discussions sur l'électricité », *Le Fasciste canadien*, mars 1937, p. 2.

43. Émile Goglu, « Richesse et pauvreté », *Le Goglu*, 8 mai 1931, p. 2.

44. Émile Goglu, « La cause de notre misère », *Le Goglu*, 14 février 1930, p. 2.

45. Émile Goglu, « Ne laissons pas renverser la formule », *Le Goglu*, 28 février 1930, p. 2.

46. Anonyme, « Incroyable situation de la police à Montréal », *Le Goglu*, 25 octobre 1929, p. 4-7.

47. Émile Goglu, « Tête pourrie, corps pourri », *Le Goglu*, 7 mars 1930, p. 1.

48. Anonyme, « "Incidents sans gravité", dit la police », *Le Devoir*, 25 mars 1931, p. 3.

49. Émile Goglu, « À propos des statistiques », *Le Goglu*, 25 octobre 1929, p. 2.

50. Lettre d'Adrien Arcand à M. Thérien, 28 mai 1935, cité dans David Philipps [Jean Côté], *Arcand ou la vérité retrouvée, op. cit.*, p. 42.

51. Émile Goglu, « Bolchevisme et juiverie », *Le Goglu*, 18 décembre 1931, p. 2.

52. Robert Rumilly, *Histoire de Montréal*, tome IV, Montréal, Fides, 1974, p. 138 ; Robert Rumilly, « L'affaire des écoles juives (1928-1931) », *Revue d'histoire de l'Amérique française*, vol. 10, n° 2, 1956, p. 238.

53. Anonyme, « Comment procède le sémitisme ? », *Le Goglu*, 6 juin 1930, p. 3.

54. Anonyme, « La parole divine et les Juifs », *Le Goglu*, 6 juin 1930, p. 3.

55. Anonyme, « Le sémitisme persécuté et persécuteur », *Le Goglu*, 13 juin 1930, p. 3.

56. F. Edwards, « Fascism in Canada », *Maclean's Magazine*, 15 avril 1938, p. 10.

57. Anonyme, « Mort de Lord Sydenham », *Le Goglu*, 3 mars 1933, p. 4.

58. *Ibid.*

59. Lettre d'Adrien Arcand à M. Paquin, 6 avril 1936, cité dans David Philipps [Jean Côté], *Arcand ou la vérité retrouvée, op. cit.*, p. 37.

60. Émile Goglu, « Les écoles juives », *Le Goglu*, 28 mars 1930, p. 2.

61. Lettre d'Adrien Arcand à Édouard Brissette, 17 mai 1935, cité dans David Philipps [Jean Côté], *Arcand ou la vérité retrouvée, op. cit.*, p. 37.

62. Anonyme, « Juifs et communistes acclament M. Calder », *Le Fasciste canadien*, janvier 1938, p. 3.

63. Anonyme, « Épiciers, faites votre part », *Le Goglu*, 29 novembre 1929, p. 8.

64. Anonyme, « Pas un sou aux pouilleux ! », *Le Miroir*, 24 juillet 1932, p. 1.

65. *Ibid.*

66. Voir Denise Robillard, *L'Ordre de Jacques Cartier. Une société secrète pour les Canadiens français catholiques, 1926-1965*, Montréal, Fides, 2009.

67. Voir Raymond Ouimet, *L'affaire Tissot : campagne antisémite en Outaouais*, Montpellier, Écrits des Hautes-Terres, 2006, 156 p.

68. Émile Goglu, « Internationalisme contre internationalisme », *Le Goglu*, 1ᵉʳ juillet 1932, p. 2.

69. Anonyme, « Les Indiens de Caughnawaga sont plus fiers que bien des Canayens », *Le Goglu*, 6 janvier 1933, p. 5.

70. Kenneth William Townsend, *World War II and the American Indian*, Albuquerque, University of New Mexico Press, 2000 ; Jere' Bishop Franco, « The Swastika Shadow over Native America : John Collier and the AIF », dans *Crossing the Pond*, Denton, University of North Texas Press, 1999, p. 1-39.

71. Anonyme, « Emblème », *Le Goglu*, 22 janvier 1932, p. 5.

72. Émile Goglu, « Le fascisme mondial », *Le Goglu*, 10 mars 1933, p. 2.

73. Anonyme, « L'homme sans patrie sera-t-il demain maître de l'Allemagne ? », *Le Miroir*, 13 mars 1932, p. 1.

74. Émile Goglu, « Une chose qui ne s'achète pas », *Le Goglu*, 5 août 1932, p. 2.

75. Anonyme, « Nouvelles stimulantes », *Le Goglu*, 25 novembre 1932, p. 7.

76. Anonyme, « Frapper partout en même temps ! », *Le Goglu*, 9 septembre 1932, p. 7.

77. Anonyme, « Course vertigineuse », *Le Goglu*, 24 février 1933, p. 5.

78. Anonyme, « Hitler et les Juifs », *Le Goglu*, 3 mars 1933, p. 7 ; « Bravo, Hitler ! », *Le Goglu*, 18 mars 1933, p. 8.

79. Émile Goglu, « Un grand pas est fait », *Le Goglu*, 19 août 1932, p. 2.

80. Anonyme, « Pour notre université catholique de Montréal », *Le Goglu*, 26 août 1932, p. 5 ; Émile Goglu, « Va-t-on nous exploiter ? », *Le Goglu*, 2 septembre 1932, p. 2.

81. Anonyme, « Un pape énergique », *Le Goglu*, 19 août 1932, p. 7.

82. Pierre Fournier, *De lutte en turlutte. Une histoire du mouvement ouvrier québécois à travers ses chansons*, Québec, Septentrion, 1997, p. 90.

83. Claude Larivière, *Crise économique et contrôle social : le cas de Montréal (1929-1937)*, Montréal, Albert St-Martin, 1977, p. 195-201 ; Anonyme, « M. Chalifoux invite Mussolini », *Le Devoir*, 10 juin 1933, p. 3 ; « Le défilé de la Fédération », *Le Devoir*, 22 juin 1933, p. 3.

84. Anonyme, « M. Chalifoux porte une casquette brune galonnée d'or », *Le Devoir*, 27 mai 1933, p. 1.

85. Andrée Lévesque, *Virage à gauche interdit. Les communistes, les socialistes et leurs ennemis au Québec 1929-1939*, Montréal, Boréal Express, 1984, p. 65.

86. Anonyme, « M. Chalifoux invite Mussolini », *loc. cit.*.

87. *Ibid.*

88. Anonyme, « M. Chalifoux porte une casquette brune galonnée d'or », *loc. cit.*

89. Martin Robin, *Le spectre de la droite : histoire des politiques nativistes et fascistes au Canada entre 1920 et 1940*, Montréal, Balzac-Le Griot, 1998, p. 160.

90. Anonyme, « Chalifoux a maille à partir avec la police », *Le Devoir*, 6 octobre 1933, p. 3.

91. Lettre d'Adrien Arcand à Claude Bruchési de CJMS, Lanoraie, 11 mai 1965, Bibliothèque et Archives Canada, Fonds Adrien Arcand, MG 30, D91, vol. 2.

92. Lita-Rose Betcherman, *The Swastika and the Maple Leaf. Fascist Movements in Canada in the Thirties*, Toronto, Fitzhenry & Whiteside, 1975, p. 36.

Chapitre 3

1. Anonyme, « L'imprimerie Ménard saccagée », *Le Devoir*, 17 août 1931, p. 3.

2. Anonyme, « Imprimerie sabotée et incendiée », *La Presse*, 17 août 1931, p. 1.

3. Anonyme, « Le feu à l'atelier Ménard », *Le Devoir*, 19 août 1931, p. 4.

4. Anonyme, « M. J. Ménard entendu à l'enquête », *La Presse*, 18 août 1931, p. 21.

5. Anonyme, « Le feu à l'atelier Ménard », *loc. cit.*

6. Anonyme, « Incendie à l'imprimerie Ménard », *Le Devoir*, 21 mai 1930, p. 3.

7. Anonyme, « M. J. Ménard entendu à l'enquête », *loc. cit.*

8. Anonyme, « M. Bray comparaît », *Le Devoir*, 18 août 1931, p. 3.

9. Anonyme, « M. Trancrède Fortin succède à M. Bray comme président de l'exécutif », *Le Devoir*, 14 septembre 1931, p. 3.

10. Anonyme, « Les auteurs du sabotage », *Le Devoir*, 28 août 1931, p. 8.

11. Débats de l'Assemblée législative, 18e législature, 1re session, mardi 16 février 1932.

12. Anonyme, « Le Fonds Patriotique », *Le Miroir*, 31 juillet 1932, p. 2.

13. Anonyme, « L'Imprimerie Ménard. Le comptable déclare que les affaires de la maison sont loin d'être prospères », *Le Devoir*, 21 août 1931, p. 4.

14. Voir, entre autres : Anonyme, « M. Houde et les écoles juives », *Le Goglu*, 25 avril 1930, p. 3.

15. Lettre d'Adrien Arcand à Richard B. Bennett, 17 octobre 1931, Bibliothèque et Archives Canada, Fonds Adrien Arcand.

16. Lettre d'Adrien Arcand à Richard B. Bennett, 22 mai 1930, Bibliothèque et Archives Canada, Correspondances de Richard B. Bennett, vol. 484.

17. Correspondant secret, « Deux fameux puants », *Le Goglu*, 20 juin 1930, p. 1.

18. Anonyme, « L'ennemi du peuple », *Le Goglu*, 18 juillet 1930, p. 1.

19. Voir Lita-Rose Betcherman, *The Swastika and the Maple Leaf, op. cit.*, p. 10.

20. Lettre d'Adrien Arcand à M. Thérien, 28 mai 1935, cité dans David Philipps [Jean Côté], *Arcand ou la vérité retrouvée, op. cit.*, p. 50.

21. Émile Goglu, « La culbute finale », *Le Goglu*, 25 juillet 1930, p. 3.

22. Lettre de Pierre-Édouard Blondin à Lucien Dansereau, Ottawa, 15 juillet 1932, Bibliothèque et Archives nationales du Québec, P673, S2, SS5, D3.

23. Note d'Adrien Arcand à Richard B. Bennett, 8 avril 1930, Bibliothèque et Archives Canada, correspondance de R. B. Bennett, vol. 653.

24. Lettre d'Adrien Arcand à Richard B. Bennett, 17 octobre 1932, Bibliothèque et Archives Canada, correspondance de R. B. Bennett, vol. 653.

25. Anonyme, « M. Richard-Bedford Bennett », *Le Goglu*, 12 juin 1931, p. 4.

26. Lettre de John A. Sullivan à Richard B. Bennett, 7 juin 1932, Bibliothèque et Archives Canada, correspondance de R. B. Bennett, vol. 653.

27. Lettre de A. W. Reid à Richard B. Bennett, 14 mai 1936, Bibliothèque et Archives Canada, correspondance de R. B. Bennett, vol. 990.

28. Lettre de Lorenzo Camirand à Richard B. Bennett, 23 février 1933, Bibliothèque et Archives Canada, correspondance de R. B. Bennett, vol. 556.

29. Lettre de Pierre-Édouard Blondin à Lucien Dansereau, Ottawa, 16 mars 1933, Bibliothèque et Archives nationales du Québec, P673, S2, SS5, D3.

30. Adrien Arcand, *Fascisme ou socialisme ?*, Montréal, Le Patriote, 1933, p. 34.

31. Lionel Groulx, *Mes mémoires, tome III*, Montréal, Fides, 1972, p. 274.

32. Lettre d'André Laurendeau à Lionel Groulx, Montréal, 22 décembre 1932, Fonds Lionel-Groulx P1/A,2141. Ayant lu dans cette lettre « nombreuses » à la place de « heureuses », Denis Chouinard en donne une interprétation erronée, comme beaucoup d'autres à sa suite. Il ne fait pourtant aucun doute que c'est bien « heureuses » qu'a écrit Laurendeau à la plume. Voir Denis Chouinard, « Des contestataires pragmatiques : les Jeune-Canada », *Revue d'histoire de l'Amérique française*, vol. 40, n° 1, été 1986, p. 9.

33. André Laurendeau, « Partisanerie politique », *Politiciens et Juifs, Cahiers des Jeune-Canada*, Montréal, 1933, p. 62.

34. André Laurendeau, « Partisanerie politique », *loc. cit.*

35. Lettre de Lucien Dansereau à Eugène Berthiaume, Montréal, 18 avril 1933, Bibliothèque et Archives nationales du Québec, P673, S2, SS5, D3.

36. Pierre Dansereau, « Allocution du président Pierre Dansereau », *Politiciens et Juifs, Cahiers des Jeune-Canada*, Montréal, 1933, p. 9.

37. André Laurendeau, « Sur la dernière assemblée du Gesù : les "Jeune-Canada" écrivent à M. Dandurand », *Le Devoir*, 27 avril 1933, p. 1.

38. André Laurendeau, « Partisanerie politique », *loc. cit.*

39. *Ibid.*

40. Anonyme, « Qui sauvera le Québec ? », *Les Cahiers des Jeune-Canada*, Montréal, 1935, p. 55.

41. *Ibid.*

42. Entretien de l'auteur avec Pierre Dansereau, Montréal, 3 mars 1998.

43. Émile Goglu, « Grand silence autour du "Humbug" », *Le Goglu*, 15 juillet 1932, p. 2.

44. Anonyme, « Manifestation antisémite », *Le Devoir*, 30 septembre 1933, p. 3.

45. Lettre d'Adrien Arcand à Édouard Brisset, 17 mai 1935, cité dans David Philipps [Jean Côté], *Arcand ou la vérité retrouvée, op. cit.*, p. 37.

46. Lettre d'Adrien Arcand à M. Thérien, 28 mai 1935, cité dans David Philipps [Jean Côté], *Arcand ou la vérité retrouvée, op. cit.*, p. 52.

47. Lettre d'Adrien Arcand à Édouard Brisset, 17 mai 1935, cité dans David Philipps [Jean Côté], *Arcand ou la vérité retrouvée, op. cit.*, p. 33.

48. *Ibid.*

Chapitre 4

1. Cité dans Laura Frost, *Sex Drives, Fantasies of Fascism in Literary Modernism*, Ithaca et Londres, Cornell University Press, 2002, p. 26.

2. Anonyme, « Immense succès du ralliement fasciste », *Le Fasciste canadien*, novembre 1936, p. 1.

3. Anonyme, « La Croix gammée », *Le Fasciste canadien*, décembre 1935, p. 4.

4. Joseph Ménard, « La croix chrétienne et la croix gammée », *Le Patriote*, 15 février 1935, p. 1.

5. [Adrien Arcand], « La croix gammée gravée par les premiers chrétiens dans les catacombes », *Le Fasciste canadien*, avril 1938, p. 2.

6. Adrien Arcand, « Le Salut du monde par le fascisme », *Le Patriote*, 12 janvier 1934, p. 2.

7. Lettre d'Adrien Arcand à M. Thérien, 28 mai 1935, cité dans David Philipps [Jean Côté], *Arcand ou la vérité retrouvée, op. cit.*, p. 46.

8. Voir Denise Robillard, *L'Ordre de Jacques Cartier, op. cit.*, p. 150-152.

9. Serviam, « Ce que doit être un vrai fasciste », *Le Fasciste canadien*, mars 1937, p. 5.

10. Anonyme, « Hitler exécute la volonté de Dieu, dit le cardinal Innitzer », *Le Fasciste canadien*, avril 1938, p. 9.

11. Lettre d'Adrien Arcand à Mgr Chaumont, 24 octobre 1936, cité dans David Philipps [Jean Côté], *Arcand ou la vérité retrouvée, op. cit.*, p. 59.

12. [Adrien Arcand], « Signe de croix, croix gammée », *Le Fasciste canadien*, mars 1938, p. 4.

13. David Martin, « Interview with Adrien Arcand », 1938, p. 9, Archives du Congrès juif canadien, Fonds Adrien Arcand.

14. *Ibid.*

15. [Adrien Arcand], « Belle lettre pastorale », *Le Fasciste canadien*, avril 1938, p. 11.

16. André Laurendeau, « Ce que l'on dit de nous à l'étranger », *L'Action nationale*, Montréal, avril 1938, p. 326-327.

17. Photo avec salut fasciste dans : *Jeunesse ouvrière*, Montréal, avril 1935, p. 7.

18. Entretien de l'auteur avec André Patry, juillet 1996.

19. Michel Chartrand, « Croix gammée ou signe de croix ? », *Jeunesse*, janvier-février 1938, p. 1.

20. *Ibid.*

21. Michel Chartrand, « Swastika ou drapeau canadien ? », *Jeunesse*, avril 1938, p. 1.

22. Michel Chartrand, « Croix gammée ou signe de croix ? », *loc. cit.*

23. Anonyme, « Les fascistes de Québec », *Le Fasciste canadien*, mai 1938, p. 5.

24. Anonyme, « Quebec Pastoral Brief Praising Fascist Plan Deplored by Ryerson », *Daily Clarion*, Toronto, 26 mars 1938.

25. Israël Medresh, *Le Montréal juif entre les deux guerres*, Québec, Septentrion, 2001, p. 112-133.

26. Voir : Anonyme, « Au congrès juif de Prague. Projets d'immigration au Canada et aux États-Unis. Cent mille Germano-Juifs prêts à partir bientôt d'Europe », *Le Devoir*, 27 septembre 1933, p. 1.

27. Martin Robin, *Le spectre de la droite, op. cit.*, p. 235.

28. Israël Medresh, *Le Montréal juif entre les deux guerres, op. cit.*, p. 165.

29. Anonyme, « L'union nationale doit triompher », *Le Fasciste canadien*, vol. 2, n° 2, juillet 1936, p. 1.

30. Lita-Rose Betcherman, *The Swastika and the Maple Leaf, op. cit.*, p. 41.

31. Lettre de Pierre-Édouard Blondin à Richard B. Bennett, [mars 1934], Bibliothèque et Archives Canada, correspondance de R. B. Bennett, vol. 475.

32. [Adrien Arcand], « Élection municipale de Montréal », *Le Fasciste canadien*, janvier 1937, p. 2.

33. [Adrien Arcand], « L'opinion fasciste », *Le Fasciste canadien*, février 1938, p. 2.

34. Adrien Arcand, « Lendemain d'élection », *Le Fasciste canadien*, novembre 1935, p. 1.

35. Gustavo Barroso, « La bataille fasciste au Brésil », *Le Fasciste canadien*, octobre 1936, p. 5.

36. Lettre d'Adrien Arcand au major Frank Peace, 28 septembre 1933, Archives du Congrès juif canadien à Montréal.

37. Anonyme, « Notre journal en vente en Suède », *Le Fasciste canadien*, septembre 1936, p. 1 ; « Sven-Olov Lindholm, chef fasciste de la Suède », *Le Fasciste canadien*, septembre 1936, p. 5.

38. Anonyme, « Beau succès des rexistes », *Le Fasciste canadien*, juillet 1936, p. 2 ; « Superbes progrès en Belgique », *Le Fasciste canadien*, octobre 1936, p. 2.

39. Anonyme, « Le Fasciste canadien demandé en Espagne », *Le Fasciste canadien*, janvier 1937, p. 1 ; « José Antonio Primo de Rivera », *Le Fasciste canadien*, janvier 1937, p. 2.

40. Jean Drault, « Le secret du Juif errant », *Le Fasciste canadien*, décembre 1936, p. 6.

41. Lettre d'Adrien Arcand à Eugène Berthiaume, Montréal, 16 novembre 1938, Bibliothèque et Archives nationales du Québec, P673, S2, SS5, D3.

42. *Ibid.*

43. [Adrien Arcand], « L'opinion fasciste », *Le Fasciste canadien*, mars 1936, p. 2.

44. [Adrien Arcand], « La mort de la SDN », *Le Fasciste canadien*, août 1935, p. 6.

45. Anonyme, « Le Japon se redresse », *Le Fasciste canadien*, février 1937, p. 2.

46. [Adrien Arcand], « C'est une bonne œuvre », *Le Fasciste canadien*, décembre 1935, p. 3.

47. Anonyme, « Le discours du chef au Monument national », *Le Fasciste canadien*, novembre 1936, p. 6.

48. Lettre d'Adrien Arcand à un correspondant inconnu, Montréal, 10 février 1936, Archives du Congrès juif canadien à Montréal. Cette lettre est reproduite dans David Philipps [Jean Côté], *Arcand ou la vérité retrouvée*, *op. cit.*, p. 53.

49. Anonyme, « Sur le front fasciste », *Le Fasciste canadien*, janvier 1936, p. 3.

50. H. P., « Immense succès du ralliement fasciste », *Le Fasciste canadien*, novembre 1936, p. 1.

51. Adrien Arcand, « Le discours du chef au Monument national », *loc. cit.*

52. [Adrien Arcand], « La dictature », *Le Fasciste canadien*, mai 1936, p. 1.

53. H. P., « Immense succès du ralliement fasciste », *loc. cit.*

54. Lettre d'Adrien Arcand à Édouard Brissette, 17 mai 1935, cité dans David Philipps [Jean Côté], *Arcand ou la vérité retrouvée, op. cit.*, p. 35.

55. Pierre Dansereau, *La lancée 1911-1936*, Québec, Multimondes, 2005, p. 9.

56. Lettre d'Adrien Arcand à Eugène Berthiaume, Montréal, 9 décembre 1938, Bibliothèque et Archives nationales du Québec, P673, S2, SS5, D3.

57. Lettre d'Eugène Berthiaume à Lucien Dansereau, Paris, 16 octobre 1930, Bibliothèque et Archives nationales du Québec, P673, S2, SS5, D3.

58. Lettre de Lucien Dansereau à Eugène Berthiaume, Montréal, 21 janvier 1926, Bibliothèque et Archives nationales du Québec, P673, S2, SS5, D3.

59. *Ibid.*

60. Lettre « confidentielle » de Lucien Berthiaume à Adrien Arcand, Paris, 1er septembre 1938, Bibliothèque et Archives nationales du Québec, P673, S2, SS5, D3.

61. Lettre de Lucien Dansereau à Eugène Berthiaume, Montréal, 3 novembre 1933, Bibliothèque et Archives nationales du Québec, P673, S2, SS5, D3.

62. Lettre d'Adrien Arcand à Eugène Berthiaume, Montréal, 16 novembre 1938, Bibliothèque et Archives nationales du Québec, P673, S2, SS5, D3.

63. Lettre d'Adrien Arcand à Eugène Berthiaume, Montréal, 11 octobre 1938, Bibliothèque et Archives nationales du Québec, P673, S2, SS5, D3.

64. Lettre d'Eugène Berthiaume à Lucien Dansereau, Paris, 22 septembre 1933, Bibliothèque et Archives nationales du Québec, P673, S2, SS5, D3.

65. Lettre d'Eugène Berthiaume à Lucien Dansereau, Paris, 1er août 1930, Bibliothèque et Archives nationales du Québec, P673, S2, SS5, D3 ; Lettre de Lucien Dansereau à Eugène Berthiaume, Montréal, 16 octobre 1930, *op. cit.*

66. Lettre de Lucien Dansereau à Eugène Berthiaume, Montréal, 4 mars 1930, Bibliothèque et Archives nationales du Québec, P673, S2, SS5, D3.

67. Joseph Bourdon, *Montréal-Matin, son histoire, ses histoires*, Montréal, Éditions La Presse, 1978, p. 5-6.

68. Lettre d'Eugène Berthiaume à Lucien Dansereau, Paris, 15 décembre 1933, Bibliothèque et Archives nationales du Québec, P673, S2, SS5, D3.

69. Lettre de Lucien Dansereau à Eugène Berthiaume, Montréal, 24 mars 1933, Bibliothèque et Archives nationales du Québec, P673, S2, SS5, D3.

70. *Ibid.*

71. Lettre d'Eugène Berthiaume à Lucien Dansereau, Paris, 10 novembre 1932, Bibliothèque et Archives nationales du Québec, P673, S2, SS5, D3.

72. Lettre de Lucien Dansereau à Eugène Berthiaume, Outremont, 23 novembre 1932, Bibliothèque et Archives nationales du Québec, P673, S2, SS5, D3.

73. « Entretien de Nicolas de L'Isle avec M. Joseph Bourdon », David Philipps [Jean Côté], *Arcand ou la vérité retrouvée, op. cit.*, p. 493-501.

74. Anonyme, « Visite au chef », *Le Fasciste canadien*, mai 1938, p. 4.

Chapitre 5

1. Jacques Charron, « La croisière d'Italo Balbo d'Orbetello à Chicago », *Cahier de la Société d'histoire de Longueuil*, Longueuil, n° 22, 1993, p. 6-7.

2. *Ibid.*

3. On peut voir un de ces carnets de timbres ainsi qu'une médaille au Musée de Moncton, Nouveau-Brunswick.

4. Anonyme, « Official Souvenir Program of the Landing at Shediac, N.B. of the Italian Air Armada », [s.é.], juillet 1933, 8 p.

5. Voir le film de l'Office national du film, *Années folles, années sombres (1927-1934)*.

6. Italo Balbo, *Croisière sur l'Atlantique*, Paris, Librairie Plon, 1934, p. 169.

7. *Ibid.*, p. 169-170.

8. Anonyme, « Grande journée pour la colonie italienne de Montréal », *Le Devoir*, 15 juillet 1933, p. 3.

9. Anonyme, « L'arrivée de l'escadrille », *Le Devoir*, 15 juillet 1933, p. 3.

10. Anonyme, « La gloire des ailes », *Le Petit Journal*, 16 juillet 1933, p. 3.

11. Filippo Salvatore, *Le fascisme et les Italiens à Montréal*, Montréal, Guernica, 1995, p. 32 et 279.

12. Entretien de l'auteur avec Robert LaPalme, Montréal, 13 septembre 1994.

13. Jean-François Nadeau, *Robert Rumilly, l'homme de Duplessis, op. cit.*, p. 134.

14. Dostaler O'Leary, *Séparatisme, doctrine constructive*, Montréal, Éditions des Jeunesses patriotes, 1937.

15. Yvan Lamonde, « Les Jeunesses Patriotes (1935-1939) et la position non-séparatiste de l'abbé Groulx », *Bulletin d'histoire politique*, vol. 17, n° 2, hiver 2009, p. 185-186.

16. Entrevue avec Walter O'Leary par Raoul Roy, « Walter O'Leary des Jeunesses patriotes », *La revue indépendantiste*, n° 22-24, automne 1988, p. 36.

17. Lettre de Wilfrid Gascon à Walter O'Leary, 22 décembre 1935, Bibliothèque et Archives nationales du Québec, Fonds Famille O'Leary, P40/C2,11.

18. Voir Charles-Philippe Courtois, « Le républicanisme au Québec au début du xxᵉ siècle : les cas de figure de Wilfrid Gascon, Olivar Asselin et Ève Circé-Côté », *Bulletin d'histoire politique*, vol. 17, nᵒ 3, 2009, p. 102-106.

19. Lettre de Wilfrid Gascon à Walter O'Leary, 18 février 1936, Bibliothèque et Archives nationales du Québec, Fonds Famille O'Leary, P40/C2,11.

20. Lettre de Walter O'Leary à Paul Gouin, Montréal, 11 juin 1937, Bibliothèque et Archives nationales du Québec, Fonds Famille O'Leary, P40/C2,11.

21. Robert Comeau, *Les indépendantistes québécois, 1936-1938*. Mémoire de M.A. (Histoire), Université de Montréal, 1971. 2 v.

22. Yvan Lamonde, « Les Jeunesses Patriotes (1935-1939) et la position non-séparatiste de l'abbé Groulx », *loc. cit.*, p. 187.

23. Lettre de Paul Bouchard à Walter O'Leary, Québec, [1936], Bibliothèque et Archives nationales du Québec, Fonds Famille O'Leary, P40/C2,15.

24. Entrevue avec Walter O'Leary par Raoul Roy, « Walter O'Leary des Jeunesses patriotes », *loc. cit.*, p. 38.

25. Lettre de Paul Bouchard à Walter O'Leary, Québec, 28 janvier 1936, Bibliothèque et Archives nationales du Québec, Fonds Famille O'Leary, P40/C2,11.

26. Cité dans Jean Côté, *Paul Bouchard 1908-1997*, Imprimerie L'Éclaireur, [s.l.], 1998, p. 79.

27. Julien Fabre, « *La Nation* : les groulxiens devant la tentation fasciste 1936-1939 », *Bulletin d'histoire politique*, vol. 9, nᵒ 2, printemps 2001, p. 41.

28. Lettre à Maurice Duplessis et Paul Gouin, [s.d., vers fin 1935], Bibliothèque et Archives nationales du Québec, Fonds Famille O'Leary, P40/C2,11.

29. Entrevue avec Walter O'Leary par Raoul Roy, « Walter O'Leary des Jeunesses patriotes », *loc. cit.*, p. 37.

30. Cité dans Yvan Lamonde, « Les Jeunesses Patriotes (1935-1939) et la position non-séparatiste de l'abbé Groulx », *loc. cit.*, p. 187.

31. Lettre de Walter O'Leary à Mᶜ Louis-Joseph Gagnon, président des Jeunesses patriotes, section Mont-Joli, 29 avril 1936, Bibliothèque et Archives nationales du Québec, Fonds Famille O'Leary, P40/C2,11.

32. Lettre du père Georges-Henri Lévesque à Walter O'Leary, Ottawa, 29 janvier 1937, Bibliothèque et Archives nationales du Québec, Fonds Famille O'Leary, P40/C2,15.

33. Lettre de Roméo Gilbert à Walter O'Leary, St-Joseph-de-Beauce, 24 octobre 1936, Bibliothèque et Archives nationales du Québec, Fonds Famille O'Leary, P40/C2,11.

34. Lettre d'Elphège Simoneau à Walter O'Leary, Drummondville, 26 mars 1937, Bibliothèque et Archives nationales du Québec, Fonds Famille O'Leary, P40/C2, 14.

35. Lettre d'Amédée Fournier, Rouyn, 28 décembre 1936, Bibliothèque et Archives nationales du Québec, Fonds Famille O'Leary, P40/C2,11.

36. Lettre de Walter O'Leary à J. F. Pilon, prêtre, Montréal, 6 mai 1936, Bibliothèque et Archives nationales du Québec, Fonds Famille O'Leary, P40/C2,11.

37. Lettre de Christian Roy à Walter O'Leary, Joliette, 11 janvier 1937, Bibliothèque et Archives nationales du Québec, Fonds Famille O'Leary, P40/C2,13.

38. Lettre de Paul Guillet à Walter O'Leary, 25 janvier 1937, Bibliothèque et Archives nationales du Québec, Fonds Famille O'Leary, P40/C2,11.

39. Lettre d'Odilon Fortier à Walter O'Leary, Trois-Rivières, 23 mars 1936, Bibliothèque et Archives nationales du Québec, Fonds Famille O'Leary, P40/C2,11.

40. Lettre de Gérard Deguire à Walter O'Leary, 13 mars 1936, Bibliothèque et Archives nationales du Québec, Fonds Famille O'Leary, P40/C2,11.

41. Lettre de Philippe Ferland à Walter O'Leary, Montréal, 27 mars 1937, Bibliothèque et Archives nationales du Québec, Fonds Famille O'Leary, P40/C2,11.

42. [Adrien Arcand], « Les pamphlets de Valdombre », *Le Fasciste canadien*, janvier 1937, p. 3.

43. Lettre de Louis-D. Durand, Trois-Rivières, 29 octobre 1936, Bibliothèque et Archives nationales du Québec, Fonds Famille O'Leary, P40/C2,11.

44. Lettre de Philippe Ferland à Walter O'Leary, Montréal, 18 décembre 1936, Fonds Famille O'Leary, P40/C2,11.

45. Entrevue avec Walter O'Leary par Raoul Roy, « Walter O'Leary des Jeunesses patriotes », *loc. cit.*, p. 38.

46. *Ibid.*, p. 39.

47. Anonyme, « L'opinion fasciste », *Le Fasciste canadien*, novembre 1936, p. 2.

48. Entrevue de Walter O'Leary par Raoul Roy, « Walter O'Leary des Jeunesses patriotes », *loc. cit.*, p. 39.

49. Dostaler O'Leary, *Séparatisme, doctrine constructive, op. cit.*, p. 125.

50. *Ibid.*, p. 143.

51. *Ibid.*, p. 195.

52. René Durocher, « Le fasciste canadien, 1935-1938 », dans *Idéologies au Canada français, 1930-1939*, Québec, PUL, 1978, p. 261.

53. Adrien Arcand, « Discours du chef au Monument National », *Le Fasciste canadien*, novembre 1936, p. 7.

54. Adrien Arcand, « Discours du chef au Monument national », *op. cit.*, p. 6-7.

55. Gérard Pelletier, *Les années d'impatience, 1950-1960*, Montréal, Stanké, 1983, p. 29.

56. [Adrien Arcand], « "Tit'Boutte" Bouchard, *Goglu, Miroir*, Juifs, Intelligence Service, etc. », *Le Fasciste canadien*, novembre 1936, p. 5.

57. Paul Bouchard, « Adrien Arcand, rastaquouère et cabotin », *La Nation*, 22 octobre 1936, p. 1.

58. Stéphane Morisset, *Adrien Arcand : sa vision, son modèle et la perception inspirée par son programme*, Mémoire de maîtrise, (Histoire), Université Laval, novembre 1995, p. 75.

59. Adrien Arcand, « Discours du chef au Monument national », *op. cit*, p. 8.

Chapitre 6

1. Lita-Rose Betcherman, *The Swastika and the Maple Leaf, op. cit.*, p. 28.

2. Anonyme, « Hitler a eu raison », *Le Goglu*, 10 février 1933, p. 7.

3. Cité dans le *Toronto Star* du 19 juin 1940. Anonyme, « Say Arcand group planned blue-shirt army of 70,000, » *Toronto Daily Star*, 19 juin 1940, p. 2.

4. Anonyme, « Politique internationale », *Le Fasciste canadien*, août 1935, p. 7.

5. Anonyme, « Madagascar, réponse à l'idéal des Juifs », *Le Fasciste canadien*, avril 1938, p. 7.

6. Adrien Arcand, « Exposé des principes et du programme du Parti national social chrétien », *Le Patriote*, 1934, p. 16.

7. *Ibid.*, p. 19.

8. [Adrien Arcand], « Le bal commence avec les grèves », *Le Fasciste canadien*, mai 1937, p. 1.

9. Adrien Arcand, « Exposé des principes et du programme du Parti national social chrétien », *loc. cit.*, p. 2.

10. Réal Caux, *Le Parti national social chrétien (Adrien Arcand, ses idées, son œuvre et son influence)*, Mémoire de maîtrise (Science politique), Université Laval, 1958, p. 52.

11. Hugues Théorêt, « L'île du Dr Lalanne : une page oubliée de l'histoire du nazisme », *Au Fil du temps*, vol. 7, n° 1, mars 1998, p. 7.

12. *Ibid.*, p. 8.

13. [Adrien Arcand], « Harvey, un Nabi ! », *Le Fasciste canadien*, juin 1938, p. 3.

14. Jacques Gouin, *William-Henry Scott et sa descendance, ou le destin romanesque et tragique d'une famille de rebelles (1799-1944)*, Hull, Société historique de l'ouest du Québec, 1980.

15. Anonyme, « Activités d'avril », *Le Fasciste canadien*, mai 1938, p. 5.

16. Lettre d'Adrien Arcand à Raymond Maynard, 30 août 1966, cité dans David Philipps [Jean Côté], *Arcand ou la vérité retrouvée, op. cit.*, p. 421.

17. Entrevue avec Walter O'Leary par Raoul Roy, « Walter O'Leary des Jeunesses patriotes », *loc. cit.*, p. 38-39.

18. Lettre d'Adrien Arcand à l'honorable Noël Dorion, Lanoraie, 11 juillet 1962, cité dans David Philipps [Jean Côté], *Arcand ou la vérité retrouvée, op. cit.*, p. 164.

19. Hélène de Billy, *Riopelle*, Montréal, Art global, 1996, p. 24.

20. Lettre d'Adrien Arcand à un correspondant inconnu, Montréal, 10 février 1936, Archives du Congrès juif canadien à Montréal.

21. Anonyme, « Le Québec compte-t-il autant de fascistes ? », *La Presse*, 17 décembre 1937, p. 18.

22. André Laurendeau, « Ce qu'on dit de nous à l'étranger », *loc. cit.*, p. 325.

23. Voir par exemple Nathalie Petrowski, « L'ogre de Lanoraie », *La Presse*, 8 novembre 1996, p. A5.

24. Jean Côté, *Adrien Arcand. Une grande figure de notre temps, op. cit.*

25. Anonyme, « Adrien Arcand et la croix gammée », *Le Mémorial du Québec*, tome 6, Montréal, 1979, p. 29.

26. Réal Caux, *Le Parti national social chrétien (Adrien Arcand, ses idées, son œuvre et son influence), op. cit.*, p. 78.

27. Richard Jones, « Le Führer canadien », *Horizon Canada*, p. 1434.

28. Voir photo publiée dans *Le Fasciste canadien*, décembre 1937, p. 3.

29. Jeangeau, « Nécessité d'une forte discipline », *Le Fasciste canadien*, janvier 1937, p. 4.

30. Édouard Bourassa, « Adrien Arcand, un nazi au pays des siffleux », *La Nation*, 18 mars 1937, p. 1 ; « Notre rupture avec Adrien Arcand », *La Nation*, 1ᵉʳ avril 1937, p. 4 ; « Notre rupture avec Adrien Arcand (suite) », *La Nation*, 8 avril 1937, p. 3.

31. Anonyme, « *Le Devoir* et le *schisme* du PNSC », *Le Fasciste canadien*, mars 1937, p. 2.

32. *Le Devoir*, 1ᵉʳ juin 1938. Cité dans Paul M. Gareau, *L'attitude des natio-nalistes traditionnels du Devoir face aux fascismes européens et américains, (1929-1940)*, Mémoire de maîtrise (Histoire), Université de Montréal, 1992, p. 192, n.78.

33. Lettre d'Adrien Arcand à Eugène Berthiaume [s.d.], Bibliothèque et Archives nationales du Québec, P673, S2, SS5, D3.

34. Anonyme, « Activités de février », *Le Fasciste canadien*, mars 1938, p. 5.

35. Pierre Anctil, « Interlude of Hostility : Judeo-Christian Relations in Quebec in the Interwar Pediod, 1919-39 », dans Alan T. Davies (dir.), *Antisemitism in Canada*, Waterloo, Wilfrid Laurier University Press, 1992, p. 164, n. 63.

36. Anonyme, « Une grande perte pour le parti », *Le Fasciste canadien*, décembre 1936, p. 2.

37. Jean Mercier, « Pourquoi je suis fasciste ! », *Le Fasciste canadien*, mars 1938, p. 11.

38. En date du 28 octobre 1936, Montréal est divisé en six zones distinctes. Voici la liste des quartiers qui composent chacune de ces zones : la « Zone Centre » rassemble Bourget, Crémazie, Lafontaine, Papineau, St-André, St-Georges, St-Jacques, St-Laurent, St-Louis et Ville-Marie ; la « Zone Est » rassemble les quartiers Hochelaga, Maisonneuve, Mercier, Préfontaine, St-Eusèbe, Ste-Marie et Montréal-Est ; la « Zone Nord » rassemble Ahuntsic, St-Édouard, St-Jean, Villeray, Ville St-Laurent et Montréal Nord ; la « Zone Nord-Est » rassemble De Lorimier, Montcalm, Rosemont, St-Denis et St-Jean Baptiste ; la « Zone Nord-Ouest » rassemble Laurier, Mont-Royal, St-Michel, Ville Mont-Royal et Outremont ; la « Zone Ouest » rassemble Notre-Dame-de-Grâce, Ste-Anne, Ste-Cunégonde, St-Gabriel, St-Henri, St-Joseph, Lachine, Verdun et Westmount.

39. [Adrien Arcand], « Crime effrayant des fascistes ! », *Le Fasciste canadien*, avril 1938, p. 5.

40. Télesphore-Damien Bouchard, *Mémoires*, tome III, Montréal, Beauche-min, 1960, p. 110-111.

41. Gérard Bouchard, « Les rapports avec la communauté juive : un test pour la nation québécoise », *Juifs et Canadiens français dans la société québécoise*, Québec, Septentrion, 2000, p. 16.

42. Lettre et entretien de l'auteur avec Aurélien Quintin, Cookshire, février 1997.

43. Anonyme, « Report on the Trip to Montreal », 17 mars 1938, document de 15 pages, Archives du Congrès juif canadien, Fonds Adrien Arcand.

44. Anonyme, « Activités de février », *Le Fasciste canadien*, mars 1938, p. 5.

45. Anonyme, « Quatrième année du *Fasciste canadien* », *Le Fasciste canadien*, juin 1938, p. 2.

46. David Martin, « Interview with Adrien Arcand », *op. cit.*, p. 7.

Chapitre 7

1. Hélène Le Beau, « D'un voyage à l'autre », *Études littéraires*, vol. 18, n° 2, automne 1985, p. 424.

2. Lettre de Lauriane Detcheverry à Laurence Martin, L'Arche Musée et Archives, Saint-Pierre-et-Miquelon, 6 novembre 2009. Jeanne Allain-Poirier, *Vie de famille aux îles Saint-Pierre-et-Miquelon*, Nantes, Éditions du Petit Véhicule, 1997.

3. Hélène Le Beau, « D'un voyage à l'autre », *loc. cit.*, p. 420.

4. Lettre d'Adrien Arcand au chanoine Panneton, 4 novembre 1965. Cette lettre est reproduite dans David Philipps [Jean Côté], *Arcand ou la vérité retrouvée*, *op. cit.*, p. 327.

5. Anonyme, « Livres nouveaux », *Le Fasciste canadien*, mai 1936, p. 2.

6. [Adrien Arcand], « Activités de mai », *Le Fasciste canadien*, juin 1938, p. 5.

7. *Ibid.*

8. François Gibault, *Céline, 1932-1944. Délires et persécutions*, Paris, Mercure de France, 1985.

9. David Martin, « Interview with Adrien Arcand », *op. cit.*, p. 10.

10. [Adrien Arcand], « La clé du mystère », *Le Fasciste canadien*, juillet 1937, p. 3.

11. Lettre de W. L. Richarson, avocat, à Adrien Arcand, Perthshire, 30 septembre 1947, Bibliothèque et Archives Canada, Fonds Adrien Arcand, MG 30, D91, vol. 1.

12. Lettre d'Adrien Arcand à Marvin Brooks Norfleet, Lanoraie, 7 novembre 1961, Bibliothèque et Archives Canada, Fonds Adrien-Arcand, MG 30, D91, vol. 2.

13. Anonyme, « Les pantins conscients ou inconscients de la juiverie mondiale », *Le Goglu*, 2 décembre 1932, p. 1.

14. [Sans signature], « L'authenticité des *Protocoles* », *Le Fasciste canadien*, mars 1936, p. 1 ; [Sans signature], « L'authenticité des *Protocoles* », *Le Fasciste canadien*, avril 1936, p. 1 ; [Sans signature], « L'authenticité des *Protocoles* », *Le Fasciste canadien*, juin 1936, p. 1.

15. Anonyme, « Activités de février », *Le Fasciste canadien*, mars 1936, p. 4 ; « Bonne littérature », *Le Fasciste canadien*, décembre 1935, p. 4 ; « Les 22 résolutions des Protocoles des sages de Sion », *Le Fasciste canadien*, juin 1938, p. 7.

16. Pierre Assouline, « Henry Coston : itinéraire d'un antisémite », *L'Histoire*, n° 148, octobre 1991, p. 56-59.

17. Lettre d'Adrien Arcand à Jacques-L. Girard, Lanoraie, 3 novembre 1963, cité dans David Philipps [Jean Côté], *Arcand ou la vérité retrouvée, op. cit.*, p. 67 ; René Denis, « Un Fasciste du XIXᵉ siècle », *Le Fasciste canadien*, mars 1936, p. 2 ; « Fortement recommandé », *Le Fasciste canadien*, juin 1935, p. 2.

18. Lettre de K. Knöpfmacher, secrétaire du Congrès juif mondial, à H. M. Caiserman, Paris, 5 octobre 1937, Archives du Congrès juif canadien, Fonds Adrien Arcand.

19. Lettre du Jewish Central Information Office au Canadian Jewish Congress, Amsterdam, 5 octobre 1937, Archives du Congrès juif canadien, Fonds Adrien Arcand.

20. André Laurendeau, « Ce qu'on dit de nous à l'étranger », *loc. cit.*, p. 322.

21. Philippe Alméras, « Canada », dans *Dictionnaire Céline*, Paris, Plon, 2004, p. 161.

22. Lettre de A.J. [?] à Adrien Arcand, Londres, 24 avril 1948, Bibliothèque et Archives Canada, Fonds Adrien Arcand, MG 30, D91, vol. 1.

23. Cité dans Yves Buin, *Céline*, Paris, Gallimard, 2009, p. 352.

24. *Ibid.*, p. 434.

Chapitre 8

1. Lettre d'Adrien Arcand à M. Brissette, 16 octobre 1937, cité dans David Philipps [Jean Côté], *Arcand ou la vérité retrouvée, op. cit.*, p. 46 ; Lita-Rose Betcherman, *The Swastika and the Maple Leaf, op. cit.*, p. 97.

2. Anonyme, « M. H.-H. Beamish à Montréal », *Le Fasciste canadien*, décembre 1936, p. 5.

3. Anonyme, « Un grand honneur fait aux fascistes », *Le Fasciste canadien*, décembre 1937, p. 4.

4. Anonyme, « La fanfare fasciste », *L'Unité nationale*, janvier 1938, p. 9.

5. Anonyme, « Camarade fasciste à l'honneur », *Le Fasciste canadien*, décembre 1937, p. 2.

6. Lita-Rose Betcherman, *The Swastika and the Maple Leaf, op. cit.*, p. 97.

7. Anonyme, « William Whittaker », *Le Combat National*, , vol. 4, n° 6, novembre 1938, p. 4.

8. Anonyme, « La fusion des trois principaux partis fascistes du Canada », *Le Fasciste canadien*, mars 1938, p. 3 et 6.

9. Adrien Arcand, « Parti national social chrétien du Canada », *Le Fasciste canadien*, mai 1937, p. 5.

10. Anonyme, « Groupe de quelques officiers fascistes ontariens et québécois », *Le Fasciste canadien*, juin 1938, p. 6.

11. Émile Goglu, « "Notre" Empire », *Le Goglu*, 21 octobre 1932, p. 2.

12. Anonyme, « Paix à George V, vive Edouard VIII », *Le Fasciste canadien*, février 1936, p. 1 ; [Adrien Arcand], « L'abdication d'Edouard VIII », *Le Fasciste canadien*, janvier 1937, p. 2.

13. Anonyme, « Vive le Roi ! Vive la Reine ! », *Le Combat national*, vol. 4, n° 12, mai 1939, p. 3.

14. Anonyme, « M. Adrien Arcand réclame un système d'autorité au pays », *L'Action catholique*, 22 mai 1938.

15. Télégramme, Ottawa, 5 juillet 1938, Parti de l'unité national, Bibliothèque et Archives Canada, Fonds Adrien Arcand, MG 30, D91, vol. 4.

16. Anonyme, « Vive le Roi ! Vive la Reine ! », *loc. cit.*, p. 3.

17. Jeangeau, « Le PNSC et l'impérialisme », *Le Fasciste canadien*, février 1937, p. 2.

18. « Vive le Roi ! Vive la Reine ! », *loc. cit.*, p. 3.

19. Anonyme, « Premier anniversaire de l'Unité nationale », *Le Combat national*, vol. 5, n° 2, juillet 1939, p. 9.

20. L. P. L., « L'Unité nationale surgit de la convention de Kingston », *Le Combat national*, juillet 1938, p. 10.

21. Lettre d'Adrien Arcand à Eugène Berthiaume, Montréal, 17 juin 1938, Bibliothèque et Archives nationales du Québec, P673, S2, SS5, D3.

22. Anonyme, « Agents d'Hitler », *Le Combat national*, avril 1939, p. 2.

23. Robert Rumilly, *Histoire de la province de Québec. Premier gouvernement Duplessis*, tome XXXVII, Montréal, Fides, 1968, p. 112.

24. Lettre d'Adrien Arcand à Eugène Berthiaume, 11 juillet 1939, Bibliothèque et Archives nationales du Québec, P673, S2, SS5, D3.

25. Lettre d'Adrien Arcand à Eugène Berthiaume, Montréal, 17 juin 1938, *op. cit.*

26. Lettre d'Eugène Berthiaume à Adrien Arcand, Paris, 21 juin 1938, Bibliothèque et Archives nationales du Québec, P673, S2, SS5, D3.

27. « Entretien de Nicolas de l'Isle avec M. Joseph Bourdon », David Philipps [Jean Côté], *Arcand ou la vérité retrouvée, op. cit.*, p. 496.

28. [Adrien Arcand], « L'opinion fasciste », *Le Fasciste canadien*, avril 1938, p. 2.

29. P. P., « Les Canadiens français et le séparatisme », *Le Fasciste canadien*, août 1937, p. 8.

30. [Adrien Arcand], « L'opinion fasciste », *loc. cit.*

31. Lettre d'Adrien Arcand à Eugène Berthiaume, 21 mai 1938, Bibliothèque et Archives nationales du Québec, P673, S2, SS5, D3.

32. Lettre d'Adrien Arcand à Eugène Berthiaume, 11 septembre 1938, Bibliothèque et Archives nationales du Québec, P673, S2, SS5, D3.

33. Lettre d'Adrien Arcand à Eugène Berthiaume, Montréal, 3 mars 1938, Bibliothèque et Archives nationales du Québec, P673, S2, SS5, D3.

34. Lettre confidentielle d'Eugène Berthiaume à Adrien Arcand, Paris, 1er septembre 1939, Bibliothèque et Archives nationales du Québec, P673, S2, SS5, D3.

35. *Ibid.*

36. Lettre d'Eugène Berthiaume à Adrien Arcand, Paris, 8 novembre 1938, Bibliothèque et Archives nationales du Québec, P673, S2, SS5, D3.

37. Lettre d'Eugène Berthiaume à Adrien Arcand, Paris, 23 septembre 1939, Bibliothèque et Archives nationales du Québec, P673, S2, SS5, D3.

38. Lettre de Colette Berget à Adrien Arcand, Paris, 27 septembre 1938, Bibliothèque et Archives nationales du Québec, P673, S2, SS5, D3.

39. « Entretien de Nicolas de l'Isle avec M. Joseph Bourdon », David Philipps [Jean Côté], *Arcand ou la vérité retrouvée, op. cit.*, p. 495.

40. Lettre d'Adrien Arcand à Eugène Berthiaume, 9 décembre 1938, Bibliothèque et Archives nationales du Québec, P673, S2, SS5, D3.

41. Lettre d'Eugène Berthiaume à Adrien Arcand, Paris, 10 janvier 1939, Bibliothèque et Archives nationales du Québec, P673, S2, SS5, D3.

42. Lettre d'Eugène Berthiaume à Adrien Arcand, Paris, 16 septembre 1939, Bibliothèque et Archives nationales du Québec, P673, S2, SS5, D3.

43. Lettre d'Eugène Berthiaume à Adrien Arcand, Paris, 8 novembre 1938, Bibliothèque et Archives nationales du Québec, P673, S2, SS5, D3.

44. *Ibid.*

45. Lettre d'Eugène Berthiaume à Adrien Arcand, Paris, 25 novembre 1938, Bibliothèque et Archives nationales du Québec, P673, S2, SS5, D3.

46. « Entretien de Nicolas de l'Isle avec M. Joseph Bourdon », David Philipps [Jean Côté], *Arcand ou la vérité retrouvée, op. cit.*, p. 497.

Chapitre 9

1. Anonyme, « Le mouvement fasciste sera bientôt une entrave à la liberté de notre province », *Le Devoir*, 9 février 1938, p. 6.

2. Anonyme, « Une enquête sera faite sur ces prétendus mouvements fascistes », *La Presse*, 5 février 1938, p. 36.

3. Anonyme, « Canadian fascist leader just like Hitler in 1929 », *Daily Star*, Toronto, 7 janvier 1939, p. 6.

4. Entretien de l'auteur avec Andrée Lajoie, fille de Gaston Lajoie, septembre 2009.

5. [Adrien Arcand], « Maxime Raymond épaule son fusil », *Le Fasciste canadien*, mai 1938, p. 8.

6. Lettre d'Adrien Arcand à Lucien Dansereau, Saint-Alexis-des-Monts, 17 septembre 1939, Bibliothèque et Archives nationales du Québec, P673, S2, SS5, D3.

7. Hugues Théorêt, « L'île du D\u02b3 Lalanne : une page oubliée de l'histoire du nazisme », *Au Fil du temps*, vol. 7, n° 1, mars 1998, p. 8.

8. Entretien de l'auteur avec Paul Robillard, Montrréal, 17 février 2010.

9. Anonyme, « Descente chez des suspects de sédition », *La Presse*, 24 mai 1940, p. 3.

10. Anonyme, « 10 000 Ask Ottawa to intern all Fifth Columnists in Canada », *The Montreal Daily Star*, 28 mai 1940, p. 3.

11. Entrevue de Walter O'Leary par Raoul Roy, « Walter O'Leary des Jeunesses patriotes », *loc. cit.*, p. 39.

12. Jean Côté, *Paul Bouchard, flamboyante figure de notre époque*, [Imprimerie L'Éclaireur], 1998, p. 151.

13. Lettre d'Adrien Arcand à J. A. Mathez, octobre 1966, cité dans David Philipps [Jean Côté], *Arcand ou la vérité retrouvée, op. cit.*, p. 441.

14. Anonyme, « Enquête préliminaire d'Adrien Arcand », *Le Devoir*, 19 juin 1940, p. 3.

15. Anonyme, « M. H.-H. Beamish est élu député », *Le Combat national*, novembre 1938, p. 12.

16. Lettre de H. Desnoyers, sous-ministre intérimaire de la Milice au major Salluste Lavery, Ottawa, 21 septembre 1939, Bibliothèque et Archives Canada, Fonds Adrien Arcand, MG 30, D91, vol. 1.

17. Lettre d'Adrien Arcand à H. H. Beamish, Lanoraie, 18 juin 1946, Bibliothèque et Archives Canada, Fonds Adrien Arcand, MG 30, D91, vol. 1.

18. Copie d'une lettre de H. H. Beamish à A. T. C. Leese, Salisbury (Rhodésie), 27 septembre 1940, Bibliothèque et Archives Canada, Fonds Adrien Arcand, MG 30, D91, vol. 1.

19. Copie d'une lettre de H. H. Beamish au député et général J. M. B Hertzog, Salisbury (Rhodésie), 12 novembre 1940, Bibliothèque et Archives Canada, Fonds Adrien Arcand, MG 30, D91, vol. 1.

20. Copie d'une lettre de H. H. Beamish à S. C. Libenberg, Salisbury (Rhodésie), 22 août 1943, Bibliothèque et Archives Canada, Fonds Adrien Arcand, MG 30, D91, vol. 1.

21. Copie d'une lettre de J. Wynn à H. H. Beamish, Tai Mawr, 27 septembre 1940, Bibliothèque et Archives Canada, Fonds Adrien Arcand, MG 30, D91, vol. 1.

22. Copie d'une lettre de J. Wynn à H. H. Beamish, Tai Mawr, 4 juillet 1944, Bibliothèque et Archives Canada, Fonds Adrien Arcand, MG 30, D91, vol. 1.

23. Ted Jones, *Both Sides of the Wire. The Fredericton Internment Camp*, vol. 2, Fredericton, New Ireland Press, 1989, p. 412.

24. *Ibid.*, p. 407.

25. Robert Lahaise, *La fin d'un Québec traditionnel, 1914-1939*, Montréal, L'Hexagone, 1994, p. 303.

26. Yves Bernard et Caroline Bergeron, *Trop loin de Berlin. Des prisonniers allemands au Canada (1939-1946)*, Québec, Septentrion, 1995, p. 71.

27. Kenneth Wright, « Send all Jews to Madagascar, says fascist Adrien Arcand », *The Gazette*, 24 février 1947, p. 3.

28. Lettre d'Adrien Arcand à H. H. Beamish, Lanoraie, 18 juin 1946, Bibliothèque et Archives Canada, Fonds Adrien Arcand, MG 30, D91, vol. 1.

29. Lettre d'H. H. Beamish à Adrien Arcand, Hatfield (Rhodésie du Sud), 15 juillet 1946, Bibliothèque et Archives Canada, Fonds Adrien Arcand, MG 30, D91, vol. 1.

30. Lettre d'Adrien Arcand à Marvin Brooks Norfleet, Lanoraie, 7 novembre 1961, p. 5, Bibliothèque et Archives Canada, Fonds Adrien Arcand, MG 30, D91, vol. 2.

31. William Repka et Kathleen Repka, *Dangerous Patriots. Canada's Unknown Prisoners of War*, Vancouver, 1982, p. 125.

32. Lettre d'Alex Navarro à Adrien Arcand, Québec, château Frontenac, 12 mars 1945, Bibliothèque et Archives Canada, Fonds Adrien Arcand, MG 30, D91, vol. 1.

33. Télégramme d'Alex Navarro à Adrien Arcand, Fredericton, 10 mars 1945, Bibliothèque et Archives Canada, Fonds Adrien Arcand, MG 30, D91, vol. 1.

34. Lettre d'Adrien Arcand à H. H. Beamish, Lanoraie, 18 juin 1946, *op. cit.*

35. Lettre d'H. H. Beamish à Adrien Arcand, Hatfield (Rhodésie du Sud), 15 juillet 1946, Bibliothèque et Archives Canada, Fonds Adrien Arcand, MG 30, D91, vol. 1.

36. Lettre d'Adrien Arcand à M. et Mme Gérard Lemieux, Lanoraie, 28 février 1962, cité dans David Philipps [Jean Côté], *Arcand ou la vérité retrouvée*, *op. cit.*, p. 160.

37. Lettres d'Adrien Arcand à Raymond Ménard, Lanoraie, 21 novembre 1947 et 1er décembre 1947, cité dans David Philipps [Jean Côté], *Arcand ou la vérité retrouvée*, *op. cit.*, p. 65-66.

38. Voir Félix Causas, « Préface », dans David Philipps [Jean Côté], *Adrien Arcand ou la vérité retrouvée*, *op. cit.*

39. Lettre d'Adrien Arcand à H. H. Beamish, Lanoraie, 18 juin 1946, *op. cit.*

40. *Ibid.*

41. Lettre d'Adrien Arcand à Raymond Maynard, Lanoraie, 14 août 1966, cité dans David Philipps [Jean Côté], *Arcand ou la vérité retrouvée*, *op. cit.*, p. 410.

42. Voir notamment Anonyme, « Protest release of Arcand : ask he be tried, condemned », *Globe & Mail*, 6 juillet 1945, p. 3.

43. « Léa Roback, ex-militante communiste », *Le Point*, Radio-Canada, 13 mai 1994.

44. Lettre d'Adrien Arcand à H. H. Beamish, Lanoraie, 18 juin 1946, *op. cit.*.

Chapitre 10

1. [Yvonne Arcand], « Famille Adrien Arcand », dans *Lanoraie*, Sherbrooke, Louis Bilodeau et fils, 1987, p. 174.

2. *Ibid.*

3. Entretien de l'auteur avec Paul Robillard, Montréal, 17 février 2010

4. Lettre d'Adrien Arcand à H. H. Beamish, Lanoraie, 18 juin 1946, *op. cit.*

5. *Ibid.*

6. *Ibid.*

7. Lettre d'Adrien Arcand au père R. M. Dumas, Lanoraie, [vers 1964], cité dans David Philipps [Jean Côté], *Arcand ou la vérité retrouvée, op. cit.*, p. 280 et 650.

8. Lettre d'Adrien Arcand au chanoine Georges Panneton, 16 juillet 1966, cité dans David Philipps [Jean Côté], *Arcand ou la vérité retrouvée, op. cit.*, p. 395-396.

9. Lettre d'Adrien Arcand à H. H. Beamish, Lanoraie, 18 juin 1946, *op. cit.*

10. Lettre de G. K. Marshall à Adrien Arcand, Montréal Ouest, 22 novembre 1947, Bibliothèque et Archives Canada, Fonds Adrien Arcand, MG 30, D91, vol. 1.

11. Lettre de Salluste Lavery à Adrien Arcand, 22 août 1945, Bibliothèque et Archives Canada, Fonds Adrien Arcand, MG 30, D91, vol. 1.

12. Débats de la Chambre des communes, 1re session de la 20e législature, 1er octobre 1945, p. 607-609.

13. Lettre d'Henri Courtemanche à Salluste Lavery, Ottawa, 5 septembre 1958, Bibliothèque et Archives Canada, Fonds Adrien Arcand, MG 30, D91, vol. 2.

14. Lettre de E. D. Fulton à Henri Courtemanche, Ottawa, 21 août 1958, Bibliothèque et Archives Canada, Fonds Adrien Arcand, MG 30, D91, vol. 2.

15. Lettre d'Adrien Arcand à E. D. Fulton, Lanoraie, 12 septembre 1958, Bibliothèque et Archives Canada, Fonds Adrien Arcand, MG 30, D91, vol. 2.

16. Lettre de E. D. Fulton à Adrien Arcand, Ottawa, 26 octobre 1958, Bibliothèque et Archives Canada, Fonds Adrien Arcand, MG 30, D91, vol. 2.

17. Lettre d'Adrien Arcand à H. H. Beamish, Lanoraie, 18 juin 1946, *op. cit.*

18. Lettre d'Adrien Arcand au père Fabien, Lanoraie, février 1954, cité dans David Philipps [Jean Côté], *Arcand ou la vérité retrouvée, op. cit.*, p. 80.

19. Lettre d'Adrien Arcand au chanoine Georges Panneton, Lanoraie, 12 août 1966, cité dans David Philipps [Jean Côté], *Arcand ou la vérité retrouvée, op. cit.*, p. 409.

20. *Ibid.*

21. Visite de la maison familiale d'Adrien Arcand, aujourd'hui propriété de France Deschênes, au 329, rue de l'Aqueduc à Lanoraie, 5 juillet 2009.

22. Lettres d'Adrien Arcand à Raymond Maynard, Lanoraie, 13 octobre 1966, cité dans David Philipps [Jean Côté], *Arcand ou la vérité retrouvée, op. cit.*, p. 195 et 205.

23. Lettres d'Adrien Arcand au chanoine Georges Panneton, Lanoraie, 28 novembre 1962 et 19 janvier 1963, cité dans David Philipps [Jean Côté], *Arcand ou la vérité retrouvée, op. cit.*, p. 195 et 205. Lettre du même à Raymond Maynard, Lanoraie, 30 août 1966, *ibid.*, p. 420.

24. « Les dernières paroles d'Adrien Arcand recueillies la veille de sa mort », Lanoraie, 31 juillet 1967, *ibid.*, p. 480.

25. Adrien Arcand, *La République universelle*, Montréal, PUNC, 1950, p. 5.

26. Kenneth Wright, « "Stronger than ever here" is Arcand's fascist boast », *The Gazette*, 22 février 1947, p. 13.

27. Kenneth Wright, « Send all Jews to Madagascar, says fascist Adrien Arcand », *loc. cit.*

28. Lettre d'Adrien Arcand au père Fabien, Lanoraie, février 1954, cité dans David Philipps [Jean Côté], *Arcand ou la vérité retrouvée, op. cit.*, p. 81.

29. Kenneth Wright, « Send all Jews to Madagascar, says fascist Adrien Arcand », *loc. cit.*

30. Lettre d'Adrien Arcand à Raymond Ménard, Lanoraie, 21 novembre 1947, cité dans David Philipps [Jean Côté], *Arcand ou la vérité retrouvée, op. cit.*, p. 63.

31. Lettre de Wilfrid Pouliot à Adrien Arcand, Toronto, 9 novembre 1947, Bibliothèque et Archives Canada, Fonds Adrien Arcand, MG 30, D91, vol. 1.

32. Lettre d'Antonio Moffet à Adrien Arcand, Loretteville, 13 novembre 1947, Bibliothèque et Archives Canada, Fonds Adrien Arcand, MG 30, D91, vol. 1 ; Lettre d'Hubert Desautels à Adrien Arcand, Montréal, 21 novembre 1947, Bibliothèque et Archives Canada, Fonds Adrien Arcand, MG 30, D91, vol. 1.

33. Kate Stuart, « Interview in Lanoraie », *Time*, 8 décembre 1947.

34. Lettre d'Adrien Arcand à Raymond Ménard, Lanoraie, 18 mars 1949, cité dans David Philipps [Jean Côté], *Arcand ou la vérité retrouvée, op. cit.*, p. 67.

35. Lettre d'Adrien Arcand à Raymond Maynard, 20 juillet 1966, *ibid.*, p. 398.

36. Lettres d'Adrien Arcand à Gérard Lemieux, Lanoraie, 2 août 1963, 31 août 1963 et 11 janvier 1964, *ibid.*, p. 231, 232 et 245.

37. « Les dernières paroles d'Adrien Arcand recueillies la veille de sa mort », *op. cit*, p. 479.

38. Lettre de J. Ernest Laforce à Adrien Arcand, Québec, 25 septembre 1953, Bibliothèque et Archives Canada, Fonds Adrien Arcand, MG 30, D91, vol. 2.

39. Kenneth Wright, « "Jews trying to soften us for Russian drive" – Arcand », *The Gazette*, 25 février 1947, p. 11 ; Lettre d'Adrien Arcand à Raymond Maynard, Lanoraie, 13 octobre 1966, cité dans David Philipps [Jean Côté], *Arcand ou la vérité retrouvée, op. cit.*, p. 456.

40. Lettre d'Adrien Arcand au révérend P. J. M. Ladouceur, [Lanoraie], [vers 1954], *ibid.*, p. 67 ; Adrien Arcand, *Mon livre d'heures*, Montréal, [s.é.], 1981, 62 p.

41. Entrevue de l'auteur avec Jules Mondor, Lanoraie, 5 juillet 2009. Lettres d'Adrien Arcand au curé de Lanoraie, 27 septembre 1961, 25 décembre 1965, cité dans David Philipps [Jean Côté], *Arcand ou la vérité retrouvée, op. cit.*, p. 143 et p. 340.

42. Kenneth Wright, « Send all Jews to Madagascar, says fascist Adrien Arcand », *loc. cit.*

43. Lettre d'Adrien Arcand à J. A. Mathez, octobre 1966, cité dans David Philipps [Jean Côté], *Arcand ou la vérité retrouvée, op. cit.*, p. 441.

44. Lettre de H. H. Beamish à Adrien Arcand, Hatfield (Rhodésie du Sud), 21 avril 1947, Bibliothèque et Archives Canada, Fonds Adrien Arcand, MG 30, D91, vol. 1 ; Lettre de H. H. Beamish à Gérard Gagnon, Hatfield (Rhodésie du Sud), 8 mars 1948, Bibliothèque et Archives Canada, Fonds Adrien Arcand, MG 30, D91, vol. 1.

45. Kate Stuart, « Interview in Lanoraie », *loc. cit.*

46. Lettre d'Adrien Arcand au gouverneur Ross Barnett, Lanoraie, 2 octobre 1962, Bibliothèque et Archives Canada, Fonds Adrien Arcand, MG 30, D91, vol. 2.

47. *Ibid.*

48. Extrait d'un entretien d'Adrien Arcand cité par Gérard Lemieux. Lettre de Gérard Lemieux à Paul Goldstein, Montréal, 22 décembre 1965, Bibliothèque et Archives Canada, Fonds Adrien Arcand, MG 30, D91, vol. 2.

49. Anonyme, « Adrien Arcand prédit une autre guerre mondiale », *Digeste Eclair*, 1963, cité dans David Philipps [Jean Côté], *Arcand ou la vérité retrouvée, op. cit.*, p. 613.

50. *Ibid.*, p. 614.

51. Lettre d'Adrien Arcand à M. Poitevin, Lanoraie, 13 juin 1961, p. 3, Bibliothèque et Archives Canada, Fonds Adrien Arcand, MG 30, D91, vol. 2.

52. Lettre d'Adrien Arcand à Gerald Fenton, Lanoraie, 1er mars 1947, Bibliothèque et Archives Canada, Fonds Adrien Arcand, MG 30, D91, vol. 1.

53. Anonyme, « Le totalitarisme ! », *Le Fasciste canadien*, mai 1937, p. 8.

54. [Adrien Arcand], « Le fascisme et les ouvriers », *Le Fasciste canadien*, février 1936, p. 1 et 3.

55. Lettre d'Adrien Arcand à la direction de *La Presse*, au sujet de l'« Incident Gérard Pelletier », 1er avril 1965, Bibliothèque et Archives Canada, Fonds Adrien Arcand, MG 30, D91, vol. 2.

56. *Ibid.*

57. Lettre de Raymond Barbeau à Adrien Arcand, 17 janvier 1956, Bibliothèque et Archives Canada, Fonds Adrien Arcand, MG 30, D91, vol. 2.

58. Lettre d'Adrien Arcand au chanoine Georges Panneton, Lanoraie, 21 septembre 1966, cité dans David Philipps [Jean Côté], *Arcand ou la vérité retrouvée, op. cit.*, p. 433.

59. Lettre d'Adrien Arcand à Rémi Paul, Lanoraie, 31 décembre 1962, *ibid.*, p. 204.

60. Lettre rédigée par Adrien Arcand, signée par Henri Rivet, Montréal, 4 février 1964, *ibid.*, p. 254-255.

61. Entretien de l'auteur avec André-G. Bourassa, 12 août 2009.

62. Entretien avec Jacques Lanctôt, segment n° 1, « Mémoires d'enfance », radio de Radio-Canada, 29 février 2004.

63. Marc Laurendeau, *Les Québécois violents : un ouvrage sur les causes et la rentabilité de la violence d'inspiration politique au Québec*, 2e éd., Sillery, Boréal Express, 1974, p. 141.

64. Entretien avec Jacques Lanctôt, segment n° 1, « Mémoires d'enfance », *loc. cit.*

65. Lettre d'Adrien Arcand à Gérard Lemieux, Lanoraie, 15 mars 1963, cité dans David Philipps [Jean Côté], *Arcand ou la vérité retrouvée, op. cit.*, p. 213.

66. Lettre d'Adrien Arcand au chanoine Georges Panneton, Lanoraie, 28 novembre 1962, *ibid.*, p. 195 ; Lettre d'Adrien Arcand à l'abbé Jean-Paul Tremblay, Lanoraie, 4 février 1964, *ibid.*, p. 250.

67. H. P., « Immense succès du ralliement fasciste », *Le Fasciste canadien*, novembre 1936, p. 1.

68. Transcription d'une entrevue avec le professeur Seawell, Toronto, 23 novembre 1962, Bibliothèque et Archives Canada, Fonds Adrien Arcand, NG 30, D91, vol. 2.

69. Adrien Arcand, « Un grand honneur est fait aux Fascistes... », *Le Fasciste canadien*, décembre 1937, p. 7.

70. Lettre d'Adrien Arcand au chanoine Georges Panneton, 25 juin 1966, cité dans David Philipps [Jean Côté], *Arcand ou la vérité retrouvée, op. cit.*, p. 379.

71. Lettre d'Adrien Arcand à Raymond Maynard, mars 1966, *ibid.*, p. 364-365.

72. Lettre d'Adrien Arcand au père R. M. Dumas, [vers 1964], *ibid.*, p. 281.

73. Lettre d'Adrien Arcand au chanoine Georges Panneton, 16 juillet 1966, *ibid.*, p. 395.

74. Lettres d'Adrien Arcand à Raymond Ménard, Lanoraie, 21 novembre 1947 et 1ᵉʳdécembre 1947, *ibid.*, p. 65-66.

75. Jacques Ferron, *Une amitié bien particulière*, Montréal, Boréal, 1990, p. 99.

76. Lettre d'Adrien Arcand à M. et Mme Gérard Lemieux, Lanoraie, 28 février 1962, cité dans David Philipps [Jean Côté], *Arcand ou la vérité retrouvée, op. cit.*, p. 160 ; Patrick Tort, « L'affaire Carrel. Sur la question de l'eugénisme », *Le Monde diplomatique*, juin 1998, p. 32 ; Andrés Horacio Reggiani, *God's Eugenicist, Alexis Carrel and the Sociobiology of Decline*, New York, Berghahn Books, 2006, 268 p.

77. Kate Stuart, « Interview in Lanoraie », *loc. cit.*

78. Lettre d'Adrien Arcand à la direction de *La Presse* au sujet de l'« Incident Gérard Pelletier », *loc. cit.*

79. Copie d'une lettre de H. H. Beamish à Adrien Arcand, (Rhodésie), 25 juillet 1957, Bibliothèque et Archives Canada, Fonds Adrien Arcand, MG 30, D91, vol. 1.

80. Lettre d'H.H. Beamish à Adrien Arcand, Hatfield (Rhodésie du Sud), 15 juillet 1946, Bibliothèque et Archives Canada, Fonds Adrien Arcand, MG 30, D91, vol. 1.

81. Lettre de H. H. Beamish à Adrien Arcand, Hatfield (Rhodésie du Sud), 20 décembre 1947, Bibliothèque et Archives Canada, Fonds Adrien Arcand, MG 30, D91, vol. 1.

82. Lettre de H. H. Beamish à Adrien Arcand, Hatfield (Rhodésie du Sud), 27 octobre 1947, Bibliothèque et Archives Canada, Fonds Adrien Arcand, MG 30, D91, vol. 1.

83. Lettre de H. H. Beamish à Adrien Arcand, Hatfield (Rhodésie du Sud), 29 septembre 1947, Bibliothèque et Archives Canada, Fonds Adrien Arcand, MG 30, D91, vol. 1.

84. Lettre d'H. H. Beamish à Adrien Arcand, Hatfield (Rhodésie du Sud), 26 novembre 1946, Bibliothèque et Archives Canada, Fonds Adrien Arcand, MG 30, D91, vol. 1.

85. Lettre de Arnold S. Leese à Adrien Arcand, 13 décembre 1946, Bibliothèque et Archives Canada, Fonds Adrien-Arcand, MG 30, D91, vol. 1.

86. Anonyme, « Lisez, lisez, lisez, [...] *Jewish Ritual Murder* par Arnold S. Leese », *Le Fasciste canadien*, avril 1938, p. 4.

87. Lettre de H. H. Beamish à Adrien Arcand, Hatfield (Rhodésie du Sud), 22 mai 1947, Bibliothèque et Archives Canada, Fonds Adrien Arcand, MG 30, D91, vol. 1.

88. Lettres de Gerald Hamilton à Adrien Arcand, Chelsea, 9 mars 1948 et New York, 26 mars 1948, New York, 4 avril 1948, Bibliothèque et Archives Canada, Fonds Adrien Arcand, MG 30, D91, vol. 1.

89. Lettre de Einar Åberg à Adrien Arcand, Norrviken (Suède), 13 novembre 1947, Bibliothèque et Archives Canada, Fonds Adrien Arcand, MG 30, D91, vol. 1.

90. Lettre d'Issa Nakhleh à Adrien Arcand, New York, 30 décembre 1963, Bibliothèque et Archives Canada, Fonds Adrien Arcand, MG 30, D91, vol. 2.

91. Anonyme, « Des livres de documentation pour nos lecteurs et militants », *L'Unité nationale*, février 1954, p. 5.

92. Lettre d'Adrien Arcand à Arnold J. Toynbee, Lanoraie, 9 février 1961, Bibliothèque et Archives Canada, Fonds Adrien Arcand, MG 30, D91, vol. 2.

93. David Philipps [Jean Côté], *Arcand ou la vérité retrouvée, op. cit.*, p. 235.

94. Lettre du président du Conseil à Adrien Arcand, 3 décembre 1963. Transcription d'une entrevue avec le professeur Seawell, *op. cit.*

95. Lettre d'Adrien Arcand au chanoine Georges Panneton, Lanoraie, 6 mars 1967, cité dans David Philipps [Jean Côté], *Arcand ou la vérité retrouvée, op. cit.*, p. 353.

96. Lettre d'Adrien Arcand au chanoine Georges Panneton, Lanoraie, 21 décembe 1964, *ibid.*, p. 314.

97. [Adrien Arcand], « Le Crédit social, communisme déguisé ! », *Le Fasciste canadien*, mai 1937, p. 3.

98. Lettre d'Adrien Arcand à J.-Euclide Masson, Lanoraie, 29 juillet 1955, cité dans David Philipps [Jean Côté], *Arcand ou la vérité retrouvée, op. cit.*, p. 112.

99. Lettre d'Adrien Arcand à Jean-P. Nacké, Lanoraie, 12 avril 1963, *ibid.*, p. 222.

100. Lettres d'Adrien Arcand à Raymond Ménard, Lanoraie, 21 novembre 1947 et 1er décembre 1947, *ibid.*, p. 65-66.

101. Lettre d'Adrien Arcand à M. et Mme Gérard Lemieux, Lanoraie, 28 février 1962, *ibid.*, p. 163.

102. Lettre d'Adrien Arcand à Robert Thompson, Lanoraie, 19 avril 1963.

103. Lettre d'Adrien Arcand à M. et Mme Gérard Lemieux, Lanoraie, 24 juin 1953, cité dans David Philipps [Jean Côté], *Arcand ou la vérité retrouvée op. cit.*, p. 79.

104. *Ibid.*, p. 78.

105. Entretien de l'auteur avec Paul Robillard, Montréal, 17 février 2010.

106. Lettre d'Adrien Arcand à M. et Mme Gérard Lemieux, Lanoraie, 25 janvier 1956, cité dans David Philipps [Jean Côté], *Arcand ou la vérité retrouvée, op. cit.*, p. 116.

107. Lettre de J. Ernest Laforce à Adrien Arcand, Québec, 3 mars 1960, Bibliothèque et Archives Canada, Fonds Adrien Arcand, MG 30, D91, vol. 2.

108. Lettre d'Adrien Arcand à Gérald Martineau, Lanoraie, 3 juillet 1963. Transcription d'une entrevue avec le professeur Seawell, *op. cit.*

109. Adrien Arcand, « Hommage posthume à Maurice Duplessis », dans David Philipps [Jean Côté], *Arcand ou la vérité retrouvée, op. cit.*, p. 493.

110. Lettre de Pierre Gravel à Adrien Arcand, 11 octobre 1962, *ibid.*, p. 190.

111. Lettre d'Adrien Arcand à Gérard Lemieux, Lanoraie, 20 octobre 1962, *ibid.*, p. 116.

112. David Philipps [Jean Côté], *Arcand ou la vérité retrouvée, op. cit.*, p. 522.

113. Lettre d'Adrien Arcand à Édouard [?], Lanoraie, 11 décembre 1962, Bibliothèque et Archives Canada, Fonds Adrien Arcand, MG 30, D91, vol. 2.

114. Lettre d'Yves Gabias à M. et Mme Adrien Arcand, Assemblée législative, 6 avril 1961, Bibliothèque et Archives Canada, Fonds Adrien Arcand, MG 30, D91, vol. 2.

115. Lettre de Georges Valade, Montréal, 9 mai 1958, Bibliothèque et Archives Canada, Fonds Adrien Arcand, MG 30, D91, vol. 2.

116. Anonyme, « Adrien Arcand sort de l'ombre et annonce la fondation du parti de l'Unité nationale », *La Presse*, 23 avril 1965, p. 15.

117. Lettre de Rémi Paul à Adrien Arcand, Louiseville, 11 janvier 1961, Bibliothèque et Archives Canada, Fonds Adrien Arcand, MG 30, D91, vol. 2.

118. Lettre d'Adrien Arcand à Rémi Paul, Lanoraie, 31 décembre 1962 ; lettre d'Adrien Arcand au réalisateur de Radio-Canada Jean Loiselle, Lanoraie, 25 octobre 1961, Bibliothèque et Archives Canada, Fonds Adrien Arcand, MG 30, D91, vol. 2.

119. Lettre de Rémi Paul à Adrien Arcand, Louiseville, 31 juillet 1962, Bibliothèque et Archives Canada, Fonds Adrien Arcand, MG 30, D91, vol. 2.

120. Lettre de Rémi Paul à Adrien Arcand, Ottawa, 5 août 1964, Bibliothèque et Archives Canada, Fonds Adrien Arcand, MG 30, D91, vol. 2.

121. Léon Balcer, *Léon Balcer raconte*, Québec, Septentrion, 1988, p. 76.

122. Michel Bourdon, « Entrevue avec Michel Chartrand (sur les propos de Rémi Paul) », *Radio Journal*, Radio-Canada, segment n° 12, 17 octobre 1969.

123. Michel Bourdon et Gérald Lachance, « Charles Gagnon et la CSN », *Radio Journal*, Radio-Canada, segment n° 11, 3 octobre 1969.

Chapitre 11

1. Linteau, Durocher, Robert, Ricard, *Histoire du Québec contemporain*, tome II, Montréal, Boréal, 1989, p. 204.

2. Anonyme, « Y a-t-il, oui ou non, une inspiration mondiale juive ? », *L'Unité nationale*, février 1954, p. 4-5.

3. Lettre d'Adrien Arcand à Ernest Laforce, 16 novembre 1953, cité dans Conrad Black, *Duplessis, le pouvoir*, tome 2, Montréal, Éditions de l'Homme, 1977, p. 60.

4. Lettre d'Adrien Arcand au chanoine Georges Panneton, Lanoraie, 24 décembre 1963, cité dans David Philipps [Jean Côté], *Arcand ou la vérité retrouvée, op. cit.*, p. 244. Arcand a signé plusieurs lettres à saveur ultracatholique pour Fortunat Bleau.

5. Entrevue avec Charles-Albert Poissan, *Qui étiez-vous Monsieur P ?*, Montréal, Sovimage, 1999.

6. Entrevue avec Jean-Paul St-Louis, *ibid.*

7. Jean Côté, *Le vrai visage de Pierre Péladeau*, Montréal, Stanké, 2003, p. 133.

8. Jean Blouin, « Péladeau tout craché », *L'Actualité*, 15 avril 1990, p. 44-49.

9. Lettre de Jean Paré à Bernard Bujold, 11 mai 1990, reproduite dans Bernard Bujold, *Pierre Péladeau cet inconnu*, Montréal, Trait d'Union, 2003, p. 96, feuillet *f.*

10. Lettre d'Adrien Arcand au chanoine Georges Panneton, Lanorais, 1er août 1962, cité dans David Philipps [Jean Côté], *Arcand ou la vérité retrouvée, op. cit.*, p. 86-87.

11. H. Mayer, « Le Racisme au Canada français », octobre 1952, Bibliothèque et Archives Canada, Fonds Adrien Arcand, MG 30, D91, vol. 1.

12. *Ibid.*

13. Gérard Dion et Louis O'Neill, « L'immoralité de la récente campagne électorale », *Le Travail*, vol. 32, n° 27, 17 août 1956, p. 5.

14. Lettre d'Adrien Arcand à Édouard [?], Lanoraie, 11 décembre 1962, Bibliothèque et Archives Canada, Fonds Adrien Arcand, MG 30, D91, vol. 2.

15. Entrevue de l'auteur avec Jacques Lacoursière, Montréal, 11 novembre 2008.

16. Lettre du frère Léo à Adrien Arcand, Shawinigan, 28 mai 1963. Transcription d'une entrevue avec le professeur Seawell, *op. cit.*

17. Lettre du père Fabien, O.F.M, à M. Mathieu, Ottawa, 3 mars 1954, cité dans David Philipps [Jean Côté], *Arcand ou la vérité retrouvée, op. cit.*, p. 86-87.

18. Pierre Trépanier, « La religion dans la pensée d'Adrien Arcand », *Les Cahiers des dix*, n° 46, Sainte-Foy, La Liberté, 1991, p. 246.

19. Armand Therrien, *Le mémorial du Québec*, tome VII, Longueuil, Éditions du Mémorial, 1979, p. 228-229

20. Esther Delisle, *Essais sur l'imprégnation fasciste au Québec*, Montréal, Varia, 2002, p. 193.

21. Cité dans David Philipps [Jean Côté], *Arcand ou la vérité retrouvée, op. cit.*, p. 635.

22. Paul Rochon, « Adrien Arcand n'a pu donner sa conférence, jeudi soir dernier », *Le Petit Journal*, 23 mai 1954, p. 35.

23. David Philipps [Jean Côté], *Arcand ou la vérité retrouvée, op. cit.*, p. 651.

24. Adrien Arcand, « Activité néfastes des prêtres "progressistes" », *ibid.*, p. 74-76.

25. Jacques Girard, « Le parti d'Adrien Arcand s'en prend au cardinal, au RIN, aux Juifs, etc. », *La Presse*, 12 décembre 1966, p.47.

26. Lettre d'Adrien Arcand au père Fabien, Lanoraie, février 1954, cité dans David Philipps [Jean Côté], *Arcand ou la vérité retrouvée, op. cit.*, p. 81.

27. Lettre d'Adrien Arcand au vicaire Benjamin Brunelle, Lanoraie, 25 décembre 1965 ; lettre du même au Chanoine Georges Panneton, Lanoraie, 12 août 1966, *ibid.*, p. 341-342 et p. 408-409.

28. Lettre d'Adrien Arcand au Chanoine Georges Panneton, Lanoraie, 24 septembre 1966, *ibid.*, p. 435.

29. Lettre d'Adrien Arcand à Raymond Ménard, Lanoraie, 21 novembre 1947, *ibid.*, p. 64.

30. Françoise Côté, « Fasciste d'un autre âge : Adrien Arcand », *Maclean's Magazine*, mai 1961, p. 48.

31. Serge Brousseau, « Adrien Arcand dit : "Le procès Eichmann est une diabolique conspiration mondiale" », *L'Europe réelle*, avril-mai 1961,

reproduit dans David Philipps [Jean Côté], *Arcand ou la vérité retrouvée*, *op. cit.*, p. 597.

32. Copies de lettres de B. E. Ellson au député A. H. Head, Carsgalton (Surrey), 4 mars 1946, 27 avril 1946, et 15 juillet 1946, Bibliothèque et Archives Canada, Fonds Adrien Arcand, MG 30, D91, vol. 1.

33. Anonyme, « Zundel lauds fascist Arcand », *The Gazette*, 23 février 1985, p. A8.

34. Lettre d'Adrien Arcand au chanoine Georges Panneton, Lanoraie, 12 août 1966, cité dans David Philipps [Jean Côté], *Arcand ou la vérité retrouvée*, *op. cit.*, p. 407.

35. Adrien Arcand, *À bas la haine !*, Montréal, La Vérité, 1965, p. 104.

36. Lettre d'Adrien Arcand à Jacques-L. Girard, Lanoraie, 3 novembre 1963, cité dans David Philipps [Jean Côté], *Arcand ou la vérité retrouvée*, *op. cit.*, p. 302.

37. *Ibid.*, p. 239.

38. Lettre d'Adrien Arcand à P. Boutin, 28 juillet 1962. Lettre reproduite dans David Philipps [Jean Côté], *Arcand ou la vérité retrouvée*, *op. cit.*, p. 176.

39. Serge Brousseau, « Adrien Arcand dit : "Le procès Eichmann est une diabolique conspiration mondiale" », *op. cit.*

40. Adrien Arcand, « Adrien Arcand nous écrit. 23 mai 1961 », *Nouvelles Illustrées*, 3 juin 1961, p. 8.

41. Jacques Michon (dir.), *Histoire de l'édition littéraire au Québec au XXᵉ siècle. Le temps des éditeurs, 1940-1959*, vol. 2, Montréal, Fides, 1999, p. 71.

42. Lettre de Serge Brousseau à Adrien Arcand, Montréal, 25 juillet 1961, Bibliothèque et Archives Canada, Fonds Adrien Arcand, MG 30, D91, vol. 2.

43. Lettre de Marcel Ouimet à Adrien Arcand, Ottawa, 30 mai 1961, cité dans David Philipps [Jean Côté], *Arcand ou la vérité retrouvée*, *op. cit.*, p. 128.

44. Lettre d'Adrien Arcand à Marcel Ouimet, Lanoraie, 2 juin 1961, *ibid.*, p. 129-136.

45. Voir Valérie Igounet, « Maurice Bardèche, l'initiateur du négationnisme », dans *Histoire du négationnisme en France*, Paris, Seuil, 2000, p. 37-60.

46. Serge Brousseau, « Adrien Arcand dit : "Le procès Eichmann est une diabolique conspiration mondiale" », *loc. cit.*

47. Lucien Dansereau à J.-Alphonse Ouimet, « Re : Adrien Arcand vs la Société Radio-Canada », 31 janvier 1963, Bibliothèque et Archives Canada, Fonds Adrien Arcand, MG 30, D91, vol. 2.

48. Anonyme, « Reprimand in attack on Arcand », *The Gazette*, 10 janvier 1963.

49. Lettre d'Adrien Arcand à Édouard Masson, Lanoraie, 5 janvier 1963, Bibliothèque et Archives Canada, Fonds Adrien Arcand, MG 30, D91, vol. 2.

50. Lettre d'Édouard Masson à Adrien Arcand, Montréal, 18 mars 1964. Transcription d'une entrevue avec le professeur Seawell, *op. cit.*

51. Lettre de Jacques R. Alleyn, chef du contentieux, à Lucien Dansereau, Ottawa, 11 février 1963. Transcription d'une entrevue avec le professeur Seawell, *ibid.*

52. Serge Brousseau, « Adrien Arcand dit : "Le procès Eichmann est une diabolique conspiration mondiale" », *loc. cit.*

53. *Ibid.*

54. Adrien Arcand, « Notes pour la défense du Dr J. A. Mathez », [vers 1966], cité dans David Philipps [Jean Côté], *Arcand ou la vérité retrouvée*, *op. cit.*, p. 444.

55. Pierre Vidal-Naquet, *Les assassins de la mémoire*, Paris, La Découverte, coll. « Point », 1987, p. 39.

56. Lettre d'Adrien Arcand à William Guy Carr, Lanoraie, 14 juin 1955, Bibliothèque et Archives Canada, Fonds Adrien Arcand, MG 30, D91, vol. 4.

57. Lettre de Michael Bandi à Adrien Arcand, St-Catharines (Ontario), 21 janvier 1963. Transcription d'une entrevue avec le professeur Seawell, *op. cit.*

58. Lettre d'Adrien Arcand au chanoine Georges Panneton, Lanoraie, 24 septembre 1966, cité dans David Philipps [Jean Côté], *Arcand ou la vérité retrouvée*, *op. cit.*, p. 435.

59. *Ibid.*

60. Lettre d'Adrien Arcand à Raymond Maynard, Lanoraie, 13 octobre 1966, *ibid.*, p. 455.

61. Lettre d'Adrien Arcand au Dr J. A. Mathez, Lanoraie, octobre 1966, *ibid.*, p. 439.

62. Lettre d'Adrien Arcand à Paul-Yves Rio, Lanoraie, 18 juillet 1961, Bibliothèque et Archives Canada, Fonds Adrien Arcand, MG 30, D91, vol. 2.

63. Lettre d'Adrien Arcand à J. H. Dwyer, Lanoraie, 17 novembre 1960, Bibliothèque et Archives Canada, Fonds Adrien Arcand, MG 30, D91, vol. 2.

64. Lettre d'Adrien Arcand à John Beattie de Toronto, Lanoraie, 26 janvier 1966, Bibliothèque et Archives Canada, Fonds Adrien Arcand, MG 30, D91, vol. 2.

65. Lettre d'Adrien Arcand à Gérard Lemieux, Lanoraie, 15 mars 1963, 15 mars 1962, cité dans David Philipps [Jean Côté], *Arcand ou la vérité retrouvée*, *op. cit.*, p. 214.

66. Lettre d'Adrien Arcand au chanoine Georges Panneton, 25 juin 1966, *ibid.*, p. 380.

67. Testament d'Adrien Arcand, Lanoraie, 9 septembre 1960, *ibid.*, p. 127.

68. Lettre d'Adrien Arcand à Gérard Lanctôt, 17 mars 1965, Bibliothèque et Archives Canada, Fonds Adrien Arcand, MG 30, D91, vol. 2.

69. Marie-Claude Lortie, « "Es-tu le frère de..." », *La Presse*, 9 mars 1996, p. A1.

70. Lettre d'Adrien Arcand à Raymond Maynard, 6 juillet 1966, cité dans David Philipps [Jean Côté], *Arcand ou la vérité retrouvée*, *op. cit.*, p. 390.

71. Lettre d'Adrien Arcand à Raymond Maynard, mars 1966, *ibid.*, p. 398.

72. Lettre d'Yvonne Arcand à Raymond Ménard, Lanoraie, décembre 1966, *ibid.*, p. 466.

73. Lettre d'Adrien Arcand au chanoine Georges Panneton, Lanoraie, 19 février 1967, *ibid.*, p. 470.

74. *Ibid.*, p. 470-471.

75. Lettre du chanoine Georges Panneton à Adrien Arcand, Trois-Rivières, 16 février 1967, Bibliothèque et Archives Canada, Fonds Adrien Arcand, MG 30, D91, vol. 2.

76. Lettre de Raymond Maynard à Adrien Arcand, Sept-Îles, 21 juillet 1967, cité dans David Philipps [Jean Côté], *Arcand ou la vérité retrouvée*, *op. cit.*, p. 477.

77. Anonyme, « Zundel lauds fascist Arcand », *loc. cit.*

78. Irving Abella et Harold Troper, *None is Too Many : Canada and the Jews of Europe, 1933-1948*, Toronto, Lester & Orpen Dennys, 1982.

CRÉDITS PHOTOGRAPHIQUES

INDEX

TABLE